职业信息与教育培训项目（专业）信息对应指引

（2023年版）

国家职业分类大典修订专家委员会　组织编写

中国劳动社会保障出版社

图书在版编目（CIP）数据

职业信息与教育培训项目（专业）信息对应指引：2023年版/国家职业分类大典修订专家委员会组织编写. -- 北京：中国劳动社会保障出版社，2023

ISBN 978-7-5167-5778-9

Ⅰ.①职… Ⅱ.①国… Ⅲ.①职业教育-中国 Ⅳ.①G719.2

中国国家版本馆 CIP 数据核字（2023）第 077555 号

中国劳动社会保障出版社出版发行

（北京市惠新东街1号 邮政编码：100029）

*

北京市白帆印务有限公司印刷装订　　新华书店经销
787毫米×1092毫米　16开本　30.25印张　560千字
2023年6月第1版　2024年11月第3次印刷
定价：100.00元

营销中心电话：400-606-6496
出版社网址：http://www.class.com.cn

版权专有　　侵权必究

如有印装差错，请与本社联系调换：（010）81211666
我社将与版权执法机关配合，大力打击盗印、销售和使用盗版图书活动，敬请广大读者协助举报，经查实将给予举报者奖励。
举报电话：（010）64954652

编制说明

1999年5月,《中华人民共和国职业分类大典》(以下简称《大典》)颁布,标志着适应我国国情的国家职业分类体系的基本建立。随着经济社会发展、科学技术进步和产业结构调整,《大典》先后于2015年和2022年进行了两次修订。《大典》现已成为我国人力资源开发与管理的指导性文献。

进入新时代,为拓展延伸《大典》的服务功能,发挥其在引领教育培训改革、促进就业创业等方面的作用,国家职业分类大典修订专家委员会组织骨干专家,成立专家团队,自2017年开始持续开展职业信息与教育培训项目(专业)信息对应的理论和技术方法研究,形成初步研究成果。2022年版《大典》颁布后,专家团队综合运用大数据技术和人工校核等技术方法,将2022年版《大典》中的职业信息与有关部门公开发布的《职业教育专业目录(2021年)》及其后续增补专业、《普通高等学校本科专业目录(2012年)》及其后续增补专业、《全国技工院校专业目录(2022年修订)》进行对照、分析、比较、匹配,形成《职业信息与教育培训项目(专业)信息对应指引(2023年版)》(以下简称《指引》)。该《指引》是以2022年版《大典》的职业信息为依据,与各类教育培训机构的教育培训项目(专业)信息进行一一对应,形成的对应关系列表。

一、编制《指引》的目的

编制《指引》是贯彻落实党的二十大精神和习近平总书记对就业创业、人才、职业教育等工作的重要指示批示精神的具体体现。《指引》可以帮助人们认识职业与专业的内在联系,引导各类教育培训机构主动适应产业发展和劳动力市场需求变化,树立以就业为导向的办学理念,以《大典》为依据,科学合理设置和调整教育培训项目(专业),提高人才培养的针对性和有效性。

二、《指引》编制的原则

《指引》编制力求体现科学性、专业性、实用性原则。

(一)科学性原则。一是实事求是。《指引》在编制工作中以权威部门公开发布的职业和专业信息为依据,尊重现实,不主观臆断。二是技术支撑。运用现代信息技术对职业和专业数据进行对应加工,实现职业与专业数据的科学链接。三是精益求精。综合运用信息技术和人工校核等技术方法进行编制,历经数年,数易其稿,反复斟酌,力求成果高质量。

(二)专业性原则。通过组织职业分类专家、专业建设专家、信息技术专家等全过程协同攻关,大量使用专业技术方法,形成专业性较强的学术研究成果。

(三)实用性原则。《指引》初步回答了职业与专业之间的对应关系、如何对应,以及对应的成果形式等问题,促进教育链、人才链与产业链、创新链有机衔接。

三、《指引》的主要内容

《指引》所称对应关系是指,以职业技术技能与专业技术的一致性程度、职业技术技能与专业知识能力的相似性程度为基础,通过职业与专业相关信息分析,作出的关联性判断。即职业定义、职业技术领域、职业主要工作内容、职业能力及应用等信息与专业人才培养目标、专业技术范畴、专业知识与专业能力及应用、课程内容等的关联程度。

《指引》是以2022年版《大典》中的职业分类体系表为基础,着重于将职业信息与各类院校(技工院校、中等职业教育学校、高等职业教育专科院校、高等职业教育本科院校及高等普通教育本科院校)的专业信息进行比对,从而形成对应关系列表,如下表所示。

序号	职业编码	职业名称	专业代码	专业名称	院校类型
112	2-01-04-03	体育学研究人员	0510-3	休闲体育服务	技工院校3级

该表中的序号是《指引》内容的排列顺序;职业编码和职业名称使用2022年版《大典》中的描述信息;专业代码指专业目录中的代码;专业名称指列举的与职业有

强或较强对应关系的专业名称；院校类型指开设该专业的院校类型名称。

《指引》内容按以下顺序进行编排：首先，按职业编码依序排列。其次，按院校类型排序，即按普通本科、职教本科、技工院校2级（技师班或预备技师班）、职教专科、技工院校3级（高级工班）、职教中职、技工院校4级（中级工班）七种类型依次排列。再次，同类型院校按专业代码依序排列。最后，按对应关系强弱排序。

四、需要说明的事项

（一）关于职业与专业关系的显示。一个职业如无对应的专业则不列出；如有多个对应的专业则分行显示，每行对应一个专业；各项专业之间均未考虑继续学习的递进关系。

（二）关于对应关系的建立过程。首先，由计算机筛选出所有可能的对应结果。然后，通过分析各项参数提出初步建议。最后，专家对初步建议进行分析、判断、校核，去除明显不合理的内容，形成确定的职业与专业的对应关系。

（三）关于对应关系的强弱程度。《指引》从技术层面将对应关系划分为强、较强、较弱、弱、无关和无对应关系，共六种。其中，"强"对应反映某职业活动内容与某专业人才培养目标对接指向性非常明确，描述信息比对吻合度为90%至100%；"较强"对应反映某职业活动内容与某专业人才培养目标对接指向性非常明确，描述信息比对吻合度为75%至90%。限于篇幅和从实用性考虑，《指引》仅列举了职业与专业对应关系中"强"与"较强"两类数据，其他（"较弱""弱""无关"和"无对应关系"）的数据则没有列举。

《指引》举例列出的专业数量如下：

普通本科	职教本科	技工院校2级	职教专科	技工院校3级	职教中职	技工院校4级	合计
914	1132	273	3251	1491	1167	1099	9327

（四）关于不标注的专业信息。根据国家有关法律、法规和政策规定，《指引》不标注与国家安全、公共安全等有密切相关性的专业信息。

《指引》编制工作涉及面广，是一项跨界的协同攻关工程。《指引》编制，在我国尚属首次，属于开先河之作，是一次自觉主动服务教育培训事业改革的探索和尝试。《指引》的编制，凝聚着专家们多年的心血和智慧。在此，向各位专家表示衷心感谢，并致以崇高敬意。

　　《指引》属于学术研究成果，仅供有关机构单位和个人参考，不具政策效力。囿于经验、技术、时间等因素，《指引》难免有瑕疵错漏之处，恳请批评指正。

国家职业分类大典修订专家委员会
2023 年 3 月

职业信息与教育培训项目(专业)信息对应指引一览表

序号	职业编码	职业名称	专业代码	专业名称	院校类型
1	2-01-01-00	哲学研究人员	010101	哲学	普通本科
2	2-01-01-00	哲学研究人员	010102	逻辑学	普通本科
3	2-01-01-00	哲学研究人员	010103K	宗教学	普通本科
4	2-01-01-00	哲学研究人员	010104T	伦理学	普通本科
5	2-01-02-00	经济学研究人员	020101	经济学	普通本科
6	2-01-02-00	经济学研究人员	020102	经济统计学	普通本科
7	2-01-02-00	经济学研究人员	020103T	国民经济管理	普通本科
8	2-01-02-00	经济学研究人员	020104T	资源与环境经济学	普通本科
9	2-01-02-00	经济学研究人员	020105T	商务经济学	普通本科
10	2-01-02-00	经济学研究人员	020106T	能源经济	普通本科
11	2-01-02-00	经济学研究人员	020107T	劳动经济学	普通本科
12	2-01-02-00	经济学研究人员	020108T	经济工程	普通本科
13	2-01-02-00	经济学研究人员	020109T	数字经济	普通本科
14	2-01-02-00	经济学研究人员	020201K	财政学	普通本科
15	2-01-02-00	经济学研究人员	020203TK	国际税收	普通本科
16	2-01-02-00	经济学研究人员	020305T	金融数学	普通本科

职业信息与教育培训项目（专业）信息对应指引
（2023年版）

续表

序号	职业编码	职业名称	专业代码	专业名称	院校类型
17	2-01-02-00	经济学研究人员	020306T	信用管理（注：可授经济学或管理学学士学位）	普通本科
18	2-01-02-00	经济学研究人员	020307T	经济与金融	普通本科
19	2-01-02-00	经济学研究人员	020308T	精算学	普通本科
20	2-01-02-00	经济学研究人员	020309T	互联网金融	普通本科
21	2-01-02-00	经济学研究人员	020310T	金融科技	普通本科
22	2-01-02-00	经济学研究人员	020401	国际经济与贸易	普通本科
23	2-01-02-00	经济学研究人员	020403T	国际经济发展合作	普通本科
24	2-01-02-00	经济学研究人员	120301	农林经济管理	普通本科
25	2-01-03-00	法学研究人员	030101K	法学	普通本科
26	2-01-03-00	法学研究人员	030102T	知识产权	普通本科
27	2-01-03-00	法学研究人员	030103T	监狱学	普通本科
28	2-01-03-00	法学研究人员	030104T	信用风险管理与法律防控	普通本科
29	2-01-03-00	法学研究人员	030105T	国际经贸规则	普通本科
30	2-01-03-00	法学研究人员	030106TK	司法警察学	普通本科
31	2-01-03-00	法学研究人员	030107TK	社区矫正	普通本科
32	2-01-03-00	法学研究人员	030108TK	纪检监察	普通本科
33	2-01-03-00	法学研究人员	030204T	国际事务与国际关系	普通本科
34	2-01-03-00	法学研究人员	030205T	政治学、经济学与哲学	普通本科
35	2-01-03-00	法学研究人员	030206TK	国际组织与全球治理	普通本科
36	2-01-03-00	法学研究人员	030301	社会学	普通本科
37	2-01-03-00	法学研究人员	030307T	社会政策	普通本科
38	2-01-03-00	法学研究人员	030604TK	禁毒学	普通本科
39	2-01-03-00	法学研究人员	030605TK	警犬技术	普通本科
40	2-01-03-00	法学研究人员	030606TK	经济犯罪侦查	普通本科

续表

序号	职业编码	职业名称	专业代码	专业名称	院校类型
41	2-01-03-00	法学研究人员	030607TK	边防指挥	普通本科
42	2-01-03-00	法学研究人员	030608TK	消防指挥	普通本科
43	2-01-03-00	法学研究人员	030609TK	警卫学	普通本科
44	2-01-03-00	法学研究人员	030610TK	公安情报学	普通本科
45	2-01-03-00	法学研究人员	030611TK	犯罪学	普通本科
46	2-01-03-00	法学研究人员	030612TK	公安管理学	普通本科
47	2-01-03-00	法学研究人员	030613TK	涉外警务	普通本科
48	2-01-03-00	法学研究人员	030614TK	国内安全保卫	普通本科
49	2-01-03-00	法学研究人员	030615TK	警务指挥与战术	普通本科
50	2-01-03-00	法学研究人员	030616TK	技术侦查学	普通本科
51	2-01-03-00	法学研究人员	030617TK	海警执法	普通本科
52	2-01-03-00	法学研究人员	030618TK	公安政治工作	普通本科
53	2-01-03-00	法学研究人员	030619TK	移民管理	普通本科
54	2-01-03-00	法学研究人员	030620TK	出入境管理	普通本科
55	2-01-03-00	法学研究人员	030621TK	反恐警务	普通本科
56	2-01-03-00	法学研究人员	030622TK	消防政治工作	普通本科
57	2-01-03-00	法学研究人员	030623TK	铁路警务	普通本科
58	2-01-04-01	教育学研究人员	030503	思想政治教育	普通本科
59	2-01-04-01	教育学研究人员	040101	教育学	普通本科
60	2-01-04-01	教育学研究人员	040102	科学教育	普通本科
61	2-01-04-01	教育学研究人员	040103	人文教育	普通本科
62	2-01-04-01	教育学研究人员	040104	教育技术学	普通本科
63	2-01-04-01	教育学研究人员	040105	艺术教育	普通本科
64	2-01-04-01	教育学研究人员	040106	学前教育	普通本科
65	2-01-04-01	教育学研究人员	040107	小学教育	普通本科
66	2-01-04-01	教育学研究人员	040109T	华文教育	普通本科
67	2-01-04-01	教育学研究人员	040110TK	教育康复学	普通本科
68	2-01-04-01	教育学研究人员	040111T	卫生教育	普通本科

续表

序号	职业编码	职业名称	专业代码	专业名称	院校类型
69	2-01-04-01	教育学研究人员	040112T	认知科学与技术	普通本科
70	2-01-04-01	教育学研究人员	040113T	融合教育	普通本科
71	2-01-04-01	教育学研究人员	040114TK	劳动教育	普通本科
72	2-01-04-01	教育学研究人员	040207T	休闲体育	普通本科
73	2-01-04-01	教育学研究人员	040208T	体能训练	普通本科
74	2-01-04-01	教育学研究人员	040209T	冰雪运动	普通本科
75	2-01-04-01	教育学研究人员	040211TK	智能体育工程	普通本科
76	2-01-04-01	教育学研究人员	370101	学前教育	职教本科
77	2-01-04-01	教育学研究人员	570102K	学前教育	职教专科
78	2-01-04-01	教育学研究人员	570103K	小学教育	职教专科
79	2-01-04-01	教育学研究人员	570104K	小学语文教育	职教专科
80	2-01-04-01	教育学研究人员	570105K	小学数学教育	职教专科
81	2-01-04-01	教育学研究人员	570107K	小学科学教育	职教专科
82	2-01-04-01	教育学研究人员	570108K	音乐教育	职教专科
83	2-01-04-01	教育学研究人员	570110K	体育教育	职教专科
84	2-01-04-01	教育学研究人员	570111K	小学道德与法治教育	职教专科
85	2-01-04-01	教育学研究人员	570114K	特殊教育	职教专科
86	2-01-04-01	教育学研究人员	570115K	现代教育技术	职教专科
87	2-01-04-01	教育学研究人员	570116K	心理健康教育	职教专科
88	2-01-04-01	教育学研究人员	1501-3	幼儿教育	技工院校3级
89	2-01-04-02	心理学研究人员	071101	心理学	普通本科
90	2-01-04-02	心理学研究人员	071102	应用心理学	普通本科
91	2-01-04-03	体育学研究人员	040201	体育教育	普通本科
92	2-01-04-03	体育学研究人员	040202K	运动训练	普通本科
93	2-01-04-03	体育学研究人员	040203	社会体育指导与管理	普通本科
94	2-01-04-03	体育学研究人员	040204K	武术与民族传统体育	普通本科
95	2-01-04-03	体育学研究人员	040205	运动人体科学	普通本科

职业信息与教育培训项目（专业）信息对应指引一览表

续表

序号	职业编码	职业名称	专业代码	专业名称	院校类型
96	2-01-04-03	体育学研究人员	370301	社会体育指导与管理	职教本科
97	2-01-04-03	体育学研究人员	370302	休闲体育	职教本科
98	2-01-04-03	体育学研究人员	370303	体能训练	职教本科
99	2-01-04-03	体育学研究人员	570110K	体育教育	职教专科
100	2-01-04-03	体育学研究人员	570301	社会体育	职教专科
101	2-01-04-03	体育学研究人员	570302	休闲体育	职教专科
102	2-01-04-03	体育学研究人员	570303	运动训练	职教专科
103	2-01-04-03	体育学研究人员	570304	民族传统体育	职教专科
104	2-01-04-03	体育学研究人员	570305	运动防护	职教专科
105	2-01-04-03	体育学研究人员	570307	健身指导与管理	职教专科
106	2-01-04-03	体育学研究人员	570308	运动健康指导	职教专科
107	2-01-04-03	体育学研究人员	570309	运动数据分析	职教专科
108	2-01-04-03	体育学研究人员	570310	体能训练	职教专科
109	2-01-04-03	体育学研究人员	570311	体育运营与管理	职教专科
110	2-01-04-03	体育学研究人员	570314	冰雪运动与管理	职教专科
111	2-01-04-03	体育学研究人员	570316	体育艺术表演	职教专科
112	2-01-04-03	体育学研究人员	0510-3	休闲体育服务	技工院校3级
113	2-01-04-03	体育学研究人员	1421-3	运动训练	技工院校3级
114	2-01-05-00	历史学研究人员	060101	历史学	普通本科
115	2-01-05-00	历史学研究人员	060102	世界史	普通本科
116	2-01-05-00	历史学研究人员	550405	文物考古技术	职教专科
117	2-01-06-01	数学研究人员	070101	数学与应用数学	普通本科
118	2-01-06-01	数学研究人员	070102	信息与计算科学	普通本科
119	2-01-06-01	数学研究人员	570105K	小学数学教育	职教专科
120	2-01-06-03	化学研究人员	070301	化学	普通本科
121	2-01-06-03	化学研究人员	070302	应用化学	普通本科

职业信息与教育培训项目（专业）信息对应指引
（2023年版）

续表

序号	职业编码	职业名称	专业代码	专业名称	院校类型
122	2-01-06-03	化学研究人员	080403	材料化学	普通本科
123	2-01-06-03	化学研究人员	082403	林产化工	普通本科
124	2-01-06-03	化学研究人员	100701	药学	普通本科
125	2-01-06-03	化学研究人员	100702	药物制剂	普通本科
126	2-01-06-03	化学研究人员	230601	高分子材料工程技术	职教本科
127	2-01-06-03	化学研究人员	490204	化学制药技术	职教专科
128	2-01-06-03	化学研究人员	1305-3	药物分析与检验	技工院校3级
129	2-01-06-04	天文学研究人员	070401	天文学	普通本科
130	2-01-06-05	生物学研究人员	071002	生物技术	普通本科
131	2-01-06-05	生物学研究人员	071003	生物信息学	普通本科
132	2-01-06-05	生物学研究人员	083001	生物工程	普通本科
133	2-01-06-05	生物学研究人员	090104	植物科学与技术	普通本科
134	2-01-06-05	生物学研究人员	270101	生物检验检测技术	职教本科
135	2-01-06-05	生物学研究人员	270102	合成生物技术	职教本科
136	2-01-06-05	生物学研究人员	270103	农业生物技术	职教本科
137	2-01-06-05	生物学研究人员	320503	医学生物技术	职教本科
138	2-01-06-05	生物学研究人员	470102	药品生物技术	职教专科
139	2-01-06-05	生物学研究人员	470103	农业生物技术	职教专科
140	2-01-06-05	生物学研究人员	470105	生物产品检验检疫	职教专科
141	2-01-06-05	生物学研究人员	470106	绿色生物制造技术	职教专科
142	2-01-06-05	生物学研究人员	470107	生物信息技术	职教专科
143	2-01-06-05	生物学研究人员	490202	生物制药技术	职教专科
144	2-01-06-05	生物学研究人员	520503	医学生物技术	职教专科
145	2-01-06-06	地球科学研究人员	070801	地球物理学	普通本科
146	2-01-06-06	地球科学研究人员	070901	地质学	普通本科
147	2-01-08-00	医学研究人员	100101K	基础医学	普通本科
148	2-01-08-00	医学研究人员	100201K	临床医学	普通本科

续表

序号	职业编码	职业名称	专业代码	专业名称	院校类型
149	2-01-08-00	医学研究人员	100202TK	麻醉学	普通本科
150	2-01-08-00	医学研究人员	100203TK	医学影像学	普通本科
151	2-01-08-00	医学研究人员	100204TK	眼视光医学	普通本科
152	2-01-08-00	医学研究人员	100205TK	精神医学	普通本科
153	2-01-08-00	医学研究人员	100206TK	放射医学	普通本科
154	2-01-08-00	医学研究人员	100207TK	儿科学	普通本科
155	2-01-08-00	医学研究人员	100401K	预防医学	普通本科
156	2-01-08-00	医学研究人员	100403TK	妇幼保健医学	普通本科
157	2-01-08-00	医学研究人员	100404TK	卫生监督	普通本科
158	2-01-08-00	医学研究人员	100508TK	傣医学	普通本科
159	2-01-08-00	医学研究人员	100509TK	回医学	普通本科
160	2-01-08-00	医学研究人员	100510TK	中医康复学	普通本科
161	2-01-08-00	医学研究人员	100511TK	中医养生学	普通本科
162	2-01-08-00	医学研究人员	100512TK	中医儿科学	普通本科
163	2-01-08-00	医学研究人员	100513TK	中医骨伤科学	普通本科
164	2-01-08-00	医学研究人员	100601K	中西医临床医学	普通本科
165	2-01-08-00	医学研究人员	101005	康复治疗学	普通本科
166	2-01-08-00	医学研究人员	320601	康复治疗	职教本科
167	2-01-08-00	医学研究人员	520416	中医康复技术	职教专科
168	2-01-08-00	医学研究人员	520601	康复治疗技术	职教专科
169	2-01-09-00	管理学研究人员	020102	经济统计学	普通本科
170	2-01-09-00	管理学研究人员	070901	地质学	普通本科
171	2-01-09-00	管理学研究人员	120102	信息管理与信息系统	普通本科
172	2-01-09-00	管理学研究人员	120103	工程管理	普通本科
173	2-01-09-00	管理学研究人员	120204	财务管理	普通本科
174	2-01-09-00	管理学研究人员	120206	人力资源管理	普通本科
175	2-01-09-00	管理学研究人员	120401	公共事业管理	普通本科
176	2-01-09-00	管理学研究人员	120403	劳动与社会保障	普通本科

职业信息与教育培训项目（专业）信息对应指引
（2023年版）

续表

序号	职业编码	职业名称	专业代码	专业名称	院校类型
177	2-01-09-00	管理学研究人员	120404	土地资源管理	普通本科
178	2-01-09-00	管理学研究人员	120701	工业工程	普通本科
179	2-01-09-00	管理学研究人员	330601	企业数字化管理	职教本科
180	2-01-09-00	管理学研究人员	390202	人力资源管理	职教本科
181	2-01-09-00	管理学研究人员	530601	工商企业管理	职教专科
182	2-01-09-00	管理学研究人员	0605-3	工商企业管理	技工院校3级
183	2-01-10-00	文学、艺术学研究人员	040105	艺术教育	普通本科
184	2-01-10-00	文学、艺术学研究人员	050106T	应用语言学	普通本科
185	2-01-10-00	文学、艺术学研究人员	050107T	秘书学	普通本科
186	2-01-10-00	文学、艺术学研究人员	050108T	中国语言与文化	普通本科
187	2-01-10-00	文学、艺术学研究人员	050109T	手语翻译	普通本科
188	2-01-10-00	文学、艺术学研究人员	050200T	桑戈语	普通本科
189	2-01-10-00	文学、艺术学研究人员	0502100T	语言学	普通本科
190	2-01-10-00	文学、艺术学研究人员	0502101T	塔玛齐格特语	普通本科
191	2-01-10-00	文学、艺术学研究人员	0502102T	爪哇语	普通本科
192	2-01-10-00	文学、艺术学研究人员	0502103T	旁遮普语	普通本科
193	2-01-10-00	文学、艺术学研究人员	050263T	阿姆哈拉语	普通本科
194	2-01-10-00	文学、艺术学研究人员	050264T	吉尔吉斯语	普通本科
195	2-01-10-00	文学、艺术学研究人员	050265T	索马里语	普通本科
196	2-01-10-00	文学、艺术学研究人员	050266T	土库曼语	普通本科
197	2-01-10-00	文学、艺术学研究人员	050267T	加泰罗尼亚语	普通本科
198	2-01-10-00	文学、艺术学研究人员	050268T	约鲁巴语	普通本科
199	2-01-10-00	文学、艺术学研究人员	050269T	亚美尼亚语	普通本科
200	2-01-10-00	文学、艺术学研究人员	050270T	马达加斯加语	普通本科
201	2-01-10-00	文学、艺术学研究人员	050271T	格鲁吉亚语	普通本科
202	2-01-10-00	文学、艺术学研究人员	050272T	阿塞拜疆语	普通本科
203	2-01-10-00	文学、艺术学研究人员	050273T	阿非利卡语	普通本科

序号	职业编码	职业名称	专业代码	专业名称	院校类型
204	2-01-10-00	文学、艺术学研究人员	050274T	马其顿语	普通本科
205	2-01-10-00	文学、艺术学研究人员	050275T	塔吉克语	普通本科
206	2-01-10-00	文学、艺术学研究人员	050276T	茨瓦纳语	普通本科
207	2-01-10-00	文学、艺术学研究人员	050277T	恩德贝莱语	普通本科
208	2-01-10-00	文学、艺术学研究人员	050278T	科摩罗语	普通本科
209	2-01-10-00	文学、艺术学研究人员	050279T	克里奥尔语	普通本科
210	2-01-10-00	文学、艺术学研究人员	050280T	绍纳语	普通本科
211	2-01-10-00	文学、艺术学研究人员	050281T	提格雷尼亚语	普通本科
212	2-01-10-00	文学、艺术学研究人员	050282T	白俄罗斯语	普通本科
213	2-01-10-00	文学、艺术学研究人员	050283T	毛利语	普通本科
214	2-01-10-00	文学、艺术学研究人员	050284T	汤加语	普通本科
215	2-01-10-00	文学、艺术学研究人员	050285T	萨摩亚语	普通本科
216	2-01-10-00	文学、艺术学研究人员	050286T	库尔德语	普通本科
217	2-01-10-00	文学、艺术学研究人员	050287T	比斯拉马语	普通本科
218	2-01-10-00	文学、艺术学研究人员	050288T	达里语	普通本科
219	2-01-10-00	文学、艺术学研究人员	050289T	德顿语	普通本科
220	2-01-10-00	文学、艺术学研究人员	050290T	迪维希语	普通本科
221	2-01-10-00	文学、艺术学研究人员	050291T	斐济语	普通本科
222	2-01-10-00	文学、艺术学研究人员	050292T	库克群岛毛利语	普通本科
223	2-01-10-00	文学、艺术学研究人员	050293T	隆迪语	普通本科
224	2-01-10-00	文学、艺术学研究人员	050294T	卢森堡语	普通本科
225	2-01-10-00	文学、艺术学研究人员	050295T	卢旺达语	普通本科
226	2-01-10-00	文学、艺术学研究人员	050296T	纽埃语	普通本科
227	2-01-10-00	文学、艺术学研究人员	050297T	皮金语	普通本科
228	2-01-10-00	文学、艺术学研究人员	050298T	切瓦语	普通本科
229	2-01-10-00	文学、艺术学研究人员	050299T	塞苏陀语	普通本科
230	2-01-10-00	文学、艺术学研究人员	050306T	网络与新媒体	普通本科
231	2-01-10-00	文学、艺术学研究人员	050307T	数字出版	普通本科

职业信息与教育培训项目（专业）信息对应指引
（2023年版）

续表

序号	职业编码	职业名称	专业代码	专业名称	院校类型
232	2-01-10-00	文学、艺术学研究人员	050308T	时尚传播	普通本科
233	2-01-10-00	文学、艺术学研究人员	050309T	国际新闻与传播	普通本科
234	2-01-10-00	文学、艺术学研究人员	120501	图书馆学	普通本科
235	2-01-10-00	文学、艺术学研究人员	130101	艺术史论	普通本科
236	2-01-10-00	文学、艺术学研究人员	130102T	艺术管理	普通本科
237	2-01-10-00	文学、艺术学研究人员	130103T	非物质文化遗产保护	普通本科
238	2-01-10-00	文学、艺术学研究人员	130207T	舞蹈教育	普通本科
239	2-01-10-00	文学、艺术学研究人员	130208TK	航空服务艺术与管理	普通本科
240	2-01-10-00	文学、艺术学研究人员	130209T	流行音乐	普通本科
241	2-01-10-00	文学、艺术学研究人员	130210T	音乐治疗	普通本科
242	2-01-10-00	文学、艺术学研究人员	130211T	流行舞蹈	普通本科
243	2-01-10-00	文学、艺术学研究人员	130212T	音乐教育	普通本科
244	2-01-10-00	文学、艺术学研究人员	130311T	影视摄影与制作	普通本科
245	2-01-10-00	文学、艺术学研究人员	130312T	影视技术	普通本科
246	2-01-10-00	文学、艺术学研究人员	130313T	戏剧教育	普通本科
247	2-01-10-00	文学、艺术学研究人员	130314TK	曲艺	普通本科
248	2-01-10-00	文学、艺术学研究人员	130315TK	音乐剧	普通本科
249	2-01-10-00	文学、艺术学研究人员	130405T	书法学	普通本科
250	2-01-10-00	文学、艺术学研究人员	130406T	中国画	普通本科
251	2-01-10-00	文学、艺术学研究人员	130407TK	实验艺术	普通本科
252	2-01-10-00	文学、艺术学研究人员	130408TK	跨媒体艺术	普通本科
253	2-01-10-00	文学、艺术学研究人员	130409T	文物保护与修复	普通本科
254	2-01-10-00	文学、艺术学研究人员	130410T	漫画	普通本科
255	2-01-10-00	文学、艺术学研究人员	130411T	纤维艺术	普通本科
256	2-01-10-00	文学、艺术学研究人员	130412TK	科技艺术	普通本科
257	2-01-10-00	文学、艺术学研究人员	130413TK	美术教育	普通本科
258	2-01-10-00	文学、艺术学研究人员	130509T	艺术与科技	普通本科
259	2-01-10-00	文学、艺术学研究人员	130510TK	陶瓷艺术设计	普通本科

续表

序号	职业编码	职业名称	专业代码	专业名称	院校类型
260	2-01-10-00	文学、艺术学研究人员	130511T	新媒体艺术	普通本科
261	2-01-10-00	文学、艺术学研究人员	130512T	包装设计	普通本科
262	2-01-10-00	文学、艺术学研究人员	130513TK	珠宝首饰设计与工艺	普通本科
263	2-02-01-01	地质实验测试工程技术人员	070901	地质学	普通本科
264	2-02-01-01	地质实验测试工程技术人员	070902	地球化学	普通本科
265	2-02-01-01	地质实验测试工程技术人员	081401	地质工程	普通本科
266	2-02-01-01	地质实验测试工程技术人员	081402	勘查技术与工程	普通本科
267	2-02-01-01	地质实验测试工程技术人员	220101	资源勘查工程技术	职教本科
268	2-02-01-01	地质实验测试工程技术人员	220201	环境地质工程	职教本科
269	2-02-01-01	地质实验测试工程技术人员	420101	国土资源调查与管理	职教专科
270	2-02-01-01	地质实验测试工程技术人员	420102	地质调查与矿产普查	职教专科
271	2-02-01-01	地质实验测试工程技术人员	420103	生态地质调查	职教专科
272	2-02-01-01	地质实验测试工程技术人员	420104	矿产地质勘查	职教专科
273	2-02-01-01	地质实验测试工程技术人员	420105	煤田地质勘查	职教专科
274	2-02-01-01	地质实验测试工程技术人员	420106	岩矿分析与鉴定	职教专科

职业信息与教育培训项目（专业）信息对应指引

（2023年版）

续表

序号	职业编码	职业名称	专业代码	专业名称	院校类型
275	2-02-01-01	地质实验测试工程技术人员	420201	工程地质勘查	职教专科
276	2-02-01-01	地质实验测试工程技术人员	420202	水文与工程地质	职教专科
277	2-02-01-01	地质实验测试工程技术人员	420203	矿山地质	职教专科
278	2-02-01-01	地质实验测试工程技术人员	420207	地质灾害调查与防治	职教专科
279	2-02-01-01	地质实验测试工程技术人员	420208	环境地质工程	职教专科
280	2-02-01-01	地质实验测试工程技术人员	420209	城市地质勘查	职教专科
281	2-02-01-01	地质实验测试工程技术人员	420402	油气地质勘探技术	职教专科
282	2-02-01-01	地质实验测试工程技术人员	0813-3	地质勘查	技工院校3级
283	2-02-01-02	地球物理地球化学与遥感勘查工程技术人员	070902	地球化学	普通本科
284	2-02-01-02	地球物理地球化学与遥感勘查工程技术人员	081202	遥感科学与技术	普通本科
285	2-02-01-02	地球物理地球化学与遥感勘查工程技术人员	081402	勘查技术与工程	普通本科
286	2-02-01-02	地球物理地球化学与遥感勘查工程技术人员	081403	资源勘查工程	普通本科
287	2-02-01-02	地球物理地球化学与遥感勘查工程技术人员	420206	地球物理勘探技术	职教专科
288	2-02-01-03	水工环地质工程技术人员	081401	地质工程	普通本科

续表

序号	职业编码	职业名称	专业代码	专业名称	院校类型
289	2-02-01-03	水工环地质工程技术人员	081402	勘查技术与工程	普通本科
290	2-02-01-03	水工环地质工程技术人员	081403	资源勘查工程	普通本科
291	2-02-01-03	水工环地质工程技术人员	220101	资源勘查工程技术	职教本科
292	2-02-01-03	水工环地质工程技术人员	220201	环境地质工程	职教本科
293	2-02-01-03	水工环地质工程技术人员	420101	国土资源调查与管理	职教专科
294	2-02-01-03	水工环地质工程技术人员	420102	地质调查与矿产普查	职教专科
295	2-02-01-03	水工环地质工程技术人员	420103	生态地质调查	职教专科
296	2-02-01-03	水工环地质工程技术人员	420104	矿产地质勘查	职教专科
297	2-02-01-03	水工环地质工程技术人员	420105	煤田地质勘查	职教专科
298	2-02-01-03	水工环地质工程技术人员	420106	岩矿分析与鉴定	职教专科
299	2-02-01-03	水工环地质工程技术人员	420201	工程地质勘查	职教专科
300	2-02-01-03	水工环地质工程技术人员	420202	水文与工程地质	职教专科
301	2-02-01-03	水工环地质工程技术人员	420203	矿山地质	职教专科
302	2-02-01-03	水工环地质工程技术人员	420206	地球物理勘探技术	职教专科

职业信息与教育培训项目（专业）信息对应指引

（2023年版）

续表

序号	职业编码	职业名称	专业代码	专业名称	院校类型
303	2-02-01-03	水工环地质工程技术人员	420207	地质灾害调查与防治	职教专科
304	2-02-01-03	水工环地质工程技术人员	420208	环境地质工程	职教专科
305	2-02-01-03	水工环地质工程技术人员	420209	城市地质勘查	职教专科
306	2-02-01-03	水工环地质工程技术人员	420402	油气地质勘探技术	职教专科
307	2-02-01-03	水工环地质工程技术人员	420801	环境监测技术	职教专科
308	2-02-01-03	水工环地质工程技术人员	0813-3	地质勘查	技工院校3级
309	2-02-01-03	水工环地质工程技术人员	0816-3	水文与水资源勘测	技工院校3级
310	2-02-01-04	地质矿产调查工程技术人员	070901	地质学	普通本科
311	2-02-01-04	地质矿产调查工程技术人员	081401	地质工程	普通本科
312	2-02-01-04	地质矿产调查工程技术人员	081402	勘查技术与工程	普通本科
313	2-02-01-04	地质矿产调查工程技术人员	081403	资源勘查工程	普通本科
314	2-02-01-04	地质矿产调查工程技术人员	220101	资源勘查工程技术	职教本科
315	2-02-01-04	地质矿产调查工程技术人员	220201	环境地质工程	职教本科
316	2-02-01-04	地质矿产调查工程技术人员	420101	国土资源调查与管理	职教专科

续表

序号	职业编码	职业名称	专业代码	专业名称	院校类型
317	2-02-01-04	地质矿产调查工程技术人员	420102	地质调查与矿产普查	职教专科
318	2-02-01-04	地质矿产调查工程技术人员	420103	生态地质调查	职教专科
319	2-02-01-04	地质矿产调查工程技术人员	420104	矿产地质勘查	职教专科
320	2-02-01-04	地质矿产调查工程技术人员	420105	煤田地质勘查	职教专科
321	2-02-01-04	地质矿产调查工程技术人员	420106	岩矿分析与鉴定	职教专科
322	2-02-01-04	地质矿产调查工程技术人员	420201	工程地质勘查	职教专科
323	2-02-01-04	地质矿产调查工程技术人员	420202	水文与工程地质	职教专科
324	2-02-01-04	地质矿产调查工程技术人员	420203	矿山地质	职教专科
325	2-02-01-04	地质矿产调查工程技术人员	420206	地球物理勘探技术	职教专科
326	2-02-01-04	地质矿产调查工程技术人员	420207	地质灾害调查与防治	职教专科
327	2-02-01-04	地质矿产调查工程技术人员	420208	环境地质工程	职教专科
328	2-02-01-04	地质矿产调查工程技术人员	420209	城市地质勘查	职教专科
329	2-02-01-04	地质矿产调查工程技术人员	420402	油气地质勘探技术	职教专科
330	2-02-01-04	地质矿产调查工程技术人员	0813-3	地质勘查	技工院校3级

职业信息与教育培训项目（专业）信息对应指引
（2023年版）

续表

序号	职业编码	职业名称	专业代码	专业名称	院校类型
331	2-02-01-05	钻探工程技术人员	420201	工程地质勘查	职教专科
332	2-02-01-05	钻探工程技术人员	420204	钻探工程技术	职教专科
333	2-02-01-05	钻探工程技术人员	420205	岩土工程技术	职教专科
334	2-02-01-05	钻探工程技术人员	0809-3	钻探工程技术	技工院校3级
335	2-02-01-05	钻探工程技术人员	0813-3	地质勘查	技工院校3级
336	2-02-02-01	大地测量工程技术人员	220302	测绘工程技术	职教本科
337	2-02-02-02	工程测量工程技术人员	120404	土地资源管理	普通本科
338	2-02-02-02	工程测量工程技术人员	220302	测绘工程技术	职教本科
339	2-02-02-02	工程测量工程技术人员	420301	工程测量技术	职教专科
340	2-02-02-02	工程测量工程技术人员	420302	测绘工程技术	职教专科
341	2-02-02-02	工程测量工程技术人员	420304	摄影测量与遥感技术	职教专科
342	2-02-02-02	工程测量工程技术人员	420308	矿山测量	职教专科
343	2-02-02-02	工程测量工程技术人员	0412-3	公路工程测量	技工院校3级
344	2-02-02-02	工程测量工程技术人员	0426-3	铁路工程测量	技工院校3级
345	2-02-02-02	工程测量工程技术人员	0805-3	矿山测量	技工院校3级
346	2-02-02-02	工程测量工程技术人员	0814-3	地图制图与地理信息系统	技工院校3级
347	2-02-02-02	工程测量工程技术人员	1104-3	建筑测量	技工院校3级
348	2-02-02-03	摄影测量与遥感工程技术人员	081202	遥感科学与技术	普通本科
349	2-02-02-03	摄影测量与遥感工程技术人员	220303	地理信息技术	职教本科

续表

序号	职业编码	职业名称	专业代码	专业名称	院校类型
350	2-02-02-03	摄影测量与遥感工程技术人员	420304	摄影测量与遥感技术	职教专科
351	2-02-02-04	地图制图工程技术人员	220303	地理信息技术	职教本科
352	2-02-02-04	地图制图工程技术人员	420303	测绘地理信息技术	职教专科
353	2-02-02-04	地图制图工程技术人员	420310	空间数字建模与应用技术	职教专科
354	2-02-02-04	地图制图工程技术人员	0814-3	地图制图与地理信息系统	技工院校3级
355	2-02-02-05	海洋测绘工程技术人员	070701	海洋科学	普通本科
356	2-02-02-05	海洋测绘工程技术人员	070702	海洋技术	普通本科
357	2-02-02-05	海洋测绘工程技术人员	081901	船舶与海洋工程	普通本科
358	2-02-02-05	海洋测绘工程技术人员	220302	测绘工程技术	职教本科
359	2-02-02-05	海洋测绘工程技术人员	420301	工程测量技术	职教专科
360	2-02-02-05	海洋测绘工程技术人员	420302	测绘工程技术	职教专科
361	2-02-02-05	海洋测绘工程技术人员	470207	海洋化工技术	职教专科
362	2-02-02-06	地理国情监测工程技术人员	070501	地理科学	普通本科
363	2-02-02-06	地理国情监测工程技术人员	220303	地理信息技术	职教本科
364	2-02-02-06	地理国情监测工程技术人员	420303	测绘地理信息技术	职教专科
365	2-02-02-06	地理国情监测工程技术人员	420310	空间数字建模与应用技术	职教专科
366	2-02-02-06	地理国情监测工程技术人员	420801	环境监测技术	职教专科
367	2-02-02-07	地理信息系统工程技术人员	070504	地理信息科学	普通本科

职业信息与教育培训项目（专业）信息对应指引
（2023年版）

续表

序号	职业编码	职业名称	专业代码	专业名称	院校类型
368	2-02-02-07	地理信息系统工程技术人员	220302	测绘工程技术	职教本科
369	2-02-02-07	地理信息系统工程技术人员	220303	地理信息技术	职教本科
370	2-02-02-07	地理信息系统工程技术人员	420303	测绘地理信息技术	职教专科
371	2-02-02-07	地理信息系统工程技术人员	420310	空间数字建模与应用技术	职教专科
372	2-02-02-07	地理信息系统工程技术人员	0814-3	地图制图与地理信息系统	技工院校3级
373	2-02-02-08	导航与位置服务工程技术人员	220301	导航工程技术	职教本科
374	2-02-02-08	导航与位置服务工程技术人员	420303	测绘地理信息技术	职教专科
375	2-02-02-08	导航与位置服务工程技术人员	420309	导航与位置服务	职教专科
376	2-02-02-08	导航与位置服务工程技术人员	420310	空间数字建模与应用技术	职教专科
377	2-02-02-08	导航与位置服务工程技术人员	500402	民航通信技术	职教专科
378	2-02-02-08	导航与位置服务工程技术人员	510304	卫星通信与导航技术	职教专科
379	2-02-02-09	地质测绘工程技术人员	070901	地质学	普通本科
380	2-02-02-09	地质测绘工程技术人员	081201	测绘工程	普通本科
381	2-02-02-09	地质测绘工程技术人员	081401	地质工程	普通本科
382	2-02-02-09	地质测绘工程技术人员	081402	勘查技术与工程	普通本科
383	2-02-02-09	地质测绘工程技术人员	081403	资源勘查工程	普通本科
384	2-02-02-09	地质测绘工程技术人员	220101	资源勘查工程技术	职教本科

续表

序号	职业编码	职业名称	专业代码	专业名称	院校类型
385	2-02-02-09	地质测绘工程技术人员	220201	环境地质工程	职教本科
386	2-02-02-09	地质测绘工程技术人员	220302	测绘工程技术	职教本科
387	2-02-02-09	地质测绘工程技术人员	220303	地理信息技术	职教本科
388	2-02-02-09	地质测绘工程技术人员	420101	国土资源调查与管理	职教专科
389	2-02-02-09	地质测绘工程技术人员	420102	地质调查与矿产普查	职教专科
390	2-02-02-09	地质测绘工程技术人员	420103	生态地质调查	职教专科
391	2-02-02-09	地质测绘工程技术人员	420104	矿产地质勘查	职教专科
392	2-02-02-09	地质测绘工程技术人员	420105	煤田地质勘查	职教专科
393	2-02-02-09	地质测绘工程技术人员	420106	岩矿分析与鉴定	职教专科
394	2-02-02-09	地质测绘工程技术人员	420201	工程地质勘查	职教专科
395	2-02-02-09	地质测绘工程技术人员	420202	水文与工程地质	职教专科
396	2-02-02-09	地质测绘工程技术人员	420203	矿山地质	职教专科
397	2-02-02-09	地质测绘工程技术人员	420206	地球物理勘探技术	职教专科
398	2-02-02-09	地质测绘工程技术人员	420207	地质灾害调查与防治	职教专科
399	2-02-02-09	地质测绘工程技术人员	420208	环境地质工程	职教专科
400	2-02-02-09	地质测绘工程技术人员	420209	城市地质勘查	职教专科
401	2-02-02-09	地质测绘工程技术人员	420301	工程测量技术	职教专科
402	2-02-02-09	地质测绘工程技术人员	420302	测绘工程技术	职教专科
403	2-02-02-09	地质测绘工程技术人员	420303	测绘地理信息技术	职教专科
404	2-02-02-09	地质测绘工程技术人员	420304	摄影测量与遥感技术	职教专科
405	2-02-02-09	地质测绘工程技术人员	420305	地籍测绘与土地管理	职教专科
406	2-02-02-09	地质测绘工程技术人员	420308	矿山测量	职教专科
407	2-02-02-09	地质测绘工程技术人员	420310	空间数字建模与应用技术	职教专科
408	2-02-02-09	地质测绘工程技术人员	420402	油气地质勘探技术	职教专科
409	2-02-02-09	地质测绘工程技术人员	0426-3	铁路工程测量	技工院校3级

职业信息与教育培训项目（专业）信息对应指引
（2023 年版）

续表

序号	职业编码	职业名称	专业代码	专业名称	院校类型
410	2-02-02-09	地质测绘工程技术人员	0813-3	地质勘查	技工院校3级
411	2-02-02-09	地质测绘工程技术人员	0814-3	地图制图与地理信息系统	技工院校3级
412	2-02-03-01	矿井建设工程技术人员	420502	矿井建设工程技术	职教专科
413	2-02-03-01	矿井建设工程技术人员	420503	通风技术与安全管理	职教专科
414	2-02-03-01	矿井建设工程技术人员	0801-3	矿物开采与处理	技工院校3级
415	2-02-03-01	矿井建设工程技术人员	0806-3	矿井通风与安全	技工院校3级
416	2-02-03-02	采矿工程技术人员	081501	采矿工程	普通本科
417	2-02-03-02	采矿工程技术人员	220501	智能采矿技术	职教本科
418	2-02-03-02	采矿工程技术人员	420105	煤田地质勘查	职教专科
419	2-02-03-02	采矿工程技术人员	420203	矿山地质	职教专科
420	2-02-03-02	采矿工程技术人员	420501	煤矿智能开采技术	职教专科
421	2-02-03-02	采矿工程技术人员	420502	矿井建设工程技术	职教专科
422	2-02-03-02	采矿工程技术人员	420503	通风技术与安全管理	职教专科
423	2-02-03-02	采矿工程技术人员	420601	矿山智能开采技术	职教专科
424	2-02-03-02	采矿工程技术人员	0801-3	矿物开采与处理	技工院校3级
425	2-02-03-02	采矿工程技术人员	0806-3	矿井通风与安全	技工院校3级
426	2-02-03-03	矿山通风工程技术人员	220501	智能采矿技术	职教本科
427	2-02-03-03	矿山通风工程技术人员	420501	煤矿智能开采技术	职教专科
428	2-02-03-03	矿山通风工程技术人员	420503	通风技术与安全管理	职教专科
429	2-02-03-03	矿山通风工程技术人员	420601	矿山智能开采技术	职教专科
430	2-02-03-03	矿山通风工程技术人员	0806-3	矿井通风与安全	技工院校3级

职业信息与教育培训项目（专业）信息对应指引一览表

续表

序号	职业编码	职业名称	专业代码	专业名称	院校类型
431	2-02-03-04	选矿与矿物加工工程技术人员	081503	矿物加工工程	普通本科
432	2-02-03-04	选矿与矿物加工工程技术人员	420602	矿物加工技术	职教专科
433	2-02-03-04	选矿与矿物加工工程技术人员	0801-3	矿物开采与处理	技工院校3级
434	2-02-03-05	矿山环保复垦工程技术人员	081501	采矿工程	普通本科
435	2-02-03-05	矿山环保复垦工程技术人员	220501	智能采矿技术	职教本科
436	2-02-03-05	矿山环保复垦工程技术人员	420203	矿山地质	职教专科
437	2-02-03-05	矿山环保复垦工程技术人员	420308	矿山测量	职教专科
438	2-02-03-05	矿山环保复垦工程技术人员	420601	矿山智能开采技术	职教专科
439	2-02-04-01	石油天然气开采工程技术人员	081502	石油工程	普通本科
440	2-02-04-01	石油天然气开采工程技术人员	081504	油气储运工程	普通本科
441	2-02-04-01	石油天然气开采工程技术人员	220401	油气储运工程	职教本科
442	2-02-04-01	石油天然气开采工程技术人员	220402	石油工程技术	职教本科
443	2-02-04-01	石油天然气开采工程技术人员	420401	油气储运技术	职教专科
444	2-02-04-01	石油天然气开采工程技术人员	420402	油气地质勘探技术	职教专科

职业信息与教育培训项目（专业）信息对应指引

（2023 年版）

续表

序号	职业编码	职业名称	专业代码	专业名称	院校类型
445	2-02-04-01	石油天然气开采工程技术人员	420403	钻井技术	职教专科
446	2-02-04-01	石油天然气开采工程技术人员	420404	油气智能开采技术	职教专科
447	2-02-04-01	石油天然气开采工程技术人员	420405	油田化学应用技术	职教专科
448	2-02-04-01	石油天然气开采工程技术人员	420406	石油工程技术	职教专科
449	2-02-04-01	石油天然气开采工程技术人员	0810-3	石油钻井	技工院校3级
450	2-02-04-01	石油天然气开采工程技术人员	0811-3	石油天然气开采	技工院校3级
451	2-02-04-01	石油天然气开采工程技术人员	0812-3	石油天然气储运与营销	技工院校3级
452	2-02-04-01	石油天然气开采工程技术人员	0901-3	石油炼制	技工院校3级
453	2-02-04-02	石油天然气储运工程技术人员	081502	石油工程	普通本科
454	2-02-04-02	石油天然气储运工程技术人员	081504	油气储运工程	普通本科
455	2-02-04-02	石油天然气储运工程技术人员	220401	油气储运工程	职教本科
456	2-02-04-02	石油天然气储运工程技术人员	220402	石油工程技术	职教本科
457	2-02-04-02	石油天然气储运工程技术人员	420401	油气储运技术	职教专科
458	2-02-04-02	石油天然气储运工程技术人员	420402	油气地质勘探技术	职教专科

续表

序号	职业编码	职业名称	专业代码	专业名称	院校类型
459	2-02-04-02	石油天然气储运工程技术人员	420404	油气智能开采技术	职教专科
460	2-02-04-02	石油天然气储运工程技术人员	420405	油田化学应用技术	职教专科
461	2-02-04-02	石油天然气储运工程技术人员	420406	石油工程技术	职教专科
462	2-02-04-02	石油天然气储运工程技术人员	500502	管道运输管理	职教专科
463	2-02-04-02	石油天然气储运工程技术人员	0812-3	石油天然气储运与营销	技工院校3级
464	2-02-04-02	石油天然气储运工程技术人员	0901-3	石油炼制	技工院校3级
465	2-02-05-01	冶炼工程技术人员	230401	钢铁智能冶金技术	职教本科
466	2-02-05-01	冶炼工程技术人员	430401	钢铁智能冶金技术	职教专科
467	2-02-05-01	冶炼工程技术人员	430403	钢铁冶金设备维护	职教专科
468	2-02-05-01	冶炼工程技术人员	430501	有色金属智能冶金技术	职教专科
469	2-02-05-01	冶炼工程技术人员	1002-3	钢铁冶炼	技工院校3级
470	2-02-05-01	冶炼工程技术人员	1003-3	有色金属冶炼	技工院校3级
471	2-02-05-02	轧制工程技术人员	230502	金属智能成型技术	职教本科
472	2-02-05-02	轧制工程技术人员	430402	智能轧钢技术	职教专科
473	2-02-05-02	轧制工程技术人员	430502	金属智能加工技术	职教专科
474	2-02-05-02	轧制工程技术人员	460111	工业材料表面处理技术	职教专科
475	2-02-05-02	轧制工程技术人员	1001-3	钢材轧制与表面处理	技工院校3级
476	2-02-05-03	焦化工程技术人员	0907-3	煤化工	技工院校3级

职业信息与教育培训项目（专业）信息对应指引
（2023年版）

续表

序号	职业编码	职业名称	专业代码	专业名称	院校类型
477	2-02-05-04	金属材料工程技术人员	080405	金属材料工程	普通本科
478	2-02-05-04	金属材料工程技术人员	230501	材料化冶金应用技术	职教本科
479	2-02-05-04	金属材料工程技术人员	230502	金属智能成型技术	职教本科
480	2-02-05-04	金属材料工程技术人员	430401	钢铁智能冶金技术	职教专科
481	2-02-05-04	金属材料工程技术人员	430403	钢铁冶金设备维护	职教专科
482	2-02-05-04	金属材料工程技术人员	430404	金属材料检测技术	职教专科
483	2-02-05-04	金属材料工程技术人员	430501	有色金属智能冶金技术	职教专科
484	2-02-05-04	金属材料工程技术人员	430502	金属智能加工技术	职教专科
485	2-02-05-04	金属材料工程技术人员	460120	理化测试与质检技术	职教专科
486	2-02-05-04	金属材料工程技术人员	0131-3	金属材料分析与检测	技工院校3级
487	2-02-05-06	炭素材料工程技术人员	430608	炭材料工程技术	职教专科
488	2-02-05-07	冶金热能工程技术人员	080404	冶金工程	普通本科
489	2-02-05-07	冶金热能工程技术人员	230401	钢铁智能冶金技术	职教本科
490	2-02-05-07	冶金热能工程技术人员	230501	材料化冶金应用技术	职教本科
491	2-02-05-07	冶金热能工程技术人员	230502	金属智能成型技术	职教本科
492	2-02-05-07	冶金热能工程技术人员	260106	材料成型及控制工程	职教本科
493	2-02-05-07	冶金热能工程技术人员	430401	钢铁智能冶金技术	职教专科
494	2-02-05-07	冶金热能工程技术人员	430403	钢铁冶金设备维护	职教专科
495	2-02-05-07	冶金热能工程技术人员	430501	有色金属智能冶金技术	职教专科
496	2-02-05-07	冶金热能工程技术人员	430503	金属精密成型技术	职教专科
497	2-02-05-07	冶金热能工程技术人员	1003-3	有色金属冶炼	技工院校3级
498	2-02-05-09	稀土工程技术人员	081503	矿物加工工程	普通本科
499	2-02-05-09	稀土工程技术人员	430505	稀土材料技术	职教专科
500	2-02-05-09	稀土工程技术人员	1003-3	有色金属冶炼	技工院校3级
501	2-02-06-01	化工实验工程技术人员	070302	应用化学	普通本科

续表

序号	职业编码	职业名称	专业代码	专业名称	院校类型
502	2-02-06-01	化工实验工程技术人员	080403	材料化学	普通本科
503	2-02-06-01	化工实验工程技术人员	081301	化学工程与工艺	普通本科
504	2-02-06-01	化工实验工程技术人员	270201	应用化工技术	职教本科
505	2-02-06-01	化工实验工程技术人员	270202	化工智能制造工程技术	职教本科
506	2-02-06-01	化工实验工程技术人员	420902	化工安全技术	职教专科
507	2-02-06-01	化工实验工程技术人员	470201	应用化工技术	职教专科
508	2-02-06-01	化工实验工程技术人员	470202	石油炼制技术	职教专科
509	2-02-06-01	化工实验工程技术人员	470203	精细化工技术	职教专科
510	2-02-06-01	化工实验工程技术人员	470204	石油化工技术	职教专科
511	2-02-06-01	化工实验工程技术人员	470207	海洋化工技术	职教专科
512	2-02-06-01	化工实验工程技术人员	470209	化工智能制造技术	职教专科
513	2-02-06-01	化工实验工程技术人员	470210	化工装备技术	职教专科
514	2-02-06-01	化工实验工程技术人员	470211	化工自动化技术	职教专科
515	2-02-06-01	化工实验工程技术人员	0114-3	化工机械维修	技工院校3级
516	2-02-06-01	化工实验工程技术人员	0902-3	化工工艺	技工院校3级
517	2-02-06-01	化工实验工程技术人员	0904-3	精细化工	技工院校3级
518	2-02-06-01	化工实验工程技术人员	0905-3	生物化工	技工院校3级
519	2-02-06-01	化工实验工程技术人员	0906-3	高分子材料加工	技工院校3级
520	2-02-06-01	化工实验工程技术人员	0911-3	化工安全管理	技工院校3级
521	2-02-06-02	化工设计工程技术人员	070302	应用化学	普通本科
522	2-02-06-02	化工设计工程技术人员	081301	化学工程与工艺	普通本科
523	2-02-06-02	化工设计工程技术人员	270201	应用化工技术	职教本科

续表

序号	职业编码	职业名称	专业代码	专业名称	院校类型
524	2-02-06-02	化工设计工程技术人员	270202	化工智能制造工程技术	职教本科
525	2-02-06-02	化工设计工程技术人员	420902	化工安全技术	职教专科
526	2-02-06-02	化工设计工程技术人员	470201	应用化工技术	职教专科
527	2-02-06-02	化工设计工程技术人员	470202	石油炼制技术	职教专科
528	2-02-06-02	化工设计工程技术人员	470203	精细化工技术	职教专科
529	2-02-06-02	化工设计工程技术人员	470204	石油化工技术	职教专科
530	2-02-06-02	化工设计工程技术人员	470205	煤化工技术	职教专科
531	2-02-06-02	化工设计工程技术人员	470206	高分子合成技术	职教专科
532	2-02-06-02	化工设计工程技术人员	470207	海洋化工技术	职教专科
533	2-02-06-02	化工设计工程技术人员	470209	化工智能制造技术	职教专科
534	2-02-06-02	化工设计工程技术人员	470210	化工装备技术	职教专科
535	2-02-06-02	化工设计工程技术人员	470211	化工自动化技术	职教专科
536	2-02-06-02	化工设计工程技术人员	0114-3	化工机械维修	技工院校3级
537	2-02-06-02	化工设计工程技术人员	0902-3	化工工艺	技工院校3级
538	2-02-06-02	化工设计工程技术人员	0904-3	精细化工	技工院校3级
539	2-02-06-02	化工设计工程技术人员	0905-3	生物化工	技工院校3级
540	2-02-06-02	化工设计工程技术人员	0906-3	高分子材料加工	技工院校3级
541	2-02-06-02	化工设计工程技术人员	0908-3	磷化工	技工院校3级
542	2-02-06-02	化工设计工程技术人员	0911-3	化工安全管理	技工院校3级
543	2-02-06-03	化工生产工程技术人员	070302	应用化学	普通本科
544	2-02-06-03	化工生产工程技术人员	081301	化学工程与工艺	普通本科

续表

序号	职业编码	职业名称	专业代码	专业名称	院校类型
545	2-02-06-03	化工生产工程技术人员	230602	新材料与应用技术	职教本科
546	2-02-06-03	化工生产工程技术人员	270201	应用化工技术	职教本科
547	2-02-06-03	化工生产工程技术人员	270202	化工智能制造工程技术	职教本科
548	2-02-06-03	化工生产工程技术人员	270203	现代精细化工技术	职教本科
549	2-02-06-03	化工生产工程技术人员	420902	化工安全技术	职教专科
550	2-02-06-03	化工生产工程技术人员	470201	应用化工技术	职教专科
551	2-02-06-03	化工生产工程技术人员	470202	石油炼制技术	职教专科
552	2-02-06-03	化工生产工程技术人员	470203	精细化工技术	职教专科
553	2-02-06-03	化工生产工程技术人员	470204	石油化工技术	职教专科
554	2-02-06-03	化工生产工程技术人员	470205	煤化工技术	职教专科
555	2-02-06-03	化工生产工程技术人员	470206	高分子合成技术	职教专科
556	2-02-06-03	化工生产工程技术人员	470207	海洋化工技术	职教专科
557	2-02-06-03	化工生产工程技术人员	470209	化工智能制造技术	职教专科
558	2-02-06-03	化工生产工程技术人员	470210	化工装备技术	职教专科
559	2-02-06-03	化工生产工程技术人员	470211	化工自动化技术	职教专科
560	2-02-06-03	化工生产工程技术人员	470212	涂装防护技术	职教专科
561	2-02-06-03	化工生产工程技术人员	0114-3	化工机械维修	技工院校3级
562	2-02-06-03	化工生产工程技术人员	0902-3	化工工艺	技工院校3级
563	2-02-06-03	化工生产工程技术人员	0904-3	精细化工	技工院校3级
564	2-02-06-03	化工生产工程技术人员	0905-3	生物化工	技工院校3级
565	2-02-06-03	化工生产工程技术人员	0906-3	高分子材料加工	技工院校3级
566	2-02-06-03	化工生产工程技术人员	0908-3	磷化工	技工院校3级

职业信息与教育培训项目（专业）信息对应指引

（2023 年版）

续表

序号	职业编码	职业名称	专业代码	专业名称	院校类型
567	2-02-06-03	化工生产工程技术人员	0911-3	化工安全管理	技工院校3级
568	2-02-07-01	机械设计工程技术人员	080204	机械电子工程	普通本科
569	2-02-07-01	机械设计工程技术人员	260101	机械设计制造及自动化	职教本科
570	2-02-07-01	机械设计工程技术人员	260104	工业设计	职教本科
571	2-02-07-01	机械设计工程技术人员	460101	机械设计与制造	职教专科
572	2-02-07-01	机械设计工程技术人员	460102	数字化设计与制造技术	职教专科
573	2-02-07-01	机械设计工程技术人员	460105	工业设计	职教专科
574	2-02-07-02	机械制造工程技术人员	080206	过程装备与控制工程	普通本科
575	2-02-07-02	机械制造工程技术人员	260101	机械设计制造及自动化	职教本科
576	2-02-07-02	机械制造工程技术人员	260102	智能制造工程技术	职教本科
577	2-02-07-02	机械制造工程技术人员	260103	数控技术	职教本科
578	2-02-07-02	机械制造工程技术人员	260201	装备智能化技术	职教本科
579	2-02-07-02	机械制造工程技术人员	260601	航空智能制造技术	职教本科
580	2-02-07-02	机械制造工程技术人员	0110-2	数控编程	技工院校2级
581	2-02-07-02	机械制造工程技术人员	0136-2	数字化设计与制造	技工院校2级
582	2-02-07-02	机械制造工程技术人员	420811	智能环保装备技术	职教专科
583	2-02-07-02	机械制造工程技术人员	460101	机械设计与制造	职教专科
584	2-02-07-02	机械制造工程技术人员	460102	数字化设计与制造技术	职教专科
585	2-02-07-02	机械制造工程技术人员	460103	数控技术	职教专科
586	2-02-07-02	机械制造工程技术人员	460104	机械制造及自动化	职教专科
587	2-02-07-02	机械制造工程技术人员	460114	特种加工技术	职教专科
588	2-02-07-02	机械制造工程技术人员	460201	智能制造装备技术	职教专科
589	2-02-07-02	机械制造工程技术人员	460603	航空发动机制造技术	职教专科
590	2-02-07-02	机械制造工程技术人员	0108-3	数控加工（加工中心操作工）	技工院校3级

续表

序号	职业编码	职业名称	专业代码	专业名称	院校类型
591	2-02-07-02	机械制造工程技术人员	0113-3	煤矿机械维修	技工院校3级
592	2-02-07-02	机械制造工程技术人员	0136-3	数字化设计与制造	技工院校3级
593	2-02-07-03	仪器仪表工程技术人员	080801	自动化	普通本科
594	2-02-07-03	仪器仪表工程技术人员	260303	智能控制技术	职教本科
595	2-02-07-03	仪器仪表工程技术人员	260305	自动化技术与应用	职教本科
596	2-02-07-03	仪器仪表工程技术人员	260306	现代测控工程技术	职教本科
597	2-02-07-03	仪器仪表工程技术人员	460306	电气自动化技术	职教专科
598	2-02-07-03	仪器仪表工程技术人员	460307	工业过程自动化技术	职教专科
599	2-02-07-03	仪器仪表工程技术人员	460308	工业自动化仪表技术	职教专科
600	2-02-07-03	仪器仪表工程技术人员	0205-3	楼宇自动控制设备安装与维护	技工院校3级
601	2-02-07-03	仪器仪表工程技术人员	0206-3	工业自动化仪器仪表装配与维护	技工院校3级
602	2-02-07-03	仪器仪表工程技术人员	0207-3	化工仪表及自动化	技工院校3级
603	2-02-07-03	仪器仪表工程技术人员	0805-3	矿山测量	技工院校3级
604	2-02-07-06	模具设计工程技术人员	0117-2	模具制造	技工院校2级
605	2-02-07-06	模具设计工程技术人员	0118-2	模具设计	技工院校2级
606	2-02-07-06	模具设计工程技术人员	460109	现代锻压技术	职教专科
607	2-02-07-06	模具设计工程技术人员	460113	模具设计与制造	职教专科
608	2-02-07-06	模具设计工程技术人员	0117-3	模具制造	技工院校3级
609	2-02-07-06	模具设计工程技术人员	0118-3	模具设计	技工院校3级

职业信息与教育培训项目（专业）信息对应指引

（2023年版）

续表

序号	职业编码	职业名称	专业代码	专业名称	院校类型
610	2-02-07-07	自动控制工程技术人员	080801	自动化	普通本科
611	2-02-07-07	自动控制工程技术人员	260101	机械设计制造及自动化	职教本科
612	2-02-07-07	自动控制工程技术人员	260103	数控技术	职教本科
613	2-02-07-07	自动控制工程技术人员	260301	机械电子工程技术	职教本科
614	2-02-07-07	自动控制工程技术人员	260302	电气工程及自动化	职教本科
615	2-02-07-07	自动控制工程技术人员	260305	自动化技术与应用	职教本科
616	2-02-07-07	自动控制工程技术人员	0127-2	机电一体化技术	技工院校2级
617	2-02-07-07	自动控制工程技术人员	430206	热工自动化技术	职教专科
618	2-02-07-07	自动控制工程技术人员	460101	机械设计与制造	职教专科
619	2-02-07-07	自动控制工程技术人员	460103	数控技术	职教专科
620	2-02-07-07	自动控制工程技术人员	460104	机械制造及自动化	职教专科
621	2-02-07-07	自动控制工程技术人员	460301	机电一体化技术	职教专科
622	2-02-07-07	自动控制工程技术人员	460306	电气自动化技术	职教专科
623	2-02-07-07	自动控制工程技术人员	460307	工业过程自动化技术	职教专科
624	2-02-07-07	自动控制工程技术人员	460308	工业自动化仪表技术	职教专科
625	2-02-07-07	自动控制工程技术人员	470211	化工自动化技术	职教专科
626	2-02-07-08	材料成形与改性工程技术人员	430404	金属材料检测技术	职教专科
627	2-02-07-08	材料成形与改性工程技术人员	460107	材料成型及控制技术	职教专科
628	2-02-07-08	材料成形与改性工程技术人员	460109	现代锻压技术	职教专科
629	2-02-07-08	材料成形与改性工程技术人员	460111	工业材料表面处理技术	职教专科
630	2-02-07-08	材料成形与改性工程技术人员	460606	航空装备表面处理技术	职教专科

续表

序号	职业编码	职业名称	专业代码	专业名称	院校类型
631	2-02-07-08	材料成形与改性工程技术人员	480111	表面精饰工艺	职教专科
632	2-02-07-08	材料成形与改性工程技术人员	0125-3	金属热处理	技工院校3级
633	2-02-07-08	材料成形与改性工程技术人员	0131-3	金属材料分析与检测	技工院校3级
634	2-02-07-09	焊接工程技术人员	260106	材料成型及控制工程	职教本科
635	2-02-07-09	焊接工程技术人员	0119-2	焊接加工	技工院校2级
636	2-02-07-09	焊接工程技术人员	460110	智能焊接技术	职教专科
637	2-02-07-09	焊接工程技术人员	460504	船舶智能焊接技术	职教专科
638	2-02-07-09	焊接工程技术人员	0119-3	焊接加工	技工院校3级
639	2-02-07-11	汽车工程技术人员	080208	汽车服务工程	普通本科
640	2-02-07-11	汽车工程技术人员	260701	汽车工程技术	职教本科
641	2-02-07-11	汽车工程技术人员	260702	新能源汽车工程技术	职教本科
642	2-02-07-11	汽车工程技术人员	260703	智能网联汽车工程技术	职教本科
643	2-02-07-11	汽车工程技术人员	300203	汽车服务工程技术	职教本科
644	2-02-07-11	汽车工程技术人员	0126-2	汽车制造与装配	技工院校2级
645	2-02-07-11	汽车工程技术人员	0403-2	汽车维修	技工院校2级
646	2-02-07-11	汽车工程技术人员	0404-2	汽车电器维修	技工院校2级
647	2-02-07-11	汽车工程技术人员	0405-2	汽车钣金与涂装	技工院校2级
648	2-02-07-11	汽车工程技术人员	0407-2	汽车检测	技工院校2级

职业信息与教育培训项目（专业）信息对应指引
（2023年版）

续表

序号	职业编码	职业名称	专业代码	专业名称	院校类型
649	2-02-07-11	汽车工程技术人员	460701	汽车制造与试验技术	职教专科
650	2-02-07-11	汽车工程技术人员	460702	新能源汽车技术	职教专科
651	2-02-07-11	汽车工程技术人员	460703	汽车电子技术	职教专科
652	2-02-07-11	汽车工程技术人员	460704	智能网联汽车技术	职教专科
653	2-02-07-11	汽车工程技术人员	460705	汽车造型与改装技术	职教专科
654	2-02-07-11	汽车工程技术人员	500210	汽车技术服务与营销	职教专科
655	2-02-07-11	汽车工程技术人员	500211	汽车检测与维修技术	职教专科
656	2-02-07-11	汽车工程技术人员	500212	新能源汽车检测与维修技术	职教专科
657	2-02-07-11	汽车工程技术人员	510107	汽车智能技术	职教专科
658	2-02-07-11	汽车工程技术人员	0126-3	汽车制造与装配	技工院校3级
659	2-02-07-11	汽车工程技术人员	0132-3	新能源汽车制造与装配	技工院校3级
660	2-02-07-11	汽车工程技术人员	0403-3	汽车维修	技工院校3级
661	2-02-07-11	汽车工程技术人员	0404-3	汽车电器维修	技工院校3级
662	2-02-07-11	汽车工程技术人员	0405-3	汽车钣金与涂装	技工院校3级
663	2-02-07-11	汽车工程技术人员	0406-3	汽车装饰与美容	技工院校3级
664	2-02-07-11	汽车工程技术人员	0407-3	汽车检测	技工院校3级
665	2-02-07-11	汽车工程技术人员	0435-3	新能源汽车检测与维修	技工院校3级
666	2-02-07-11	汽车工程技术人员	0436-3	汽车技术服务与营销	技工院校3级

续表

序号	职业编码	职业名称	专业代码	专业名称	院校类型
667	2-02-07-11	汽车工程技术人员	0437-3	汽车保险理赔与评估	技工院校3级
668	2-02-07-11	汽车工程技术人员	0444-3	智能网联汽车技术应用	技工院校3级
669	2-02-07-11	汽车工程技术人员	0445-3	重型车辆运用与维修	技工院校3级
670	2-02-07-12	船舶工程技术人员	081803K	航海技术	普通本科
671	2-02-07-12	船舶工程技术人员	081804K	轮机工程	普通本科
672	2-02-07-12	船舶工程技术人员	081901	船舶与海洋工程	普通本科
673	2-02-07-12	船舶工程技术人员	260501	船舶智能制造技术	职教本科
674	2-02-07-12	船舶工程技术人员	260502	船舶动力工程技术	职教本科
675	2-02-07-12	船舶工程技术人员	260503	船舶电气工程技术	职教本科
676	2-02-07-12	船舶工程技术人员	300301	航海技术	职教本科
677	2-02-07-12	船舶工程技术人员	300303	轮机工程技术	职教本科
678	2-02-07-12	船舶工程技术人员	460501	船舶工程技术	职教专科
679	2-02-07-12	船舶工程技术人员	460502	船舶动力工程技术	职教专科
680	2-02-07-12	船舶工程技术人员	460503	船舶电气工程技术	职教专科
681	2-02-07-12	船舶工程技术人员	460504	船舶智能焊接技术	职教专科
682	2-02-07-12	船舶工程技术人员	460505	船舶舾装工程技术	职教专科
683	2-02-07-12	船舶工程技术人员	460506	船舶涂装工程技术	职教专科
684	2-02-07-12	船舶工程技术人员	460507	船舶通信装备技术	职教专科
685	2-02-07-12	船舶工程技术人员	500301	航海技术	职教专科
686	2-02-07-12	船舶工程技术人员	500303	轮机工程技术	职教专科
687	2-02-07-12	船舶工程技术人员	500308	船舶电子电气技术	职教专科
688	2-02-07-12	船舶工程技术人员	500309	船舶检验	职教专科
689	2-02-07-12	船舶工程技术人员	0416-3	船舶驾驶	技工院校3级

职业信息与教育培训项目（专业）信息对应指引

（2023年版）

续表

序号	职业编码	职业名称	专业代码	专业名称	院校类型
690	2-02-07-12	船舶工程技术人员	0417-3	船舶轮机	技工院校3级
691	2-02-07-12	船舶工程技术人员	0418-3	船舶建造与维修	技工院校3级
692	2-02-07-13	铸造工程技术人员	460107	材料成型及控制技术	职教专科
693	2-02-07-13	铸造工程技术人员	460108	现代铸造技术	职教专科
694	2-02-07-13	铸造工程技术人员	460610	航空材料精密成型技术	职教专科
695	2-02-07-13	铸造工程技术人员	0104-3	铸造成型	技工院校3级
696	2-02-08-01	飞行器设计工程技术人员	082001	航空航天工程	普通本科
697	2-02-08-01	飞行器设计工程技术人员	082002	飞行器设计与工程	普通本科
698	2-02-08-01	飞行器设计工程技术人员	082003	飞行器制造工程	普通本科
699	2-02-08-01	飞行器设计工程技术人员	082004	飞行器动力工程	普通本科
700	2-02-08-01	飞行器设计工程技术人员	082005	飞行器环境与生命保障工程	普通本科
701	2-02-08-01	飞行器设计工程技术人员	460602	飞行器数字化装配技术	职教专科
702	2-02-08-02	飞行器制造工程技术人员	082001	航空航天工程	普通本科
703	2-02-08-02	飞行器制造工程技术人员	082002	飞行器设计与工程	普通本科
704	2-02-08-02	飞行器制造工程技术人员	082003	飞行器制造工程	普通本科

续表

序号	职业编码	职业名称	专业代码	专业名称	院校类型
705	2-02-08-02	飞行器制造工程技术人员	082004	飞行器动力工程	普通本科
706	2-02-08-02	飞行器制造工程技术人员	082005	飞行器环境与生命保障工程	普通本科
707	2-02-08-02	飞行器制造工程技术人员	260101	机械设计制造及自动化	职教本科
708	2-02-08-02	飞行器制造工程技术人员	460601	飞行器数字化制造技术	职教专科
709	2-02-08-02	飞行器制造工程技术人员	460602	飞行器数字化装配技术	职教专科
710	2-02-08-03	航空动力装置设计工程技术人员	260502	船舶动力工程技术	职教本科
711	2-02-08-03	航空动力装置设计工程技术人员	260601	航空智能制造技术	职教本科
712	2-02-08-03	航空动力装置设计工程技术人员	260603	航空动力装置维修技术	职教本科
713	2-02-08-03	航空动力装置设计工程技术人员	300402	航空机电设备维修技术	职教本科
714	2-02-08-03	航空动力装置设计工程技术人员	460604	航空发动机装配调试技术	职教专科
715	2-02-08-03	航空动力装置设计工程技术人员	460606	航空装备表面处理技术	职教专科
716	2-02-08-03	航空动力装置设计工程技术人员	460608	航空发动机维修技术	职教专科
717	2-02-08-03	航空动力装置设计工程技术人员	500409	飞机机电设备维修	职教专科
718	2-02-08-03	航空动力装置设计工程技术人员	500414	航空地面设备维修	职教专科

职业信息与教育培训项目（专业）信息对应指引

（2023年版）

续表

序号	职业编码	职业名称	专业代码	专业名称	院校类型
719	2-02-08-04	航空动力装置制造工程技术人员	260101	机械设计制造及自动化	职教本科
720	2-02-08-04	航空动力装置制造工程技术人员	260502	船舶动力工程技术	职教本科
721	2-02-08-04	航空动力装置制造工程技术人员	260601	航空智能制造技术	职教本科
722	2-02-08-04	航空动力装置制造工程技术人员	260603	航空动力装置维修技术	职教本科
723	2-02-08-04	航空动力装置制造工程技术人员	300402	航空机电设备维修技术	职教本科
724	2-02-08-04	航空动力装置制造工程技术人员	300404	通用航空航务技术	职教本科
725	2-02-08-04	航空动力装置制造工程技术人员	460601	飞行器数字化制造技术	职教专科
726	2-02-08-04	航空动力装置制造工程技术人员	460603	航空发动机制造技术	职教专科
727	2-02-08-04	航空动力装置制造工程技术人员	460604	航空发动机装配调试技术	职教专科
728	2-02-08-04	航空动力装置制造工程技术人员	460606	航空装备表面处理技术	职教专科
729	2-02-08-04	航空动力装置制造工程技术人员	460608	航空发动机维修技术	职教专科
730	2-02-08-04	航空动力装置制造工程技术人员	500409	飞机机电设备维修	职教专科
731	2-02-08-04	航空动力装置制造工程技术人员	500412	通用航空器维修	职教专科
732	2-02-08-04	航空动力装置制造工程技术人员	500414	航空地面设备维修	职教专科

续表

序号	职业编码	职业名称	专业代码	专业名称	院校类型
733	2-02-08-05	航空产品试验与飞行试验工程技术人员	081805K	飞行技术	普通本科
734	2-02-08-05	航空产品试验与飞行试验工程技术人员	260601	航空智能制造技术	职教本科
735	2-02-08-05	航空产品试验与飞行试验工程技术人员	260603	航空动力装置维修技术	职教本科
736	2-02-08-05	航空产品试验与飞行试验工程技术人员	300402	航空机电设备维修技术	职教本科
737	2-02-08-05	航空产品试验与飞行试验工程技术人员	460604	航空发动机装配调试技术	职教专科
738	2-02-08-05	航空产品试验与飞行试验工程技术人员	460606	航空装备表面处理技术	职教专科
739	2-02-08-05	航空产品试验与飞行试验工程技术人员	460608	航空发动机维修技术	职教专科
740	2-02-08-05	航空产品试验与飞行试验工程技术人员	500414	航空地面设备维修	职教专科
741	2-02-08-06	航空产品适航工程技术人员	260601	航空智能制造技术	职教本科
742	2-02-08-06	航空产品适航工程技术人员	260603	航空动力装置维修技术	职教本科
743	2-02-08-06	航空产品适航工程技术人员	460604	航空发动机装配调试技术	职教专科
744	2-02-08-07	航空产品支援工程技术人员	081805K	飞行技术	普通本科
745	2-02-08-07	航空产品支援工程技术人员	260601	航空智能制造技术	职教本科
746	2-02-08-07	航空产品支援工程技术人员	260602	飞行器维修工程技术	职教本科

续表

序号	职业编码	职业名称	专业代码	专业名称	院校类型
747	2-02-08-07	航空产品支援工程技术人员	260603	航空动力装置维修技术	职教本科
748	2-02-08-07	航空产品支援工程技术人员	300402	航空机电设备维修技术	职教本科
749	2-02-08-07	航空产品支援工程技术人员	300404	通用航空航务技术	职教本科
750	2-02-08-07	航空产品支援工程技术人员	460601	飞行器数字化制造技术	职教专科
751	2-02-08-07	航空产品支援工程技术人员	460603	航空发动机制造技术	职教专科
752	2-02-08-07	航空产品支援工程技术人员	460604	航空发动机装配调试技术	职教专科
753	2-02-08-07	航空产品支援工程技术人员	460605	飞机机载设备装配调试技术	职教专科
754	2-02-08-07	航空产品支援工程技术人员	460606	航空装备表面处理技术	职教专科
755	2-02-08-07	航空产品支援工程技术人员	460608	航空发动机维修技术	职教专科
756	2-02-08-07	航空产品支援工程技术人员	500409	飞机机电设备维修	职教专科
757	2-02-08-07	航空产品支援工程技术人员	500413	飞机结构修理	职教专科
758	2-02-08-07	航空产品支援工程技术人员	500414	航空地面设备维修	职教专科
759	2-02-08-07	航空产品支援工程技术人员	500416	通用航空航务技术	职教专科
760	2-02-08-07	航空产品支援工程技术人员	500417	航空油料	职教专科

续表

序号	职业编码	职业名称	专业代码	专业名称	院校类型
761	2-02-08-08	机载设备设计制造工程技术人员	460605	飞机机载设备装配调试技术	职教专科
762	2-02-08-08	机载设备设计制造工程技术人员	500411	飞机部件修理	职教专科
763	2-02-09-01	电子材料工程技术人员	080402	材料物理	普通本科
764	2-02-09-01	电子材料工程技术人员	230602	新材料与应用技术	职教本科
765	2-02-09-01	电子材料工程技术人员	430601	材料工程技术	职教专科
766	2-02-09-02	电子元器件工程技术人员	310103	柔性电子技术	职教本科
767	2-02-09-02	电子元器件工程技术人员	430504	储能材料技术	职教专科
768	2-02-09-03	雷达导航工程技术人员	220301	导航工程技术	职教本科
769	2-02-09-03	雷达导航工程技术人员	420309	导航与位置服务	职教专科
770	2-02-09-03	雷达导航工程技术人员	500402	民航通信技术	职教专科
771	2-02-09-04	电子仪器与电子测量工程技术人员	490210	智能医疗装备技术	职教专科
772	2-02-09-04	电子仪器与电子测量工程技术人员	490211	医用电子仪器技术	职教专科
773	2-02-10-01	通信工程技术人员	080703	通信工程	普通本科
774	2-02-10-01	通信工程技术人员	310202	网络工程技术	职教本科
775	2-02-10-01	通信工程技术人员	310301	现代通信工程	职教本科
776	2-02-10-01	通信工程技术人员	0211-2	通信终端设备制造与维修	技工院校2级
777	2-02-10-01	通信工程技术人员	0301-2	计算机网络应用	技工院校2级
778	2-02-10-01	通信工程技术人员	0309-2	通信网络应用	技工院校2级

续表

序号	职业编码	职业名称	专业代码	专业名称	院校类型
779	2-02-10-01	通信工程技术人员	0316-2	工业互联网技术应用	技工院校2级
780	2-02-10-01	通信工程技术人员	460404	轨道交通通信信号设备制造与维护	职教专科
781	2-02-10-01	通信工程技术人员	500111	铁道通信与信息化技术	职教专科
782	2-02-10-01	通信工程技术人员	500402	民航通信技术	职教专科
783	2-02-10-01	通信工程技术人员	500604	城市轨道交通通信信号技术	职教专科
784	2-02-10-01	通信工程技术人员	510202	计算机网络技术	职教专科
785	2-02-10-01	通信工程技术人员	510301	现代通信技术	职教专科
786	2-02-10-01	通信工程技术人员	510302	现代移动通信技术	职教专科
787	2-02-10-01	通信工程技术人员	510303	通信软件技术	职教专科
788	2-02-10-01	通信工程技术人员	510305	通信工程设计与监理	职教专科
789	2-02-10-01	通信工程技术人员	510306	通信系统运行管理	职教专科
790	2-02-10-01	通信工程技术人员	510308	网络规划与优化技术	职教专科
791	2-02-10-01	通信工程技术人员	510309	电信服务与管理	职教专科
792	2-02-10-01	通信工程技术人员	0211-3	通信终端设备制造与维修	技工院校3级
793	2-02-10-01	通信工程技术人员	0214-3	工业网络技术	技工院校3级
794	2-02-10-01	通信工程技术人员	0304-3	计算机信息管理	技工院校3级
795	2-02-10-01	通信工程技术人员	0309-3	通信网络应用	技工院校3级
796	2-02-10-01	通信工程技术人员	0310-3	通信运营服务	技工院校3级
797	2-02-10-01	通信工程技术人员	0314-3	网络与信息安全	技工院校3级

续表

序号	职业编码	职业名称	专业代码	专业名称	院校类型
798	2-02-10-01	通信工程技术人员	0315-3	云计算技术应用	技工院校3级
799	2-02-10-01	通信工程技术人员	0316-3	工业互联网技术应用	技工院校3级
800	2-02-10-03	计算机软件工程技术人员	080902	软件工程	普通本科
801	2-02-10-03	计算机软件工程技术人员	310201	计算机应用工程	职教本科
802	2-02-10-03	计算机软件工程技术人员	310203	软件工程技术	职教本科
803	2-02-10-03	计算机软件工程技术人员	0302-2	计算机程序设计	技工院校2级
804	2-02-10-03	计算机软件工程技术人员	510203	软件技术	职教专科
805	2-02-10-03	计算机软件工程技术人员	0302-3	计算机程序设计	技工院校3级
806	2-02-10-04	计算机网络工程技术人员	310201	计算机应用工程	职教本科
807	2-02-10-04	计算机网络工程技术人员	310202	网络工程技术	职教本科
808	2-02-10-04	计算机网络工程技术人员	510202	计算机网络技术	职教专科
809	2-02-10-05	信息系统分析工程技术人员	080601	电气工程及其自动化	普通本科
810	2-02-10-05	信息系统分析工程技术人员	080701	电子信息工程	普通本科
811	2-02-10-05	信息系统分析工程技术人员	120102	信息管理与信息系统	普通本科

职业信息与教育培训项目（专业）信息对应指引

（2023年版）

续表

序号	职业编码	职业名称	专业代码	专业名称	院校类型
812	2-02-10-05	信息系统分析工程技术人员	310203	软件工程技术	职教本科
813	2-02-10-05	信息系统分析工程技术人员	310207	信息安全与管理	职教本科
814	2-02-10-05	信息系统分析工程技术人员	0304-2	计算机信息管理	技工院校2级
815	2-02-10-05	信息系统分析工程技术人员	0304-3	计算机信息管理	技工院校3级
816	2-02-10-06	嵌入式系统设计工程技术人员	080801	自动化	普通本科
817	2-02-10-06	嵌入式系统设计工程技术人员	260301	机械电子工程技术	职教本科
818	2-02-10-06	嵌入式系统设计工程技术人员	260302	电气工程及自动化	职教本科
819	2-02-10-06	嵌入式系统设计工程技术人员	260305	自动化技术与应用	职教本科
820	2-02-10-06	嵌入式系统设计工程技术人员	310210	嵌入式技术	职教本科
821	2-02-10-06	嵌入式系统设计工程技术人员	460306	电气自动化技术	职教专科
822	2-02-10-06	嵌入式系统设计工程技术人员	460307	工业过程自动化技术	职教专科
823	2-02-10-06	嵌入式系统设计工程技术人员	470211	化工自动化技术	职教专科
824	2-02-10-06	嵌入式系统设计工程技术人员	510108	智能产品开发与应用	职教专科
825	2-02-10-06	嵌入式系统设计工程技术人员	510210	嵌入式技术应用	职教专科

续表

序号	职业编码	职业名称	专业代码	专业名称	院校类型
826	2-02-10-07	信息安全工程技术人员	080904K	信息安全	普通本科
827	2-02-10-07	信息安全工程技术人员	120102	信息管理与信息系统	普通本科
828	2-02-10-07	信息安全工程技术人员	310203	软件工程技术	职教本科
829	2-02-10-07	信息安全工程技术人员	310207	信息安全与管理	职教本科
830	2-02-10-07	信息安全工程技术人员	0304-2	计算机信息管理	技工院校2级
831	2-02-10-07	信息安全工程技术人员	510207	信息安全技术应用	职教专科
832	2-02-10-07	信息安全工程技术人员	0304-3	计算机信息管理	技工院校3级
833	2-02-10-07	信息安全工程技术人员	0314-3	网络与信息安全	技工院校3级
834	2-02-10-08	信息系统运行维护工程技术人员	080601	电气工程及其自动化	普通本科
835	2-02-10-08	信息系统运行维护工程技术人员	080701	电子信息工程	普通本科
836	2-02-10-08	信息系统运行维护工程技术人员	120102	信息管理与信息系统	普通本科
837	2-02-10-08	信息系统运行维护工程技术人员	310203	软件工程技术	职教本科
838	2-02-10-08	信息系统运行维护工程技术人员	310207	信息安全与管理	职教本科
839	2-02-10-08	信息系统运行维护工程技术人员	0304-2	计算机信息管理	技工院校2级
840	2-02-10-08	信息系统运行维护工程技术人员	530809	智能物流技术	职教专科
841	2-02-10-08	信息系统运行维护工程技术人员	580602K	司法信息技术	职教专科

职业信息与教育培训项目（专业）信息对应指引
（2023年版）

续表

序号	职业编码	职业名称	专业代码	专业名称	院校类型
842	2-02-10-08	信息系统运行维护工程技术人员	0304-3	计算机信息管理	技工院校3级
843	2-02-11-01	电工电器工程技术人员	230301	新能源发电工程技术	职教本科
844	2-02-11-01	电工电器工程技术人员	430107	输配电工程技术	职教专科
845	2-02-11-01	电工电器工程技术人员	460203	电机与电器技术	职教专科
846	2-02-11-01	电工电器工程技术人员	0818-3	输配电线路施工运行与检修	技工院校3级
847	2-02-11-02	电缆光缆工程技术人员	0215-3	电线电缆制造技术	技工院校3级
848	2-02-11-03	光源与照明工程技术人员	510109	智能光电技术应用	职教专科
849	2-02-11-03	光源与照明工程技术人员	510110	光电显示技术	职教专科
850	2-02-12-01	发电工程技术人员	230201	热能动力工程	职教本科
851	2-02-12-01	发电工程技术人员	430101	发电厂及电力系统	职教专科
852	2-02-12-01	发电工程技术人员	430105	电力系统自动化技术	职教专科
853	2-02-12-01	发电工程技术人员	430201	热能动力工程技术	职教专科
854	2-02-12-01	发电工程技术人员	430205	发电运行技术	职教专科
855	2-02-12-01	发电工程技术人员	0817-3	发电厂及变电站电气设备安装与检修	技工院校3级
856	2-02-12-01	发电工程技术人员	0821-3	火电厂热力设备运行与检修	技工院校3级
857	2-02-12-02	供用电工程技术人员	430108	供用电技术	职教专科
858	2-02-12-02	供用电工程技术人员	430111	电力客户服务与管理	职教专科
859	2-02-12-02	供用电工程技术人员	0819-3	供用电技术	技工院校3级
860	2-02-12-03	变电工程技术人员	430101	发电厂及电力系统	职教专科
861	2-02-12-03	变电工程技术人员	430105	电力系统自动化技术	职教专科

续表

序号	职业编码	职业名称	专业代码	专业名称	院校类型
862	2-02-12-03	变电工程技术人员	430106	电力系统继电保护技术	职教专科
863	2-02-12-03	变电工程技术人员	0817-3	发电厂及变电站电气设备安装与检修	技工院校3级
864	2-02-12-04	输电工程技术人员	430107	输配电工程技术	职教专科
865	2-02-12-05	电力工程安装工程技术人员	440405	工业设备安装工程技术	职教专科
866	2-02-12-05	电力工程安装工程技术人员	450203	水利水电工程技术	职教专科
867	2-02-13-01	邮政工程技术人员	300701	邮政快递管理	职教本科
868	2-02-13-01	邮政工程技术人员	500701	邮政快递运营管理	职教专科
869	2-02-13-01	邮政工程技术人员	500702	邮政快递智能技术	职教专科
870	2-02-13-01	邮政工程技术人员	500703	邮政通信管理	职教专科
871	2-02-13-01	邮政工程技术人员	0518-3	邮政业务	技工院校3级
872	2-02-13-02	快递工程技术人员	300701	邮政快递管理	职教本科
873	2-02-13-02	快递工程技术人员	500701	邮政快递运营管理	职教专科
874	2-02-13-02	快递工程技术人员	500702	邮政快递智能技术	职教专科
875	2-02-13-02	快递工程技术人员	0524-3	快递运营管理	技工院校3级
876	2-02-13-02	快递工程技术人员	0531-3	快递安全管理	技工院校3级
877	2-02-14-01	广播电视制播工程技术人员	050302	广播电视学	普通本科
878	2-02-14-01	广播电视制播工程技术人员	130305	广播电视编导	普通本科
879	2-02-14-01	广播电视制播工程技术人员	560202	广播影视节目制作	职教专科

职业信息与教育培训项目（专业）信息对应指引
（2023年版）

续表

序号	职业编码	职业名称	专业代码	专业名称	院校类型
880	2-02-14-01	广播电视制播工程技术人员	560203	数字广播电视技术	职教专科
881	2-02-14-02	广播电视传输覆盖工程技术人员	050302	广播电视学	普通本科
882	2-02-14-02	广播电视传输覆盖工程技术人员	360203	数字广播电视技术	职教本科
883	2-02-14-02	广播电视传输覆盖工程技术人员	560203	数字广播电视技术	职教专科
884	2-02-14-03	电影工程技术人员	130303	电影学	普通本科
885	2-02-14-03	电影工程技术人员	350111	数字影像设计	职教本科
886	2-02-14-03	电影工程技术人员	560207	影视制片管理	职教专科
887	2-02-14-04	演艺设备工程技术人员	350204	舞台艺术设计	职教本科
888	2-02-14-04	演艺设备工程技术人员	560209	影视照明技术与艺术	职教专科
889	2-02-14-04	演艺设备工程技术人员	560210	音像技术	职教专科
890	2-02-15-01	汽车运用工程技术人员	080208	汽车服务工程	普通本科
891	2-02-15-01	汽车运用工程技术人员	260701	汽车工程技术	职教本科
892	2-02-15-01	汽车运用工程技术人员	260702	新能源汽车工程技术	职教本科
893	2-02-15-01	汽车运用工程技术人员	260703	智能网联汽车工程技术	职教本科
894	2-02-15-01	汽车运用工程技术人员	300203	汽车服务工程技术	职教本科
895	2-02-15-01	汽车运用工程技术人员	0126-2	汽车制造与装配	技工院校2级
896	2-02-15-01	汽车运用工程技术人员	0403-2	汽车维修	技工院校2级
897	2-02-15-01	汽车运用工程技术人员	0404-2	汽车电器维修	技工院校2级
898	2-02-15-01	汽车运用工程技术人员	0405-2	汽车钣金与涂装	技工院校2级

续表

序号	职业编码	职业名称	专业代码	专业名称	院校类型
899	2-02-15-01	汽车运用工程技术人员	0407-2	汽车检测	技工院校2级
900	2-02-15-01	汽车运用工程技术人员	460701	汽车制造与试验技术	职教专科
901	2-02-15-01	汽车运用工程技术人员	460702	新能源汽车技术	职教专科
902	2-02-15-01	汽车运用工程技术人员	460703	汽车电子技术	职教专科
903	2-02-15-01	汽车运用工程技术人员	460704	智能网联汽车技术	职教专科
904	2-02-15-01	汽车运用工程技术人员	460705	汽车造型与改装技术	职教专科
905	2-02-15-01	汽车运用工程技术人员	500210	汽车技术服务与营销	职教专科
906	2-02-15-01	汽车运用工程技术人员	500211	汽车检测与维修技术	职教专科
907	2-02-15-01	汽车运用工程技术人员	500212	新能源汽车检测与维修技术	职教专科
908	2-02-15-01	汽车运用工程技术人员	510107	汽车智能技术	职教专科
909	2-02-15-01	汽车运用工程技术人员	0126-3	汽车制造与装配	技工院校3级
910	2-02-15-01	汽车运用工程技术人员	0132-3	新能源汽车制造与装配	技工院校3级
911	2-02-15-01	汽车运用工程技术人员	0403-3	汽车维修	技工院校3级
912	2-02-15-01	汽车运用工程技术人员	0404-3	汽车电器维修	技工院校3级
913	2-02-15-01	汽车运用工程技术人员	0405-3	汽车钣金与涂装	技工院校3级
914	2-02-15-01	汽车运用工程技术人员	0406-3	汽车装饰与美容	技工院校3级
915	2-02-15-01	汽车运用工程技术人员	0407-3	汽车检测	技工院校3级
916	2-02-15-01	汽车运用工程技术人员	0408-3	汽车营销	技工院校3级

序号	职业编码	职业名称	专业代码	专业名称	院校类型
917	2-02-15-01	汽车运用工程技术人员	0435-3	新能源汽车检测与维修	技工院校3级
918	2-02-15-01	汽车运用工程技术人员	0436-3	汽车技术服务与营销	技工院校3级
919	2-02-15-01	汽车运用工程技术人员	0444-3	智能网联汽车技术应用	技工院校3级
920	2-02-15-01	汽车运用工程技术人员	0445-3	重型车辆运用与维修	技工院校3级
921	2-02-15-02	船舶运用工程技术人员	081803K	航海技术	普通本科
922	2-02-15-02	船舶运用工程技术人员	081804K	轮机工程	普通本科
923	2-02-15-02	船舶运用工程技术人员	081901	船舶与海洋工程	普通本科
924	2-02-15-02	船舶运用工程技术人员	260501	船舶智能制造技术	职教本科
925	2-02-15-02	船舶运用工程技术人员	260502	船舶动力工程技术	职教本科
926	2-02-15-02	船舶运用工程技术人员	260503	船舶电气工程技术	职教本科
927	2-02-15-02	船舶运用工程技术人员	300301	航海技术	职教本科
928	2-02-15-02	船舶运用工程技术人员	300303	轮机工程技术	职教本科
929	2-02-15-02	船舶运用工程技术人员	300305	水路运输与海事管理	职教本科
930	2-02-15-02	船舶运用工程技术人员	460501	船舶工程技术	职教专科
931	2-02-15-02	船舶运用工程技术人员	460502	船舶动力工程技术	职教专科
932	2-02-15-02	船舶运用工程技术人员	460503	船舶电气工程技术	职教专科
933	2-02-15-02	船舶运用工程技术人员	460504	船舶智能焊接技术	职教专科
934	2-02-15-02	船舶运用工程技术人员	460505	船舶舾装工程技术	职教专科
935	2-02-15-02	船舶运用工程技术人员	460506	船舶涂装工程技术	职教专科
936	2-02-15-02	船舶运用工程技术人员	460507	船舶通信装备技术	职教专科
937	2-02-15-02	船舶运用工程技术人员	500301	航海技术	职教专科
938	2-02-15-02	船舶运用工程技术人员	500303	轮机工程技术	职教专科
939	2-02-15-02	船舶运用工程技术人员	500308	船舶电子电气技术	职教专科
940	2-02-15-02	船舶运用工程技术人员	500309	船舶检验	职教专科

续表

序号	职业编码	职业名称	专业代码	专业名称	院校类型
941	2-02-15-02	船舶运用工程技术人员	0417-3	船舶轮机	技工院校3级
942	2-02-15-02	船舶运用工程技术人员	0418-3	船舶建造与维修	技工院校3级
943	2-02-15-02	船舶运用工程技术人员	0719-3	航海捕捞	技工院校3级
944	2-02-15-03	水上交通工程技术人员	081802	交通工程	普通本科
945	2-02-15-03	水上交通工程技术人员	081803K	航海技术	普通本科
946	2-02-15-03	水上交通工程技术人员	081804K	轮机工程	普通本科
947	2-02-15-03	水上交通工程技术人员	081901	船舶与海洋工程	普通本科
948	2-02-15-03	水上交通工程技术人员	260501	船舶智能制造技术	职教本科
949	2-02-15-03	水上交通工程技术人员	260502	船舶动力工程技术	职教本科
950	2-02-15-03	水上交通工程技术人员	260503	船舶电气工程技术	职教本科
951	2-02-15-03	水上交通工程技术人员	300202	智能交通管理	职教本科
952	2-02-15-03	水上交通工程技术人员	300301	航海技术	职教本科
953	2-02-15-03	水上交通工程技术人员	300303	轮机工程技术	职教本科
954	2-02-15-03	水上交通工程技术人员	300305	水路运输与海事管理	职教本科
955	2-02-15-03	水上交通工程技术人员	460502	船舶动力工程技术	职教专科
956	2-02-15-03	水上交通工程技术人员	460503	船舶电气工程技术	职教专科
957	2-02-15-03	水上交通工程技术人员	460505	船舶舾装工程技术	职教专科
958	2-02-15-03	水上交通工程技术人员	460507	船舶通信装备技术	职教专科
959	2-02-15-03	水上交通工程技术人员	500207	智能交通技术	职教专科
960	2-02-15-03	水上交通工程技术人员	500301	航海技术	职教专科
961	2-02-15-03	水上交通工程技术人员	500303	轮机工程技术	职教专科
962	2-02-15-03	水上交通工程技术人员	500305	水路运输安全管理	职教专科
963	2-02-15-03	水上交通工程技术人员	500308	船舶电子电气技术	职教专科
964	2-02-15-03	水上交通工程技术人员	500309	船舶检验	职教专科

职业信息与教育培训项目（专业）信息对应指引
（2023年版）

续表

序号	职业编码	职业名称	专业代码	专业名称	院校类型
965	2-02-15-03	水上交通工程技术人员	0417-3	船舶轮机	技工院校3级
966	2-02-15-03	水上交通工程技术人员	0418-3	船舶建造与维修	技工院校3级
967	2-02-15-04	水上救助打捞工程技术人员	300305	水路运输与海事管理	职教本科
968	2-02-15-04	水上救助打捞工程技术人员	500305	水路运输安全管理	职教专科
969	2-02-15-05	船舶检验工程技术人员	260501	船舶智能制造技术	职教本科
970	2-02-15-05	船舶检验工程技术人员	260502	船舶动力工程技术	职教本科
971	2-02-15-05	船舶检验工程技术人员	260503	船舶电气工程技术	职教本科
972	2-02-15-05	船舶检验工程技术人员	300303	轮机工程技术	职教本科
973	2-02-15-05	船舶检验工程技术人员	460502	船舶动力工程技术	职教专科
974	2-02-15-05	船舶检验工程技术人员	460503	船舶电气工程技术	职教专科
975	2-02-15-05	船舶检验工程技术人员	460505	船舶舾装工程技术	职教专科
976	2-02-15-05	船舶检验工程技术人员	460507	船舶通信装备技术	职教专科
977	2-02-15-05	船舶检验工程技术人员	500305	水路运输安全管理	职教专科
978	2-02-15-05	船舶检验工程技术人员	500308	船舶电子电气技术	职教专科
979	2-02-15-05	船舶检验工程技术人员	500309	船舶检验	职教专科
980	2-02-15-05	船舶检验工程技术人员	0418-3	船舶建造与维修	技工院校3级
981	2-02-15-06	无线电航标操作与维护工程技术人员	220301	导航工程技术	职教本科
982	2-02-15-06	无线电航标操作与维护工程技术人员	420309	导航与位置服务	职教专科
983	2-02-15-06	无线电航标操作与维护工程技术人员	510304	卫星通信与导航技术	职教专科
984	2-02-15-07	视觉航标工程技术人员	260201	装备智能化技术	职教本科

续表

序号	职业编码	职业名称	专业代码	专业名称	院校类型
985	2-02-15-07	视觉航标工程技术人员	0140-2	智能装备工业视觉技术应用	技工院校2级
986	2-02-15-07	视觉航标工程技术人员	550102	视觉传达设计	职教专科
987	2-02-15-07	视觉航标工程技术人员	0140-3	智能装备工业视觉技术应用	技工院校3级
988	2-02-15-08	道路交通工程技术人员	300202	智能交通管理	职教本科
989	2-02-15-08	道路交通工程技术人员	500207	智能交通技术	职教专科
990	2-02-15-09	公路养护工程技术人员	500206	道路养护与管理	职教专科
991	2-02-15-09	公路养护工程技术人员	0410-3	公路施工与养护	技工院校3级
992	2-02-15-09	公路养护工程技术人员	0411-3	桥梁施工与养护	技工院校3级
993	2-02-15-09	公路养护工程技术人员	0412-3	公路工程测量	技工院校3级
994	2-02-16-01	民用航空器维修与适航工程技术人员	300402	航空机电设备维修技术	职教本科
995	2-02-16-01	民用航空器维修与适航工程技术人员	300404	通用航空航务技术	职教本科
996	2-02-16-01	民用航空器维修与适航工程技术人员	500409	飞机机电设备维修	职教专科
997	2-02-16-01	民用航空器维修与适航工程技术人员	500410	飞机电子设备维修	职教专科
998	2-02-16-01	民用航空器维修与适航工程技术人员	500411	飞机部件修理	职教专科
999	2-02-16-01	民用航空器维修与适航工程技术人员	500412	通用航空器维修	职教专科
1000	2-02-16-01	民用航空器维修与适航工程技术人员	500413	飞机结构修理	职教专科

续表

序号	职业编码	职业名称	专业代码	专业名称	院校类型
1001	2-02-16-01	民用航空器维修与适航工程技术人员	500416	通用航空航务技术	职教专科
1002	2-02-16-02	民航空中交通管理工程技术人员	081805K	飞行技术	普通本科
1003	2-02-16-02	民航空中交通管理工程技术人员	300402	航空机电设备维修技术	职教本科
1004	2-02-16-02	民航空中交通管理工程技术人员	300403	智慧机场运行与管理	职教本科
1005	2-02-16-02	民航空中交通管理工程技术人员	300404	通用航空航务技术	职教本科
1006	2-02-16-02	民航空中交通管理工程技术人员	500402	民航通信技术	职教专科
1007	2-02-16-02	民航空中交通管理工程技术人员	500409	飞机机电设备维修	职教专科
1008	2-02-16-02	民航空中交通管理工程技术人员	500410	飞机电子设备维修	职教专科
1009	2-02-16-02	民航空中交通管理工程技术人员	500412	通用航空器维修	职教专科
1010	2-02-16-02	民航空中交通管理工程技术人员	500416	通用航空航务技术	职教专科
1011	2-02-16-03	民航通用航空工程技术人员	081805K	飞行技术	普通本科
1012	2-02-16-03	民航通用航空工程技术人员	260604	无人机系统应用技术	职教本科
1013	2-02-16-03	民航通用航空工程技术人员	300404	通用航空航务技术	职教本科
1014	2-02-16-03	民航通用航空工程技术人员	460609	无人机应用技术	职教专科

续表

序号	职业编码	职业名称	专业代码	专业名称	院校类型
1015	2-02-16-03	民航通用航空工程技术人员	500416	通用航空航务技术	职教专科
1016	2-02-16-04	民航飞行签派工程技术人员	081805K	飞行技术	普通本科
1017	2-02-16-04	民航飞行签派工程技术人员	300403	智慧机场运行与管理	职教本科
1018	2-02-16-04	民航飞行签派工程技术人员	300404	通用航空航务技术	职教本科
1019	2-02-16-04	民航飞行签派工程技术人员	500408	机场运行服务与管理	职教专科
1020	2-02-16-04	民航飞行签派工程技术人员	500409	飞机机电设备维修	职教专科
1021	2-02-16-04	民航飞行签派工程技术人员	500410	飞机电子设备维修	职教专科
1022	2-02-16-04	民航飞行签派工程技术人员	500416	通用航空航务技术	职教专科
1023	2-02-17-01	铁道运输工程技术人员	300105	高速铁路运营管理	职教本科
1024	2-02-17-01	铁道运输工程技术人员	300603	城市轨道交通智能运营	职教本科
1025	2-02-17-01	铁道运输工程技术人员	500101	铁道工程技术	职教专科
1026	2-02-17-01	铁道运输工程技术人员	500111	铁道通信与信息化技术	职教专科
1027	2-02-17-01	铁道运输工程技术人员	500112	铁道交通运营管理	职教专科
1028	2-02-17-01	铁道运输工程技术人员	500113	高速铁路客运服务	职教专科
1029	2-02-17-01	铁道运输工程技术人员	500606	城市轨道交通运营管理	职教专科
1030	2-02-17-01	铁道运输工程技术人员	530804	铁路物流管理	职教专科
1031	2-02-17-01	铁道运输工程技术人员	0423-3	铁道运输管理	技工院校3级
1032	2-02-17-01	铁道运输工程技术人员	0430-3	铁路客运服务	技工院校3级

职业信息与教育培训项目（专业）信息对应指引

（2023 年版）

续表

序号	职业编码	职业名称	专业代码	专业名称	院校类型
1033	2-02-17-02	铁道机务工程技术人员	300104	铁道机车智能运用技术	职教本科
1034	2-02-17-02	铁道机务工程技术人员	300105	高速铁路运营管理	职教本科
1035	2-02-17-02	铁道机务工程技术人员	500105	铁道机车运用与维护	职教专科
1036	2-02-17-02	铁道机务工程技术人员	500111	铁道通信与信息化技术	职教专科
1037	2-02-17-02	铁道机务工程技术人员	500112	铁道交通运营管理	职教专科
1038	2-02-17-02	铁道机务工程技术人员	0424-3	电力机车运用与检修	技工院校3级
1039	2-02-17-02	铁道机务工程技术人员	0425-3	内燃机车运用与检修	技工院校3级
1040	2-02-17-02	铁道机务工程技术人员	0446-3	铁道车辆运用与检修	技工院校3级
1041	2-02-17-03	铁道车辆工程技术人员	080207	车辆工程	普通本科
1042	2-02-17-03	铁道车辆工程技术人员	260401	轨道交通车辆工程技术	职教本科
1043	2-02-17-03	铁道车辆工程技术人员	500106	铁道车辆技术	职教专科
1044	2-02-17-03	铁道车辆工程技术人员	0432-3	城市轨道交通车辆运用与检修	技工院校3级
1045	2-02-17-03	铁道车辆工程技术人员	0446-3	铁道车辆运用与检修	技工院校3级
1046	2-02-17-04	铁道电务工程技术人员	310301	现代通信工程	职教本科
1047	2-02-17-04	铁道电务工程技术人员	0309-2	通信网络应用	技工院校2级
1048	2-02-17-04	铁道电务工程技术人员	460404	轨道交通通信信号设备制造与维护	职教专科
1049	2-02-17-04	铁道电务工程技术人员	500101	铁道工程技术	职教专科
1050	2-02-17-04	铁道电务工程技术人员	500107	铁道供电技术	职教专科
1051	2-02-17-04	铁道电务工程技术人员	500110	铁道信号自动控制	职教专科
1052	2-02-17-04	铁道电务工程技术人员	500111	铁道通信与信息化技术	职教专科

续表

序号	职业编码	职业名称	专业代码	专业名称	院校类型
1053	2-02-17-04	铁道电务工程技术人员	500604	城市轨道交通通信信号技术	职教专科
1054	2-02-17-04	铁道电务工程技术人员	0309-3	通信网络应用	技工院校3级
1055	2-02-17-04	铁道电务工程技术人员	0429-3	铁道信号	技工院校3级
1056	2-02-17-05	铁道供电工程技术人员	300104	铁道机车智能运用技术	职教本科
1057	2-02-17-05	铁道供电工程技术人员	500101	铁道工程技术	职教专科
1058	2-02-17-05	铁道供电工程技术人员	500107	铁道供电技术	职教专科
1059	2-02-17-05	铁道供电工程技术人员	500605	城市轨道交通供配电技术	职教专科
1060	2-02-17-05	铁道供电工程技术人员	0427-3	铁路施工与养护	技工院校3级
1061	2-02-17-05	铁道供电工程技术人员	0428-3	电气化铁道供电	技工院校3级
1062	2-02-17-06	铁道工务工程技术人员	300101	高速铁路工程	职教本科
1063	2-02-17-06	铁道工务工程技术人员	500101	铁道工程技术	职教专科
1064	2-02-17-06	铁道工务工程技术人员	500102	高速铁路施工与维护	职教专科
1065	2-02-17-06	铁道工务工程技术人员	500103	铁道桥梁隧道工程技术	职教专科
1066	2-02-17-06	铁道工务工程技术人员	500104	铁道养路机械应用技术	职教专科
1067	2-02-17-06	铁道工务工程技术人员	500109	高速铁路综合维修技术	职教专科
1068	2-02-17-06	铁道工务工程技术人员	500601	城市轨道交通工程技术	职教专科
1069	2-02-17-06	铁道工务工程技术人员	0426-3	铁路工程测量	技工院校3级
1070	2-02-17-06	铁道工务工程技术人员	0427-3	铁路施工与养护	技工院校3级
1071	2-02-18-01	建筑和市政设计工程技术人员	081004	建筑电气与智能化	普通本科

职业信息与教育培训项目（专业）信息对应指引

（2023 年版）

续表

序号	职业编码	职业名称	专业代码	专业名称	院校类型
1072	2-02-18-01	建筑和市政设计工程技术人员	240101	建筑设计	职教本科
1073	2-02-18-01	建筑和市政设计工程技术人员	240102	建筑装饰工程	职教本科
1074	2-02-18-01	建筑和市政设计工程技术人员	240301	建筑工程	职教本科
1075	2-02-18-01	建筑和市政设计工程技术人员	240302	智能建造工程	职教本科
1076	2-02-18-01	建筑和市政设计工程技术人员	240304	建筑智能检测与修复	职教本科
1077	2-02-18-01	建筑和市政设计工程技术人员	240401	建筑环境与能源工程	职教本科
1078	2-02-18-01	建筑和市政设计工程技术人员	240402	建筑电气与智能化工程	职教本科
1079	2-02-18-01	建筑和市政设计工程技术人员	240601	市政工程	职教本科
1080	2-02-18-01	建筑和市政设计工程技术人员	240602	城市设施智慧管理	职教本科
1081	2-02-18-01	建筑和市政设计工程技术人员	440101	建筑设计	职教专科
1082	2-02-18-01	建筑和市政设计工程技术人员	440107	建筑动画技术	职教专科
1083	2-02-18-01	建筑和市政设计工程技术人员	440301	建筑工程技术	职教专科
1084	2-02-18-01	建筑和市政设计工程技术人员	440304	智能建造技术	职教专科
1085	2-02-18-01	建筑和市政设计工程技术人员	440401	建筑设备工程技术	职教专科

续表

序号	职业编码	职业名称	专业代码	专业名称	院校类型
1086	2-02-18-01	建筑和市政设计工程技术人员	440402	建筑电气工程技术	职教专科
1087	2-02-18-01	建筑和市政设计工程技术人员	440404	建筑智能化工程技术	职教专科
1088	2-02-18-01	建筑和市政设计工程技术人员	440502	建设工程管理	职教专科
1089	2-02-18-01	建筑和市政设计工程技术人员	440503	建筑经济信息化管理	职教专科
1090	2-02-18-01	建筑和市政设计工程技术人员	440601	市政工程技术	职教专科
1091	2-02-18-01	建筑和市政设计工程技术人员	1107-3	建筑工程管理	技工院校3级
1092	2-02-18-01	建筑和市政设计工程技术人员	1108-3	市政工程施工	技工院校3级
1093	2-02-18-01	建筑和市政设计工程技术人员	1116-3	建筑设计	技工院校3级
1094	2-02-18-01	建筑和市政设计工程技术人员	1117-3	建筑模型设计与制作	技工院校3级
1095	2-02-18-02	土木建筑工程技术人员	240301	建筑工程	职教本科
1096	2-02-18-02	土木建筑工程技术人员	240303	城市地下工程	职教本科
1097	2-02-18-02	土木建筑工程技术人员	240501	工程造价	职教本科
1098	2-02-18-02	土木建筑工程技术人员	240502	建设工程管理	职教本科
1099	2-02-18-02	土木建筑工程技术人员	240601	市政工程	职教本科
1100	2-02-18-02	土木建筑工程技术人员	440301	建筑工程技术	职教专科
1101	2-02-18-02	土木建筑工程技术人员	440304	智能建造技术	职教专科
1102	2-02-18-02	土木建筑工程技术人员	440305	地下与隧道工程技术	职教专科
1103	2-02-18-02	土木建筑工程技术人员	440405	工业设备安装工程技术	职教专科
1104	2-02-18-02	土木建筑工程技术人员	440502	建设工程管理	职教专科

续表

序号	职业编码	职业名称	专业代码	专业名称	院校类型
1105	2-02-18-02	土木建筑工程技术人员	450203	水利水电工程技术	职教专科
1106	2-02-18-02	土木建筑工程技术人员	500201	道路与桥梁工程技术	职教专科
1107	2-02-18-02	土木建筑工程技术人员	500205	道路工程造价	职教专科
1108	2-02-18-02	土木建筑工程技术人员	500302	港口与航道工程技术	职教专科
1109	2-02-18-02	土木建筑工程技术人员	1107-3	建筑工程管理	技工院校3级
1110	2-02-18-03	风景园林工程技术人员	082803	风景园林	普通本科
1111	2-02-18-03	风景园林工程技术人员	090502	园林	普通本科
1112	2-02-18-03	风景园林工程技术人员	210202	园林工程	职教本科
1113	2-02-18-03	风景园林工程技术人员	410202	园林技术	职教专科
1114	2-02-18-03	风景园林工程技术人员	440104	园林工程技术	职教专科
1115	2-02-18-03	风景园林工程技术人员	440105	风景园林设计	职教专科
1116	2-02-18-05	工程勘察与岩土工程技术人员	081401	地质工程	普通本科
1117	2-02-18-05	工程勘察与岩土工程技术人员	220201	环境地质工程	职教本科
1118	2-02-18-05	工程勘察与岩土工程技术人员	420201	工程地质勘查	职教专科
1119	2-02-18-05	工程勘察与岩土工程技术人员	420202	水文与工程地质	职教专科
1120	2-02-18-05	工程勘察与岩土工程技术人员	420205	岩土工程技术	职教专科
1121	2-02-18-05	工程勘察与岩土工程技术人员	420207	地质灾害调查与防治	职教专科
1122	2-02-18-06	城镇燃气与供热工程技术人员	440603	城市燃气工程技术	职教专科
1123	2-02-18-06	城镇燃气与供热工程技术人员	1110-3	燃气热力运行与维护	技工院校3级

续表

序号	职业编码	职业名称	专业代码	专业名称	院校类型
1124	2-02-18-06	城镇燃气与供热工程技术人员	1113-3	城市燃气输配与应用	技工院校3级
1125	2-02-18-07	环境卫生工程技术人员	440605	城市环境工程技术	职教专科
1126	2-02-18-08	道路与桥隧工程技术人员	300201	道路与桥梁工程	职教本科
1127	2-02-18-08	道路与桥隧工程技术人员	440305	地下与隧道工程技术	职教专科
1128	2-02-18-08	道路与桥隧工程技术人员	500103	铁道桥梁隧道工程技术	职教专科
1129	2-02-18-08	道路与桥隧工程技术人员	500201	道路与桥梁工程技术	职教专科
1130	2-02-18-08	道路与桥隧工程技术人员	500202	道路机械化施工技术	职教专科
1131	2-02-18-08	道路与桥隧工程技术人员	500204	道路工程检测技术	职教专科
1132	2-02-18-08	道路与桥隧工程技术人员	500206	道路养护与管理	职教专科
1133	2-02-18-08	道路与桥隧工程技术人员	0411-3	桥梁施工与养护	技工院校3级
1134	2-02-18-08	道路与桥隧工程技术人员	0427-3	铁路施工与养护	技工院校3级
1135	2-02-18-08	道路与桥隧工程技术人员	1108-3	市政工程施工	技工院校3级
1136	2-02-18-08	道路与桥隧工程技术人员	1109-3	土建工程检测	技工院校3级
1137	2-02-18-09	港口与航道工程技术人员	081103	港口航道与海岸工程	普通本科

职业信息与教育培训项目（专业）信息对应指引
（2023年版）

续表

序号	职业编码	职业名称	专业代码	专业名称	院校类型
1138	2-02-18-09	港口与航道工程技术人员	300302	港口智能工程技术	职教本科
1139	2-02-18-09	港口与航道工程技术人员	450207	治河与航道工程技术	职教专科
1140	2-02-18-09	港口与航道工程技术人员	500302	港口与航道工程技术	职教专科
1141	2-02-18-10	民航机场工程技术人员	300403	智慧机场运行与管理	职教本科
1142	2-02-18-10	民航机场工程技术人员	430110	机场电工技术	职教专科
1143	2-02-18-10	民航机场工程技术人员	500408	机场运行服务与管理	职教专科
1144	2-02-18-10	民航机场工程技术人员	500415	机场场务技术与管理	职教专科
1145	2-02-18-11	铁路建筑工程技术人员	300201	道路与桥梁工程	职教本科
1146	2-02-18-11	铁路建筑工程技术人员	440305	地下与隧道工程技术	职教专科
1147	2-02-18-11	铁路建筑工程技术人员	500101	铁道工程技术	职教专科
1148	2-02-18-11	铁路建筑工程技术人员	500103	铁道桥梁隧道工程技术	职教专科
1149	2-02-18-11	铁路建筑工程技术人员	500111	铁道通信与信息化技术	职教专科
1150	2-02-18-11	铁路建筑工程技术人员	500201	道路与桥梁工程技术	职教专科
1151	2-02-18-11	铁路建筑工程技术人员	500204	道路工程检测技术	职教专科
1152	2-02-18-11	铁路建筑工程技术人员	500601	城市轨道交通工程技术	职教专科
1153	2-02-18-11	铁路建筑工程技术人员	0426-3	铁路工程测量	技工院校3级
1154	2-02-18-11	铁路建筑工程技术人员	0427-3	铁路施工与养护	技工院校3级
1155	2-02-18-12	水利水电建筑工程技术人员	081101	水利水电工程	普通本科
1156	2-02-18-12	水利水电建筑工程技术人员	250101	水文与水资源工程技术	职教本科
1157	2-02-18-12	水利水电建筑工程技术人员	250201	智慧水利工程	职教本科

续表

序号	职业编码	职业名称	专业代码	专业名称	院校类型
1158	2-02-18-12	水利水电建筑工程技术人员	250203	水利水电工程	职教本科
1159	2-02-18-12	水利水电建筑工程技术人员	250401	生态水利工程	职教本科
1160	2-02-18-12	水利水电建筑工程技术人员	250402	水环境工程	职教本科
1161	2-02-18-12	水利水电建筑工程技术人员	440502	建设工程管理	职教专科
1162	2-02-18-12	水利水电建筑工程技术人员	440504	建设工程监理	职教专科
1163	2-02-18-12	水利水电建筑工程技术人员	450102	水政水资源管理	职教专科
1164	2-02-18-12	水利水电建筑工程技术人员	450202	智慧水利技术	职教专科
1165	2-02-18-12	水利水电建筑工程技术人员	450203	水利水电工程技术	职教专科
1166	2-02-18-12	水利水电建筑工程技术人员	450204	水利水电工程智能管理	职教专科
1167	2-02-18-12	水利水电建筑工程技术人员	450205	水利水电建筑工程	职教专科
1168	2-02-18-12	水利水电建筑工程技术人员	450208	智能水务管理	职教专科
1169	2-02-18-12	水利水电建筑工程技术人员	450402	水环境智能监测与治理	职教专科
1170	2-02-18-12	水利水电建筑工程技术人员	450403	水生态修复技术	职教专科
1171	2-02-18-12	水利水电建筑工程技术人员	0815-3	水利水电工程施工	技工院校3级

职业信息与教育培训项目（专业）信息对应指引
（2023年版）

续表

序号	职业编码	职业名称	专业代码	专业名称	院校类型
1172	2-02-19-01	硅酸盐工程技术人员	230701	建筑材料智能制造	职教本科
1173	2-02-19-01	硅酸盐工程技术人员	1112-3	硅酸盐材料制品生产	技工院校3级
1174	2-02-19-02	非金属矿及制品工程技术人员	430605	非金属矿物材料技术	职教专科
1175	2-02-19-02	非金属矿及制品工程技术人员	1112-3	硅酸盐材料制品生产	技工院校3级
1176	2-02-19-03	无机非金属材料工程技术人员	080406	无机非金属材料工程	普通本科
1177	2-02-19-03	无机非金属材料工程技术人员	230701	建筑材料智能制造	职教本科
1178	2-02-19-04	混凝土工程技术人员	1102-3	建筑施工	技工院校3级
1179	2-02-19-04	混凝土工程技术人员	1112-3	硅酸盐材料制品生产	技工院校3级
1180	2-02-20-01	防沙治沙工程技术人员	120404	土地资源管理	普通本科
1181	2-02-20-01	防沙治沙工程技术人员	420101	国土资源调查与管理	职教专科
1182	2-02-20-01	防沙治沙工程技术人员	420801	环境监测技术	职教专科
1183	2-02-20-02	森林培育工程技术人员	090501	林学	普通本科
1184	2-02-20-02	森林培育工程技术人员	210201	智慧林业技术	职教本科
1185	2-02-20-02	森林培育工程技术人员	410201	林业技术	职教专科
1186	2-02-20-02	森林培育工程技术人员	0710-3	现代林业技术	技工院校3级
1187	2-02-20-03	园林绿化工程技术人员	090502	园林	普通本科
1188	2-02-20-03	园林绿化工程技术人员	210202	园林工程	职教本科
1189	2-02-20-03	园林绿化工程技术人员	240104	园林景观工程	职教本科
1190	2-02-20-03	园林绿化工程技术人员	410202	园林技术	职教专科
1191	2-02-20-03	园林绿化工程技术人员	440104	园林工程技术	职教专科

续表

序号	职业编码	职业名称	专业代码	专业名称	院校类型
1192	2-02-20-03	园林绿化工程技术人员	440105	风景园林设计	职教专科
1193	2-02-20-03	园林绿化工程技术人员	0711-3	园林技术	技工院校3级
1194	2-02-20-04	野生动植物保护利用工程技术人员	410208	野生动植物资源保护与利用	职教专科
1195	2-02-20-05	自然保护区工程技术人员	090202	野生动物与自然保护区管理	普通本科
1196	2-02-20-05	自然保护区工程技术人员	410206	森林和草原资源保护	职教专科
1197	2-02-20-05	自然保护区工程技术人员	410208	野生动植物资源保护与利用	职教专科
1198	2-02-20-05	自然保护区工程技术人员	410209	自然保护地建设与管理	职教专科
1199	2-02-20-05	自然保护区工程技术人员	0714-3	森林资源保护与管理	技工院校3级
1200	2-02-20-06	森林保护工程技术人员	082401	森林工程	普通本科
1201	2-02-20-06	森林保护工程技术人员	090501	林学	普通本科
1202	2-02-20-06	森林保护工程技术人员	090503	森林保护	普通本科
1203	2-02-20-06	森林保护工程技术人员	210201	智慧林业技术	职教本科
1204	2-02-20-06	森林保护工程技术人员	410201	林业技术	职教专科
1205	2-02-20-06	森林保护工程技术人员	410206	森林和草原资源保护	职教专科
1206	2-02-20-06	森林保护工程技术人员	410210	森林生态旅游与康养	职教专科
1207	2-02-20-06	森林保护工程技术人员	410211	林业信息技术应用	职教专科
1208	2-02-20-06	森林保护工程技术人员	420907	森林草原防火技术	职教专科
1209	2-02-20-06	森林保护工程技术人员	0710-3	现代林业技术	技工院校3级
1210	2-02-20-06	森林保护工程技术人员	0714-3	森林资源保护与管理	技二院校3级

职业信息与教育培训项目（专业）信息对应指引

（2023 年版）

续表

序号	职业编码	职业名称	专业代码	专业名称	院校类型
1211	2-02-20-07	木竹藤棕草加工工程技术人员	082402	木材科学与工程	普通本科
1212	2-02-20-07	木竹藤棕草加工工程技术人员	430303	生物质能应用技术	职教专科
1213	2-02-20-07	木竹藤棕草加工工程技术人员	0712-3	木材加工	技工院校3级
1214	2-02-20-08	森林采伐和运输工程技术人员	082401	森林工程	普通本科
1215	2-02-20-08	森林采伐和运输工程技术人员	090501	林学	普通本科
1216	2-02-20-08	森林采伐和运输工程技术人员	210201	智慧林业技术	职教本科
1217	2-02-20-08	森林采伐和运输工程技术人员	410201	林业技术	职教专科
1218	2-02-20-08	森林采伐和运输工程技术人员	0714-3	森林资源保护与管理	技工院校3级
1219	2-02-20-08	森林采伐和运输工程技术人员	0715-3	森林采运工程	技工院校3级
1220	2-02-20-09	经济林产品加工工程技术人员	410205	经济林培育与利用	职教专科
1221	2-02-20-10	林业资源调查与监测工程技术人员	082401	森林工程	普通本科
1222	2-02-20-10	林业资源调查与监测工程技术人员	090501	林学	普通本科
1223	2-02-20-10	林业资源调查与监测工程技术人员	090503	森林保护	普通本科
1224	2-02-20-10	林业资源调查与监测工程技术人员	210201	智慧林业技术	职教本科

序号	职业编码	职业名称	专业代码	专业名称	院校类型
1225	2-02-20-10	林业资源调查与监测工程技术人员	410201	林业技术	职教专科
1226	2-02-20-10	林业资源调查与监测工程技术人员	410210	森林生态旅游与康养	职教专科
1227	2-02-20-10	林业资源调查与监测工程技术人员	410211	林业信息技术应用	职教专科
1228	2-02-20-10	林业资源调查与监测工程技术人员	420803	生态保护技术	职教专科
1229	2-02-20-10	林业资源调查与监测工程技术人员	0710-3	现代林业技术	技工院校3级
1230	2-02-20-10	林业资源调查与监测工程技术人员	0714-3	森林资源保护与管理	技工院校3级
1231	2-02-20-11	园林植物保护工程技术人员	090103	植物保护	普通本科
1232	2-02-20-11	园林植物保护工程技术人员	090502	园林	普通本科
1233	2-02-20-11	园林植物保护工程技术人员	090503	森林保护	普通本科
1234	2-02-20-11	园林植物保护工程技术人员	410202	园林技术	职教专科
1235	2-02-20-11	园林植物保护工程技术人员	440105	风景园林设计	职教专科
1236	2-02-20-11	园林植物保护工程技术人员	0711-3	园林技术	技工院校3级
1237	2-02-20-12	湿地保护修复工程技术人员	420803	生态保护技术	职教专科
1238	2-02-20-12	湿地保护修复工程技术人员	420806	生态环境修复技术	职教专科

职业信息与教育培训项目（专业）信息对应指引

（2023 年版）

续表

序号	职业编码	职业名称	专业代码	专业名称	院校类型
1239	2-02-20-12	湿地保护修复工程技术人员	450403	水生态修复技术	职教专科
1240	2-02-21-01	水文水资源工程技术人员	081102	水文与水资源工程	普通本科
1241	2-02-21-01	水文水资源工程技术人员	250101	水文与水资源工程技术	职教本科
1242	2-02-21-01	水文水资源工程技术人员	450101	水文与水资源技术	职教专科
1243	2-02-21-01	水文水资源工程技术人员	450102	水政水资源管理	职教专科
1244	2-02-21-01	水文水资源工程技术人员	0816-3	水文与水资源勘测	技工院校3级
1245	2-02-21-02	水生态和河湖治理管护工程技术人员	250101	水文与水资源工程技术	职教本科
1246	2-02-21-02	水生态和河湖治理管护工程技术人员	250401	生态水利工程	职教本科
1247	2-02-21-02	水生态和河湖治理管护工程技术人员	420803	生态保护技术	职教专科
1248	2-02-21-02	水生态和河湖治理管护工程技术人员	450402	水环境智能监测与治理	职教专科
1249	2-02-21-02	水生态和河湖治理管护工程技术人员	450403	水生态修复技术	职教专科
1250	2-02-21-03	水利工程管理工程技术人员	082305	农业水利工程	普通本科
1251	2-02-21-03	水利工程管理工程技术人员	250101	水文与水资源工程技术	职教本科
1252	2-02-21-03	水利工程管理工程技术人员	250201	智慧水利工程	职教本科

续表

序号	职业编码	职业名称	专业代码	专业名称	院校类型
1253	2-02-21-03	水利工程管理工程技术人员	250202	农业水利工程	职教本科
1254	2-02-21-03	水利工程管理工程技术人员	250203	水利水电工程	职教本科
1255	2-02-21-03	水利工程管理工程技术人员	250401	生态水利工程	职教本科
1256	2-02-21-03	水利工程管理工程技术人员	450101	水文与水资源技术	职教专科
1257	2-02-21-03	水利工程管理工程技术人员	450201	水利工程	职教专科
1258	2-02-21-03	水利工程管理工程技术人员	450202	智慧水利技术	职教专科
1259	2-02-21-03	水利工程管理工程技术人员	450203	水利水电工程技术	职教专科
1260	2-02-21-03	水利工程管理工程技术人员	450204	水利水电工程智能管理	职教专科
1261	2-02-21-03	水利工程管理工程技术人员	450205	水利水电建筑工程	职教专科
1262	2-02-21-03	水利工程管理工程技术人员	450206	机电排灌工程技术	职教专科
1263	2-02-21-03	水利工程管理工程技术人员	450208	智能水务管理	职教专科
1264	2-02-21-03	水利工程管理工程技术人员	450403	水生态修复技术	职教专科
1265	2-02-21-03	水利工程管理工程技术人员	0718-3	农业与农村用水	技工院校3级
1266	2-02-21-03	水利工程管理工程技术人员	0815-3	水利水电工程施工	技工院校3级

职业信息与教育培训项目（专业）信息对应指引

（2023 年版）

续表

序号	职业编码	职业名称	专业代码	专业名称	院校类型
1267	2-02-21-03	水利工程管理工程技术人员	0828-3	智慧水利技术	技工院校3级
1268	2-02-22-01	海洋调查与监测工程技术人员	070701	海洋科学	普通本科
1269	2-02-22-01	海洋调查与监测工程技术人员	070702	海洋技术	普通本科
1270	2-02-22-01	海洋调查与监测工程技术人员	081901	船舶与海洋工程	普通本科
1271	2-02-22-01	海洋调查与监测工程技术人员	410402	海洋渔业技术	职教专科
1272	2-02-22-01	海洋调查与监测工程技术人员	470207	海洋化工技术	职教专科
1273	2-02-22-02	海洋环境预报工程技术人员	070701	海洋科学	普通本科
1274	2-02-22-02	海洋环境预报工程技术人员	070702	海洋技术	普通本科
1275	2-02-22-02	海洋环境预报工程技术人员	410402	海洋渔业技术	职教专科
1276	2-02-22-02	海洋环境预报工程技术人员	470207	海洋化工技术	职教专科
1277	2-02-22-03	海洋资源开发利用和保护工程技术人员	070701	海洋科学	普通本科
1278	2-02-22-03	海洋资源开发利用和保护工程技术人员	070702	海洋技术	普通本科
1279	2-02-22-03	海洋资源开发利用和保护工程技术人员	081901	船舶与海洋工程	普通本科
1280	2-02-22-03	海洋资源开发利用和保护工程技术人员	410402	海洋渔业技术	职教专科

续表

序号	职业编码	职业名称	专业代码	专业名称	院校类型
1281	2-02-22-03	海洋资源开发利用和保护工程技术人员	470207	海洋化工技术	职教专科
1282	2-02-22-04	海洋工程勘察设计工程技术人员	081901	船舶与海洋工程	普通本科
1283	2-02-22-04	海洋工程勘察设计工程技术人员	420201	工程地质勘查	职教专科
1284	2-02-22-04	海洋工程勘察设计工程技术人员	420202	水文与工程地质	职教专科
1285	2-02-22-04	海洋工程勘察设计工程技术人员	420205	岩土工程技术	职教专科
1286	2-02-22-04	海洋工程勘察设计工程技术人员	460510	海洋工程装备技术	职教专科
1287	2-02-22-06	深潜工程技术人员	260201	装备智能化技术	职教本科
1288	2-02-22-06	深潜工程技术人员	420811	智能环保装备技术	职教专科
1289	2-02-22-06	深潜工程技术人员	460510	海洋工程装备技术	职教专科
1290	2-02-23-01	纺织工程技术人员	480408	纺织材料与应用	职教专科
1291	2-02-23-02	染整工程技术人员	081601	纺织工程	普通本科
1292	2-02-23-02	染整工程技术人员	280401	现代纺织工程技术	职教本科
1293	2-02-23-02	染整工程技术人员	480405	数字化染整技术	职教专科
1294	2-02-23-02	染整工程技术人员	480408	纺织材料与应用	职教专科
1295	2-02-23-02	染整工程技术人员	1206-3	染整技术	技工院校3级
1296	2-02-23-04	非织造工程技术人员	480409	现代非织造技术	职教专科
1297	2-02-23-05	服装工程技术人员	081602	服装设计与工程	普通本科
1298	2-02-23-05	服装工程技术人员	130505	服装与服饰设计	普通本科
1299	2-02-23-05	服装工程技术人员	280402	服装工程技术	职教本科
1300	2-02-23-05	服装工程技术人员	350105	服装与服饰设计	职教本科
1301	2-02-23-05	服装工程技术人员	480402	服装设计与工艺	职教专科

职业信息与教育培训项目（专业）信息对应指引

（2023年版）

续表

序号	职业编码	职业名称	专业代码	专业名称	院校类型
1302	2-02-23-05	服装工程技术人员	480404	针织技术与针织服装	职教专科
1303	2-02-23-05	服装工程技术人员	480411	纺织品检验与贸易	职教专科
1304	2-02-23-05	服装工程技术人员	480412	皮革服装制作与工艺	职教专科
1305	2-02-23-05	服装工程技术人员	550105	服装与服饰设计	职教专科
1306	2-02-23-05	服装工程技术人员	550127	服装陈列与展示设计	职教专科
1307	2-02-23-05	服装工程技术人员	1208-3	服装制作与营销	技工院校3级
1308	2-02-23-05	服装工程技术人员	1210-3	服装设计与制作	技工院校3级
1309	2-02-24-00	食品工程技术人员	082701	食品科学与工程	普通本科
1310	2-02-24-00	食品工程技术人员	082702	食品质量与安全	普通本科
1311	2-02-24-00	食品工程技术人员	100402	食品卫生与营养学	普通本科
1312	2-02-24-00	食品工程技术人员	290101	食品工程技术	职教本科
1313	2-02-24-00	食品工程技术人员	290102	食品质量与安全	职教本科
1314	2-02-24-00	食品工程技术人员	290103	食品营养与健康	职教本科
1315	2-02-24-00	食品工程技术人员	470101	食品生物技术	职教专科
1316	2-02-24-00	食品工程技术人员	490101	食品智能加工技术	职教专科
1317	2-02-24-00	食品工程技术人员	490102	食品质量与安全	职教专科
1318	2-02-24-00	食品工程技术人员	490103	食品营养与健康	职教专科
1319	2-02-24-00	食品工程技术人员	490104	食品检验检测技术	职教专科
1320	2-02-24-00	食品工程技术人员	490106	食品贮运与营销	职教专科
1321	2-02-24-00	食品工程技术人员	490216	保健食品质量与管理	职教专科
1322	2-02-24-00	食品工程技术人员	0708-3	农产品保鲜与加工	技工院校3级
1323	2-02-24-00	食品工程技术人员	1214-3	食品加工与检验	技工院校3级
1324	2-02-24-00	食品工程技术人员	1218-3	食品营养与卫生	技工院校3级

续表

序号	职业编码	职业名称	专业代码	专业名称	院校类型
1325	2-02-24-00	食品工程技术人员	1219-3	食品质量与安全	技工院校3级
1326	2-02-25-01	气象观测工程技术人员	070601	大气科学	普通本科
1327	2-02-25-01	气象观测工程技术人员	070602	应用气象学	普通本科
1328	2-02-25-01	气象观测工程技术人员	080206	过程装备与控制工程	普通本科
1329	2-02-25-01	气象观测工程技术人员	220701	智慧气象技术	职教本科
1330	2-02-25-01	气象观测工程技术人员	420701	大气科学技术	职教专科
1331	2-02-25-01	气象观测工程技术人员	420702	大气探测技术	职教专科
1332	2-02-25-01	气象观测工程技术人员	420703	应用气象技术	职教专科
1333	2-02-25-02	天气预报工程技术人员	220701	智慧气象技术	职教本科
1334	2-02-25-02	天气预报工程技术人员	420701	大气科学技术	职教专科
1335	2-02-25-02	天气预报工程技术人员	420702	大气探测技术	职教专科
1336	2-02-25-02	天气预报工程技术人员	420703	应用气象技术	职教专科
1337	2-02-25-04	气象服务工程技术人员	070602	应用气象学	普通本科
1338	2-02-25-04	气象服务工程技术人员	220701	智慧气象技术	职教本科
1339	2-02-25-04	气象服务工程技术人员	420701	大气科学技术	职教专科
1340	2-02-25-04	气象服务工程技术人员	420702	大气探测技术	职教专科
1341	2-02-25-04	气象服务工程技术人员	420703	应用气象技术	职教专科
1342	2-02-25-05	人工影响天气工程技术人员	220701	智慧气象技术	职教本科
1343	2-02-25-05	人工影响天气工程技术人员	420701	大气科学技术	职教专科
1344	2-02-25-06	防雷工程技术人员	420704	雷电防护技术	职教专科
1345	2-02-26-01	地震监测预测工程技术人员	081402	勘查技术与工程	普通本科
1346	2-02-26-02	地震应急救援工程技术人员	220902	应急管理	职教本科

续表

序号	职业编码	职业名称	专业代码	专业名称	院校类型
1347	2-02-26-02	地震应急救援工程技术人员	420905	应急救援技术	职教专科
1348	2-02-26-02	地震应急救援工程技术人员	1503-3	应急救援技术	技工院校3级
1349	2-02-26-03	地震安全性评价工程技术人员	081402	勘查技术与工程	普通本科
1350	2-02-27-01	环境监测工程技术人员	220801	生态环境工程技术	职教本科
1351	2-02-27-01	环境监测工程技术人员	420801	环境监测技术	职教专科
1352	2-02-27-01	环境监测工程技术人员	420805	环境管理与评价	职教专科
1353	2-02-27-01	环境监测工程技术人员	420904	安全智能监测技术	职教专科
1354	2-02-27-01	环境监测工程技术人员	450402	水环境智能监测与治理	职教专科
1355	2-02-27-02	环境污染防治工程技术人员	220801	生态环境工程技术	职教本科
1356	2-02-27-02	环境污染防治工程技术人员	420802	环境工程技术	职教专科
1357	2-02-27-02	环境污染防治工程技术人员	420806	生态环境修复技术	职教专科
1358	2-02-27-03	环境影响评价工程技术人员	220801	生态环境工程技术	职教本科
1359	2-02-27-03	环境影响评价工程技术人员	240502	建设工程管理	职教本科
1360	2-02-27-03	环境影响评价工程技术人员	420805	环境管理与评价	职教专科
1361	2-02-27-04	核与辐射安全工程技术人员	070203	核物理	普通本科
1362	2-02-27-04	核与辐射安全工程技术人员	082201	核工程与核技术	普通本科

续表

序号	职业编码	职业名称	专业代码	专业名称	院校类型
1363	2-02-27-04	核与辐射安全工程技术人员	082202	辐射防护与核安全	普通本科
1364	2-02-27-04	核与辐射安全工程技术人员	082203	工程物理	普通本科
1365	2-02-27-04	核与辐射安全工程技术人员	420810	核与辐射检测防护技术	职教专科
1366	2-02-27-05	核与辐射监测工程技术人员	070203	核物理	普通本科
1367	2-02-27-05	核与辐射监测工程技术人员	082201	核工程与核技术	普通本科
1368	2-02-27-05	核与辐射监测工程技术人员	082202	辐射防护与核安全	普通本科
1369	2-02-27-05	核与辐射监测工程技术人员	082203	工程物理	普通本科
1370	2-02-27-05	核与辐射监测工程技术人员	420801	环境监测技术	职教专科
1371	2-02-27-05	核与辐射监测工程技术人员	420810	核与辐射检测防护技术	职教专科
1372	2-02-27-06	健康安全环境工程技术人员	082501	环境科学与工程	普通本科
1373	2-02-27-06	健康安全环境工程技术人员	082503	环境科学	普通本科
1374	2-02-27-06	健康安全环境工程技术人员	130503	环境设计	普通本科
1375	2-02-27-06	健康安全环境工程技术人员	220801	生态环境工程技术	职教本科
1376	2-02-27-06	健康安全环境工程技术人员	220901	安全工程技术	职教本科

序号	职业编码	职业名称	专业代码	专业名称	院校类型
1377	2-02-27-06	健康安全环境工程技术人员	320801	健康管理	职教本科
1378	2-02-27-06	健康安全环境工程技术人员	350106	环境艺术设计	职教本科
1379	2-02-27-06	健康安全环境工程技术人员	420801	环境监测技术	职教专科
1380	2-02-27-06	健康安全环境工程技术人员	420802	环境工程技术	职教专科
1381	2-02-27-06	健康安全环境工程技术人员	420805	环境管理与评价	职教专科
1382	2-02-27-06	健康安全环境工程技术人员	420806	生态环境修复技术	职教专科
1383	2-02-27-06	健康安全环境工程技术人员	420901	安全技术与管理	职教专科
1384	2-02-27-06	健康安全环境工程技术人员	420902	化工安全技术	职教专科
1385	2-02-27-06	健康安全环境工程技术人员	520801	健康管理	职教专科
1386	2-02-27-06	健康安全环境工程技术人员	550106	环境艺术设计	职教专科
1387	2-02-27-07	碳管理工程技术人员	220801	生态环境工程技术	职教本科
1388	2-02-27-07	碳管理工程技术人员	420807	绿色低碳技术	职教专科
1389	2-02-28-01	安全技术防范工程技术人员	220901	安全工程技术	职教本科
1390	2-02-28-01	安全技术防范工程技术人员	260105	工业工程技术	职教本科
1391	2-02-28-01	安全技术防范工程技术人员	420901	安全技术与管理	职教专科

续表

序号	职业编码	职业名称	专业代码	专业名称	院校类型
1392	2-02-28-01	安全技术防范工程技术人员	420903	工程安全评价与监理	职教专科
1393	2-02-28-01	安全技术防范工程技术人员	420904	安全智能监测技术	职教专科
1394	2-02-28-01	安全技术防范工程技术人员	580701	安全防范技术	职教专科
1395	2-02-28-01	安全技术防范工程技术人员	580703	智能安防运营管理	职教专科
1396	2-02-28-01	安全技术防范工程技术人员	0311-3	网络安防系统安装与维护	技工院校3级
1397	2-02-28-01	安全技术防范工程技术人员	0440-3	工程安全评价与管理	技工院校3级
1398	2-02-28-02	消防工程技术人员	420901	安全技术与管理	职教专科
1399	2-02-28-02	消防工程技术人员	440406	建筑消防技术	职教专科
1400	2-02-28-02	消防工程技术人员	1111-3	消防工程技术	技工院校3级
1401	2-02-28-03	安全生产管理工程技术人员	220901	安全工程技术	职教本科
1402	2-02-28-03	安全生产管理工程技术人员	220902	应急管理	职教本科
1403	2-02-28-03	安全生产管理工程技术人员	320702	职业卫生工程技术	职教本科
1404	2-02-28-03	安全生产管理工程技术人员	420901	安全技术与管理	职教专科
1405	2-02-28-03	安全生产管理工程技术人员	420902	化工安全技术	职教专科
1406	2-02-28-03	安全生产管理工程技术人员	0911-3	化工安全管理	技工院校3级

续表

序号	职业编码	职业名称	专业代码	专业名称	院校类型
1407	2-02-28-04	安全评价工程技术人员	220901	安全工程技术	职教本科
1408	2-02-28-04	安全评价工程技术人员	420901	安全技术与管理	职教专科
1409	2-02-28-04	安全评价工程技术人员	420903	工程安全评价与监理	职教专科
1410	2-02-28-04	安全评价工程技术人员	0440-3	工程安全评价与管理	技工院校3级
1411	2-02-28-05	房屋安全鉴定工程技术人员	240301	建筑工程	职教本科
1412	2-02-28-05	房屋安全鉴定工程技术人员	240304	建筑智能检测与修复	职教本科
1413	2-02-28-05	房屋安全鉴定工程技术人员	440702	房地产智能检测与估价	职教专科
1414	2-02-28-05	房屋安全鉴定工程技术人员	0511-3	物业管理	技工院校3级
1415	2-02-28-05	房屋安全鉴定工程技术人员	1116-3	建筑设计	技工院校3级
1416	2-02-29-01	标准化工程技术人员	120701	工业工程	普通本科
1417	2-02-29-01	标准化工程技术人员	410115	绿色食品生产技术	职教专科
1418	2-02-29-01	标准化工程技术人员	590210	标准化技术	职教专科
1419	2-02-29-02	计量工程技术人员	260306	现代测控工程技术	职教本科
1420	2-02-29-02	计量工程技术人员	270204	现代分析测试技术	职教本科
1421	2-02-29-02	计量工程技术人员	460311	计量测试与应用技术	职教专科
1422	2-02-29-02	计量工程技术人员	590207	质量管理与认证	职教专科
1423	2-02-29-03	质量管理工程技术人员	460119	工业产品质量检测技术	职教专科
1424	2-02-29-03	质量管理工程技术人员	590207	质量管理与认证	职教专科
1425	2-02-29-04	质量认证认可工程技术人员	270204	现代分析测试技术	职教本科
1426	2-02-29-04	质量认证认可工程技术人员	290102	食品质量与安全	职教本科

续表

序号	职业编码	职业名称	专业代码	专业名称	院校类型
1427	2-02-29-04	质量认证认可工程技术人员	430704	建筑材料检测技术	职教专科
1428	2-02-29-04	质量认证认可工程技术人员	490104	食品检验检测技术	职教专科
1429	2-02-29-04	质量认证认可工程技术人员	510105	电子产品检测技术	职教专科
1430	2-02-29-04	质量认证认可工程技术人员	590207	质量管理与认证	职教专科
1431	2-02-30-02	物流工程技术人员	120601	物流管理	普通本科
1432	2-02-30-02	物流工程技术人员	120602	物流工程	普通本科
1433	2-02-30-02	物流工程技术人员	260105	工业工程技术	职教本科
1434	2-02-30-02	物流工程技术人员	330801	物流工程技术	职教本科
1435	2-02-30-02	物流工程技术人员	330802	现代物流管理	职教本科
1436	2-02-30-02	物流工程技术人员	530801	物流工程技术	职教专科
1437	2-02-30-02	物流工程技术人员	530802	现代物流管理	职教专科
1438	2-02-30-02	物流工程技术人员	530803	航空物流管理	职教专科
1439	2-02-30-02	物流工程技术人员	530804	铁路物流管理	职教专科
1440	2-02-30-02	物流工程技术人员	530805	冷链物流技术与管理	职教专科
1441	2-02-30-02	物流工程技术人员	530806	港口物流管理	职教专科
1442	2-02-30-02	物流工程技术人员	530807	工程物流管理	职教专科
1443	2-02-30-02	物流工程技术人员	530808	采购与供应管理	职教专科
1444	2-02-30-02	物流工程技术人员	530809	智能物流技术	职教专科
1445	2-02-30-02	物流工程技术人员	530810	供应链运营	职教专科
1446	2-02-30-02	物流工程技术人员	0415-3	现代物流	技工院校3级
1447	2-02-30-02	物流工程技术人员	0441-3	航空物流	技工院校3级

职业信息与教育培训项目（专业）信息对应指引

（2023 年版）

续表

序号	职业编码	职业名称	专业代码	专业名称	院校类型
1448	2-02-30-02	物流工程技术人员	0724-3	农产品营销与储运	技工院校3级
1449	2-02-30-03	战略规划与管理工程技术人员	240201	城乡规划	职教本科
1450	2-02-30-03	战略规划与管理工程技术人员	440201	城乡规划	职教专科
1451	2-02-30-04	项目管理工程技术人员	240502	建设工程管理	职教本科
1452	2-02-30-04	项目管理工程技术人员	440502	建设工程管理	职教专科
1453	2-02-30-05	再生资源工程技术人员	420808	资源综合利用技术	职教专科
1454	2-02-30-06	能源管理工程技术人员	080501	能源与动力工程	普通本科
1455	2-02-30-06	能源管理工程技术人员	081002	建筑环境与能源应用工程	普通本科
1456	2-02-30-06	能源管理工程技术人员	120207	审计学	普通本科
1457	2-02-30-06	能源管理工程技术人员	240401	建筑环境与能源工程	职教本科
1458	2-02-30-06	能源管理工程技术人员	330303	大数据与审计	职教本科
1459	2-02-30-06	能源管理工程技术人员	430305	工业节能技术	职教专科
1460	2-02-30-06	能源管理工程技术人员	530303	大数据与审计	职教专科
1461	2-02-30-07	监理工程技术人员	440504	建设工程监理	职教专科
1462	2-02-30-08	信息管理工程技术人员	080904K	信息安全	普通本科
1463	2-02-30-08	信息管理工程技术人员	120102	信息管理与信息系统	普通本科
1464	2-02-30-08	信息管理工程技术人员	310203	软件工程技术	职教本科
1465	2-02-30-08	信息管理工程技术人员	310207	信息安全与管理	职教本科
1466	2-02-30-08	信息管理工程技术人员	0304-2	计算机信息管理	技工院校2级
1467	2-02-30-08	信息管理工程技术人员	0304-3	计算机信息管理	技工院校3级
1468	2-02-30-08	信息管理工程技术人员	0314-3	网络与信息安全	技工院校3级

续表

序号	职业编码	职业名称	专业代码	专业名称	院校类型
1469	2-02-30-09	数据分析处理工程技术人员	310205	大数据工程技术	职教本科
1470	2-02-30-09	数据分析处理工程技术人员	420804	生态环境大数据技术	职教专科
1471	2-02-30-09	数据分析处理工程技术人员	510201	计算机应用技术	职教专科
1472	2-02-30-09	数据分析处理工程技术人员	510205	大数据技术	职教专科
1473	2-02-30-09	数据分析处理工程技术人员	520704	健康大数据管理与服务	职教专科
1474	2-02-30-09	数据分析处理工程技术人员	530401	统计与大数据分析	职教专科
1475	2-02-30-09	数据分析处理工程技术人员	530402	统计与会计核算	职教专科
1476	2-02-30-09	数据分析处理工程技术人员	530706	商务数据分析与应用	职教专科
1477	2-02-30-09	数据分析处理工程技术人员	570309	运动数据分析	职教专科
1478	2-02-30-10	工程造价工程技术人员	120105	工程造价	普通本科
1479	2-02-30-10	工程造价工程技术人员	240501	工程造价	职教本科
1480	2-02-30-10	工程造价工程技术人员	240502	建设工程管理	职教本科
1481	2-02-30-10	工程造价工程技术人员	440501	工程造价	职教专科
1482	2-02-30-10	工程造价工程技术人员	500205	道路工程造价	职教专科
1483	2-02-30-10	工程造价工程技术人员	1106-3	工程造价	技工院校3级
1484	2-02-30-11	供应链工程技术人员	120601	物流管理	普通本科
1485	2-02-30-11	供应链工程技术人员	260105	工业工程技术	职教本科
1486	2-02-30-11	供应链工程技术人员	530502	国际商务	职教专科

职业信息与教育培训项目（专业）信息对应指引

（2023年版）

续表

序号	职业编码	职业名称	专业代码	专业名称	院校类型
1487	2-02-30-11	供应链工程技术人员	530703	移动商务	职教专科
1488	2-02-30-11	供应链工程技术人员	530705	农村电子商务	职教专科
1489	2-02-30-11	供应链工程技术人员	530706	商务数据分析与应用	职教专科
1490	2-02-30-11	供应链工程技术人员	530808	采购与供应管理	职教专科
1491	2-02-30-11	供应链工程技术人员	530810	供应链运营	职教专科
1492	2-02-31-01	产品质量检验工程技术人员	101007	卫生检验与检疫	普通本科
1493	2-02-31-01	产品质量检验工程技术人员	430404	金属材料检测技术	职教专科
1494	2-02-31-01	产品质量检验工程技术人员	430704	建筑材料检测技术	职教专科
1495	2-02-31-01	产品质量检验工程技术人员	460119	工业产品质量检测技术	职教专科
1496	2-02-31-01	产品质量检验工程技术人员	460120	理化测试与质检技术	职教专科
1497	2-02-31-01	产品质量检验工程技术人员	470208	分析检验技术	职教专科
1498	2-02-31-01	产品质量检验工程技术人员	520508	卫生检验与检疫技术	职教专科
1499	2-02-31-01	产品质量检验工程技术人员	1305-3	药物分析与检验	技工院校3级
1500	2-02-31-02	进出口商品检验鉴定工程技术人员	580603	司法鉴定技术	职教专科
1501	2-02-31-03	进出境动物和植物检验检疫人员	410208	野生动植物资源保护与利用	职教专科
1502	2-02-31-03	进出境动物和植物检验检疫人员	410306	动物防疫与检疫	职教专科

续表

序号	职业编码	职业名称	专业代码	专业名称	院校类型
1503	2-02-31-03	进出境动物和植物检验检疫人员	470105	生物产品检验检疫	职教专科
1504	2-02-31-04	特种设备检验检测工程技术人员	320501	医学检验技术	职教本科
1505	2-02-31-04	特种设备检验检测工程技术人员	430404	金属材料检测技术	职教专科
1506	2-02-31-04	特种设备检验检测工程技术人员	460120	理化测试与质检技术	职教专科
1507	2-02-31-04	特种设备检验检测工程技术人员	520501	医学检验技术	职教专科
1508	2-02-31-04	特种设备检验检测工程技术人员	520508	卫生检验与检疫技术	职教专科
1509	2-02-31-05	纤维质量检验工程技术人员	470208	分析检验技术	职教专科
1510	2-02-31-06	卫生检疫人员	101007	卫生检验与检疫	普通本科
1511	2-02-31-06	卫生检疫人员	520508	卫生检验与检疫技术	职教专科
1512	2-02-31-06	卫生检疫人员	520701	公共卫生管理	职教专科
1513	2-02-32-00	制药工程技术人员	081302	制药工程	普通本科
1514	2-02-32-00	制药工程技术人员	290201	制药工程技术	职教本科
1515	2-02-32-00	制药工程技术人员	290204	药事服务与管理	职教本科
1516	2-02-32-00	制药工程技术人员	490201	药品生产技术	职教专科
1517	2-02-32-00	制药工程技术人员	490203	药物制剂技术	职教专科
1518	2-02-32-00	制药工程技术人员	490204	化学制药技术	职教专科
1519	2-02-32-00	制药工程技术人员	490207	制药设备应用技术	职教专科
1520	2-02-32-00	制药工程技术人员	490208	药品经营与管理	职教专科
1521	2-02-32-00	制药工程技术人员	1303-3	化学制药	技工院校3级

职业信息与教育培训项目（专业）信息对应指引
（2023年版）

续表

序号	职业编码	职业名称	专业代码	专业名称	院校类型
1522	2-02-32-00	制药工程技术人员	1306-3	药品营销	技工院校3级
1523	2-02-32-00	制药工程技术人员	1310-3	药品服务与管理	技工院校3级
1524	2-02-33-00	印刷复制工程技术人员	081703	印刷工程	普通本科
1525	2-02-33-00	印刷复制工程技术人员	280301	数字印刷工程	职教本科
1526	2-02-33-00	印刷复制工程技术人员	480301	数字印刷技术	职教专科
1527	2-02-33-00	印刷复制工程技术人员	480302	印刷媒体技术	职教专科
1528	2-02-33-00	印刷复制工程技术人员	480303	印刷数字图文技术	职教专科
1529	2-02-33-00	印刷复制工程技术人员	480304	印刷设备应用技术	职教专科
1530	2-02-33-00	印刷复制工程技术人员	560101	数字图文信息处理技术	职教专科
1531	2-02-33-00	印刷复制工程技术人员	1202-3	印刷（印刷技术）	技工院校3级
1532	2-02-34-01	产品设计工程技术人员	130504	产品设计	普通本科
1533	2-02-34-01	产品设计工程技术人员	260104	工业设计	职教本科
1534	2-02-34-01	产品设计工程技术人员	350104	产品设计	职教本科
1535	2-02-34-01	产品设计工程技术人员	460105	工业设计	职教专科
1536	2-02-34-01	产品设计工程技术人员	550104	产品艺术设计	职教专科
1537	2-02-34-02	工业设计工程技术人员	080205	工业设计	普通本科
1538	2-02-34-02	工业设计工程技术人员	081702	包装工程	普通本科
1539	2-02-34-02	工业设计工程技术人员	260104	工业设计	职教本科
1540	2-02-34-02	工业设计工程技术人员	280201	包装工程技术	职教本科
1541	2-02-34-02	工业设计工程技术人员	310211	工业互联网技术	职教本科
1542	2-02-34-02	工业设计工程技术人员	350104	产品设计	职教本科
1543	2-02-34-02	工业设计工程技术人员	350110	展示艺术设计	职教本科
1544	2-02-34-02	工业设计工程技术人员	460105	工业设计	职教专科
1545	2-02-34-02	工业设计工程技术人员	480201	包装工程技术	职教专科
1546	2-02-34-02	工业设计工程技术人员	480202	包装策划与设计	职教专科

续表

序号	职业编码	职业名称	专业代码	专业名称	院校类型
1547	2-02-34-02	工业设计工程技术人员	510214	工业软件开发技术	职教专科
1548	2-02-34-02	工业设计工程技术人员	550102	视觉传达设计	职教专科
1549	2-02-34-02	工业设计工程技术人员	550104	产品艺术设计	职教专科
1550	2-02-34-02	工业设计工程技术人员	550121	包装艺术设计	职教专科
1551	2-02-34-02	工业设计工程技术人员	0140-3	智能装备工业视觉技术应用	技工院校3级
1552	2-02-34-02	工业设计工程技术人员	1407-3	工业设计	技工院校3级
1553	2-02-35-01	矫形器师	490215	康复工程技术	职教专科
1554	2-02-35-01	矫形器师	520602	康复辅助器具技术	职教专科
1555	2-02-35-02	假肢师	490215	康复工程技术	职教专科
1556	2-02-35-02	假肢师	520602	康复辅助器具技术	职教专科
1557	2-02-35-03	听力师	320603	言语听觉治疗技术	职教本科
1558	2-02-35-03	听力师	520603	言语听觉康复技术	职教专科
1559	2-02-36-01	制浆造纸工程技术人员	081701	轻化工程	普通本科
1560	2-02-36-01	制浆造纸工程技术人员	280102	现代造纸工程技术	职教本科
1561	2-02-36-01	制浆造纸工程技术人员	480102	现代造纸技术	职教专科
1562	2-02-36-01	制浆造纸工程技术人员	1213-3	制浆造纸工艺	技工院校3级
1563	2-02-36-02	皮革化学工程技术人员	081701	轻化工程	普通本科
1564	2-02-36-02	皮革化学工程技术人员	430605	非金属矿物材料技术	职教专科
1565	2-02-36-02	皮革化学工程技术人员	480107	皮革加工技术	职教专科
1566	2-02-36-02	皮革化学工程技术人员	480412	皮革服装制作与工艺	职教专科
1567	2-02-36-02	皮革化学工程技术人员	550120	皮具艺术设计	职教专科
1568	2-02-36-02	皮革化学工程技术人员	1112-3	硅酸盐材料制品生产	技工院校3级
1569	2-02-36-02	皮革化学工程技术人员	1211-3	皮革加工与设计	技工院校3级

职业信息与教育培训项目（专业）信息对应指引

（2023年版）

续表

序号	职业编码	职业名称	专业代码	专业名称	院校类型
1570	2-02-36-03	生物发酵工程技术人员	270102	合成生物技术	职教本科
1571	2-02-36-03	生物发酵工程技术人员	270103	农业生物技术	职教本科
1572	2-02-36-03	生物发酵工程技术人员	470101	食品生物技术	职教专科
1573	2-02-36-03	生物发酵工程技术人员	470102	药品生物技术	职教专科
1574	2-02-36-03	生物发酵工程技术人员	470103	农业生物技术	职教专科
1575	2-02-36-03	生物发酵工程技术人员	470104	化工生物技术	职教专科
1576	2-02-36-03	生物发酵工程技术人员	470106	绿色生物制造技术	职教专科
1577	2-02-36-03	生物发酵工程技术人员	490202	生物制药技术	职教专科
1578	2-02-36-03	生物发酵工程技术人员	1304-3	生物制药	技工院校3级
1579	2-02-36-05	塑料加工工程技术人员	260106	材料成型及控制工程	职教本科
1580	2-02-36-05	塑料加工工程技术人员	460107	材料成型及控制技术	职教专科
1581	2-02-36-05	塑料加工工程技术人员	460113	模具设计与制造	职教专科
1582	2-02-37-01	土地整治与生态修复工程技术人员	082504	环境生态工程	普通本科
1583	2-02-37-01	土地整治与生态修复工程技术人员	120404	土地资源管理	普通本科
1584	2-02-37-01	土地整治与生态修复工程技术人员	250401	生态水利工程	职教本科
1585	2-02-37-01	土地整治与生态修复工程技术人员	420101	国土资源调查与管理	职教专科
1586	2-02-37-01	土地整治与生态修复工程技术人员	420305	地籍测绘与土地管理	职教专科
1587	2-02-37-01	土地整治与生态修复工程技术人员	420803	生态保护技术	职教专科
1588	2-02-37-01	土地整治与生态修复工程技术人员	420806	生态环境修复技术	职教专科

续表

序号	职业编码	职业名称	专业代码	专业名称	院校类型
1589	2-02-37-01	土地整治与生态修复工程技术人员	450403	水生态修复技术	职教专科
1590	2-02-37-02	城乡规划工程技术人员	070503	人文地理与城乡规划	普通本科
1591	2-02-37-02	城乡规划工程技术人员	082802	城乡规划	普通本科
1592	2-02-37-02	城乡规划工程技术人员	240105	城市设计数字技术	职教本科
1593	2-02-37-02	城乡规划工程技术人员	240201	城乡规划	职教本科
1594	2-02-37-02	城乡规划工程技术人员	440201	城乡规划	职教专科
1595	2-02-38-01	人工智能工程技术人员	310101	电子信息工程技术	职教本科
1596	2-02-38-01	人工智能工程技术人员	310209	人工智能工程技术	职教本科
1597	2-02-38-01	人工智能工程技术人员	0318-2	人工智能技术应用	技工院校2级
1598	2-02-38-01	人工智能工程技术人员	510108	智能产品开发与应用	职教专科
1599	2-02-38-01	人工智能工程技术人员	510209	人工智能技术应用	职教专科
1600	2-02-38-01	人工智能工程技术人员	0318-3	人工智能技术应用	技工院校3级
1601	2-02-38-02	物联网工程技术人员	080905	物联网工程	普通本科
1602	2-02-38-02	物联网工程技术人员	310102	物联网工程技术	职教本科
1603	2-02-38-02	物联网工程技术人员	0137-2	智能制造技术应用	技工院校2级
1604	2-02-38-02	物联网工程技术人员	430109	农业电气化技术	职教专科
1605	2-02-38-02	物联网工程技术人员	510102	物联网应用技术	职教专科
1606	2-02-38-02	物联网工程技术人员	510307	智能互联网络技术	职教专科
1607	2-02-38-02	物联网工程技术人员	0313-3	物联网应用技术	技工院校3级
1608	2-02-38-02	物联网工程技术人员	0828-3	智慧水利技术	技工院校3级
1609	2-02-38-03	大数据工程技术人员	310205	大数据工程技术	职教本科
1610	2-02-38-03	大数据工程技术人员	420804	生态环境大数据技术	职教专科

职业信息与教育培训项目（专业）信息对应指引
（2023 年版）

续表

序号	职业编码	职业名称	专业代码	专业名称	院校类型
1611	2-02-38-03	大数据工程技术人员	510201	计算机应用技术	职教专科
1612	2-02-38-03	大数据工程技术人员	510205	大数据技术	职教专科
1613	2-02-38-03	大数据工程技术人员	520704	健康大数据管理与服务	职教专科
1614	2-02-38-03	大数据工程技术人员	530301	大数据与财务管理	职教专科
1615	2-02-38-03	大数据工程技术人员	530304	会计信息管理	职教专科
1616	2-02-38-03	大数据工程技术人员	530401	统计与大数据分析	职教专科
1617	2-02-38-03	大数据工程技术人员	530402	统计与会计核算	职教专科
1618	2-02-38-03	大数据工程技术人员	530706	商务数据分析与应用	职教专科
1619	2-02-38-03	大数据工程技术人员	0218-3	工业互联网与大数据应用	技工院校3级
1620	2-02-38-04	云计算工程技术人员	310201	计算机应用工程	职教本科
1621	2-02-38-04	云计算工程技术人员	310202	网络工程技术	职教本科
1622	2-02-38-04	云计算工程技术人员	310206	云计算技术	职教本科
1623	2-02-38-04	云计算工程技术人员	0315-2	云计算技术应用	技工院校2级
1624	2-02-38-04	云计算工程技术人员	510202	计算机网络技术	职教专科
1625	2-02-38-04	云计算工程技术人员	510206	云计算技术应用	职教专科
1626	2-02-38-04	云计算工程技术人员	510301	现代通信技术	职教专科
1627	2-02-38-04	云计算工程技术人员	0218-3	工业互联网与大数据应用	技工院校3级
1628	2-02-38-04	云计算工程技术人员	0315-3	云计算技术应用	技工院校3级
1629	2-02-38-05	智能制造工程技术人员	080206	过程装备与控制工程	普通本科
1630	2-02-38-05	智能制造工程技术人员	082003	飞行器制造工程	普通本科
1631	2-02-38-05	智能制造工程技术人员	220501	智能采矿技术	职教本科
1632	2-02-38-05	智能制造工程技术人员	230102	智能电网工程技术	职教本科
1633	2-02-38-05	智能制造工程技术人员	230502	金属智能成型技术	职教本科
1634	2-02-38-05	智能制造工程技术人员	230701	建筑材料智能制造	职教本科

续表

序号	职业编码	职业名称	专业代码	专业名称	院校类型
1635	2-02-38-05	智能制造工程技术人员	250201	智慧水利工程	职教本科
1636	2-02-38-05	智能制造工程技术人员	260101	机械设计制造及自动化	职教本科
1637	2-02-38-05	智能制造工程技术人员	260102	智能制造工程技术	职教本科
1638	2-02-38-05	智能制造工程技术人员	260103	数控技术	职教本科
1639	2-02-38-05	智能制造工程技术人员	260105	工业工程技术	职教本科
1640	2-02-38-05	智能制造工程技术人员	260201	装备智能化技术	职教本科
1641	2-02-38-05	智能制造工程技术人员	260301	机械电子工程技术	职教本科
1642	2-02-38-05	智能制造工程技术人员	260303	智能控制技术	职教本科
1643	2-02-38-05	智能制造工程技术人员	260304	机器人技术	职教本科
1644	2-02-38-05	智能制造工程技术人员	260305	自动化技术与应用	职教本科
1645	2-02-38-05	智能制造工程技术人员	260306	现代测控工程技术	职教本科
1646	2-02-38-05	智能制造工程技术人员	260402	轨道交通智能控制装备技术	职教本科
1647	2-02-38-05	智能制造工程技术人员	260601	航空智能制造技术	职教本科
1648	2-02-38-05	智能制造工程技术人员	270202	化工智能制造工程技术	职教本科
1649	2-02-38-05	智能制造工程技术人员	310101	电子信息工程技术	职教本科
1650	2-02-38-05	智能制造工程技术人员	0137-2	智能制造技术应用	技工院校2级
1651	2-02-38-05	智能制造工程技术人员	0138-2	智能装备安装与调试	技工院校2级
1652	2-02-38-05	智能制造工程技术人员	0139-2	智能装备运行与维护	技工院校2级
1653	2-02-38-05	智能制造工程技术人员	0140-2	智能装备工业视觉技术应用	技工院校2级
1654	2-02-38-05	智能制造工程技术人员	410212	木业智能装备应用技术	职教专科
1655	2-02-38-05	智能制造工程技术人员	420811	智能环保装备技术	职教专科
1656	2-02-38-05	智能制造工程技术人员	420904	安全智能监测技术	职教专科
1657	2-02-38-05	智能制造工程技术人员	450202	智慧水利技术	职教专科

职业信息与教育培训项目（专业）信息对应指引

（2023 年版）

续表

序号	职业编码	职业名称	专业代码	专业名称	院校类型
1658	2-02-38-05	智能制造工程技术人员	460102	数字化设计与制造技术	职教专科
1659	2-02-38-05	智能制造工程技术人员	460104	机械制造及自动化	职教专科
1660	2-02-38-05	智能制造工程技术人员	460106	工业工程技术	职教专科
1661	2-02-38-05	智能制造工程技术人员	460112	增材制造技术	职教专科
1662	2-02-38-05	智能制造工程技术人员	460115	智能光电制造技术	职教专科
1663	2-02-38-05	智能制造工程技术人员	460119	工业产品质量检测技术	职教专科
1664	2-02-38-05	智能制造工程技术人员	460201	智能制造装备技术	职教专科
1665	2-02-38-05	智能制造工程技术人员	460204	新能源装备技术	职教专科
1666	2-02-38-05	智能制造工程技术人员	460301	机电一体化技术	职教专科
1667	2-02-38-05	智能制造工程技术人员	460302	智能机电技术	职教专科
1668	2-02-38-05	智能制造工程技术人员	460303	智能控制技术	职教专科
1669	2-02-38-05	智能制造工程技术人员	460304	智能机器人技术	职教专科
1670	2-02-38-05	智能制造工程技术人员	460305	工业机器人技术	职教专科
1671	2-02-38-05	智能制造工程技术人员	460510	海洋工程装备技术	职教专科
1672	2-02-38-05	智能制造工程技术人员	460601	飞行器数字化制造技术	职教专科
1673	2-02-38-05	智能制造工程技术人员	470209	化工智能制造技术	职教专科
1674	2-02-38-05	智能制造工程技术人员	470210	化工装备技术	职教专科
1675	2-02-38-05	智能制造工程技术人员	490210	智能医疗装备技术	职教专科
1676	2-02-38-05	智能制造工程技术人员	510101	电子信息工程技术	职教专科
1677	2-02-38-05	智能制造工程技术人员	510107	汽车智能技术	职教专科
1678	2-02-38-05	智能制造工程技术人员	510108	智能产品开发与应用	职教专科
1679	2-02-38-05	智能制造工程技术人员	510307	智能互联网络技术	职教专科
1680	2-02-38-05	智能制造工程技术人员	0137-3	智能制造技术应用	技工院校3级
1681	2-02-38-05	智能制造工程技术人员	0138-3	智能装备安装与调试	技工院校3级
1682	2-02-38-05	智能制造工程技术人员	0139-3	智能装备运行与维护	技工院校3级

续表

序号	职业编码	职业名称	专业代码	专业名称	院校类型
1683	2-02-38-05	智能制造工程技术人员	0140-3	智能装备工业视觉技术应用	技工院校3级
1684	2-02-38-06	工业互联网工程技术人员	080205	工业设计	普通本科
1685	2-02-38-06	工业互联网工程技术人员	120701	工业工程	普通本科
1686	2-02-38-06	工业互联网工程技术人员	260104	工业设计	职教本科
1687	2-02-38-06	工业互联网工程技术人员	260105	工业工程技术	职教本科
1688	2-02-38-06	工业互联网工程技术人员	260303	智能控制技术	职教本科
1689	2-02-38-06	工业互联网工程技术人员	260305	自动化技术与应用	职教本科
1690	2-02-38-06	工业互联网工程技术人员	260307	工业互联网工程	职教本科
1691	2-02-38-06	工业互联网工程技术人员	310211	工业互联网技术	职教本科
1692	2-02-38-06	工业互联网工程技术人员	0135-2	工业机械自动化装调	技工院校2级
1693	2-02-38-06	工业互联网工程技术人员	0137-2	智能制造技术应用	技工院校2级
1694	2-02-38-06	工业互联网工程技术人员	0140-2	智能装备工业视觉技术应用	技工院校2级
1695	2-02-38-06	工业互联网工程技术人员	0208-2	工业机器人应用与维护	技工院校2级
1696	2-02-38-06	工业互联网工程技术人员	0316-2	工业互联网技术应用	技工院校2级

职业信息与教育培训项目（专业）信息对应指引

（2023年版）

续表

序号	职业编码	职业名称	专业代码	专业名称	院校类型
1697	2-02-38-06	工业互联网工程技术人员	460119	工业产品质量检测技术	职教专科
1698	2-02-38-06	工业互联网工程技术人员	460303	智能控制技术	职教专科
1699	2-02-38-06	工业互联网工程技术人员	460305	工业机器人技术	职教专科
1700	2-02-38-06	工业互联网工程技术人员	460307	工业过程自动化技术	职教专科
1701	2-02-38-06	工业互联网工程技术人员	460310	工业互联网应用	职教专科
1702	2-02-38-06	工业互联网工程技术人员	510211	工业互联网技术	职教专科
1703	2-02-38-06	工业互联网工程技术人员	510214	工业软件开发技术	职教专科
1704	2-02-38-06	工业互联网工程技术人员	0137-3	智能制造技术应用	技工院校3级
1705	2-02-38-06	工业互联网工程技术人员	0140-3	智能装备工业视觉技术应用	技工院校3级
1706	2-02-38-06	工业互联网工程技术人员	0214-3	工业网络技术	技工院校3级
1707	2-02-38-06	工业互联网工程技术人员	0218-3	工业互联网与大数据应用	技工院校3级
1708	2-02-38-06	工业互联网工程技术人员	0316-3	工业互联网技术应用	技工院校3级
1709	2-02-38-07	虚拟现实工程技术人员	310208	虚拟现实技术	职教本科
1710	2-02-38-07	虚拟现实工程技术人员	350103	数字媒体艺术	职教本科
1711	2-02-38-07	虚拟现实工程技术人员	0317-2	虚拟现实技术应用	技工院校2级

续表

序号	职业编码	职业名称	专业代码	专业名称	院校类型
1712	2-02-38-07	虚拟现实工程技术人员	510208	虚拟现实技术应用	职教专科
1713	2-02-38-07	虚拟现实工程技术人员	550103	数字媒体艺术设计	职教专科
1714	2-02-38-07	虚拟现实工程技术人员	0317-3	虚拟现实技术应用	技工院校3级
1715	2-02-38-08	区块链工程技术人员	310212	区块链技术	职教本科
1716	2-02-38-08	区块链工程技术人员	330202	金融科技应用	职教本科
1717	2-02-38-08	区块链工程技术人员	0320-2	区块链技术应用	技工院校2级
1718	2-02-38-08	区块链工程技术人员	510212	区块链技术应用	职教专科
1719	2-02-38-08	区块链工程技术人员	530202	金融科技应用	职教专科
1720	2-02-38-08	区块链工程技术人员	0320-3	区块链技术应用	技工院校3级
1721	2-02-38-09	集成电路工程技术人员	080704	微电子科学与工程	普通本科
1722	2-02-38-09	集成电路工程技术人员	310103	柔性电子技术	职教本科
1723	2-02-38-09	集成电路工程技术人员	310401	集成电路工程技术	职教本科
1724	2-02-38-09	集成电路工程技术人员	0220-2	集成电路技术应用	技工院校2级
1725	2-02-38-09	集成电路工程技术人员	510401	集成电路技术	职教专科
1726	2-02-38-09	集成电路工程技术人员	510402	微电子技术	职教专科
1727	2-02-38-09	集成电路工程技术人员	0220-3	集成电路技术应用	技工院校3级
1728	2-02-38-10	机器人工程技术人员	260301	机械电子工程技术	职教本科
1729	2-02-38-10	机器人工程技术人员	260303	智能控制技术	职教本科
1730	2-02-38-10	机器人工程技术人员	260304	机器人技术	职教本科
1731	2-02-38-10	机器人工程技术人员	330602	市场营销	职教本科
1732	2-02-38-10	机器人工程技术人员	0137-2	智能制造技术应用	技工院校2级

职业信息与教育培训项目（专业）信息对应指引
（2023 年版）

续表

序号	职业编码	职业名称	专业代码	专业名称	院校类型
1733	2-02-38-10	机器人工程技术人员	0208-2	工业机器人应用与维护	技工院校2级
1734	2-02-38-10	机器人工程技术人员	0219-2	服务机器人应用与维护	技工院校2级
1735	2-02-38-10	机器人工程技术人员	460101	机械设计与制造	职教专科
1736	2-02-38-10	机器人工程技术人员	460104	机械制造及自动化	职教专科
1737	2-02-38-10	机器人工程技术人员	460202	机电设备技术	职教专科
1738	2-02-38-10	机器人工程技术人员	460302	智能机电技术	职教专科
1739	2-02-38-10	机器人工程技术人员	460303	智能控制技术	职教专科
1740	2-02-38-10	机器人工程技术人员	460304	智能机器人技术	职教专科
1741	2-02-38-10	机器人工程技术人员	460305	工业机器人技术	职教专科
1742	2-02-38-10	机器人工程技术人员	460504	船舶智能焊接技术	职教专科
1743	2-02-38-10	机器人工程技术人员	0137-3	智能制造技术应用	技工院校3级
1744	2-02-38-10	机器人工程技术人员	0138-3	智能装备安装与调试	技工院校3级
1745	2-02-38-10	机器人工程技术人员	0139-3	智能装备运行与维护	技工院校3级
1746	2-02-38-10	机器人工程技术人员	0208-3	工业机器人应用与维护	技工院校3级
1747	2-02-38-10	机器人工程技术人员	0219-3	服务机器人应用与维护	技工院校3级
1748	2-02-38-11	增材制造工程技术人员	230502	金属智能成型技术	职教本科
1749	2-02-38-11	增材制造工程技术人员	260101	机械设计制造及自动化	职教本科
1750	2-02-38-11	增材制造工程技术人员	260102	智能制造工程技术	职教本科
1751	2-02-38-11	增材制造工程技术人员	260104	工业设计	职教本科
1752	2-02-38-11	增材制造工程技术人员	260106	材料成型及控制工程	职教本科
1753	2-02-38-11	增材制造工程技术人员	260201	装备智能化技术	职教本科

续表

序号	职业编码	职业名称	专业代码	专业名称	院校类型
1754	2-02-38-11	增材制造工程技术人员	260601	航空智能制造技术	职教本科
1755	2-02-38-11	增材制造工程技术人员	0136-2	数字化设计与制造	技工院校2级
1756	2-02-38-11	增材制造工程技术人员	0142-2	原型制作	技工院校2级
1757	2-02-38-11	增材制造工程技术人员	430503	金属精密成型技术	职教专科
1758	2-02-38-11	增材制造工程技术人员	460102	数字化设计与制造技术	职教专科
1759	2-02-38-11	增材制造工程技术人员	460107	材料成型及控制技术	职教专科
1760	2-02-38-11	增材制造工程技术人员	460108	现代铸造技术	职教专科
1761	2-02-38-11	增材制造工程技术人员	460112	增材制造技术	职教专科
1762	2-02-38-11	增材制造工程技术人员	460114	特种加工技术	职教专科
1763	2-02-38-11	增材制造工程技术人员	460201	智能制造装备技术	职教专科
1764	2-02-38-11	增材制造工程技术人员	460610	航空材料精密成型技术	职教专科
1765	2-02-38-11	增材制造工程技术人员	0136-3	数字化设计与制造	技工院校3级
1766	2-02-38-11	增材制造工程技术人员	0142-3	原型制作	技工院校3级
1767	2-02-38-13	密码工程技术人员	510216	密码技术应用	职教专科
1768	2-03-02-00	农业技术指导人员	082301	农业工程	普通本科
1769	2-03-02-00	农业技术指导人员	082302	农业机械化及其自动化	普通本科
1770	2-03-02-00	农业技术指导人员	082304	农业建筑环境与能源工程	普通本科
1771	2-03-02-00	农业技术指导人员	082305	农业水利工程	普通本科
1772	2-03-02-00	农业技术指导人员	090101	农学	普通本科
1773	2-03-02-00	农业技术指导人员	090103	植物保护	普通本科
1774	2-03-02-00	农业技术指导人员	090106	设施农业科学与工程	普通本科
1775	2-03-02-00	农业技术指导人员	090201	农业资源与环境	普通本科
1776	2-03-02-00	农业技术指导人员	210102	作物生产与品质改良	职教本科

续表

序号	职业编码	职业名称	专业代码	专业名称	院校类型
1777	2-03-02-00	农业技术指导人员	210103	智慧农业技术	职教本科
1778	2-03-02-00	农业技术指导人员	210104	设施园艺	职教本科
1779	2-03-02-00	农业技术指导人员	210105	现代农业经营与管理	职教本科
1780	2-03-02-00	农业技术指导人员	250202	农业水利工程	职教本科
1781	2-03-02-00	农业技术指导人员	270103	农业生物技术	职教本科
1782	2-03-02-00	农业技术指导人员	410102	作物生产与经营管理	职教专科
1783	2-03-02-00	农业技术指导人员	410103	现代农业技术	职教专科
1784	2-03-02-00	农业技术指导人员	410104	生态农业技术	职教专科
1785	2-03-02-00	农业技术指导人员	410112	设施农业与装备	职教专科
1786	2-03-02-00	农业技术指导人员	410114	农产品加工与质量检测	职教专科
1787	2-03-02-00	农业技术指导人员	410115	绿色食品生产技术	职教专科
1788	2-03-02-00	农业技术指导人员	410116	农产品流通与管理	职教专科
1789	2-03-02-00	农业技术指导人员	410118	休闲农业经营与管理	职教专科
1790	2-03-02-00	农业技术指导人员	410119	现代农业经济管理	职教专科
1791	2-03-02-00	农业技术指导人员	410120	农村新型经济组织管理	职教专科
1792	2-03-02-00	农业技术指导人员	430109	农业电气化技术	职教专科
1793	2-03-02-00	农业技术指导人员	530705	农村电子商务	职教专科
1794	2-03-02-00	农业技术指导人员	0701-3	种植	技工院校3级
1795	2-03-02-00	农业技术指导人员	0702-3	现代农艺技术	技工院校3级
1796	2-03-02-00	农业技术指导人员	0723-3	农资连锁经营与管理	技工院校3级
1797	2-03-02-00	农业技术指导人员	0726-3	生态农业技术	技工院校3级
1798	2-03-02-00	农业技术指导人员	0728-3	农业经营与管理	技工院校3级
1799	2-03-03-00	植物保护技术人员	090103	植物保护	普通本科

续表

序号	职业编码	职业名称	专业代码	专业名称	院校类型
1800	2-03-03-00	植物保护技术人员	090503	森林保护	普通本科
1801	2-03-03-00	植物保护技术人员	320702	职业卫生工程技术	职教本科
1802	2-03-03-00	植物保护技术人员	320703	职业病危害检测评价技术	职教本科
1803	2-03-03-00	植物保护技术人员	410106	植物保护与检疫技术	职教专科
1804	2-03-03-00	植物保护技术人员	410115	绿色食品生产技术	职教专科
1805	2-03-03-00	植物保护技术人员	420908	职业健康安全技术	职教专科
1806	2-03-04-00	园艺技术人员	090102	园艺	普通本科
1807	2-03-04-00	园艺技术人员	090104	植物科学与技术	普通本科
1808	2-03-04-00	园艺技术人员	210104	设施园艺	职教本科
1809	2-03-04-00	园艺技术人员	410103	现代农业技术	职教专科
1810	2-03-04-00	园艺技术人员	410105	园艺技术	职教专科
1811	2-03-04-00	园艺技术人员	410106	植物保护与检疫技术	职教专科
1812	2-03-04-00	园艺技术人员	0703-3	果蔬花卉生产技术	技工院校3级
1813	2-03-05-00	作物遗传育种栽培技术人员	090101	农学	普通本科
1814	2-03-05-00	作物遗传育种栽培技术人员	210101	现代种业技术	职教本科
1815	2-03-05-00	作物遗传育种栽培技术人员	210102	作物生产与品质改良	职教本科
1816	2-03-05-00	作物遗传育种栽培技术人员	410101	种子生产与经营	职教专科
1817	2-03-05-00	作物遗传育种栽培技术人员	470103	农业生物技术	职教专科
1818	2-03-05-00	作物遗传育种栽培技术人员	0701-3	种植	技工院校3级

职业信息与教育培训项目（专业）信息对应指引
（2023年版）

续表

序号	职业编码	职业名称	专业代码	专业名称	院校类型
1819	2-03-05-00	作物遗传育种栽培技术人员	0702-3	现代农艺技术	技工院校3级
1820	2-03-06-01	兽医	090202	野生动物与自然保护区管理	普通本科
1821	2-03-06-01	兽医	090301	动物科学	普通本科
1822	2-03-06-01	兽医	090401	动物医学	普通本科
1823	2-03-06-01	兽医	090402	动物药学	普通本科
1824	2-03-06-01	兽医	210301	动物医学	职教本科
1825	2-03-06-01	兽医	210302	动物药学	职教本科
1826	2-03-06-01	兽医	210304	现代畜牧	职教本科
1827	2-03-06-01	兽医	410301	动物医学	职教专科
1828	2-03-06-01	兽医	410302	动物药学	职教专科
1829	2-03-06-01	兽医	410303	畜牧兽医	职教专科
1830	2-03-06-01	兽医	410304	中兽医	职教专科
1831	2-03-06-01	兽医	410306	动物防疫与检疫	职教专科
1832	2-03-06-01	兽医	410308	特种动物养殖技术	职教专科
1833	2-03-06-01	兽医	0704-3	畜禽生产与疫病防治	技工院校3级
1834	2-03-06-01	兽医	0705-3	畜牧兽医	技工院校3级
1835	2-03-06-02	兽药技术人员	090402	动物药学	普通本科
1836	2-03-06-02	兽药技术人员	210302	动物药学	职教本科
1837	2-03-06-02	兽药技术人员	410302	动物药学	职教专科
1838	2-03-06-02	兽药技术人员	410304	中兽医	职教专科
1839	2-03-06-02	兽药技术人员	490205	兽药制药技术	职教专科
1840	2-03-06-03	宠物医师	210303	宠物医疗	职教本科
1841	2-03-06-03	宠物医师	410305	宠物医疗技术	职教专科
1842	2-03-06-03	宠物医师	410309	宠物养护与驯导	职教专科

续表

序号	职业编码	职业名称	专业代码	专业名称	院校类型
1843	2-03-06-03	宠物医师	0727-3	宠物医疗与护理	技工院校3级
1844	2-03-07-01	畜牧技术人员	090301	动物科学	普通本科
1845	2-03-07-01	畜牧技术人员	210301	动物医学	职教本科
1846	2-03-07-01	畜牧技术人员	210304	现代畜牧	职教本科
1847	2-03-07-01	畜牧技术人员	410302	动物药学	职教专科
1848	2-03-07-01	畜牧技术人员	410303	畜牧兽医	职教专科
1849	2-03-07-01	畜牧技术人员	410306	动物防疫与检疫	职教专科
1850	2-03-07-01	畜牧技术人员	410307	畜禽智能化养殖	职教专科
1851	2-03-07-01	畜牧技术人员	410308	特种动物养殖技术	职教专科
1852	2-03-07-01	畜牧技术人员	410310	动物营养与饲料	职教专科
1853	2-03-07-01	畜牧技术人员	0704-3	畜禽生产与疫病防治	技工院校3级
1854	2-03-07-01	畜牧技术人员	0705-3	畜牧兽医	技工院校3级
1855	2-03-07-02	草业技术人员	090701	草业科学	普通本科
1856	2-03-07-02	草业技术人员	410203	草业技术	职教专科
1857	2-03-08-01	水产养殖技术人员	090601	水产养殖学	普通本科
1858	2-03-08-01	水产养殖技术人员	210401	现代水产养殖技术	职教本科
1859	2-03-08-01	水产养殖技术人员	410308	特种动物养殖技术	职教专科
1860	2-03-08-01	水产养殖技术人员	410401	水产养殖技术	职教专科
1861	2-03-08-01	水产养殖技术人员	410403	水族科学与技术	职教专科
1862	2-03-08-01	水产养殖技术人员	410404	水生动物医学	职教专科
1863	2-03-08-01	水产养殖技术人员	0706-3	水产养殖	技工院校3级
1864	2-03-08-02	渔业资源开发利用技术人员	090602	海洋渔业科学与技术	普通本科

职业信息与教育培训项目（专业）信息对应指引
（2023年版）

续表

序号	职业编码	职业名称	专业代码	专业名称	院校类型
1865	2-03-08-02	渔业资源开发利用技术人员	410402	海洋渔业技术	职教专科
1866	2-03-09-00	农业工程技术人员	082301	农业工程	普通本科
1867	2-03-09-00	农业工程技术人员	082302	农业机械化及其自动化	普通本科
1868	2-03-09-00	农业工程技术人员	082304	农业建筑环境与能源工程	普通本科
1869	2-03-09-00	农业工程技术人员	082305	农业水利工程	普通本科
1870	2-03-09-00	农业工程技术人员	090106	设施农业科学与工程	普通本科
1871	2-03-09-00	农业工程技术人员	090201	农业资源与环境	普通本科
1872	2-03-09-00	农业工程技术人员	120302	农村区域发展	普通本科
1873	2-03-09-00	农业工程技术人员	120404	土地资源管理	普通本科
1874	2-03-09-00	农业工程技术人员	210102	作物生产与品质改良	职教本科
1875	2-03-09-00	农业工程技术人员	210103	智慧农业技术	职教本科
1876	2-03-09-00	农业工程技术人员	210104	设施园艺	职教本科
1877	2-03-09-00	农业工程技术人员	210105	现代农业经营与管理	职教本科
1878	2-03-09-00	农业工程技术人员	270103	农业生物技术	职教本科
1879	2-03-09-00	农业工程技术人员	410102	作物生产与经营管理	职教专科
1880	2-03-09-00	农业工程技术人员	410103	现代农业技术	职教专科
1881	2-03-09-00	农业工程技术人员	410104	生态农业技术	职教专科
1882	2-03-09-00	农业工程技术人员	410112	设施农业与装备	职教专科
1883	2-03-09-00	农业工程技术人员	410118	休闲农业经营与管理	职教专科
1884	2-03-09-00	农业工程技术人员	410119	现代农业经济管理	职教专科
1885	2-03-09-00	农业工程技术人员	410120	农村新型经济组织管理	职教专科
1886	2-03-09-00	农业工程技术人员	430109	农业电气化技术	职教专科
1887	2-03-09-00	农业工程技术人员	450401	水土保持技术	职教专科
1888	2-03-09-00	农业工程技术人员	0717-3	农村能源开发与利用	技工院校3级

续表

序号	职业编码	职业名称	专业代码	专业名称	院校类型
1889	2-03-09-00	农业工程技术人员	0721-3	农村电气技术	技工院校3级
1890	2-03-09-00	农业工程技术人员	0722-3	农村经济综合管理	技工院校3级
1891	2-03-09-00	农业工程技术人员	0726-3	生态农业技术	技工院校3级
1892	2-03-09-00	农业工程技术人员	0728-3	农业经营与管理	技工院校3级
1893	2-04-01-01	飞行驾驶员	081805K	飞行技术	普通本科
1894	2-04-01-01	飞行驾驶员	300404	通用航空航务技术	职教本科
1895	2-04-01-01	飞行驾驶员	500403	定翼机驾驶技术	职教专科
1896	2-04-01-01	飞行驾驶员	500404	直升机驾驶技术	职教专科
1897	2-04-01-01	飞行驾驶员	500416	通用航空航务技术	职教专科
1898	2-04-01-02	飞行机械员	081805K	飞行技术	普通本科
1899	2-04-01-02	飞行机械员	260602	飞行器维修工程技术	职教本科
1900	2-04-01-02	飞行机械员	460601	飞行器数字化制造技术	职教专科
1901	2-04-01-02	飞行机械员	460605	飞机机载设备装配调试技术	职教专科
1902	2-04-01-02	飞行机械员	460607	飞行器维修技术	职教专科
1903	2-04-01-02	飞行机械员	500409	飞机机电设备维修	职教专科
1904	2-04-01-02	飞行机械员	500410	飞机电子设备维修	职教专科
1905	2-04-01-02	飞行机械员	500411	飞机部件修理	职教专科
1906	2-04-01-02	飞行机械员	500413	飞机结构修理	职教专科
1907	2-04-01-02	飞行机械员	0133-3	飞机制造与装配	技工院校3级
1908	2-04-01-02	飞行机械员	0434-3	飞机维修	技工院校3级
1909	2-04-01-03	飞行领航员	081805K	飞行技术	普通本科

职业信息与教育培训项目（专业）信息对应指引
（2023年版）

续表

序号	职业编码	职业名称	专业代码	专业名称	院校类型
1910	2-04-01-03	飞行领航员	300404	通用航空航务技术	职教本科
1911	2-04-01-03	飞行领航员	500403	定翼机驾驶技术	职教专科
1912	2-04-01-03	飞行领航员	500404	直升机驾驶技术	职教专科
1913	2-04-01-03	飞行领航员	500416	通用航空航务技术	职教专科
1914	2-04-01-04	飞行通信员	080703	通信工程	普通本科
1915	2-04-01-04	飞行通信员	310301	现代通信工程	职教本科
1916	2-04-01-04	飞行通信员	0211-2	通信终端设备制造与维修	技工院校2级
1917	2-04-01-04	飞行通信员	0309-2	通信网络应用	技工院校2级
1918	2-04-01-04	飞行通信员	500402	民航通信技术	职教专科
1919	2-04-01-04	飞行通信员	510301	现代通信技术	职教专科
1920	2-04-01-04	飞行通信员	510302	现代移动通信技术	职教专科
1921	2-04-01-04	飞行通信员	510303	通信软件技术	职教专科
1922	2-04-01-04	飞行通信员	510306	通信系统运行管理	职教专科
1923	2-04-01-04	飞行通信员	510309	电信服务与管理	职教专科
1924	2-04-01-04	飞行通信员	0211-3	通信终端设备制造与维修	技工院校3级
1925	2-04-01-04	飞行通信员	0309-3	通信网络应用	技工院校3级
1926	2-04-01-04	飞行通信员	0310-3	通信运营服务	技工院校3级
1927	2-04-02-01	甲板部技术人员	081803K	航海技术	普通本科
1928	2-04-02-01	甲板部技术人员	081901	船舶与海洋工程	普通本科
1929	2-04-02-01	甲板部技术人员	260501	船舶智能制造技术	职教本科
1930	2-04-02-01	甲板部技术人员	260502	船舶动力工程技术	职教本科
1931	2-04-02-01	甲板部技术人员	260503	船舶电气工程技术	职教本科
1932	2-04-02-01	甲板部技术人员	300301	航海技术	职教本科

续表

序号	职业编码	职业名称	专业代码	专业名称	院校类型
1933	2-04-02-01	甲板部技术人员	300303	轮机工程技术	职教本科
1934	2-04-02-01	甲板部技术人员	460501	船舶工程技术	职教专科
1935	2-04-02-01	甲板部技术人员	460502	船舶动力工程技术	职教专科
1936	2-04-02-01	甲板部技术人员	460503	船舶电气工程技术	职教专科
1937	2-04-02-01	甲板部技术人员	460504	船舶智能焊接技术	职教专科
1938	2-04-02-01	甲板部技术人员	460505	船舶舾装工程技术	职教专科
1939	2-04-02-01	甲板部技术人员	460506	船舶涂装工程技术	职教专科
1940	2-04-02-01	甲板部技术人员	460507	船舶通信装备技术	职教专科
1941	2-04-02-01	甲板部技术人员	500301	航海技术	职教专科
1942	2-04-02-01	甲板部技术人员	500303	轮机工程技术	职教专科
1943	2-04-02-01	甲板部技术人员	500308	船舶电子电气技术	职教专科
1944	2-04-02-01	甲板部技术人员	500309	船舶检验	职教专科
1945	2-04-02-01	甲板部技术人员	0416-3	船舶驾驶	技工院校3级
1946	2-04-02-01	甲板部技术人员	0417-3	船舶轮机	技工院校3级
1947	2-04-02-01	甲板部技术人员	0418-3	船舶建造与维修	技工院校3级
1948	2-04-02-01	甲板部技术人员	0719-3	航海捕捞	技工院校3级
1949	2-04-02-02	轮机部技术人员	081804K	轮机工程	普通本科
1950	2-04-02-02	轮机部技术人员	300303	轮机工程技术	职教本科
1951	2-04-02-02	轮机部技术人员	500303	轮机工程技术	职教专科
1952	2-04-02-02	轮机部技术人员	0417-3	船舶轮机	技工院校3级
1953	2-04-02-03	船舶引航员	081803K	航海技术	普通本科
1954	2-04-02-03	船舶引航员	300301	航海技术	职教本科
1955	2-04-02-03	船舶引航员	300305	水路运输与海事管理	职教本科

职业信息与教育培训项目（专业）信息对应指引
（2023 年版）

续表

序号	职业编码	职业名称	专业代码	专业名称	院校类型
1956	2-04-02-03	船舶引航员	500301	航海技术	职教专科
1957	2-04-02-03	船舶引航员	500309	船舶检验	职教专科
1958	2-04-02-03	船舶引航员	0416-3	船舶驾驶	技工院校3级
1959	2-05-01-07	口腔科医师	100301K	口腔医学	普通本科
1960	2-05-01-07	口腔科医师	101006	口腔医学技术	普通本科
1961	2-05-01-07	口腔科医师	320504	口腔医学技术	职教本科
1962	2-05-01-07	口腔科医师	520102K	口腔医学	职教专科
1963	2-05-01-07	口腔科医师	520504	口腔医学技术	职教专科
1964	2-05-01-07	口腔科医师	1307-3	口腔义齿制造	技工院校3级
1965	2-05-01-12	康复科医师	101005	康复治疗学	普通本科
1966	2-05-01-12	康复科医师	320506	呼吸治疗技术	职教本科
1967	2-05-01-12	康复科医师	320601	康复治疗	职教本科
1968	2-05-01-12	康复科医师	320602	康复辅助器具技术	职教本科
1969	2-05-01-12	康复科医师	320603	言语听觉治疗技术	职教本科
1970	2-05-01-12	康复科医师	320604	儿童康复治疗	职教本科
1971	2-05-01-12	康复科医师	490215	康复工程技术	职教专科
1972	2-05-01-12	康复科医师	520416	中医康复技术	职教专科
1973	2-05-01-12	康复科医师	520506	呼吸治疗技术	职教专科
1974	2-05-01-12	康复科医师	520601	康复治疗技术	职教专科
1975	2-05-01-12	康复科医师	520602	康复辅助器具技术	职教专科
1976	2-05-01-12	康复科医师	520603	言语听觉康复技术	职教专科
1977	2-05-01-12	康复科医师	570306	体育保健与康复	职教专科
1978	2-05-01-12	康复科医师	590303	社区康复	职教专科
1979	2-05-01-12	康复科医师	0528-3	康复保健	技工院校3级
1980	2-05-01-14	病理科医师	320501	医学检验技术	职教本科

续表

序号	职业编码	职业名称	专业代码	专业名称	院校类型
1981	2-05-01-14	病理科医师	520501	医学检验技术	职教专科
1982	2-05-01-15	放射科医师	101003	医学影像技术	普通本科
1983	2-05-01-15	放射科医师	320502	医学影像技术	职教本科
1984	2-05-01-15	放射科医师	520502	医学影像技术	职教专科
1985	2-05-01-17	超声科医师	320502	医学影像技术	职教本科
1986	2-05-01-17	超声科医师	520502	医学影像技术	职教专科
1987	2-05-01-18	肿瘤科医师	320505	放射治疗技术	职教本科
1988	2-05-01-18	肿瘤科医师	520505	放射治疗技术	职教专科
1989	2-05-01-19	全科医师	100401K	预防医学	普通本科
1990	2-05-01-19	全科医师	320801	健康管理	职教本科
1991	2-05-01-19	全科医师	520101K	临床医学	职教专科
1992	2-05-01-19	全科医师	520703K	预防医学	职教专科
1993	2-05-01-19	全科医师	520801	健康管理	职教专科
1994	2-05-01-24	临床检验科医师	100201K	临床医学	普通本科
1995	2-05-01-24	临床检验科医师	101001	医学检验技术	普通本科
1996	2-05-01-24	临床检验科医师	101002	医学实验技术	普通本科
1997	2-05-01-24	临床检验科医师	101007	卫生检验与检疫	普通本科
1998	2-05-01-24	临床检验科医师	270101	生物检验检测技术	职教本科
1999	2-05-01-24	临床检验科医师	320501	医学检验技术	职教本科
2000	2-05-01-24	临床检验科医师	470208	分析检验技术	职教专科
2001	2-05-01-24	临床检验科医师	520501	医学检验技术	职教专科
2002	2-05-01-24	临床检验科医师	520508	卫生检验与检疫技术	职教专科
2003	2-05-01-24	临床检验科医师	1305-3	药物分析与检验	技工院校3级
2004	2-05-01-25	职业病科医师	320601	康复治疗	职教本科
2005	2-05-01-25	职业病科医师	320702	职业卫生工程技术	职教本科
2006	2-05-01-25	职业病科医师	320703	职业病危害检测评价技术	职教本科

职业信息与教育培训项目（专业）信息对应指引

（2023 年版）

续表

序号	职业编码	职业名称	专业代码	专业名称	院校类型
2007	2-05-01-25	职业病科医师	420908	职业健康安全技术	职教专科
2008	2-05-01-25	职业病科医师	520601	康复治疗技术	职教专科
2009	2-05-02-01	中医内科医师	520401K	中医学	职教专科
2010	2-05-02-03	中医妇科医师	520401K	中医学	职教专科
2011	2-05-02-04	中医儿科医师	100501K	中医学	普通本科
2012	2-05-02-04	中医儿科医师	320604	儿童康复治疗	职教本科
2013	2-05-02-04	中医儿科医师	520401K	中医学	职教专科
2014	2-05-02-05	中医眼科医师	101004	眼视光学	普通本科
2015	2-05-02-05	中医眼科医师	520401K	中医学	职教专科
2016	2-05-02-06	中医皮肤科医师	100501K	中医学	普通本科
2017	2-05-02-06	中医皮肤科医师	520401K	中医学	职教专科
2018	2-05-02-07	中医骨伤科医师	520402K	中医骨伤	职教专科
2019	2-05-02-07	中医骨伤科医师	520416	中医康复技术	职教专科
2020	2-05-02-08	中医肛肠科医师	100501K	中医学	普通本科
2021	2-05-02-08	中医肛肠科医师	520401K	中医学	职教专科
2022	2-05-02-09	中医耳鼻咽喉科医师	100501K	中医学	普通本科
2023	2-05-02-09	中医耳鼻咽喉科医师	100504K	蒙医学	普通本科
2024	2-05-02-09	中医耳鼻咽喉科医师	520401K	中医学	职教专科
2025	2-05-02-10	针灸医师	100502K	针灸推拿学	普通本科
2026	2-05-02-10	针灸医师	101005	康复治疗学	普通本科
2027	2-05-02-10	针灸医师	320601	康复治疗	职教本科
2028	2-05-02-10	针灸医师	320603	言语听觉治疗技术	职教本科
2029	2-05-02-10	针灸医师	320604	儿童康复治疗	职教本科
2030	2-05-02-10	针灸医师	520401K	中医学	职教专科
2031	2-05-02-10	针灸医师	520402K	中医骨伤	职教专科
2032	2-05-02-10	针灸医师	520403K	针灸推拿	职教专科
2033	2-05-02-10	针灸医师	520416	中医康复技术	职教专科
2034	2-05-02-10	针灸医师	520417	中医养生保健	职教专科

续表

序号	职业编码	职业名称	专业代码	专业名称	院校类型
2035	2-05-02-10	针灸医师	520601	康复治疗技术	职教专科
2036	2-05-02-10	针灸医师	520603	言语听觉康复技术	职教专科
2037	2-05-02-10	针灸医师	590303	社区康复	职教专科
2038	2-05-02-10	针灸医师	0528-3	康复保健	技工院校3级
2039	2-05-02-11	中医推拿医师	100501K	中医学	普通本科
2040	2-05-02-11	中医推拿医师	100502K	针灸推拿学	普通本科
2041	2-05-02-11	中医推拿医师	320601	康复治疗	职教本科
2042	2-05-02-11	中医推拿医师	320604	儿童康复治疗	职教本科
2043	2-05-02-11	中医推拿医师	520401K	中医学	职教专科
2044	2-05-02-11	中医推拿医师	520402K	中医骨伤	职教专科
2045	2-05-02-11	中医推拿医师	520403K	针灸推拿	职教专科
2046	2-05-02-11	中医推拿医师	520409K	朝医学	职教专科
2047	2-05-02-11	中医推拿医师	520416	中医康复技术	职教专科
2048	2-05-02-11	中医推拿医师	520417	中医养生保健	职教专科
2049	2-05-02-11	中医推拿医师	520601	康复治疗技术	职教专科
2050	2-05-02-12	中医营养医师	100402	食品卫生与营养学	普通本科
2051	2-05-02-12	中医营养医师	100501K	中医学	普通本科
2052	2-05-02-12	中医营养医师	290103	食品营养与健康	职教本科
2053	2-05-02-12	中医营养医师	490103	食品营养与健康	职教专科
2054	2-05-02-12	中医营养医师	520401K	中医学	职教专科
2055	2-05-02-12	中医营养医师	520402K	中医骨伤	职教专科
2056	2-05-02-12	中医营养医师	520417	中医养生保健	职教专科
2057	2-05-02-12	中医营养医师	520805	医学营养	职教专科
2058	2-05-02-12	中医营养医师	540205	营养配餐	职教专科
2059	2-05-02-12	中医营养医师	0513-3	公共营养保健	技工院校3级

职业信息与教育培训项目（专业）信息对应指引

（2023 年版）

续表

序号	职业编码	职业名称	专业代码	专业名称	院校类型
2060	2-05-02-12	中医营养医师	1218-3	食品营养与卫生	技工院校3级
2061	2-05-02-13	中医整脊科医师	100501K	中医学	普通本科
2062	2-05-02-13	中医整脊科医师	320601	康复治疗	职教本科
2063	2-05-02-13	中医整脊科医师	520401K	中医学	职教专科
2064	2-05-02-13	中医整脊科医师	520402K	中医骨伤	职教专科
2065	2-05-02-13	中医整脊科医师	520403K	针灸推拿	职教专科
2066	2-05-02-13	中医整脊科医师	520416	中医康复技术	职教专科
2067	2-05-02-13	中医整脊科医师	520417	中医养生保健	职教专科
2068	2-05-02-13	中医整脊科医师	520601	康复治疗技术	职教专科
2069	2-05-02-13	中医整脊科医师	570306	体育保健与康复	职教专科
2070	2-05-02-14	中医康复医师	100501K	中医学	普通本科
2071	2-05-02-14	中医康复医师	101005	康复治疗学	普通本科
2072	2-05-02-14	中医康复医师	320601	康复治疗	职教本科
2073	2-05-02-14	中医康复医师	320602	康复辅助器具技术	职教本科
2074	2-05-02-14	中医康复医师	320603	言语听觉治疗技术	职教本科
2075	2-05-02-14	中医康复医师	320604	儿童康复治疗	职教本科
2076	2-05-02-14	中医康复医师	490215	康复工程技术	职教专科
2077	2-05-02-14	中医康复医师	520401K	中医学	职教专科
2078	2-05-02-14	中医康复医师	520402K	中医骨伤	职教专科
2079	2-05-02-14	中医康复医师	520403K	针灸推拿	职教专科
2080	2-05-02-14	中医康复医师	520416	中医康复技术	职教专科
2081	2-05-02-14	中医康复医师	520417	中医养生保健	职教专科
2082	2-05-02-14	中医康复医师	520506	呼吸治疗技术	职教专科
2083	2-05-02-14	中医康复医师	520601	康复治疗技术	职教专科
2084	2-05-02-14	中医康复医师	520602	康复辅助器具技术	职教专科
2085	2-05-02-14	中医康复医师	520603	言语听觉康复技术	职教专科
2086	2-05-02-14	中医康复医师	520803	老年保健与管理	职教专科

续表

序号	职业编码	职业名称	专业代码	专业名称	院校类型
2087	2-05-02-14	中医康复医师	570306	体育保健与康复	职教专科
2088	2-05-02-14	中医康复医师	590303	社区康复	职教专科
2089	2-05-02-14	中医康复医师	0528-3	康复保健	技工院校3级
2090	2-05-02-15	中医全科医师	520101K	临床医学	职教专科
2091	2-05-02-15	中医全科医师	520401K	中医学	职教专科
2092	2-05-02-15	中医全科医师	520402K	中医骨伤	职教专科
2093	2-05-02-15	中医全科医师	520403K	针灸推拿	职教专科
2094	2-05-02-15	中医全科医师	520416	中医康复技术	职教专科
2095	2-05-02-15	中医全科医师	520417	中医养生保健	职教专科
2096	2-05-02-15	中医全科医师	590104	社区管理与服务	职教专科
2097	2-05-02-15	中医全科医师	590303	社区康复	职教专科
2098	2-05-02-15	中医全科医师	0528-3	康复保健	技工院校3级
2099	2-05-02-16	中医亚健康医师	520416	中医康复技术	职教专科
2100	2-05-02-16	中医亚健康医师	520417	中医养生保健	职教专科
2101	2-05-03-01	中西医结合内科医师	100601K	中西医临床医学	普通本科
2102	2-05-03-02	中西医结合外科医师	100601K	中西医临床医学	普通本科
2103	2-05-03-02	中西医结合外科医师	520401K	中医学	职教专科
2104	2-05-03-03	中西医结合妇科医师	100601K	中西医临床医学	普通本科
2105	2-05-03-03	中西医结合妇科医师	520401K	中医学	职教专科
2106	2-05-03-04	中西医结合儿科医师	100601K	中西医临床医学	普通本科
2107	2-05-03-04	中西医结合儿科医师	320603	言语听觉治疗技术	职教本科
2108	2-05-03-04	中西医结合儿科医师	320604	儿童康复治疗	职教本科
2109	2-05-03-05	中西医结合骨伤科医师	100601K	中西医临床医学	普通本科
2110	2-05-03-05	中西医结合骨伤科医师	320601	康复治疗	职教本科
2111	2-05-03-05	中西医结合骨伤科医师	520402K	中医骨伤	职教专科
2112	2-05-03-06	中西医结合肛肠科医师	520401K	中医学	职教专科

序号	职业编码	职业名称	专业代码	专业名称	院校类型
2113	2-05-03-07	中西医结合皮肤与性病科医师	100601K	中西医临床医学	普通本科
2114	2-05-05-01	疾病控制医师	100401K	预防医学	普通本科
2115	2-05-05-01	疾病控制医师	320701	公共卫生管理	职教本科
2116	2-05-05-01	疾病控制医师	520703K	预防医学	职教专科
2117	2-05-05-02	健康教育医师	290103	食品营养与健康	职教本科
2118	2-05-05-02	健康教育医师	320701	公共卫生管理	职教本科
2119	2-05-05-02	健康教育医师	320801	健康管理	职教本科
2120	2-05-05-02	健康教育医师	520703K	预防医学	职教专科
2121	2-05-05-02	健康教育医师	520801	健康管理	职教专科
2122	2-05-05-02	健康教育医师	570116K	心理健康教育	职教专科
2123	2-05-05-02	健康教育医师	0522-3	健康服务与管理	技工院校3级
2124	2-05-05-03	公共卫生医师	100401K	预防医学	普通本科
2125	2-05-05-03	公共卫生医师	100402	食品卫生与营养学	普通本科
2126	2-05-05-03	公共卫生医师	320701	公共卫生管理	职教本科
2127	2-05-05-03	公共卫生医师	320702	职业卫生工程技术	职教本科
2128	2-05-05-03	公共卫生医师	320703	职业病危害检测评价技术	职教本科
2129	2-05-05-03	公共卫生医师	420908	职业健康安全技术	职教专科
2130	2-05-05-03	公共卫生医师	520701	公共卫生管理	职教专科
2131	2-05-05-03	公共卫生医师	520703K	预防医学	职教专科
2132	2-05-06-01	药师	100701	药学	普通本科
2133	2-05-06-01	药师	210302	动物药学	职教本科
2134	2-05-06-01	药师	290204	药事服务与管理	职教本科
2135	2-05-06-01	药师	320301	药学	职教本科
2136	2-05-06-01	药师	490203	药物制剂技术	职教专科
2137	2-05-06-01	药师	490206	药品质量与安全	职教专科

续表

序号	职业编码	职业名称	专业代码	专业名称	院校类型
2138	2-05-06-01	药师	520301	药学	职教专科
2139	2-05-06-02	中药师	100801	中药学	普通本科
2140	2-05-06-02	中药师	100802	中药资源与开发	普通本科
2141	2-05-06-02	中药师	290204	药事服务与管理	职教本科
2142	2-05-06-02	中药师	320301	药学	职教本科
2143	2-05-06-02	中药师	320401	中药制药	职教本科
2144	2-05-06-02	中药师	490203	药物制剂技术	职教专科
2145	2-05-06-02	中药师	490206	药品质量与安全	职教专科
2146	2-05-06-02	中药师	490208	药品经营与管理	职教专科
2147	2-05-06-02	中药师	520301	药学	职教专科
2148	2-05-06-02	中药师	520410	中药学	职教专科
2149	2-05-06-02	中药师	520414	中药材生产与加工	职教专科
2150	2-05-06-02	中药师	520415	中药制药	职教专科
2151	2-05-06-02	中药师	1301-3	中药	技工院校3级
2152	2-05-06-02	中药师	1310-3	药品服务与管理	技工院校3级
2153	2-05-06-03	民族药师	290204	药事服务与管理	职教本科
2154	2-05-06-03	民族药师	320301	药学	职教本科
2155	2-05-06-03	民族药师	520301	药学	职教专科
2156	2-05-06-03	民族药师	520411	蒙药学	职教专科
2157	2-05-06-03	民族药师	520412	维药学	职教专科
2158	2-05-06-03	民族药师	520413	藏药学	职教专科
2159	2-05-06-03	民族药师	1310-3	药品服务与管理	技工院校3级
2160	2-05-07-01	影像技师	320502	医学影像技术	职教本科
2161	2-05-07-02	口腔医学技师	100301K	口腔医学	普通本科
2162	2-05-07-02	口腔医学技师	101006	口腔医学技术	普通本科

职业信息与教育培训项目（专业）信息对应指引

（2023 年版）

续表

序号	职业编码	职业名称	专业代码	专业名称	院校类型
2163	2-05-07-02	口腔医学技师	320504	口腔医学技术	职教本科
2164	2-05-07-02	口腔医学技师	520102K	口腔医学	职教专科
2165	2-05-07-02	口腔医学技师	520504	口腔医学技术	职教专科
2166	2-05-07-02	口腔医学技师	1307-3	口腔义齿制造	技工院校3级
2167	2-05-07-03	病理技师	520501	医学检验技术	职教专科
2168	2-05-07-04	临床检验技师	101001	医学检验技术	普通本科
2169	2-05-07-04	临床检验技师	101002	医学实验技术	普通本科
2170	2-05-07-04	临床检验技师	101007	卫生检验与检疫	普通本科
2171	2-05-07-04	临床检验技师	270101	生物检验检测技术	职教本科
2172	2-05-07-04	临床检验技师	320501	医学检验技术	职教本科
2173	2-05-07-04	临床检验技师	320503	医学生物技术	职教本科
2174	2-05-07-04	临床检验技师	460120	理化测试与质检技术	职教专科
2175	2-05-07-04	临床检验技师	470105	生物产品检验检疫	职教专科
2176	2-05-07-04	临床检验技师	470208	分析检验技术	职教专科
2177	2-05-07-04	临床检验技师	520501	医学检验技术	职教专科
2178	2-05-07-04	临床检验技师	520508	卫生检验与检疫技术	职教专科
2179	2-05-07-05	公卫检验技师	320701	公共卫生管理	职教本科
2180	2-05-07-05	公卫检验技师	520508	卫生检验与检疫技术	职教专科
2181	2-05-07-05	公卫检验技师	1311-3	公共卫生防疫与管理	技工院校3级
2182	2-05-07-06	卫生工程技师	320702	职业卫生工程技术	职教本科
2183	2-05-07-08	临床营养技师	100402	食品卫生与营养学	普通本科
2184	2-05-07-08	临床营养技师	290103	食品营养与健康	职教本科
2185	2-05-07-08	临床营养技师	320506	呼吸治疗技术	职教本科
2186	2-05-07-08	临床营养技师	320601	康复治疗	职教本科
2187	2-05-07-08	临床营养技师	320603	言语听觉治疗技术	职教本科
2188	2-05-07-08	临床营养技师	320604	儿童康复治疗	职教本科

续表

序号	职业编码	职业名称	专业代码	专业名称	院校类型
2189	2-05-07-08	临床营养技师	490103	食品营养与健康	职教专科
2190	2-05-07-08	临床营养技师	520416	中医康复技术	职教专科
2191	2-05-07-08	临床营养技师	520601	康复治疗技术	职教专科
2192	2-05-07-08	临床营养技师	520801	健康管理	职教专科
2193	2-05-07-08	临床营养技师	520805	医学营养	职教专科
2194	2-05-07-08	临床营养技师	540205	营养配餐	职教专科
2195	2-05-07-08	临床营养技师	0513-3	公共营养保健	技工院校3级
2196	2-05-07-08	临床营养技师	1218-3	食品营养与卫生	技工院校3级
2197	2-05-07-09	消毒技师	1311-3	公共卫生防疫与管理	技工院校3级
2198	2-05-07-10	肿瘤放射治疗技师	320505	放射治疗技术	职教本科
2199	2-05-07-10	肿瘤放射治疗技师	520505	放射治疗技术	职教专科
2200	2-05-07-13	康复技师	101005	康复治疗学	普通本科
2201	2-05-07-13	康复技师	320506	呼吸治疗技术	职教本科
2202	2-05-07-13	康复技师	320601	康复治疗	职教本科
2203	2-05-07-13	康复技师	320602	康复辅助器具技术	职教本科
2204	2-05-07-13	康复技师	320603	言语听觉治疗技术	职教本科
2205	2-05-07-13	康复技师	320604	儿童康复治疗	职教本科
2206	2-05-07-13	康复技师	490215	康复工程技术	职教专科
2207	2-05-07-13	康复技师	520416	中医康复技术	职教专科
2208	2-05-07-13	康复技师	520506	呼吸治疗技术	职教专科
2209	2-05-07-13	康复技师	520601	康复治疗技术	职教专科
2210	2-05-07-13	康复技师	520602	康复辅助器具技术	职教专科
2211	2-05-07-13	康复技师	520603	言语听觉康复技术	职教专科
2212	2-05-07-13	康复技师	570306	体育保健与康复	职教专科
2213	2-05-07-13	康复技师	590303	社区康复	职教专科

职业信息与教育培训项目（专业）信息对应指引
（2023 年版）

续表

序号	职业编码	职业名称	专业代码	专业名称	院校类型
2214	2-05-07-13	康复技师	0528-3	康复保健	技工院校3级
2215	2-05-07-14	心理治疗技师	520804	心理咨询	职教专科
2216	2-05-07-14	心理治疗技师	570116K	心理健康教育	职教专科
2217	2-05-07-14	心理治疗技师	580605K	罪犯心理测量与矫正技术	职教专科
2218	2-05-07-15	病案信息技师	520702	卫生信息管理	职教专科
2219	2-05-07-16	中医技师	100501K	中医学	普通本科
2220	2-05-07-16	中医技师	101005	康复治疗学	普通本科
2221	2-05-07-16	中医技师	320601	康复治疗	职教本科
2222	2-05-07-16	中医技师	520401K	中医学	职教专科
2223	2-05-07-16	中医技师	520402K	中医骨伤	职教专科
2224	2-05-07-16	中医技师	520416	中医康复技术	职教专科
2225	2-05-07-16	中医技师	520417	中医养生保健	职教专科
2226	2-05-07-16	中医技师	520601	康复治疗技术	职教专科
2227	2-05-07-16	中医技师	520603	言语听觉康复技术	职教专科
2228	2-05-07-16	中医技师	0528-3	康复保健	技工院校3级
2229	2-05-08-01	内科护士	101101	护理学	普通本科
2230	2-05-08-01	内科护士	320201	护理	职教本科
2231	2-05-08-01	内科护士	520201	护理	职教专科
2232	2-05-08-01	内科护士	0515-3	护理	技工院校3级
2233	2-05-08-02	儿科护士	101101	护理学	普通本科
2234	2-05-08-02	儿科护士	320201	护理	职教本科
2235	2-05-08-02	儿科护士	320604	儿童康复治疗	职教本科
2236	2-05-08-02	儿科护士	520201	护理	职教专科

续表

序号	职业编码	职业名称	专业代码	专业名称	院校类型
2237	2-05-08-02	儿科护士	0515-3	护理	技工院校3级
2238	2-05-08-03	急诊护士	101101	护理学	普通本科
2239	2-05-08-03	急诊护士	320201	护理	职教本科
2240	2-05-08-03	急诊护士	520201	护理	职教专科
2241	2-05-08-03	急诊护士	520202	助产	职教专科
2242	2-05-08-03	急诊护士	0515-3	护理	技工院校3级
2243	2-05-08-04	外科护士	101101	护理学	普通本科
2244	2-05-08-04	外科护士	320201	护理	职教本科
2245	2-05-08-04	外科护士	520201	护理	职教专科
2246	2-05-08-04	外科护士	0515-3	护理	技工院校3级
2247	2-05-08-05	社区护士	320601	康复治疗	职教本科
2248	2-05-08-05	社区护士	320604	儿童康复治疗	职教本科
2249	2-05-08-05	社区护士	520101K	临床医学	职教专科
2250	2-05-08-05	社区护士	520703K	预防医学	职教专科
2251	2-05-08-05	社区护士	590303	社区康复	职教专科
2252	2-05-08-06	助产士	320201	护理	职教本科
2253	2-05-08-06	助产士	520201	护理	职教专科
2254	2-05-08-06	助产士	520202	助产	职教专科
2255	2-05-08-06	助产士	0515-3	护理	技工院校3级
2256	2-05-08-07	口腔科护士	100301K	口腔医学	普通本科
2257	2-05-08-07	口腔科护士	101006	口腔医学技术	普通本科
2258	2-05-08-07	口腔科护士	320504	口腔医学技术	职教本科
2259	2-05-08-07	口腔科护士	520102K	口腔医学	职教专科
2260	2-05-08-07	口腔科护士	520504	口腔医学技术	职教专科

职业信息与教育培训项目（专业）信息对应指引

（2023年版）

续表

序号	职业编码	职业名称	专业代码	专业名称	院校类型
2261	2-05-08-07	口腔科护士	1307-3	口腔义齿制造	技工院校3级
2262	2-05-08-08	妇产科护士	101101	护理学	普通本科
2263	2-05-08-08	妇产科护士	320201	护理	职教本科
2264	2-05-08-08	妇产科护士	520201	护理	职教专科
2265	2-05-08-08	妇产科护士	520202	助产	职教专科
2266	2-05-08-08	妇产科护士	0515-3	护理	技工院校3级
2267	2-05-08-09	中医护士	100501K	中医学	普通本科
2268	2-05-08-09	中医护士	101101	护理学	普通本科
2269	2-05-08-09	中医护士	320201	护理	职教本科
2270	2-05-08-09	中医护士	520201	护理	职教专科
2271	2-05-08-09	中医护士	520202	助产	职教专科
2272	2-05-08-09	中医护士	520401K	中医学	职教专科
2273	2-05-08-09	中医护士	520402K	中医骨伤	职教专科
2274	2-05-08-09	中医护士	520416	中医康复技术	职教专科
2275	2-05-08-09	中医护士	520417	中医养生保健	职教专科
2276	2-05-08-09	中医护士	0515-3	护理	技工院校3级
2277	2-05-09-00	乡村医生	100401K	预防医学	普通本科
2278	2-05-09-00	乡村医生	320701	公共卫生管理	职教本科
2279	2-05-09-00	乡村医生	320801	健康管理	职教本科
2280	2-05-09-00	乡村医生	520101K	临床医学	职教专科
2281	2-05-09-00	乡村医生	520401K	中医学	职教专科
2282	2-05-09-00	乡村医生	520404K	蒙医学	职教专科
2283	2-05-09-00	乡村医生	520406K	维医学	职教专科
2284	2-05-09-00	乡村医生	520407K	傣医学	职教专科
2285	2-05-09-00	乡村医生	520408K	哈医学	职教专科

续表

序号	职业编码	职业名称	专业代码	专业名称	院校类型
2286	2-05-09-00	乡村医生	520409K	朝医学	职教专科
2287	2-05-09-00	乡村医生	520701	公共卫生管理	职教专科
2288	2-05-09-00	乡村医生	520703K	预防医学	职教专科
2289	2-05-10-00	盲人医疗按摩人员	320601	康复治疗	职教本科
2290	2-05-10-00	盲人医疗按摩人员	320604	儿童康复治疗	职教本科
2291	2-05-10-00	盲人医疗按摩人员	520416	中医康复技术	职教专科
2292	2-05-10-00	盲人医疗按摩人员	520601	康复治疗技术	职教专科
2293	2-05-10-00	盲人医疗按摩人员	590303	社区康复	职教专科
2294	2-05-10-00	盲人医疗按摩人员	0514-3	保健按摩	技工院校3级
2295	2-05-10-00	盲人医疗按摩人员	0528-3	康复保健	技工院校3级
2296	2-06-01-02	合作经济专业人员	020102	经济统计学	普通本科
2297	2-06-01-02	合作经济专业人员	210105	现代农业经营与管理	职教本科
2298	2-06-01-04	易货经济专业人员	020301K	金融学	普通本科
2299	2-06-01-04	易货经济专业人员	020302	金融工程	普通本科
2300	2-06-01-04	易货经济专业人员	330201	金融管理	职教本科
2301	2-06-01-04	易货经济专业人员	330202	金融科技应用	职教本科
2302	2-06-01-04	易货经济专业人员	330204	信用管理	职教本科
2303	2-06-01-04	易货经济专业人员	530202	金融科技应用	职教专科
2304	2-06-01-04	易货经济专业人员	530204	信用管理	职教专科
2305	2-06-01-04	易货经济专业人员	530205	财富管理	职教专科
2306	2-06-01-04	易货经济专业人员	530208	农村金融	职教专科
2307	2-06-02-00	统计专业人员	530401	统计与大数据分析	职教专科
2308	2-06-02-00	统计专业人员	530402	统计与会计核算	职教专科
2309	2-06-02-00	统计专业人员	530403	市场调查与统计分析	职教专科
2310	2-06-02-00	统计专业人员	0722-3	农村经济综合管理	技工院校3级

职业信息与教育培训项目（专业）信息对应指引

（2023 年版）

续表

序号	职业编码	职业名称	专业代码	专业名称	院校类型
2311	2-06-03-00	会计专业人员	330301	大数据与财务管理	职教本科
2312	2-06-03-00	会计专业人员	330302	大数据与会计	职教本科
2313	2-06-03-00	会计专业人员	530301	大数据与财务管理	职教专科
2314	2-06-03-00	会计专业人员	530302	大数据与会计	职教专科
2315	2-06-03-00	会计专业人员	530304	会计信息管理	职教专科
2316	2-06-03-00	会计专业人员	530402	统计与会计核算	职教专科
2317	2-06-03-00	会计专业人员	0604-3	会计	技工院校3级
2318	2-06-03-00	会计专业人员	0613-3	财务管理	技工院校3级
2319	2-06-03-00	会计专业人员	0722-3	农村经济综合管理	技工院校3级
2320	2-06-04-00	审计专业人员	120207	审计学	普通本科
2321	2-06-04-00	审计专业人员	330302	大数据与会计	职教本科
2322	2-06-04-00	审计专业人员	330303	大数据与审计	职教本科
2323	2-06-04-00	审计专业人员	530303	大数据与审计	职教专科
2324	2-06-04-00	审计专业人员	0613-3	财务管理	技工院校3级
2325	2-06-05-00	涉税服务专业人员	530101	财税大数据应用	职教专科
2326	2-06-06-01	资产评估专业人员	120208	资产评估	普通本科
2327	2-06-06-01	资产评估专业人员	530102	资产评估与管理	职教专科
2328	2-06-06-02	房地产估价专业人员	120104	房地产开发与管理	普通本科
2329	2-06-06-02	房地产估价专业人员	240701	房地产投资与策划	职教本科
2330	2-06-06-02	房地产估价专业人员	440701	房地产经营与管理	职教专科
2331	2-06-06-02	房地产估价专业人员	440702	房地产智能检测与估价	职教专科
2332	2-06-06-02	房地产估价专业人员	0609-3	房地产经营与管理	技工院校3级
2333	2-06-06-03	森林资源评估专业人员	090501	林学	普通本科

续表

序号	职业编码	职业名称	专业代码	专业名称	院校类型
2334	2-06-06-03	森林资源评估专业人员	120208	资产评估	普通本科
2335	2-06-06-03	森林资源评估专业人员	410201	林业技术	职教专科
2336	2-06-06-03	森林资源评估专业人员	410211	林业信息技术应用	职教专科
2337	2-06-06-03	森林资源评估专业人员	530102	资产评估与管理	职教专科
2338	2-06-06-04	矿业权评估专业人员	120208	资产评估	普通本科
2339	2-06-06-04	矿业权评估专业人员	530102	资产评估与管理	职教专科
2340	2-06-07-01	国际商务专业人员	020401	国际经济与贸易	普通本科
2341	2-06-07-01	国际商务专业人员	050262	商务英语	普通本科
2342	2-06-07-01	国际商务专业人员	120205	国际商务	普通本科
2343	2-06-07-01	国际商务专业人员	330501	国际经济与贸易	职教本科
2344	2-06-07-01	国际商务专业人员	370201	应用英语	职教本科
2345	2-06-07-01	国际商务专业人员	530207	国际金融	职教专科
2346	2-06-07-01	国际商务专业人员	530502	国际商务	职教专科
2347	2-06-07-01	国际商务专业人员	530504	服务外包	职教专科
2348	2-06-07-01	国际商务专业人员	530505	国际文化贸易	职教专科
2349	2-06-07-01	国际商务专业人员	570201	商务英语	职教专科
2350	2-06-07-01	国际商务专业人员	0608-3	商务外语	技工院校3级
2351	2-06-07-03	商务策划专业人员	050262	商务英语	普通本科
2352	2-06-07-03	商务策划专业人员	120205	国际商务	普通本科
2353	2-06-07-03	商务策划专业人员	530603	商务管理	职教专科
2354	2-06-07-04	品牌专业人员	330602	市场营销	职教本科
2355	2-06-07-04	品牌专业人员	330701	电子商务	职教本科
2356	2-06-07-04	品牌专业人员	330703	全媒体电商运营	职教本科
2357	2-06-07-04	品牌专业人员	530605	市场营销	职教专科
2358	2-06-07-05	会展策划专业人员	120903	会展经济与管理	普通本科
2359	2-06-07-05	会展策划专业人员	350110	展示艺术设计	职教本科
2360	2-06-07-05	会展策划专业人员	540112	会展策划与管理	职教专科

职业信息与教育培训项目（专业）信息对应指引

（2023年版）

续表

序号	职业编码	职业名称	专业代码	专业名称	院校类型
2361	2-06-07-05	会展策划专业人员	550110	展示艺术设计	职教专科
2362	2-06-07-05	会展策划专业人员	0516-3	会展服务与管理	技工院校3级
2363	2-06-07-05	会展策划专业人员	1424-3	文化产业经营与管理	技工院校3级
2364	2-06-07-06	房地产开发专业人员	120104	房地产开发与管理	普通本科
2365	2-06-07-06	房地产开发专业人员	240701	房地产投资与策划	职教本科
2366	2-06-07-06	房地产开发专业人员	440701	房地产经营与管理	职教专科
2367	2-06-07-06	房地产开发专业人员	440702	房地产智能检测与估价	职教专科
2368	2-06-07-06	房地产开发专业人员	0609-3	房地产经营与管理	技工院校3级
2369	2-06-07-07	医药代表	081302	制药工程	普通本科
2370	2-06-07-07	医药代表	290201	制药工程技术	职教本科
2371	2-06-07-07	医药代表	290202	药品质量管理	职教本科
2372	2-06-07-07	医药代表	290204	药事服务与管理	职教本科
2373	2-06-07-07	医药代表	320301	药学	职教本科
2374	2-06-07-07	医药代表	490203	药物制剂技术	职教专科
2375	2-06-07-07	医药代表	490206	药品质量与安全	职教专科
2376	2-06-07-07	医药代表	490208	药品经营与管理	职教专科
2377	2-06-07-07	医药代表	520301	药学	职教专科
2378	2-06-07-07	医药代表	1306-3	药品营销	技工院校3级
2379	2-06-07-07	医药代表	1310-3	药品服务与管理	技工院校3级
2380	2-06-07-08	管理咨询专业人员	330601	企业数字化管理	职教本科
2381	2-06-07-08	管理咨询专业人员	0304-2	计算机信息管理	技工院校2级
2382	2-06-07-08	管理咨询专业人员	530601	工商企业管理	职教专科

续表

序号	职业编码	职业名称	专业代码	专业名称	院校类型
2383	2-06-07-10	物业经营管理专业人员	120209	物业管理	普通本科
2384	2-06-07-10	物业经营管理专业人员	240702	现代物业管理	职教本科
2385	2-06-07-10	物业经营管理专业人员	440703	现代物业管理	职教专科
2386	2-06-07-10	物业经营管理专业人员	0511-3	物业管理	技工院校3级
2387	2-06-07-11	经纪与代理专业人员	530603	商务管理	职教专科
2388	2-06-07-12	报关人员	530806	港口物流管理	职教专科
2389	2-06-07-13	数字化管理师	270204	现代分析测试技术	职教本科
2390	2-06-07-14	企业合规师	290102	食品质量与安全	职教本科
2391	2-06-07-14	企业合规师	330303	大数据与审计	职教本科
2392	2-06-07-14	企业合规师	490209	食品药品监督管理	职教专科
2393	2-06-07-15	招标采购专业人员	530103	政府采购管理	职教专科
2394	2-06-07-15	招标采购专业人员	530808	采购与供应管理	职教专科
2395	2-06-07-17	不动产确权登记专业人员	420101	国土资源调查与管理	职教专科
2396	2-06-07-17	不动产确权登记专业人员	420305	地籍测绘与土地管理	职教专科
2397	2-06-08-01	人力资源管理专业人员	390202	人力资源管理	职教本科
2398	2-06-08-01	人力资源管理专业人员	590202	人力资源管理	职教专科
2399	2-06-08-01	人力资源管理专业人员	590203	劳动与社会保障	职教专科
2400	2-06-08-01	人力资源管理专业人员	0606-3	人力资源管理	技工院校3级
2401	2-06-08-02	人力资源服务专业人员	120206	人力资源管理	普通本科
2402	2-06-08-02	人力资源服务专业人员	330601	企业数字化管理	职教本科
2403	2-06-08-02	人力资源服务专业人员	390202	人力资源管理	职教本科
2404	2-06-08-02	人力资源服务专业人员	530504	服务外包	职教专科
2405	2-06-08-02	人力资源服务专业人员	590202	人力资源管理	职教专科
2406	2-06-08-02	人力资源服务专业人员	590209	职业指导与服务	职教专科

续表

序号	职业编码	职业名称	专业代码	专业名称	院校类型
2407	2-06-08-02	人力资源服务专业人员	0606-3	人力资源管理	技工院校3级
2408	2-06-08-03	职业信息分析专业人员	120403	劳动与社会保障	普通本科
2409	2-06-09-02	银行金融市场业务专业人员	530207	国际金融	职教专科
2410	2-06-09-05	银行国际业务专业人员	530207	国际金融	职教专科
2411	2-06-09-06	公司金融顾问	020301K	金融学	普通本科
2412	2-06-09-06	公司金融顾问	020302	金融工程	普通本科
2413	2-06-09-06	公司金融顾问	330201	金融管理	职教本科
2414	2-06-09-06	公司金融顾问	330202	金融科技应用	职教本科
2415	2-06-09-06	公司金融顾问	530201	金融服务与管理	职教专科
2416	2-06-09-06	公司金融顾问	530202	金融科技应用	职教专科
2417	2-06-09-06	公司金融顾问	530205	财富管理	职教专科
2418	2-06-09-06	公司金融顾问	530206	证券实务	职教专科
2419	2-06-09-06	公司金融顾问	530207	国际金融	职教专科
2420	2-06-09-06	公司金融顾问	530208	农村金融	职教专科
2421	2-06-10-02	保险核保专业人员	020303	保险学	普通本科
2422	2-06-10-02	保险核保专业人员	330203	保险	职教本科
2423	2-06-10-02	保险核保专业人员	530203	保险实务	职教专科
2424	2-06-10-03	保险理赔专业人员	330203	保险	职教本科
2425	2-06-10-03	保险理赔专业人员	530203	保险实务	职教专科
2426	2-06-10-03	保险理赔专业人员	0437-3	汽车保险理赔与评估	技工院校3级
2427	2-06-10-04	保险资金运用专业人员	020304	投资学	普通本科
2428	2-06-10-04	保险资金运用专业人员	330201	金融管理	职教本科
2429	2-06-10-04	保险资金运用专业人员	330203	保险	职教本科
2430	2-06-10-04	保险资金运用专业人员	530201	金融服务与管理	职教专科
2431	2-06-10-04	保险资金运用专业人员	530205	财富管理	职教专科

续表

序号	职业编码	职业名称	专业代码	专业名称	院校类型
2432	2-06-10-04	保险资金运用专业人员	530206	证券实务	职教专科
2433	2-06-11-01	证券保荐承销专业人员	330201	金融管理	职教本科
2434	2-06-11-01	证券保荐承销专业人员	530206	证券实务	职教专科
2435	2-06-11-02	证券交易专业人员	020304	投资学	普通本科
2436	2-06-11-02	证券交易专业人员	330201	金融管理	职教本科
2437	2-06-11-02	证券交易专业人员	530201	金融服务与管理	职教专科
2438	2-06-11-02	证券交易专业人员	530205	财富管理	职教专科
2439	2-06-11-02	证券交易专业人员	530206	证券实务	职教专科
2440	2-06-11-03	证券投资专业人员	020304	投资学	普通本科
2441	2-06-11-03	证券投资专业人员	330201	金融管理	职教本科
2442	2-06-11-03	证券投资专业人员	530205	财富管理	职教专科
2443	2-06-11-03	证券投资专业人员	530206	证券实务	职教专科
2444	2-06-11-04	金融产品销售专业人员	020301K	金融学	普通本科
2445	2-06-11-04	金融产品销售专业人员	020302	金融工程	普通本科
2446	2-06-11-04	金融产品销售专业人员	330201	金融管理	职教本科
2447	2-06-11-04	金融产品销售专业人员	330202	金融科技应用	职教本科
2448	2-06-11-04	金融产品销售专业人员	530201	金融服务与管理	职教专科
2449	2-06-11-04	金融产品销售专业人员	530202	金融科技应用	职教专科
2450	2-06-11-04	金融产品销售专业人员	530204	信用管理	职教专科
2451	2-06-11-04	金融产品销售专业人员	530205	财富管理	职教专科
2452	2-06-11-04	金融产品销售专业人员	530206	证券实务	职教专科
2453	2-06-11-04	金融产品销售专业人员	530207	国际金融	职教专科
2454	2-06-11-04	金融产品销售专业人员	530208	农村金融	职教专科
2455	2-06-11-04	金融产品销售专业人员	0613-3	财务管理	技工院校3级
2456	2-06-11-05	黄金投资专业人员	020304	投资学	普通本科
2457	2-06-11-05	黄金投资专业人员	530205	财富管理	职教专科
2458	2-06-11-05	黄金投资专业人员	530206	证券实务	职教专科

职业信息与教育培训项目（专业）信息对应指引
（2023年版）

续表

序号	职业编码	职业名称	专业代码	专业名称	院校类型
2459	2-06-11-06	期货专业人员	020304	投资学	普通本科
2460	2-06-11-06	期货专业人员	330201	金融管理	职教本科
2461	2-06-11-06	期货专业人员	530201	金融服务与管理	职教专科
2462	2-06-11-06	期货专业人员	530205	财富管理	职教专科
2463	2-06-11-06	期货专业人员	530206	证券实务	职教专科
2464	2-06-11-07	基金专业人员	020304	投资学	普通本科
2465	2-06-11-07	基金专业人员	530205	财富管理	职教专科
2466	2-06-11-07	基金专业人员	530206	证券实务	职教专科
2467	2-06-12-03	专利管理专业人员	590208	知识产权管理	职教专科
2468	2-06-12-04	知识产权信息分析专业人员	590208	知识产权管理	职教专科
2469	2-06-13-00	医保经办专业人员	590203	劳动与社会保障	职教专科
2470	2-06-14-00	金融科技师	020301K	金融学	普通本科
2471	2-06-14-00	金融科技师	020302	金融工程	普通本科
2472	2-06-14-00	金融科技师	330201	金融管理	职教本科
2473	2-06-14-00	金融科技师	330202	金融科技应用	职教本科
2474	2-06-14-00	金融科技师	530201	金融服务与管理	职教专科
2475	2-06-14-00	金融科技师	530202	金融科技应用	职教专科
2476	2-06-14-00	金融科技师	530204	信用管理	职教专科
2477	2-06-14-00	金融科技师	530205	财富管理	职教专科
2478	2-06-14-00	金融科技师	530206	证券实务	职教专科
2479	2-06-14-00	金融科技师	530207	国际金融	职教专科
2480	2-06-14-00	金融科技师	530208	农村金融	职教专科
2481	2-07-03-00	检察官	030602K	侦查学	普通本科
2482	2-07-03-00	检察官	580402	法律文秘	职教专科
2483	2-07-03-00	检察官	580403	检察事务	职教专科
2484	2-07-06-01	法医	100901K	法医学	普通本科
2485	2-07-06-02	物证鉴定人员	580603	司法鉴定技术	职教专科

续表

序号	职业编码	职业名称	专业代码	专业名称	院校类型
2486	2-07-07-00	审判辅助人员	580402	法律文秘	职教专科
2487	2-07-07-00	审判辅助人员	580502	民事执行	职教专科
2488	2-07-07-00	审判辅助人员	580504K	司法警务	职教专科
2489	2-07-08-00	检察辅助人员	580403	检察事务	职教专科
2490	2-07-09-00	法律顾问	380401	法律	职教本科
2491	2-07-09-00	法律顾问	580401	法律事务	职教专科
2492	2-07-10-00	宗教教职人员	010103K	宗教学	普通本科
2493	2-07-11-01	社会工作者	030302	社会工作	普通本科
2494	2-07-11-01	社会工作者	390101	社会工作	职教本科
2495	2-07-11-01	社会工作者	390103	智慧社区管理	职教本科
2496	2-07-11-01	社会工作者	580505	社区矫正	职教专科
2497	2-07-11-01	社会工作者	590101	社会工作	职教专科
2498	2-07-11-01	社会工作者	590104	社区管理与服务	职教专科
2499	2-07-11-03	心理咨询师	520804	心理咨询	职教专科
2500	2-07-11-03	心理咨询师	580605K	罪犯心理测量与矫正技术	职教专科
2501	2-08-01-01	普通高等学校教师	040101	教育学	普通本科
2502	2-08-01-02	高等职业学校教师	030503	思想政治教育	普通本科
2503	2-08-01-02	高等职业学校教师	040201	体育教育	普通本科
2504	2-08-02-01	高级中学教师	040101	教育学	普通本科
2505	2-08-02-01	高级中学教师	040104	教育技术学	普通本科
2506	2-08-02-01	高级中学教师	570109K	美术教育	职教专科
2507	2-08-02-01	高级中学教师	570110K	体育教育	职教专科
2508	2-08-02-01	高级中学教师	570114K	特殊教育	职教专科
2509	2-08-02-01	高级中学教师	570116K	心理健康教育	职教专科
2510	2-08-02-03	初级中学教师	040101	教育学	普通本科
2511	2-08-02-03	初级中学教师	040104	教育技术学	普通本科
2512	2-08-02-03	初级中学教师	570109K	美术教育	职教专科

职业信息与教育培训项目（专业）信息对应指引
（2023年版）

续表

序号	职业编码	职业名称	专业代码	专业名称	院校类型
2513	2-08-02-03	初级中学教师	570110K	体育教育	职教专科
2514	2-08-02-03	初级中学教师	570114K	特殊教育	职教专科
2515	2-08-02-03	初级中学教师	570116K	心理健康教育	职教专科
2516	2-08-02-04	小学教师	040101	教育学	普通本科
2517	2-08-02-04	小学教师	040104	教育技术学	普通本科
2518	2-08-02-04	小学教师	040107	小学教育	普通本科
2519	2-08-02-04	小学教师	570103K	小学教育	职教专科
2520	2-08-02-04	小学教师	570104K	小学语文教育	职教专科
2521	2-08-02-04	小学教师	570105K	小学数学教育	职教专科
2522	2-08-02-04	小学教师	570107K	小学科学教育	职教专科
2523	2-08-02-04	小学教师	570108K	音乐教育	职教专科
2524	2-08-02-04	小学教师	570109K	美术教育	职教专科
2525	2-08-02-04	小学教师	570110K	体育教育	职教专科
2526	2-08-02-04	小学教师	570111K	小学道德与法治教育	职教专科
2527	2-08-02-04	小学教师	570112K	舞蹈教育	职教专科
2528	2-08-02-04	小学教师	570113K	艺术教育	职教专科
2529	2-08-02-04	小学教师	570115K	现代教育技术	职教专科
2530	2-08-02-04	小学教师	570116K	心理健康教育	职教专科
2531	2-08-03-00	幼儿园教师	040101	教育学	普通本科
2532	2-08-03-00	幼儿园教师	040102	科学教育	普通本科
2533	2-08-03-00	幼儿园教师	040104	教育技术学	普通本科
2534	2-08-03-00	幼儿园教师	040106	学前教育	普通本科
2535	2-08-03-00	幼儿园教师	370101	学前教育	职教本科
2536	2-08-03-00	幼儿园教师	570102K	学前教育	职教专科
2537	2-08-03-00	幼儿园教师	570114K	特殊教育	职教专科
2538	2-08-03-00	幼儿园教师	570116K	心理健康教育	职教专科
2539	2-08-03-00	幼儿园教师	1501-3	幼儿教育	技工院校3级

职业信息与教育培训项目（专业）信息对应指引一览表

续表

序号	职业编码	职业名称	专业代码	专业名称	院校类型
2540	2-08-04-00	特殊教育教师	040108	特殊教育	普通本科
2541	2-08-04-00	特殊教育教师	570114K	特殊教育	职教专科
2542	2-09-01-02	曲艺作家	550207	曲艺表演	职教专科
2543	2-09-01-03	剧作家	050106T	应用语言学	普通本科
2544	2-09-01-03	剧作家	050108T	中国语言与文化	普通本科
2545	2-09-01-03	剧作家	130301	表演	普通本科
2546	2-09-01-03	剧作家	130302	戏剧学	普通本科
2547	2-09-01-03	剧作家	130304	戏剧影视文学	普通本科
2548	2-09-01-03	剧作家	130306	戏剧影视导演	普通本科
2549	2-09-01-03	剧作家	350203	戏曲表演	职教本科
2550	2-09-01-03	剧作家	550203	戏曲表演	职教专科
2551	2-09-01-03	剧作家	550205	戏剧影视表演	职教专科
2552	2-09-01-04	作曲家	130201	音乐表演	普通本科
2553	2-09-01-04	作曲家	130202	音乐学	普通本科
2554	2-09-01-04	作曲家	130203	作曲与作曲技术理论	普通本科
2555	2-09-01-04	作曲家	350201	音乐表演	职教本科
2556	2-09-01-04	作曲家	550201	音乐表演	职教专科
2557	2-09-01-04	作曲家	550211	戏曲音乐	职教专科
2558	2-09-01-04	作曲家	550212	音乐制作	职教专科
2559	2-09-01-04	作曲家	550213	钢琴伴奏	职教专科
2560	2-09-01-04	作曲家	550216	音乐传播	职教专科
2561	2-09-01-04	作曲家	550219	作曲技术	职教专科
2562	2-09-01-04	作曲家	570108K	音乐教育	职教专科
2563	2-09-01-04	作曲家	1409-3	音乐	技工院校 3级
2564	2-09-01-05	词作家	040105	艺术教育	普通本科
2565	2-09-01-05	词作家	130101	艺术史论	普通本科
2566	2-09-01-05	词作家	130201	音乐表演	普通本科

职业信息与教育培训项目（专业）信息对应指引

（2023 年版）

续表

序号	职业编码	职业名称	专业代码	专业名称	院校类型
2567	2-09-01-05	词作家	130202	音乐学	普通本科
2568	2-09-01-05	词作家	130302	戏剧学	普通本科
2569	2-09-01-05	词作家	350201	音乐表演	职教本科
2570	2-09-01-05	词作家	550201	音乐表演	职教专科
2571	2-09-01-05	词作家	550212	音乐制作	职教专科
2572	2-09-01-05	词作家	550213	钢琴伴奏	职教专科
2573	2-09-01-05	词作家	550216	音乐传播	职教专科
2574	2-09-01-05	词作家	550219	作曲技术	职教专科
2575	2-09-01-06	导演	130302	戏剧学	普通本科
2576	2-09-01-06	导演	130306	戏剧影视导演	普通本科
2577	2-09-01-06	导演	550205	戏剧影视表演	职教专科
2578	2-09-01-06	导演	560204	影视编导	职教专科
2579	2-09-01-06	导演	1419-3	影视表演与制作	技工院校 3 级
2580	2-09-01-07	舞蹈编导	130204	舞蹈表演	普通本科
2581	2-09-01-07	舞蹈编导	130205	舞蹈学	普通本科
2582	2-09-01-07	舞蹈编导	130206	舞蹈编导	普通本科
2583	2-09-01-07	舞蹈编导	350202	舞蹈表演与编导	职教本科
2584	2-09-01-07	舞蹈编导	550202	舞蹈表演	职教专科
2585	2-09-01-07	舞蹈编导	550204	表演艺术	职教专科
2586	2-09-01-07	舞蹈编导	550206	歌舞表演	职教专科
2587	2-09-01-07	舞蹈编导	550208	音乐剧表演	职教专科
2588	2-09-01-07	舞蹈编导	550209	国际标准舞	职教专科
2589	2-09-01-07	舞蹈编导	550215	舞蹈编导	职教专科
2590	2-09-01-07	舞蹈编导	550301	民族表演艺术	职教专科
2591	2-09-01-07	舞蹈编导	570112K	舞蹈教育	职教专科
2592	2-09-01-07	舞蹈编导	570316	体育艺术表演	职教专科

序号	职业编码	职业名称	专业代码	专业名称	院校类型
2593	2-09-01-07	舞蹈编导	1410-3	民族音乐与舞蹈	技工院校3级
2594	2-09-01-07	舞蹈编导	1418-3	舞蹈表演	技工院校3级
2595	2-09-01-08	舞美设计	130307	戏剧影视美术设计	普通本科
2596	2-09-01-08	舞美设计	350204	舞台艺术设计	职教本科
2597	2-09-01-08	舞美设计	550218	舞台艺术设计与制作	职教专科
2598	2-09-02-02	电影电视演员	130301	表演	普通本科
2599	2-09-02-02	电影电视演员	130303	电影学	普通本科
2600	2-09-02-02	电影电视演员	130304	戏剧影视文学	普通本科
2601	2-09-02-02	电影电视演员	130306	戏剧影视导演	普通本科
2602	2-09-02-02	电影电视演员	360204	影视编导	职教本科
2603	2-09-02-02	电影电视演员	550117	人物形象设计	职教专科
2604	2-09-02-02	电影电视演员	550204	表演艺术	职教专科
2605	2-09-02-02	电影电视演员	550205	戏剧影视表演	职教专科
2606	2-09-02-02	电影电视演员	560204	影视编导	职教专科
2607	2-09-02-02	电影电视演员	1419-3	影视表演与制作	技工院校3级
2608	2-09-02-03	戏剧戏曲演员	130301	表演	普通本科
2609	2-09-02-03	戏剧戏曲演员	130302	戏剧学	普通本科
2610	2-09-02-03	戏剧戏曲演员	130304	戏剧影视文学	普通本科
2611	2-09-02-03	戏剧戏曲演员	130306	戏剧影视导演	普通本科
2612	2-09-02-03	戏剧戏曲演员	350203	戏曲表演	职教本科
2613	2-09-02-03	戏剧戏曲演员	550203	戏曲表演	职教专科
2614	2-09-02-03	戏剧戏曲演员	550204	表演艺术	职教专科
2615	2-09-02-03	戏剧戏曲演员	550205	戏剧影视表演	职教专科
2616	2-09-02-03	戏剧戏曲演员	550208	音乐剧表演	职教专科
2617	2-09-02-03	戏剧戏曲演员	550211	戏曲音乐	职教专科

职业信息与教育培训项目（专业）信息对应指引

（2023年版）

续表

序号	职业编码	职业名称	专业代码	专业名称	院校类型
2618	2-09-02-04	舞蹈演员	130204	舞蹈表演	普通本科
2619	2-09-02-04	舞蹈演员	130205	舞蹈学	普通本科
2620	2-09-02-04	舞蹈演员	130206	舞蹈编导	普通本科
2621	2-09-02-04	舞蹈演员	350202	舞蹈表演与编导	职教本科
2622	2-09-02-04	舞蹈演员	550202	舞蹈表演	职教专科
2623	2-09-02-04	舞蹈演员	550206	歌舞表演	职教专科
2624	2-09-02-04	舞蹈演员	550208	音乐剧表演	职教专科
2625	2-09-02-04	舞蹈演员	550209	国际标准舞	职教专科
2626	2-09-02-04	舞蹈演员	550215	舞蹈编导	职教专科
2627	2-09-02-04	舞蹈演员	550301	民族表演艺术	职教专科
2628	2-09-02-04	舞蹈演员	570112K	舞蹈教育	职教专科
2629	2-09-02-04	舞蹈演员	570316	体育艺术表演	职教专科
2630	2-09-02-04	舞蹈演员	1410-3	民族音乐与舞蹈	技工院校3级
2631	2-09-02-04	舞蹈演员	1418-3	舞蹈表演	技工院校3级
2632	2-09-02-05	曲艺演员	550207	曲艺表演	职教专科
2633	2-09-02-06	杂技魔术演员	550204	表演艺术	职教专科
2634	2-09-02-06	杂技魔术演员	550220	现代魔术设计与表演	职教专科
2635	2-09-02-06	杂技魔术演员	560202	广播影视节目制作	职教专科
2636	2-09-02-07	歌唱演员	350201	音乐表演	职教本科
2637	2-09-02-07	歌唱演员	550201	音乐表演	职教专科
2638	2-09-02-07	歌唱演员	1409-3	音乐	技工院校3级
2639	2-09-02-08	皮影戏木偶戏演员	550204	表演艺术	职教专科
2640	2-09-02-08	皮影戏木偶戏演员	550205	戏剧影视表演	职教专科
2641	2-09-02-09	民族乐器演奏员	550201	音乐表演	职教专科

续表

序号	职业编码	职业名称	专业代码	专业名称	院校类型
2642	2-09-02-09	民族乐器演奏员	1409-3	音乐	技工院校3级
2643	2-09-02-10	外国乐器演奏员	350201	音乐表演	职教本科
2644	2-09-02-10	外国乐器演奏员	550201	音乐表演	职教专科
2645	2-09-02-10	外国乐器演奏员	1409-3	音乐	技工院校3级
2646	2-09-03-01	电影电视制片人	130303	电影学	普通本科
2647	2-09-03-01	电影电视制片人	1419-3	影视表演与制作	技工院校3级
2648	2-09-03-02	电影电视场记	1419-3	影视表演与制作	技工院校3级
2649	2-09-03-03	电影电视摄影师	130303	电影学	普通本科
2650	2-09-03-03	电影电视摄影师	130404	摄影	普通本科
2651	2-09-03-03	电影电视摄影师	550118	摄影与摄像艺术	职教专科
2652	2-09-03-03	电影电视摄影师	560212	摄影摄像技术	职教专科
2653	2-09-03-03	电影电视摄影师	1416-3	摄影摄像技术	技工院校3级
2654	2-09-03-03	电影电视摄影师	1419-3	影视表演与制作	技工院校3级
2655	2-09-03-04	电影电视片发行人	560207	影视制片管理	职教专科
2656	2-09-03-05	电视导播	530704	网络营销与直播电商	职教专科
2657	2-09-03-05	电视导播	560202	广播影视节目制作	职教专科
2658	2-09-03-05	电视导播	560214	网络直播与运营	职教专科
2659	2-09-03-06	剪辑师	350111	数字影像设计	职教本科
2660	2-09-03-06	剪辑师	360202	影视摄影与制作	职教本科
2661	2-09-03-06	剪辑师	560208	影视多媒体技术	职教专科
2662	2-09-03-06	剪辑师	1419-3	影视表演与制作	技工院校3级

职业信息与教育培训项目（专业）信息对应指引

（2023 年版）

续表

序号	职业编码	职业名称	专业代码	专业名称	院校类型
2663	2-09-04-01	灯光师	350204	舞台艺术设计	职教本科
2664	2-09-04-01	灯光师	550218	舞台艺术设计与制作	职教专科
2665	2-09-04-01	灯光师	560209	影视照明技术与艺术	职教专科
2666	2-09-04-02	音像师	130308	录音艺术	普通本科
2667	2-09-04-02	音像师	550210	现代流行音乐	职教专科
2668	2-09-04-02	音像师	550212	音乐制作	职教专科
2669	2-09-04-02	音像师	560211	录音技术与艺术	职教专科
2670	2-09-04-03	美工师	350204	舞台艺术设计	职教本科
2671	2-09-04-03	美工师	550218	舞台艺术设计与制作	职教专科
2672	2-09-04-04	化妆师	350204	舞台艺术设计	职教本科
2673	2-09-04-04	化妆师	550111	美容美体艺术	职教专科
2674	2-09-04-04	化妆师	550117	人物形象设计	职教专科
2675	2-09-04-04	化妆师	550218	舞台艺术设计与制作	职教专科
2676	2-09-04-04	化妆师	0507-3	美容美发与造型（美发）	技工院校 3 级
2677	2-09-04-04	化妆师	0509-3	美容美发与造型（化妆）	技工院校 3 级
2678	2-09-04-05	装置师	350204	舞台艺术设计	职教本科
2679	2-09-04-05	装置师	550218	舞台艺术设计与制作	职教专科
2680	2-09-04-06	服装道具师	350204	舞台艺术设计	职教本科
2681	2-09-04-06	服装道具师	550218	舞台艺术设计与制作	职教专科
2682	2-09-04-07	演出监督	130306	戏剧影视导演	普通本科
2683	2-09-04-07	演出监督	350204	舞台艺术设计	职教本科
2684	2-09-04-07	演出监督	550218	舞台艺术设计与制作	职教专科
2685	2-09-04-07	演出监督	550402	文化产业经营与管理	职教专科
2686	2-09-04-08	演出制作人	350204	舞台艺术设计	职教本科
2687	2-09-04-08	演出制作人	550216	音乐传播	职教专科
2688	2-09-04-08	演出制作人	550402	文化产业经营与管理	职教专科

续表

序号	职业编码	职业名称	专业代码	专业名称	院校类型
2689	2-09-05-03	雕塑家	350107	美术	职教本科
2690	2-09-05-03	雕塑家	550126	雕塑设计	职教专科
2691	2-09-05-03	雕塑家	1408-3	美术绘画	技工院校3级
2692	2-09-05-05	摄影家	130404	摄影	普通本科
2693	2-09-05-05	摄影家	350111	数字影像设计	职教本科
2694	2-09-05-05	摄影家	420304	摄影测量与遥感技术	职教专科
2695	2-09-05-05	摄影家	550118	摄影与摄像艺术	职教专科
2696	2-09-05-05	摄影家	560212	摄影摄像技术	职教专科
2697	2-09-05-05	摄影家	1416-3	摄影摄像技术	技工院校3级
2698	2-09-05-05	摄影家	1419-3	影视表演与制作	技工院校3级
2699	2-09-06-01	视觉传达设计人员	350102	视觉传达设计	职教本科
2700	2-09-06-01	视觉传达设计人员	510204	数字媒体技术	职教专科
2701	2-09-06-01	视觉传达设计人员	550102	视觉传达设计	职教专科
2702	2-09-06-02	服装设计人员	081602	服装设计与工程	普通本科
2703	2-09-06-02	服装设计人员	130505	服装与服饰设计	普通本科
2704	2-09-06-02	服装设计人员	280402	服装工程技术	职教本科
2705	2-09-06-02	服装设计人员	350105	服装与服饰设计	职教本科
2706	2-09-06-02	服装设计人员	480402	服装设计与工艺	职教专科
2707	2-09-06-02	服装设计人员	480404	针织技术与针织服装	职教专科
2708	2-09-06-02	服装设计人员	480411	纺织品检验与贸易	职教专科
2709	2-09-06-02	服装设计人员	480412	皮革服装制作与工艺	职教专科
2710	2-09-06-02	服装设计人员	550105	服装与服饰设计	职教专科
2711	2-09-06-02	服装设计人员	550120	皮具艺术设计	职教专科
2712	2-09-06-02	服装设计人员	550127	服装陈列与展示设计	职教专科
2713	2-09-06-02	服装设计人员	550303	民族服装与饰品	职教专科

序号	职业编码	职业名称	专业代码	专业名称	院校类型
2714	2-09-06-02	服装设计人员	1208-3	服装制作与营销	技工院校3级
2715	2-09-06-02	服装设计人员	1210-3	服装设计与制作	技工院校3级
2716	2-09-06-03	动画设计人员	130310	动画	普通本科
2717	2-09-06-03	动画设计人员	350109	游戏创意设计	职教本科
2718	2-09-06-03	动画设计人员	360206	数字动画	职教本科
2719	2-09-06-03	动画设计人员	0305-2	计算机游戏制作	技工院校2级
2720	2-09-06-03	动画设计人员	0306-2	计算机动画制作	技工院校2级
2721	2-09-06-03	动画设计人员	440107	建筑动画技术	职教专科
2722	2-09-06-03	动画设计人员	510215	动漫制作技术	职教专科
2723	2-09-06-03	动画设计人员	550103	数字媒体艺术设计	职教专科
2724	2-09-06-03	动画设计人员	550109	游戏艺术设计	职教专科
2725	2-09-06-03	动画设计人员	550116	动漫设计	职教专科
2726	2-09-06-03	动画设计人员	560206	影视动画	职教专科
2727	2-09-06-03	动画设计人员	0305-3	计算机游戏制作	技工院校3级
2728	2-09-06-03	动画设计人员	0306-3	计算机动画制作	技工院校3级
2729	2-09-06-03	动画设计人员	0319-3	数字媒体技术应用	技工院校3级
2730	2-09-06-04	环境设计人员	081002	建筑环境与能源应用工程	普通本科
2731	2-09-06-04	环境设计人员	082501	环境科学与工程	普通本科
2732	2-09-06-04	环境设计人员	082503	环境科学	普通本科
2733	2-09-06-04	环境设计人员	130503	环境设计	普通本科

续表

序号	职业编码	职业名称	专业代码	专业名称	院校类型
2734	2-09-06-04	环境设计人员	240401	建筑环境与能源工程	职教本科
2735	2-09-06-04	环境设计人员	260104	工业设计	职教本科
2736	2-09-06-04	环境设计人员	350104	产品设计	职教本科
2737	2-09-06-04	环境设计人员	350106	环境艺术设计	职教本科
2738	2-09-06-04	环境设计人员	420801	环境监测技术	职教专科
2739	2-09-06-04	环境设计人员	420805	环境管理与评价	职教专科
2740	2-09-06-04	环境设计人员	550106	环境艺术设计	职教专科
2741	2-09-06-04	环境设计人员	550108	公共艺术设计	职教专科
2742	2-09-06-04	环境设计人员	1117-3	建筑模型设计与制作	技工院校3级
2743	2-09-06-04	环境设计人员	1406-3	环境艺术设计	技工院校3级
2744	2-09-06-06	工艺美术专业人员	130507	工艺美术	普通本科
2745	2-09-06-06	工艺美术专业人员	350101	工艺美术	职教本科
2746	2-09-06-06	工艺美术专业人员	350107	美术	职教本科
2747	2-09-06-06	工艺美术专业人员	550101	艺术设计	职教专科
2748	2-09-06-06	工艺美术专业人员	550112	工艺美术品设计	职教专科
2749	2-09-06-06	工艺美术专业人员	550124	玉器设计与工艺	职教专科
2750	2-09-06-06	工艺美术专业人员	1402-3	工艺美术	技工院校3级
2751	2-09-06-07	数字媒体艺术专业人员	040105	艺术教育	普通本科
2752	2-09-06-07	数字媒体艺术专业人员	080906	数字媒体技术	普通本科
2753	2-09-06-07	数字媒体艺术专业人员	130101	艺术史论	普通本科
2754	2-09-06-07	数字媒体艺术专业人员	130102T	艺术管理	普通本科
2755	2-09-06-07	数字媒体艺术专业人员	130103T	非物质文化遗产保护	普通本科
2756	2-09-06-07	数字媒体艺术专业人员	130207T	舞蹈教育	普通本科
2757	2-09-06-07	数字媒体艺术专业人员	130208TK	航空服务艺术与管理	普通本科
2758	2-09-06-07	数字媒体艺术专业人员	130209T	流行音乐	普通本科

职业信息与教育培训项目（专业）信息对应指引

（2023年版）

续表

序号	职业编码	职业名称	专业代码	专业名称	院校类型
2759	2-09-06-07	数字媒体艺术专业人员	130210T	音乐治疗	普通本科
2760	2-09-06-07	数字媒体艺术专业人员	130211T	流行舞蹈	普通本科
2761	2-09-06-07	数字媒体艺术专业人员	130212T	音乐教育	普通本科
2762	2-09-06-07	数字媒体艺术专业人员	130303	电影学	普通本科
2763	2-09-06-07	数字媒体艺术专业人员	130311T	影视摄影与制作	普通本科
2764	2-09-06-07	数字媒体艺术专业人员	130312T	影视技术	普通本科
2765	2-09-06-07	数字媒体艺术专业人员	130313T	戏剧教育	普通本科
2766	2-09-06-07	数字媒体艺术专业人员	130314TK	曲艺	普通本科
2767	2-09-06-07	数字媒体艺术专业人员	130315TK	音乐剧	普通本科
2768	2-09-06-07	数字媒体艺术专业人员	130405T	书法学	普通本科
2769	2-09-06-07	数字媒体艺术专业人员	130406T	中国画	普通本科
2770	2-09-06-07	数字媒体艺术专业人员	130407TK	实验艺术	普通本科
2771	2-09-06-07	数字媒体艺术专业人员	130408TK	跨媒体艺术	普通本科
2772	2-09-06-07	数字媒体艺术专业人员	130409T	文物保护与修复	普通本科
2773	2-09-06-07	数字媒体艺术专业人员	130410T	漫画	普通本科
2774	2-09-06-07	数字媒体艺术专业人员	130411T	纤维艺术	普通本科
2775	2-09-06-07	数字媒体艺术专业人员	130412TK	科技艺术	普通本科
2776	2-09-06-07	数字媒体艺术专业人员	130413TK	美术教育	普通本科
2777	2-09-06-07	数字媒体艺术专业人员	130508	数字媒体艺术	普通本科
2778	2-09-06-07	数字媒体艺术专业人员	130509T	艺术与科技	普通本科
2779	2-09-06-07	数字媒体艺术专业人员	130510TK	陶瓷艺术设计	普通本科
2780	2-09-06-07	数字媒体艺术专业人员	130511T	新媒体艺术	普通本科
2781	2-09-06-07	数字媒体艺术专业人员	130512T	包装设计	普通本科
2782	2-09-06-07	数字媒体艺术专业人员	130513TK	珠宝首饰设计与工艺	普通本科
2783	2-09-06-07	数字媒体艺术专业人员	310204	数字媒体技术	职教本科
2784	2-09-06-07	数字媒体艺术专业人员	330703	全媒体电商运营	职教本科
2785	2-09-06-07	数字媒体艺术专业人员	350103	数字媒体艺术	职教本科
2786	2-09-06-07	数字媒体艺术专业人员	350106	环境艺术设计	职教本科

续表

序号	职业编码	职业名称	专业代码	专业名称	院校类型
2787	2-09-06-07	数字媒体艺术专业人员	350108	公共艺术设计	职教本科
2788	2-09-06-07	数字媒体艺术专业人员	350110	展示艺术设计	职教本科
2789	2-09-06-07	数字媒体艺术专业人员	350111	数字影像设计	职教本科
2790	2-09-06-07	数字媒体艺术专业人员	360101	网络与新媒体	职教本科
2791	2-09-06-07	数字媒体艺术专业人员	360202	影视摄影与制作	职教本科
2792	2-09-06-07	数字媒体艺术专业人员	360203	数字广播电视技术	职教本科
2793	2-09-06-07	数字媒体艺术专业人员	360205	全媒体新闻采编与制作	职教本科
2794	2-09-06-07	数字媒体艺术专业人员	0319-2	数字媒体技术应用	技工院校2级
2795	2-09-06-07	数字媒体艺术专业人员	510204	数字媒体技术	职教专科
2796	2-09-06-07	数字媒体艺术专业人员	510215	动漫制作技术	职教专科
2797	2-09-06-07	数字媒体艺术专业人员	550101	艺术设计	职教专科
2798	2-09-06-07	数字媒体艺术专业人员	550102	视觉传达设计	职教专科
2799	2-09-06-07	数字媒体艺术专业人员	550103	数字媒体艺术设计	职教专科
2800	2-09-06-07	数字媒体艺术专业人员	550106	环境艺术设计	职教专科
2801	2-09-06-07	数字媒体艺术专业人员	550108	公共艺术设计	职教专科
2802	2-09-06-07	数字媒体艺术专业人员	550110	展示艺术设计	职教专科
2803	2-09-06-07	数字媒体艺术专业人员	550113	广告艺术设计	职教专科
2804	2-09-06-07	数字媒体艺术专业人员	550116	动漫设计	职教专科
2805	2-09-06-07	数字媒体艺术专业人员	550118	摄影与摄像艺术	职教专科
2806	2-09-06-07	数字媒体艺术专业人员	550216	音乐传播	职教专科
2807	2-09-06-07	数字媒体艺术专业人员	550302	民族美术	职教专科
2808	2-09-06-07	数字媒体艺术专业人员	550401	文化创意与策划	职教专科
2809	2-09-06-07	数字媒体艺术专业人员	550402	文化产业经营与管理	职教专科
2810	2-09-06-07	数字媒体艺术专业人员	550403	公共文化服务与管理	职教专科
2811	2-09-06-07	数字媒体艺术专业人员	560102	网络新闻与传播	职教专科
2812	2-09-06-07	数字媒体艺术专业人员	560103	出版策划与编辑	职教专科
2813	2-09-06-07	数字媒体艺术专业人员	560104	出版商务	职教专科

续表

序号	职业编码	职业名称	专业代码	专业名称	院校类型
2814	2-09-06-07	数字媒体艺术专业人员	560105	数字出版	职教专科
2815	2-09-06-07	数字媒体艺术专业人员	560106	数字媒体设备应用与管理	职教专科
2816	2-09-06-07	数字媒体艺术专业人员	560203	数字广播电视技术	职教专科
2817	2-09-06-07	数字媒体艺术专业人员	560204	影视编导	职教专科
2818	2-09-06-07	数字媒体艺术专业人员	560208	影视多媒体技术	职教专科
2819	2-09-06-07	数字媒体艺术专业人员	560213	融媒体技术与运营	职教专科
2820	2-09-06-07	数字媒体艺术专业人员	560214	网络直播与运营	职教专科
2821	2-09-06-07	数字媒体艺术专业人员	560215	传播与策划	职教专科
2822	2-09-06-07	数字媒体艺术专业人员	560216	全媒体广告策划与营销	职教专科
2823	2-09-06-07	数字媒体艺术专业人员	0308-3	多媒体制作	技工院校3级
2824	2-09-06-07	数字媒体艺术专业人员	0319-3	数字媒体技术应用	技工院校3级
2825	2-09-06-08	公共艺术专业人员	040105	艺术教育	普通本科
2826	2-09-06-08	公共艺术专业人员	050304	传播学	普通本科
2827	2-09-06-08	公共艺术专业人员	120401	公共事业管理	普通本科
2828	2-09-06-08	公共艺术专业人员	130101	艺术史论	普通本科
2829	2-09-06-08	公共艺术专业人员	130102T	艺术管理	普通本科
2830	2-09-06-08	公共艺术专业人员	130103T	非物质文化遗产保护	普通本科
2831	2-09-06-08	公共艺术专业人员	130207T	舞蹈教育	普通本科
2832	2-09-06-08	公共艺术专业人员	130209T	流行音乐	普通本科
2833	2-09-06-08	公共艺术专业人员	130210T	音乐治疗	普通本科
2834	2-09-06-08	公共艺术专业人员	130211T	流行舞蹈	普通本科
2835	2-09-06-08	公共艺术专业人员	130212T	音乐教育	普通本科
2836	2-09-06-08	公共艺术专业人员	130311T	影视摄影与制作	普通本科
2837	2-09-06-08	公共艺术专业人员	130312T	影视技术	普通本科
2838	2-09-06-08	公共艺术专业人员	130313T	戏剧教育	普通本科

续表

序号	职业编码	职业名称	专业代码	专业名称	院校类型
2839	2-09-06-08	公共艺术专业人员	130314TK	曲艺	普通本科
2840	2-09-06-08	公共艺术专业人员	130315TK	音乐剧	普通本科
2841	2-09-06-08	公共艺术专业人员	130405T	书法学	普通本科
2842	2-09-06-08	公共艺术专业人员	130406T	中国画	普通本科
2843	2-09-06-08	公共艺术专业人员	130407TK	实验艺术	普通本科
2844	2-09-06-08	公共艺术专业人员	130408TK	跨媒体艺术	普通本科
2845	2-09-06-08	公共艺术专业人员	130409T	文物保护与修复	普通本科
2846	2-09-06-08	公共艺术专业人员	130410T	漫画	普通本科
2847	2-09-06-08	公共艺术专业人员	130411T	纤维艺术	普通本科
2848	2-09-06-08	公共艺术专业人员	130412TK	科技艺术	普通本科
2849	2-09-06-08	公共艺术专业人员	130413TK	美术教育	普通本科
2850	2-09-06-08	公共艺术专业人员	130503	环境设计	普通本科
2851	2-09-06-08	公共艺术专业人员	130506	公共艺术	普通本科
2852	2-09-06-08	公共艺术专业人员	130509T	艺术与科技	普通本科
2853	2-09-06-08	公共艺术专业人员	130510TK	陶瓷艺术设计	普通本科
2854	2-09-06-08	公共艺术专业人员	130511T	新媒体艺术	普通本科
2855	2-09-06-08	公共艺术专业人员	130512T	包装设计	普通本科
2856	2-09-06-08	公共艺术专业人员	130513TK	珠宝首饰设计与工艺	普通本科
2857	2-09-06-08	公共艺术专业人员	350106	环境艺术设计	职教本科
2858	2-09-06-08	公共艺术专业人员	350107	美术	职教本科
2859	2-09-06-08	公共艺术专业人员	350108	公共艺术设计	职教本科
2860	2-09-06-08	公共艺术专业人员	550106	环境艺术设计	职教专科
2861	2-09-06-08	公共艺术专业人员	550108	公共艺术设计	职教专科
2862	2-09-06-08	公共艺术专业人员	550112	工艺美术品设计	职教专科
2863	2-09-06-08	公共艺术专业人员	550114	室内艺术设计	职教专科
2864	2-09-06-08	公共艺术专业人员	550302	民族美术	职教专科
2865	2-09-06-08	公共艺术专业人员	550403	公共文化服务与管理	职教专科
2866	2-09-06-09	陈列展览设计人员	550110	展示艺术设计	职教专科

职业信息与教育培训项目（专业）信息对应指引
（2023年版）

续表

序号	职业编码	职业名称	专业代码	专业名称	院校类型
2867	2-09-06-09	陈列展览设计人员	550127	服装陈列与展示设计	职教专科
2868	2-09-06-09	陈列展览设计人员	550406	文物展示利用技术	职教专科
2869	2-09-06-09	陈列展览设计人员	0536-3	服装陈列与展示设计	技工院校3级
2870	2-09-07-01	教练员	040202K	运动训练	普通本科
2871	2-09-07-01	教练员	570303	运动训练	职教专科
2872	2-09-07-01	教练员	1421-3	运动训练	技工院校3级
2873	2-09-07-02	裁判员	040202K	运动训练	普通本科
2874	2-09-07-02	裁判员	570303	运动训练	职教专科
2875	2-09-07-03	运动员	040201	体育教育	普通本科
2876	2-09-07-03	运动员	040202K	运动训练	普通本科
2877	2-09-07-03	运动员	040205	运动人体科学	普通本科
2878	2-09-07-03	运动员	370302	休闲体育	职教本科
2879	2-09-07-03	运动员	370303	体能训练	职教本科
2880	2-09-07-03	运动员	570303	运动训练	职教专科
2881	2-09-07-03	运动员	570305	运动防护	职教专科
2882	2-09-07-03	运动员	570306	体育保健与康复	职教专科
2883	2-09-07-03	运动员	570308	运动健康指导	职教专科
2884	2-09-07-03	运动员	570309	运动数据分析	职教专科
2885	2-09-07-03	运动员	570310	体能训练	职教专科
2886	2-09-07-03	运动员	570316	体育艺术表演	职教专科
2887	2-09-07-03	运动员	1421-3	运动训练	技工院校3级
2888	2-09-07-04	运动防护师	040201	体育教育	普通本科
2889	2-09-07-04	运动防护师	040202K	运动训练	普通本科
2890	2-09-07-04	运动防护师	040205	运动人体科学	普通本科
2891	2-09-07-04	运动防护师	101005	康复治疗学	普通本科

职业信息与教育培训项目（专业）信息对应指引一览表

续表

序号	职业编码	职业名称	专业代码	专业名称	院校类型
2892	2-09-07-04	运动防护师	320601	康复治疗	职教本科
2893	2-09-07-04	运动防护师	320604	儿童康复治疗	职教本科
2894	2-09-07-04	运动防护师	370302	休闲体育	职教本科
2895	2-09-07-04	运动防护师	370303	体能训练	职教本科
2896	2-09-07-04	运动防护师	520416	中医康复技术	职教专科
2897	2-09-07-04	运动防护师	520601	康复治疗技术	职教专科
2898	2-09-07-04	运动防护师	570303	运动训练	职教专科
2899	2-09-07-04	运动防护师	570305	运动防护	职教专科
2900	2-09-07-04	运动防护师	570306	体育保健与康复	职教专科
2901	2-09-07-04	运动防护师	570307	健身指导与管理	职教专科
2902	2-09-07-04	运动防护师	570308	运动健康指导	职教专科
2903	2-09-07-04	运动防护师	570309	运动数据分析	职教专科
2904	2-09-07-04	运动防护师	570310	体能训练	职教专科
2905	2-09-07-04	运动防护师	570314	冰雪运动与管理	职教专科
2906	2-09-07-04	运动防护师	1421-3	运动训练	技工院校3级
2907	2-09-07-05	体育经理人	040201	体育教育	普通本科
2908	2-09-07-05	体育经理人	040202K	运动训练	普通本科
2909	2-09-07-05	体育经理人	040203	社会体育指导与管理	普通本科
2910	2-09-07-05	体育经理人	040204K	武术与民族传统体育	普通本科
2911	2-09-07-05	体育经理人	370301	社会体育指导与管理	职教本科
2912	2-09-07-05	体育经理人	370302	休闲体育	职教本科
2913	2-09-07-05	体育经理人	570110K	体育教育	职教专科
2914	2-09-07-05	体育经理人	570301	社会体育	职教专科
2915	2-09-07-05	体育经理人	570302	休闲体育	职教专科
2916	2-09-07-05	体育经理人	570303	运动训练	职教专科
2917	2-09-07-05	体育经理人	570304	民族传统体育	职教专科
2918	2-09-07-05	体育经理人	570308	运动健康指导	职教专科

续表

序号	职业编码	职业名称	专业代码	专业名称	院校类型
2919	2-09-07-05	体育经理人	570309	运动数据分析	职教专科
2920	2-09-07-05	体育经理人	570310	体能训练	职教专科
2921	2-09-07-05	体育经理人	570311	体育运营与管理	职教专科
2922	2-09-07-05	体育经理人	570314	冰雪运动与管理	职教专科
2923	2-09-07-05	体育经理人	570316	体育艺术表演	职教专科
2924	2-09-07-05	体育经理人	0510-3	休闲体育服务	技工院校3级
2925	2-09-07-05	体育经理人	1421-3	运动训练	技工院校3级
2926	2-10-01-01	文字记者	050301	新闻学	普通本科
2927	2-10-01-01	文字记者	050302	广播电视学	普通本科
2928	2-10-01-01	文字记者	360101	网络与新媒体	职教本科
2929	2-10-01-01	文字记者	360205	全媒体新闻采编与制作	职教本科
2930	2-10-01-01	文字记者	560102	网络新闻与传播	职教专科
2931	2-10-01-01	文字记者	560205	新闻采编与制作	职教专科
2932	2-10-01-01	文字记者	1413-3	新闻采编与制作	技工院校3级
2933	2-10-01-02	摄影记者	050301	新闻学	普通本科
2934	2-10-01-02	摄影记者	130404	摄影	普通本科
2935	2-10-01-02	摄影记者	360205	全媒体新闻采编与制作	职教本科
2936	2-10-01-02	摄影记者	560205	新闻采编与制作	职教专科
2937	2-10-01-02	摄影记者	560212	摄影摄像技术	职教专科
2938	2-10-01-02	摄影记者	1413-3	新闻采编与制作	技工院校3级
2939	2-10-02-02	美术编辑	560101	数字图文信息处理技术	职教专科
2940	2-10-02-02	美术编辑	560103	出版策划与编辑	职教专科
2941	2-10-02-02	美术编辑	1415-3	数字出版	技工院校3级

续表

序号	职业编码	职业名称	专业代码	专业名称	院校类型
2942	2-10-02-03	技术编辑	081703	印刷工程	普通本科
2943	2-10-02-03	技术编辑	280301	数字印刷工程	职教本科
2944	2-10-02-03	技术编辑	480301	数字印刷技术	职教专科
2945	2-10-02-03	技术编辑	480302	印刷媒体技术	职教专科
2946	2-10-02-03	技术编辑	480303	印刷数字图文技术	职教专科
2947	2-10-02-03	技术编辑	480304	印刷设备应用技术	职教专科
2948	2-10-02-03	技术编辑	560101	数字图文信息处理技术	职教专科
2949	2-10-02-03	技术编辑	560103	出版策划与编辑	职教专科
2950	2-10-02-03	技术编辑	560104	出版商务	职教专科
2951	2-10-02-03	技术编辑	560105	数字出版	职教专科
2952	2-10-02-03	技术编辑	1202-3	印刷（印刷技术）	技工院校3级
2953	2-10-02-03	技术编辑	1415-3	数字出版	技工院校3级
2954	2-10-02-04	数字出版编辑	050305	编辑出版学	普通本科
2955	2-10-02-04	数字出版编辑	360101	网络与新媒体	职教本科
2956	2-10-02-04	数字出版编辑	550103	数字媒体艺术设计	职教专科
2957	2-10-02-04	数字出版编辑	550104	产品艺术设计	职教专科
2958	2-10-02-04	数字出版编辑	560101	数字图文信息处理技术	职教专科
2959	2-10-02-04	数字出版编辑	560103	出版策划与编辑	职教专科
2960	2-10-02-04	数字出版编辑	560104	出版商务	职教专科
2961	2-10-02-04	数字出版编辑	560105	数字出版	职教专科
2962	2-10-02-04	数字出版编辑	560215	传播与策划	职教专科
2963	2-10-02-04	数字出版编辑	1415-3	数字出版	技工院校3级
2964	2-10-02-05	网络编辑	0319-2	数字媒体技术应用	技工院校2级
2965	2-10-02-05	网络编辑	560102	网络新闻与传播	职教专科

续表

序号	职业编码	职业名称	专业代码	专业名称	院校类型
2966	2-10-02-05	网络编辑	560103	出版策划与编辑	职教专科
2967	2-10-02-05	网络编辑	560105	数字出版	职教专科
2968	2-10-02-05	网络编辑	560215	传播与策划	职教专科
2969	2-10-02-05	网络编辑	1415-3	数字出版	技工院校3级
2970	2-10-02-06	电子音乐编辑	130201	音乐表演	普通本科
2971	2-10-02-06	电子音乐编辑	130202	音乐学	普通本科
2972	2-10-02-06	电子音乐编辑	350201	音乐表演	职教本科
2973	2-10-02-06	电子音乐编辑	550201	音乐表演	职教专科
2974	2-10-02-06	电子音乐编辑	550211	戏曲音乐	职教专科
2975	2-10-02-06	电子音乐编辑	550212	音乐制作	职教专科
2976	2-10-02-06	电子音乐编辑	550213	钢琴伴奏	职教专科
2977	2-10-02-06	电子音乐编辑	550216	音乐传播	职教专科
2978	2-10-02-06	电子音乐编辑	550219	作曲技术	职教专科
2979	2-10-02-06	电子音乐编辑	560211	录音技术与艺术	职教专科
2980	2-10-02-06	电子音乐编辑	570108K	音乐教育	职教专科
2981	2-10-04-01	播音员	130309	播音与主持艺术	普通本科
2982	2-10-04-01	播音员	360201	播音与主持	职教本科
2983	2-10-04-01	播音员	560201	播音与主持	职教专科
2984	2-10-04-01	播音员	1414-3	播音与主持	技工院校3级
2985	2-10-04-02	节目主持人	360204	影视编导	职教本科
2986	2-10-04-02	节目主持人	560202	广播影视节目制作	职教专科
2987	2-10-04-02	节目主持人	1414-3	播音与主持	技工院校3级
2988	2-10-05-00	翻译	050261	翻译	普通本科
2989	2-10-05-00	翻译	370201	应用英语	职教本科
2990	2-10-05-00	翻译	370204	应用俄语	职教本科

续表

序号	职业编码	职业名称	专业代码	专业名称	院校类型
2991	2-10-05-00	翻译	370206	应用外语	职教本科
2992	2-10-05-00	翻译	550305	中国少数民族语言文化	职教专科
2993	2-10-05-00	翻译	570201	商务英语	职教专科
2994	2-10-05-00	翻译	570208	应用外语	职教专科
2995	2-10-06-01	文献信息专业人员	550407	图书档案管理	职教专科
2996	2-10-06-02	微缩摄影专业人员	1416-3	摄影摄像技术	技工院校3级
2997	2-10-07-00	档案专业人员	550407	图书档案管理	职教专科
2998	2-10-08-01	考古专业人员	060103	考古学	普通本科
2999	2-10-08-01	考古专业人员	060104	文物与博物馆学	普通本科
3000	2-10-08-01	考古专业人员	550405	文物考古技术	职教专科
3001	2-10-08-02	文物藏品专业人员	060104	文物与博物馆学	普通本科
3002	2-10-08-02	文物藏品专业人员	350401	文物修复与保护	职教本科
3003	2-10-08-02	文物藏品专业人员	550404	文物修复与保护	职教专科
3004	2-10-08-02	文物藏品专业人员	550406	文物展示利用技术	职教专科
3005	2-10-08-02	文物藏品专业人员	550408	石窟寺保护技术	职教专科
3006	2-10-08-02	文物藏品专业人员	1417-3	文物修复与保护	技工院校3级
3007	2-10-08-02	文物藏品专业人员	1423-3	文物数字化技术应用	技工院校3级
3008	2-10-08-03	可移动文物保护专业人员	060104	文物与博物馆学	普通本科
3009	2-10-08-03	可移动文物保护专业人员	350401	文物修复与保护	职教本科
3010	2-10-08-03	可移动文物保护专业人员	550404	文物修复与保护	职教专科
3011	2-10-08-03	可移动文物保护专业人员	550405	文物考古技术	职教专科

续表

序号	职业编码	职业名称	专业代码	专业名称	院校类型
3012	2-10-08-03	可移动文物保护专业人员	550406	文物展示利用技术	职教专科
3013	2-10-08-03	可移动文物保护专业人员	550408	石窟寺保护技术	职教专科
3014	2-10-08-03	可移动文物保护专业人员	1417-3	文物修复与保护	技工院校3级
3015	2-10-08-03	可移动文物保护专业人员	1423-3	文物数字化技术应用	技工院校3级
3016	2-10-08-04	不可移动文物保护专业人员	060104	文物与博物馆学	普通本科
3017	2-10-08-04	不可移动文物保护专业人员	350401	文物修复与保护	职教本科
3018	2-10-08-04	不可移动文物保护专业人员	550404	文物修复与保护	职教专科
3019	2-10-08-04	不可移动文物保护专业人员	550406	文物展示利用技术	职教专科
3020	2-10-08-04	不可移动文物保护专业人员	550408	石窟寺保护技术	职教专科
3021	2-10-08-04	不可移动文物保护专业人员	1417-3	文物修复与保护	技工院校3级
3022	2-10-08-04	不可移动文物保护专业人员	1423-3	文物数字化技术应用	技工院校3级
3023	2-10-08-05	文物展陈专业人员	060104	文物与博物馆学	普通本科
3024	2-10-08-05	文物展陈专业人员	350401	文物修复与保护	职教本科
3025	2-10-08-05	文物展陈专业人员	550110	展示艺术设计	职教专科
3026	2-10-08-05	文物展陈专业人员	550404	文物修复与保护	职教专科
3027	2-10-08-05	文物展陈专业人员	550406	文物展示利用技术	职教专科
3028	2-10-08-05	文物展陈专业人员	550408	石窟寺保护技术	职教专科

续表

序号	职业编码	职业名称	专业代码	专业名称	院校类型
3029	2-10-08-05	文物展陈专业人员	1417-3	文物修复与保护	技工院校3级
3030	2-10-08-05	文物展陈专业人员	1423-3	文物数字化技术应用	技工院校3级
3031	3-01-01-01	行政办事员	030201	政治学与行政学	普通本科
3032	3-01-01-01	行政办事员	380503	综合行政执法	职教本科
3033	3-01-01-01	行政办事员	390203	行政管理	职教本科
3034	3-01-01-01	行政办事员	580401	法律事务	职教专科
3035	3-01-01-01	行政办事员	590205	公共事务管理	职教专科
3036	3-01-01-01	行政办事员	590206	行政管理	职教专科
3037	3-01-01-01	行政办事员	780401	法律事务	职教中职
3038	3-01-01-01	行政办事员	790203	社会保障事务	职教中职
3039	3-01-01-03	统计调查员	530403	市场调查与统计分析	职教专科
3040	3-01-01-03	统计调查员	730401	统计事务	职教中职
3041	3-01-01-05	劝募员	590106	公益慈善事业管理	职教专科
3042	3-01-02-02	秘书	590206	行政管理	职教专科
3043	3-01-02-02	秘书	590401	现代文秘	职教专科
3044	3-01-02-02	秘书	790401	文秘	职教中职
3045	3-01-02-02	秘书	790402	行政事务助理	职教中职
3046	3-01-02-03	公关员	590105	公共关系	职教专科
3047	3-01-02-06	速录师	050101	汉语言文学	普通本科
3048	3-01-02-06	速录师	580402	法律文秘	职教专科
3049	3-01-02-06	速录师	0312-3	计算机速录	技工院校3级
3050	3-01-02-06	速录师	0312-4	计算机速录	技工院校4级
3051	3-01-03-01	行政执法员	380503	综合行政执法	职教本科
3052	3-01-03-03	农村土地承包仲裁员	580401	法律事务	职教专科

职业信息与教育培训项目（专业）信息对应指引

（2023 年版）

续表

序号	职业编码	职业名称	专业代码	专业名称	院校类型
3053	3-01-03-03	农村土地承包仲裁员	780401	法律事务	职教中职
3054	3-01-04-01	村务和社区工作者	390103	智慧社区管理	职教本科
3055	3-01-04-01	村务和社区工作者	590104	社区管理与服务	职教专科
3056	3-01-04-01	村务和社区工作者	790101	社会工作事务	职教中职
3057	3-01-04-01	村务和社区工作者	790102	社区公共事务管理	职教中职
3058	3-01-04-01	村务和社区工作者	790201	民政服务	职教中职
3059	3-01-04-02	城市管理网格员	390103	智慧社区管理	职教本科
3060	3-01-04-03	劳动保障协理员	390202	人力资源管理	职教本科
3061	3-01-04-03	劳动保障协理员	590203	劳动与社会保障	职教专科
3062	3-01-04-03	劳动保障协理员	590209	职业指导与服务	职教专科
3063	3-01-04-03	劳动保障协理员	790202	人力资源管理事务	职教中职
3064	3-01-04-03	劳动保障协理员	790203	社会保障事务	职教中职
3065	3-01-04-05	基层法律服务工作者	380401	法律	职教本科
3066	3-01-04-05	基层法律服务工作者	580401	法律事务	职教专科
3067	3-01-04-06	医疗保障专理员	390103	智慧社区管理	职教本科
3068	3-01-04-06	医疗保障专理员	590104	社区管理与服务	职教专科
3069	3-01-04-06	医疗保障专理员	790101	社会工作事务	职教中职
3070	3-01-04-06	医疗保障专理员	790102	社区公共事务管理	职教中职
3071	3-01-04-06	医疗保障专理员	790201	民政服务	职教中职
3072	3-02-01-00	人民警察	030601K	治安学	普通本科
3073	3-02-01-00	人民警察	380501	刑事矫正与管理	职教本科
3074	3-02-01-00	人民警察	580605K	罪犯心理测量与矫正技术	职教专科
3075	3-02-02-01	保卫管理员	030601K	治安学	普通本科
3076	3-02-02-01	保卫管理员	0525-3	保安	技工院校 3 级
3077	3-02-02-01	保卫管理员	0525-4	保安	技工院校 4 级

续表

序号	职业编码	职业名称	专业代码	专业名称	院校类型
3078	3-02-03-01	消防员	083102K	消防工程	普通本科
3079	3-02-03-01	消防员	220902	应急管理	职教本科
3080	3-02-03-01	消防员	420905	应急救援技术	职教专科
3081	3-02-03-01	消防员	420906	消防救援技术	职教专科
3082	3-02-03-01	消防员	420907	森林草原防火技术	职教专科
3083	3-02-03-01	消防员	440406	建筑消防技术	职教专科
3084	3-02-03-01	消防员	1111-3	消防工程技术	技工院校3级
3085	3-02-03-01	消防员	1503-3	应急救援技术	技工院校3级
3086	3-02-03-01	消防员	620902	应急救援技术	职教中职
3087	3-02-03-01	消防员	620904	森林消防	职教中职
3088	3-02-03-01	消防员	1111-4	消防工程技术	技工院校4级
3089	3-02-03-01	消防员	1503-4	应急救援技术	技工院校4级
3090	3-02-03-02	消防指挥员	083102K	消防工程	普通本科
3091	3-02-03-02	消防指挥员	220902	应急管理	职教本科
3092	3-02-03-02	消防指挥员	420905	应急救援技术	职教专科
3093	3-02-03-02	消防指挥员	420906	消防救援技术	职教专科
3094	3-02-03-02	消防指挥员	420907	森林草原防火技术	职教专科
3095	3-02-03-02	消防指挥员	1111-3	消防工程技术	技工院校3级
3096	3-02-03-02	消防指挥员	1503-3	应急救援技术	技工院校3级
3097	3-02-03-02	消防指挥员	620902	应急救援技术	职教中职
3098	3-02-03-02	消防指挥员	620904	森林消防	职教中职

职业信息与教育培训项目（专业）信息对应指引

（2023年版）

续表

序号	职业编码	职业名称	专业代码	专业名称	院校类型
3099	3-02-03-02	消防指挥员	1111-4	消防工程技术	技工院校4级
3100	3-02-03-02	消防指挥员	1503-4	应急救援技术	技工院校4级
3101	3-02-03-03	消防装备管理员	083102K	消防工程	普通本科
3102	3-02-03-03	消防装备管理员	260201	装备智能化技术	职教本科
3103	3-02-03-03	消防装备管理员	420906	消防救援技术	职教专科
3104	3-02-03-03	消防装备管理员	440406	建筑消防技术	职教专科
3105	3-02-03-03	消防装备管理员	1111-3	消防工程技术	技工院校3级
3106	3-02-03-03	消防装备管理员	1503-3	应急救援技术	技工院校3级
3107	3-02-03-03	消防装备管理员	620904	森林消防	职教中职
3108	3-02-03-03	消防装备管理员	1111-4	消防工程技术	技工院校4级
3109	3-02-03-03	消防装备管理员	1503-4	应急救援技术	技工院校4级
3110	3-02-03-04	消防安全管理员	083102K	消防工程	普通本科
3111	3-02-03-04	消防安全管理员	420901	安全技术与管理	职教专科
3112	3-02-03-04	消防安全管理员	420906	消防救援技术	职教专科
3113	3-02-03-04	消防安全管理员	420907	森林草原防火技术	职教专科
3114	3-02-03-04	消防安全管理员	1111-3	消防工程技术	技工院校3级
3115	3-02-03-04	消防安全管理员	620901	安全技术与管理	职教中职
3116	3-02-03-04	消防安全管理员	620903	防灾减灾技术	职教中职
3117	3-02-03-04	消防安全管理员	620904	森林消防	职教中职
3118	3-02-03-04	消防安全管理员	1111-4	消防工程技术	技工院校4级

续表

序号	职业编码	职业名称	专业代码	专业名称	院校类型
3119	3-02-03-05	消防监督检查员	083102K	消防工程	普通本科
3120	3-02-03-05	消防监督检查员	420906	消防救援技术	职教专科
3121	3-02-03-05	消防监督检查员	420907	森林草原防火技术	职教专科
3122	3-02-03-05	消防监督检查员	440406	建筑消防技术	职教专科
3123	3-02-03-05	消防监督检查员	1111-3	消防工程技术	技工院校3级
3124	3-02-03-05	消防监督检查员	620904	森林消防	职教中职
3125	3-02-03-05	消防监督检查员	1111-4	消防工程技术	技工院校4级
3126	3-02-03-06	森林消防员	082401	森林工程	普通本科
3127	3-02-03-06	森林消防员	410211	林业信息技术应用	职教专科
3128	3-02-03-06	森林消防员	420907	森林草原防火技术	职教专科
3129	3-02-03-06	森林消防员	0714-3	森林资源保护与管理	技工院校3级
3130	3-02-03-06	森林消防员	1111-3	消防工程技术	技工院校3级
3131	3-02-03-06	森林消防员	610204	森林资源保护与管理	职教中职
3132	3-02-03-06	森林消防员	620904	森林消防	职教中职
3133	3-02-03-06	森林消防员	0714-4	森林资源保护与管理	技工院校4级
3134	3-02-03-06	森林消防员	1111-4	消防工程技术	技工院校4级
3135	3-02-03-07	森林火情瞭望观察员	0714-3	森林资源保护与管理	技工院校3级
3136	3-02-03-07	森林火情瞭望观察员	610204	森林资源保护与管理	职教中职
3137	3-02-03-07	森林火情瞭望观察员	620904	森林消防	职教中职
3138	3-02-03-07	森林火情瞭望观察员	0714-4	森林资源保护与管理	技工院校4级

职业信息与教育培训项目（专业）信息对应指引

（2023 年版）

续表

序号	职业编码	职业名称	专业代码	专业名称	院校类型
3139	3-02-03-08	应急救援员	220901	安全工程技术	职教本科
3140	3-02-03-08	应急救援员	220902	应急管理	职教本科
3141	3-02-03-08	应急救援员	420901	安全技术与管理	职教专科
3142	3-02-03-08	应急救援员	420905	应急救援技术	职教专科
3143	3-02-03-08	应急救援员	420906	消防救援技术	职教专科
3144	3-02-03-08	应急救援员	1503-3	应急救援技术	技工院校3级
3145	3-02-03-08	应急救援员	620901	安全技术与管理	职教中职
3146	3-02-03-08	应急救援员	620902	应急救援技术	职教中职
3147	3-02-03-08	应急救援员	620903	防灾减灾技术	职教中职
3148	3-02-03-08	应急救援员	1503-4	应急救援技术	技工院校4级
3149	3-03-01-03	调解员	580401	法律事务	职教专科
3150	3-03-01-03	调解员	780401	法律事务	职教中职
3151	4-01-01-00	采购员	530103	政府采购管理	职教专科
3152	4-01-01-00	采购员	530808	采购与供应管理	职教专科
3153	4-01-01-00	采购员	1306-4	药品营销	技工院校4级
3154	4-01-02-01	营销员	530403	市场调查与统计分析	职教专科
3155	4-01-02-01	营销员	0601-3	市场营销	技工院校3级
3156	4-01-02-01	营销员	730601	连锁经营与管理	职教中职
3157	4-01-02-01	营销员	730602	市场营销	职教中职
3158	4-01-02-01	营销员	0601-4	市场营销	技工院校4级
3159	4-01-02-01	营销员	1306-4	药品营销	技工院校4级
3160	4-01-02-03	商品营业员	530602	连锁经营与管理	职教专科

续表

序号	职业编码	职业名称	专业代码	专业名称	院校类型
3161	4-01-02-03	商品营业员	0601-3	市场营销	技工院校3级
3162	4-01-02-03	商品营业员	1306-3	药品营销	技工院校3级
3163	4-01-02-03	商品营业员	1310-3	药品服务与管理	技工院校3级
3164	4-01-02-03	商品营业员	730601	连锁经营与管理	职教中职
3165	4-01-02-03	商品营业员	730702	跨境电子商务	职教中职
3166	4-01-02-03	商品营业员	0536-4	服装陈列与展示设计	技工院校4级
3167	4-01-02-03	商品营业员	0601-4	市场营销	技工院校4级
3168	4-01-02-03	商品营业员	1306-4	药品营销	技工院校4级
3169	4-01-02-03	商品营业员	1310-4	药品服务与管理	技工院校4级
3170	4-01-02-05	摊商	0601-3	市场营销	技工院校3级
3171	4-01-02-05	摊商	1306-3	药品营销	技工院校3级
3172	4-01-02-05	摊商	730601	连锁经营与管理	职教中职
3173	4-01-02-05	摊商	0601-4	市场营销	技工院校4级
3174	4-01-02-06	连锁经营管理师	530602	连锁经营与管理	职教专科
3175	4-01-02-06	连锁经营管理师	0611-3	连锁经营与管理	技工院校3级
3176	4-01-02-06	连锁经营管理师	0723-3	农资连锁经营与管理	技工院校3级

职业信息与教育培训项目（专业）信息对应指引
（2023 年版）

续表

序号	职业编码	职业名称	专业代码	专业名称	院校类型
3177	4-01-02-06	连锁经营管理师	610119	农资营销与服务	职教中职
3178	4-01-02-06	连锁经营管理师	730601	连锁经营与管理	职教中职
3179	4-01-02-06	连锁经营管理师	0611-4	连锁经营与管理	技工院校4级
3180	4-01-02-06	连锁经营管理师	0723-4	农资连锁经营与管理	技工院校4级
3181	4-01-03-01	农产品经纪人	082703	粮食工程	普通本科
3182	4-01-03-01	农产品经纪人	410104	生态农业技术	职教专科
3183	4-01-03-01	农产品经纪人	410114	农产品加工与质量检测	职教专科
3184	4-01-03-01	农产品经纪人	410115	绿色食品生产技术	职教专科
3185	4-01-03-01	农产品经纪人	410116	农产品流通与管理	职教专科
3186	4-01-03-01	农产品经纪人	490302	粮食储运与质量安全	职教专科
3187	4-01-03-01	农产品经纪人	530705	农村电子商务	职教专科
3188	4-01-03-01	农产品经纪人	0724-3	农产品营销与储运	技工院校3级
3189	4-01-03-01	农产品经纪人	1215-3	粮食工程	技工院校3级
3190	4-01-03-01	农产品经纪人	610114	农产品加工与质量检测	职教中职
3191	4-01-03-01	农产品经纪人	610115	农产品贮藏与加工	职教中职
3192	4-01-03-01	农产品经纪人	610116	农产品营销与储运	职教中职
3193	4-01-03-01	农产品经纪人	690301	粮油和饲料加工技术	职教中职
3194	4-01-03-01	农产品经纪人	690302	粮油储运与检验技术	职教中职
3195	4-01-03-01	农产品经纪人	0724-4	农产品营销与储运	技工院校4级
3196	4-01-03-01	农产品经纪人	1215-4	粮食工程	技工院校4级
3197	4-01-03-04	二手车经纪人	530203	保险实务	职教专科

续表

序号	职业编码	职业名称	专业代码	专业名称	院校类型
3198	4-01-03-04	二手车经纪人	0437-3	汽车保险理赔与评估	技工院校3级
3199	4-01-03-04	二手车经纪人	0437-4	汽车保险理赔与评估	技工院校4级
3200	4-01-04-00	再生物资回收挑选工	440503	建筑经济信息化管理	职教专科
3201	4-01-04-00	再生物资回收挑选工	530807	工程物流管理	职教专科
3202	4-01-05-01	农产品购销员	410104	生态农业技术	职教专科
3203	4-01-05-01	农产品购销员	410114	农产品加工与质量检测	职教专科
3204	4-01-05-01	农产品购销员	410115	绿色食品生产技术	职教专科
3205	4-01-05-01	农产品购销员	410116	农产品流通与管理	职教专科
3206	4-01-05-01	农产品购销员	490302	粮食储运与质量安全	职教专科
3207	4-01-05-01	农产品购销员	530705	农村电子商务	职教专科
3208	4-01-05-01	农产品购销员	0724-3	农产品营销与储运	技工院校3级
3209	4-01-05-01	农产品购销员	1215-3	粮食工程	技工院校3级
3210	4-01-05-01	农产品购销员	610114	农产品加工与质量检测	职教中职
3211	4-01-05-01	农产品购销员	610115	农产品贮藏与加工	职教中职
3212	4-01-05-01	农产品购销员	610116	农产品营销与储运	职教中职
3213	4-01-05-01	农产品购销员	690301	粮油和饲料加工技术	职教中职
3214	4-01-05-01	农产品购销员	690302	粮油储运与检验技术	职教中职
3215	4-01-05-01	农产品购销员	0724-4	农产品营销与储运	技工院校4级
3216	4-01-05-01	农产品购销员	1215-4	粮食工程	技工院校4级
3217	4-01-05-02	医药商品购销员	081302	制药工程	普通本科
3218	4-01-05-02	医药商品购销员	290202	药品质量管理	职教本科
3219	4-01-05-02	医药商品购销员	290203	医疗器械工程技术	职教本科

职业信息与教育培训项目（专业）信息对应指引
（2023 年版）

续表

序号	职业编码	职业名称	专业代码	专业名称	院校类型
3220	4-01-05-02	医药商品购销员	290204	药事服务与管理	职教本科
3221	4-01-05-02	医药商品购销员	320301	药学	职教本科
3222	4-01-05-02	医药商品购销员	490203	药物制剂技术	职教专科
3223	4-01-05-02	医药商品购销员	490206	药品质量与安全	职教专科
3224	4-01-05-02	医药商品购销员	490208	药品经营与管理	职教专科
3225	4-01-05-02	医药商品购销员	490213	医疗器械维护与管理	职教专科
3226	4-01-05-02	医药商品购销员	490214	医疗器械经营与服务	职教专科
3227	4-01-05-02	医药商品购销员	520301	药学	职教专科
3228	4-01-05-02	医药商品购销员	520410	中药学	职教专科
3229	4-01-05-02	医药商品购销员	520414	中药材生产与加工	职教专科
3230	4-01-05-02	医药商品购销员	530103	政府采购管理	职教专科
3231	4-01-05-02	医药商品购销员	530808	采购与供应管理	职教专科
3232	4-01-05-02	医药商品购销员	1301-3	中药	技工院校3级
3233	4-01-05-02	医药商品购销员	1306-3	药品营销	技工院校3级
3234	4-01-05-02	医药商品购销员	1310-3	药品服务与管理	技工院校3级
3235	4-01-05-02	医药商品购销员	690204	药品食品检验	职教中职
3236	4-01-05-02	医药商品购销员	690207	医疗器械维修与营销	职教中职
3237	4-01-05-02	医药商品购销员	720301	药剂	职教中职
3238	4-01-05-02	医药商品购销员	720403	中药	职教中职
3239	4-01-05-02	医药商品购销员	720407	中药制药	职教中职
3240	4-01-05-02	医药商品购销员	1301-4	中药	技工院校4级
3241	4-01-05-02	医药商品购销员	1306-4	药品营销	技工院校4级

续表

序号	职业编码	职业名称	专业代码	专业名称	院校类型
3242	4-01-05-02	医药商品购销员	1310-4	药品服务与管理	技工院校4级
3243	4-01-05-03	出版物发行员	050305	编辑出版学	普通本科
3244	4-01-05-03	出版物发行员	560101	数字图文信息处理技术	职教专科
3245	4-01-05-03	出版物发行员	560103	出版策划与编辑	职教专科
3246	4-01-05-03	出版物发行员	560104	出版商务	职教专科
3247	4-01-05-03	出版物发行员	560105	数字出版	职教专科
3248	4-01-05-03	出版物发行员	1415-3	数字出版	技工院校3级
3249	4-01-05-03	出版物发行员	760101	出版商务	职教中职
3250	4-01-05-03	出版物发行员	1415-4	数字出版	技工院校4级
3251	4-01-05-04	烟草制品购销员	410109	烟草栽培与加工技术	职教专科
3252	4-01-05-04	烟草制品购销员	610109	烟草栽培与加工	职教中职
3253	4-01-06-01	电子商务师	330701	电子商务	职教本科
3254	4-01-06-01	电子商务师	330702	跨境电子商务	职教本科
3255	4-01-06-01	电子商务师	530502	国际商务	职教专科
3256	4-01-06-01	电子商务师	530701	电子商务	职教专科
3257	4-01-06-01	电子商务师	530702	跨境电子商务	职教专科
3258	4-01-06-01	电子商务师	530704	网络营销与直播电商	职教专科
3259	4-01-06-01	电子商务师	530706	商务数据分析与应用	职教专科
3260	4-01-06-01	电子商务师	570201	商务英语	职教专科
3261	4-01-06-01	电子商务师	570205	商务日语	职教专科
3262	4-01-06-01	电子商务师	570208	应用外语	职教专科
3263	4-01-06-01	电子商务师	0603-3	电子商务	技工院校3级
3264	4-01-06-01	电子商务师	0610-3	网络营销	技工院校3级

职业信息与教育培训项目（专业）信息对应指引

（2023年版）

续表

序号	职业编码	职业名称	专业代码	专业名称	院校类型
3265	4-01-06-01	电子商务师	710202	计算机网络技术	职教中职
3266	4-01-06-01	电子商务师	710209	网站建设与管理	职教中职
3267	4-01-06-01	电子商务师	730701	电子商务	职教中职
3268	4-01-06-01	电子商务师	730702	跨境电子商务	职教中职
3269	4-01-06-01	电子商务师	730704	网络营销	职教中职
3270	4-01-06-01	电子商务师	770201	商务英语	职教中职
3271	4-01-06-01	电子商务师	770205	商务俄语	职教中职
3272	4-01-06-01	电子商务师	790403	商务助理	职教中职
3273	4-01-06-01	电子商务师	0603-4	电子商务	技工院校4级
3274	4-01-06-01	电子商务师	0610-4	网络营销	技工院校4级
3275	4-01-06-02	互联网营销师	330703	全媒体电商运营	职教本科
3276	4-01-06-02	互联网营销师	530605	市场营销	职教专科
3277	4-01-06-02	互联网营销师	530701	电子商务	职教专科
3278	4-01-06-02	互联网营销师	530704	网络营销与直播电商	职教专科
3279	4-01-06-02	互联网营销师	560214	网络直播与运营	职教专科
3280	4-01-06-02	互联网营销师	0610-3	网络营销	技工院校3级
3281	4-01-06-02	互联网营销师	730602	市场营销	职教中职
3282	4-01-06-02	互联网营销师	730701	电子商务	职教中职
3283	4-01-06-02	互联网营销师	730704	网络营销	职教中职
3284	4-01-06-02	互联网营销师	730705	直播电商服务	职教中职
3285	4-01-06-02	互联网营销师	0610-4	网络营销	技工院校4级
3286	4-02-01-01	轨道交通列车司机	260401	轨道交通车辆工程技术	职教本科
3287	4-02-01-01	轨道交通列车司机	300102	高速铁路动车组技术	职教本科
3288	4-02-01-01	轨道交通列车司机	300104	铁道机车智能运用技术	职教本科

续表

序号	职业编码	职业名称	专业代码	专业名称	院校类型
3289	4-02-01-01	轨道交通列车司机	300105	高速铁路运营管理	职教本科
3290	4-02-01-01	轨道交通列车司机	300601	城市轨道交通信号与控制技术	职教本科
3291	4-02-01-01	轨道交通列车司机	300602	城市轨道交通设备与控制技术	职教本科
3292	4-02-01-01	轨道交通列车司机	300603	城市轨道交通智能运营	职教本科
3293	4-02-01-01	轨道交通列车司机	460402	高速铁路动车组制造与维护	职教专科
3294	4-02-01-01	轨道交通列车司机	460403	城市轨道交通车辆制造与维护	职教专科
3295	4-02-01-01	轨道交通列车司机	500105	铁道机车运用与维护	职教专科
3296	4-02-01-01	轨道交通列车司机	500108	动车组检修技术	职教专科
3297	4-02-01-01	轨道交通列车司机	500112	铁道交通运营管理	职教专科
3298	4-02-01-01	轨道交通列车司机	500601	城市轨道交通工程技术	职教专科
3299	4-02-01-01	轨道交通列车司机	500602	城市轨道车辆应用技术	职教专科
3300	4-02-01-01	轨道交通列车司机	500603	城市轨道交通机电技术	职教专科
3301	4-02-01-01	轨道交通列车司机	500604	城市轨道交通通信信号技术	职教专科
3302	4-02-01-01	轨道交通列车司机	500605	城市轨道交通供配电技术	职教专科
3303	4-02-01-01	轨道交通列车司机	500606	城市轨道交通运营管理	职教专科
3304	4-02-01-01	轨道交通列车司机	0424-3	电力机车运用与检修	技工院校3级
3305	4-02-01-01	轨道交通列车司机	0425-3	内燃机车运用与检修	技工院校3级
3306	4-02-01-01	轨道交通列车司机	0431-3	城市轨道交通运输与管理	技工院校3级

续表

序号	职业编码	职业名称	专业代码	专业名称	院校类型
3307	4-02-01-01	轨道交通列车司机	0432-3	城市轨道交通车辆运用与检修	技工院校3级
3308	4-02-01-01	轨道交通列车司机	0446-3	铁道车辆运用与检修	技工院校3级
3309	4-02-01-01	轨道交通列车司机	700102	电力机车运用与检修	职教中职
3310	4-02-01-01	轨道交通列车司机	700103	内燃机车运用与检修	职教中职
3311	4-02-01-01	轨道交通列车司机	700107	铁道运输服务	职教中职
3312	4-02-01-01	轨道交通列车司机	700601	城市轨道交通车辆运用与检修	职教中职
3313	4-02-01-01	轨道交通列车司机	700602	城市轨道交通信号维护	职教中职
3314	4-02-01-01	轨道交通列车司机	700603	城市轨道交通供电	职教中职
3315	4-02-01-01	轨道交通列车司机	700604	城市轨道交通运营服务	职教中职
3316	4-02-01-01	轨道交通列车司机	0424-4	电力机车运用与检修	技工院校4级
3317	4-02-01-01	轨道交通列车司机	0425-4	内燃机车运用与检修	技工院校4级
3318	4-02-01-01	轨道交通列车司机	0431-4	城市轨道交通运输与管理	技工院校4级
3319	4-02-01-01	轨道交通列车司机	0432-4	城市轨道交通车辆运用与检修	技工院校4级
3320	4-02-01-01	轨道交通列车司机	0446-4	铁道车辆运用与检修	技工院校4级
3321	4-02-01-02	铁路列车乘务员	300105	高速铁路运营管理	职教本科
3322	4-02-01-02	铁路列车乘务员	500112	铁道交通运营管理	职教专科
3323	4-02-01-02	铁路列车乘务员	500113	高速铁路客运服务	职教专科
3324	4-02-01-02	铁路列车乘务员	540201	餐饮智能管理	职教专科
3325	4-02-01-02	铁路列车乘务员	0423-3	铁道运输管理	技工院校3级

续表

序号	职业编码	职业名称	专业代码	专业名称	院校类型
3326	4-02-01-02	铁路列车乘务员	0430-3	铁路客运服务	技工院校3级
3327	4-02-01-02	铁路列车乘务员	700107	铁道运输服务	职教中职
3328	4-02-01-02	铁路列车乘务员	700108	高速铁路乘务	职教中职
3329	4-02-01-02	铁路列车乘务员	0423-4	铁道运输管理	技工院校4级
3330	4-02-01-02	铁路列车乘务员	0430-4	铁路客运服务	技工院校4级
3331	4-02-01-03	铁路车站客运服务员	300105	高速铁路运营管理	职教本科
3332	4-02-01-03	铁路车站客运服务员	500112	铁道交通运营管理	职教专科
3333	4-02-01-03	铁路车站客运服务员	500113	高速铁路客运服务	职教专科
3334	4-02-01-03	铁路车站客运服务员	530804	铁路物流管理	职教专科
3335	4-02-01-03	铁路车站客运服务员	0423-3	铁道运输管理	技工院校3级
3336	4-02-01-03	铁路车站客运服务员	0430-3	铁路客运服务	技工院校3级
3337	4-02-01-03	铁路车站客运服务员	700107	铁道运输服务	职教中职
3338	4-02-01-03	铁路车站客运服务员	700108	高速铁路乘务	职教中职
3339	4-02-01-03	铁路车站客运服务员	0423-4	铁道运输管理	技工院校4级
3340	4-02-01-03	铁路车站客运服务员	0430-4	铁路客运服务	技工院校4级
3341	4-02-01-04	铁路行包运输服务员	0430-3	铁路客运服务	技工院校3级
3342	4-02-01-04	铁路行包运输服务员	0430-4	铁路客运服务	技工院校4级
3343	4-02-01-05	铁路车站货运服务员	300105	高速铁路运营管理	职教本科
3344	4-02-01-05	铁路车站货运服务员	500101	铁道工程技术	职教专科

职业信息与教育培训项目（专业）信息对应指引
（2023年版）

续表

序号	职业编码	职业名称	专业代码	专业名称	院校类型
3345	4-02-01-05	铁路车站货运服务员	500111	铁道通信与信息化技术	职教专科
3346	4-02-01-05	铁路车站货运服务员	500112	铁道交通运营管理	职教专科
3347	4-02-01-05	铁路车站货运服务员	500113	高速铁路客运服务	职教专科
3348	4-02-01-05	铁路车站货运服务员	530804	铁路物流管理	职教专科
3349	4-02-01-05	铁路车站货运服务员	0423-3	铁道运输管理	技工院校3级
3350	4-02-01-05	铁路车站货运服务员	700107	铁道运输服务	职教中职
3351	4-02-01-05	铁路车站货运服务员	730803	国际货运代理	职教中职
3352	4-02-01-05	铁路车站货运服务员	0423-4	铁道运输管理	技工院校4级
3353	4-02-01-06	轨道交通调度员	260401	轨道交通车辆工程技术	职教本科
3354	4-02-01-06	轨道交通调度员	260402	轨道交通智能控制装备技术	职教本科
3355	4-02-01-06	轨道交通调度员	300602	城市轨道交通设备与控制技术	职教本科
3356	4-02-01-06	轨道交通调度员	300603	城市轨道交通智能运营	职教本科
3357	4-02-01-06	轨道交通调度员	460403	城市轨道交通车辆制造与维护	职教专科
3358	4-02-01-06	轨道交通调度员	460404	轨道交通通信信号设备制造与维护	职教专科
3359	4-02-01-06	轨道交通调度员	500601	城市轨道交通工程技术	职教专科
3360	4-02-01-06	轨道交通调度员	500602	城市轨道车辆应用技术	职教专科
3361	4-02-01-06	轨道交通调度员	500603	城市轨道交通机电技术	职教专科
3362	4-02-01-06	轨道交通调度员	500605	城市轨道交通供配电技术	职教专科
3363	4-02-01-06	轨道交通调度员	500606	城市轨道交通运营管理	职教专科
3364	4-02-01-06	轨道交通调度员	0431-3	城市轨道交通运输与管理	技工院校3级

续表

序号	职业编码	职业名称	专业代码	专业名称	院校类型
3365	4-02-01-06	轨道交通调度员	0432-3	城市轨道交通车辆运用与检修	技工院校3级
3366	4-02-01-06	轨道交通调度员	700601	城市轨道交通车辆运用与检修	职教中职
3367	4-02-01-06	轨道交通调度员	700603	城市轨道交通供电	职教中职
3368	4-02-01-06	轨道交通调度员	700604	城市轨道交通运营服务	职教中职
3369	4-02-01-06	轨道交通调度员	0431-4	城市轨道交通运输与管理	技工院校4级
3370	4-02-01-06	轨道交通调度员	0432-4	城市轨道交通车辆运用与检修	技工院校4级
3371	4-02-01-07	城市轨道交通服务员	260401	轨道交通车辆工程技术	职教本科
3372	4-02-01-07	城市轨道交通服务员	260402	轨道交通智能控制装备技术	职教本科
3373	4-02-01-07	城市轨道交通服务员	300601	城市轨道交通信号与控制技术	职教本科
3374	4-02-01-07	城市轨道交通服务员	300602	城市轨道交通设备与控制技术	职教本科
3375	4-02-01-07	城市轨道交通服务员	300603	城市轨道交通智能运营	职教本科
3376	4-02-01-07	城市轨道交通服务员	460403	城市轨道交通车辆制造与维护	职教专科
3377	4-02-01-07	城市轨道交通服务员	460404	轨道交通通信信号设备制造与维护	职教专科
3378	4-02-01-07	城市轨道交通服务员	500112	铁道交通运营管理	职教专科
3379	4-02-01-07	城市轨道交通服务员	500601	城市轨道交通工程技术	职教专科
3380	4-02-01-07	城市轨道交通服务员	500602	城市轨道车辆应用技术	职教专科
3381	4-02-01-07	城市轨道交通服务员	500603	城市轨道交通机电技术	职教专科
3382	4-02-01-07	城市轨道交通服务员	500604	城市轨道交通通信信号技术	职教专科

职业信息与教育培训项目（专业）信息对应指引
（2023年版）

续表

序号	职业编码	职业名称	专业代码	专业名称	院校类型
3383	4-02-01-07	城市轨道交通服务员	500605	城市轨道交通供配电技术	职教专科
3384	4-02-01-07	城市轨道交通服务员	500606	城市轨道交通运营管理	职教专科
3385	4-02-01-07	城市轨道交通服务员	0431-3	城市轨道交通运输与管理	技工院校3级
3386	4-02-01-07	城市轨道交通服务员	0432-3	城市轨道交通车辆运用与检修	技工院校3级
3387	4-02-01-07	城市轨道交通服务员	700601	城市轨道交通车辆运用与检修	职教中职
3388	4-02-01-07	城市轨道交通服务员	700602	城市轨道交通信号维护	职教中职
3389	4-02-01-07	城市轨道交通服务员	700603	城市轨道交通供电	职教中职
3390	4-02-01-07	城市轨道交通服务员	700604	城市轨道交通运营服务	职教中职
3391	4-02-01-07	城市轨道交通服务员	0431-4	城市轨道交通运输与管理	技工院校4级
3392	4-02-01-07	城市轨道交通服务员	0432-4	城市轨道交通车辆运用与检修	技工院校4级
3393	4-02-02-02	道路货运汽车驾驶员	460704	智能网联汽车技术	职教专科
3394	4-02-02-02	道路货运汽车驾驶员	0437-3	汽车保险理赔与评估	技工院校3级
3395	4-02-02-02	道路货运汽车驾驶员	700203	交通运营服务	职教中职
3396	4-02-02-02	道路货运汽车驾驶员	730803	国际货运代理	职教中职
3397	4-02-02-02	道路货运汽车驾驶员	0437-4	汽车保险理赔与评估	技工院校4级
3398	4-02-02-02	道路货运汽车驾驶员	0444-4	智能网联汽车技术应用	技工院校4级
3399	4-02-02-03	道路客运服务员	0402-3	交通客运服务	技工院校3级

续表

序号	职业编码	职业名称	专业代码	专业名称	院校类型
3400	4-02-02-03	道路客运服务员	0402-4	交通客运服务	技工院校4级
3401	4-02-02-04	道路货运业务员	500208	道路运输管理	职教专科
3402	4-02-02-04	道路货运业务员	700305	水路运输服务	职教中职
3403	4-02-02-04	道路货运业务员	730803	国际货运代理	职教中职
3404	4-02-02-05	道路运输调度员	500208	道路运输管理	职教专科
3405	4-02-02-05	道路运输调度员	500209	交通运营管理	职教专科
3406	4-02-02-05	道路运输调度员	700203	交通运营服务	职教中职
3407	4-02-02-06	公路收费及监控员	0414-3	高速公路收费与监控	技工院校3级
3408	4-02-02-06	公路收费及监控员	700202	公路养护与管理	职教中职
3409	4-02-02-06	公路收费及监控员	0414-4	高速公路收费与监控	技工院校4级
3410	4-02-02-07	机动车驾驶教练员	0401-4	汽车驾驶	技工院校4级
3411	4-02-02-08	油气电站操作员	0812-3	石油天然气储运与营销	技工院校3级
3412	4-02-02-08	油气电站操作员	640603	城市燃气智能输配与应用	职教中职
3413	4-02-02-08	油气电站操作员	0812-4	石油天然气储运与营销	技工院校4级
3414	4-02-02-09	汽车救援员	420905	应急救援技术	职教专科
3415	4-02-02-09	汽车救援员	1503-3	应急救援技术	技工院校3级
3416	4-02-02-09	汽车救援员	1503-4	应急救援技术	技工院校4级
3417	4-02-03-02	船舶业务员	300305	水路运输与海事管理	职教本科
3418	4-02-03-02	船舶业务员	500305	水路运输安全管理	职教专科

续表

序号	职业编码	职业名称	专业代码	专业名称	院校类型
3419	4-02-03-02	船舶业务员	500307	港口与航运管理	职教专科
3420	4-02-03-02	船舶业务员	500310	集装箱运输管理	职教专科
3421	4-02-03-02	船舶业务员	530806	港口物流管理	职教专科
3422	4-02-03-02	船舶业务员	700305	水路运输服务	职教中职
3423	4-02-03-02	船舶业务员	0420-4	水运业务	技工院校4级
3424	4-02-03-03	港口客运员	0402-4	交通客运服务	技工院校4级
3425	4-02-03-05	航标工	0140-2	智能装备工业视觉技术应用	技工院校2级
3426	4-02-03-05	航标工	0140-3	智能装备工业视觉技术应用	技工院校3级
3427	4-02-03-05	航标工	0140-4	智能装备工业视觉技术应用	技工院校4级
3428	4-02-04-01	民航乘务员	300401	民航运输服务与管理	职教本科
3429	4-02-04-01	民航乘务员	500401	民航运输服务	职教专科
3430	4-02-04-01	民航乘务员	500405	空中乘务	职教专科
3431	4-02-04-01	民航乘务员	500407	民航空中安全保卫	职教专科
3432	4-02-04-01	民航乘务员	0433-3	航空服务	技工院校3级
3433	4-02-04-01	民航乘务员	700401	民航运输服务	职教中职
3434	4-02-04-01	民航乘务员	700402	航空服务	职教中职
3435	4-02-04-01	民航乘务员	0433-4	航空服务	技工院校4级
3436	4-02-04-02	航空运输地面服务员	300401	民航运输服务与管理	职教本科
3437	4-02-04-02	航空运输地面服务员	500401	民航运输服务	职教专科
3438	4-02-04-02	航空运输地面服务员	530803	航空物流管理	职教专科

续表

序号	职业编码	职业名称	专业代码	专业名称	院校类型
3439	4-02-04-02	航空运输地面服务员	0433-3	航空服务	技工院校3级
3440	4-02-04-02	航空运输地面服务员	0441-3	航空物流	技工院校3级
3441	4-02-04-02	航空运输地面服务员	700401	民航运输服务	职教中职
3442	4-02-04-02	航空运输地面服务员	700402	航空服务	职教中职
3443	4-02-04-02	航空运输地面服务员	0433-4	航空服务	技工院校4级
3444	4-02-04-02	航空运输地面服务员	0441-4	航空物流	技工院校4级
3445	4-02-04-03	机场运行指挥员	220901	安全工程技术	职教本科
3446	4-02-04-03	机场运行指挥员	220902	应急管理	职教本科
3447	4-02-04-03	机场运行指挥员	300403	智慧机场运行与管理	职教本科
3448	4-02-04-03	机场运行指挥员	420901	安全技术与管理	职教专科
3449	4-02-04-03	机场运行指挥员	420905	应急救援技术	职教专科
3450	4-02-04-03	机场运行指挥员	420906	消防救援技术	职教专科
3451	4-02-04-03	机场运行指挥员	430110	机场电工技术	职教专科
3452	4-02-04-03	机场运行指挥员	500408	机场运行服务与管理	职教专科
3453	4-02-04-03	机场运行指挥员	500415	机场场务技术与管理	职教专科
3454	4-02-04-03	机场运行指挥员	1503-3	应急救援技术	技工院校3级
3455	4-02-04-03	机场运行指挥员	620902	应急救援技术	职教中职
3456	4-02-04-03	机场运行指挥员	700404	机场场务技术与管理	职教中职
3457	4-02-04-03	机场运行指挥员	1503-4	应急救援技术	技工院校4级
3458	4-02-04-04	航空安全员	300404	通用航空航务技术	职教本科
3459	4-02-04-04	航空安全员	500405	空中乘务	职教专科
3460	4-02-04-04	航空安全员	500407	民航空中安全保卫	职教专科

职业信息与教育培训项目（专业）信息对应指引

（2023 年版）

续表

序号	职业编码	职业名称	专业代码	专业名称	院校类型
3461	4-02-04-04	航空安全员	500416	通用航空航务技术	职教专科
3462	4-02-04-04	航空安全员	580702	安全保卫管理	职教专科
3463	4-02-04-05	机场场务员	300403	智慧机场运行与管理	职教本科
3464	4-02-04-05	机场场务员	430110	机场电工技术	职教专科
3465	4-02-04-05	机场场务员	500408	机场运行服务与管理	职教专科
3466	4-02-04-05	机场场务员	500415	机场场务技术与管理	职教专科
3467	4-02-04-05	机场场务员	700404	机场场务技术与管理	职教中职
3468	4-02-04-06	无人机驾驶员	260604	无人机系统应用技术	职教本科
3469	4-02-04-06	无人机驾驶员	420307	无人机测绘技术	职教专科
3470	4-02-04-06	无人机驾驶员	460609	无人机应用技术	职教专科
3471	4-02-04-06	无人机驾驶员	500416	通用航空航务技术	职教专科
3472	4-02-04-06	无人机驾驶员	0439-3	无人机应用技术	技工院校3级
3473	4-02-04-06	无人机驾驶员	620302	地图绘制与地理信息系统	职教中职
3474	4-02-04-06	无人机驾驶员	620304	航空摄影测量	职教中职
3475	4-02-04-06	无人机驾驶员	660601	无人机操控与维护	职教中职
3476	4-02-04-06	无人机驾驶员	0439-4	无人机应用技术	技工院校4级
3477	4-02-05-01	装卸搬运工	0421-3	港口机械操作与维护	技工院校3级
3478	4-02-05-01	装卸搬运工	0438-3	起重装卸机械操作与维修	技工院校3级
3479	4-02-05-01	装卸搬运工	0447-3	港口机械智能控制	技工院校3级
3480	4-02-05-01	装卸搬运工	0421-4	港口机械操作与维护	技工院校4级

续表

序号	职业编码	职业名称	专业代码	专业名称	院校类型
3481	4-02-05-01	装卸搬运工	0438-4	起重装卸机械操作与维修	技工院校4级
3482	4-02-05-01	装卸搬运工	0447-4	港口机械智能控制	技工院校4级
3483	4-02-05-02	客运售票员	300401	民航运输服务与管理	职教本科
3484	4-02-05-02	客运售票员	500113	高速铁路客运服务	职教专科
3485	4-02-05-02	客运售票员	500401	民航运输服务	职教专科
3486	4-02-05-02	客运售票员	0430-3	铁路客运服务	技工院校3级
3487	4-02-05-02	客运售票员	0433-3	航空服务	技工院校3级
3488	4-02-05-02	客运售票员	700108	高速铁路乘务	职教中职
3489	4-02-05-02	客运售票员	700401	民航运输服务	职教中职
3490	4-02-05-02	客运售票员	700402	航空服务	职教中职
3491	4-02-05-02	客运售票员	0402-4	交通客运服务	技工院校4级
3492	4-02-05-02	客运售票员	0430-4	铁路客运服务	技工院校4级
3493	4-02-05-02	客运售票员	0433-4	航空服务	技工院校4级
3494	4-02-05-03	货运代理服务员	530803	航空物流管理	职教专科
3495	4-02-05-03	货运代理服务员	530806	港口物流管理	职教专科
3496	4-02-05-03	货运代理服务员	0441-3	航空物流	技工院校3级
3497	4-02-05-03	货运代理服务员	700305	水路运输服务	职教中职
3498	4-02-05-03	货运代理服务员	730803	国际货运代理	职教中职
3499	4-02-05-03	货运代理服务员	0420-4	水运业务	技工院校4级

职业信息与教育培训项目（专业）信息对应指引
（2023年版）

续表

序号	职业编码	职业名称	专业代码	专业名称	院校类型
3500	4-02-05-03	货运代理服务员	0441-4	航空物流	技工院校4级
3501	4-02-05-04	危险货物运输作业员	500310	集装箱运输管理	职教专科
3502	4-02-05-04	危险货物运输作业员	530803	航空物流管理	职教专科
3503	4-02-05-04	危险货物运输作业员	0423-3	铁道运输管理	技工院校3级
3504	4-02-05-04	危险货物运输作业员	0420-4	水运业务	技工院校4级
3505	4-02-06-01	仓储管理员	410109	烟草栽培与加工技术	职教专科
3506	4-02-06-01	仓储管理员	490302	粮食储运与质量安全	职教专科
3507	4-02-06-01	仓储管理员	0724-3	农产品营销与储运	技工院校3级
3508	4-02-06-01	仓储管理员	1215-3	粮食工程	技工院校3级
3509	4-02-06-01	仓储管理员	610109	烟草栽培与加工	职教中职
3510	4-02-06-01	仓储管理员	690302	粮油储运与检验技术	职教中职
3511	4-02-06-01	仓储管理员	1215-4	粮食工程	技工院校4级
3512	4-02-06-02	理货员	500301	航海技术	职教专科
3513	4-02-06-02	理货员	530803	航空物流管理	职教专科
3514	4-02-06-02	理货员	530804	铁路物流管理	职教专科
3515	4-02-06-02	理货员	530806	港口物流管理	职教专科
3516	4-02-06-02	理货员	0441-3	航空物流	技工院校3级
3517	4-02-06-02	理货员	700305	水路运输服务	职教中职
3518	4-02-06-02	理货员	700307	外轮理货	职教中职
3519	4-02-06-02	理货员	0420-4	水运业务	技工院校4级

续表

序号	职业编码	职业名称	专业代码	专业名称	院校类型
3520	4-02-06-02	理货员	0441-4	航空物流	技工院校4级
3521	4-02-06-03	物流服务师	120601	物流管理	普通本科
3522	4-02-06-03	物流服务师	120602	物流工程	普通本科
3523	4-02-06-03	物流服务师	330801	物流工程技术	职教本科
3524	4-02-06-03	物流服务师	330802	现代物流管理	职教本科
3525	4-02-06-03	物流服务师	500208	道路运输管理	职教专科
3526	4-02-06-03	物流服务师	530801	物流工程技术	职教专科
3527	4-02-06-03	物流服务师	530802	现代物流管理	职教专科
3528	4-02-06-03	物流服务师	530803	航空物流管理	职教专科
3529	4-02-06-03	物流服务师	530804	铁路物流管理	职教专科
3530	4-02-06-03	物流服务师	530805	冷链物流技术与管理	职教专科
3531	4-02-06-03	物流服务师	530806	港口物流管理	职教专科
3532	4-02-06-03	物流服务师	530807	工程物流管理	职教专科
3533	4-02-06-03	物流服务师	530808	采购与供应管理	职教专科
3534	4-02-06-03	物流服务师	530809	智能物流技术	职教专科
3535	4-02-06-03	物流服务师	530810	供应链运营	职教专科
3536	4-02-06-03	物流服务师	0415-3	现代物流	技工院校3级
3537	4-02-06-03	物流服务师	0441-3	航空物流	技工院校3级
3538	4-02-06-03	物流服务师	0724-3	农产品营销与储运	技工院校3级
3539	4-02-06-03	物流服务师	1306-3	药品营销	技工院校3级
3540	4-02-06-03	物流服务师	1310-3	药品服务与管理	技工院校3级
3541	4-02-06-03	物流服务师	610116	农产品营销与储运	职教中职

职业信息与教育培训项目（专业）信息对应指引
（2023年版）

续表

序号	职业编码	职业名称	专业代码	专业名称	院校类型
3542	4-02-06-03	物流服务师	700305	水路运输服务	职教中职
3543	4-02-06-03	物流服务师	730801	物流服务与管理	职教中职
3544	4-02-06-03	物流服务师	730802	冷链物流服务与管理	职教中职
3545	4-02-06-03	物流服务师	730803	国际货运代理	职教中职
3546	4-02-06-03	物流服务师	730804	物流设施运行与维护	职教中职
3547	4-02-06-03	物流服务师	0415-4	现代物流	技工院校4级
3548	4-02-06-03	物流服务师	0420-4	水运业务	技工院校4级
3549	4-02-06-03	物流服务师	0441-4	航空物流	技工院校4级
3550	4-02-06-03	物流服务师	0724-4	农产品营销与储运	技工院校4级
3551	4-02-06-03	物流服务师	1306-4	药品营销	技工院校4级
3552	4-02-06-03	物流服务师	1310-4	药品服务与管理	技工院校4级
3553	4-02-06-04	冷藏工	260202	制冷与空调工程	职教本科
3554	4-02-06-04	冷藏工	0121-2	制冷设备运用与维修	技工院校2级
3555	4-02-06-04	冷藏工	460205	制冷与空调技术	职教专科
3556	4-02-06-04	冷藏工	0121-3	制冷设备运用与维修	技工院校3级
3557	4-02-06-04	冷藏工	660205	制冷和空调设备运行与维护	职教中职
3558	4-02-06-04	冷藏工	0121-4	制冷设备运用与维修	技工院校4级
3559	4-02-06-05	供应链管理师	120601	物流管理	普通本科

续表

序号	职业编码	职业名称	专业代码	专业名称	院校类型
3560	4-02-06-05	供应链管理师	530502	国际商务	职教专科
3561	4-02-06-05	供应链管理师	530706	商务数据分析与应用	职教专科
3562	4-02-06-05	供应链管理师	530808	采购与供应管理	职教专科
3563	4-02-06-05	供应链管理师	530810	供应链运营	职教专科
3564	4-02-06-05	供应链管理师	0415-3	现代物流	技工院校3级
3565	4-02-06-05	供应链管理师	0415-4	现代物流	技工院校4级
3566	4-02-07-01	邮政营业员	300701	邮政快递管理	职教本科
3567	4-02-07-01	邮政营业员	500701	邮政快递运营管理	职教专科
3568	4-02-07-01	邮政营业员	500702	邮政快递智能技术	职教专科
3569	4-02-07-01	邮政营业员	500703	邮政通信管理	职教专科
3570	4-02-07-01	邮政营业员	0518-3	邮政业务	技工院校3级
3571	4-02-07-01	邮政营业员	700701	邮政快递运营	职教中职
3572	4-02-07-01	邮政营业员	700702	邮政快递安全技术	职教中职
3573	4-02-07-01	邮政营业员	700703	邮政通信服务	职教中职
3574	4-02-07-01	邮政营业员	0518-4	邮政业务	技工院校4级
3575	4-02-07-02	邮件分拣员	0518-3	邮政业务	技工院校3级
3576	4-02-07-02	邮件分拣员	0518-4	邮政业务	技工院校4级
3577	4-02-07-02	邮件分拣员	0531-4	快递安全管理	技工院校4级
3578	4-02-07-03	邮件转运员	500703	邮政通信管理	职教专科
3579	4-02-07-03	邮件转运员	0518-3	邮政业务	技工院校3级

续表

序号	职业编码	职业名称	专业代码	专业名称	院校类型
3580	4-02-07-03	邮件转运员	700702	邮政快递安全技术	职教中职
3581	4-02-07-03	邮件转运员	700703	邮政通信服务	职教中职
3582	4-02-07-03	邮件转运员	0518-4	邮政业务	技工院校4级
3583	4-02-07-03	邮件转运员	0531-4	快递安全管理	技工院校4级
3584	4-02-07-04	邮政投递员	500703	邮政通信管理	职教专科
3585	4-02-07-04	邮政投递员	0518-3	邮政业务	技工院校3级
3586	4-02-07-04	邮政投递员	700702	邮政快递安全技术	职教中职
3587	4-02-07-04	邮政投递员	700703	邮政通信服务	职教中职
3588	4-02-07-04	邮政投递员	0518-4	邮政业务	技工院校4级
3589	4-02-07-04	邮政投递员	0531-4	快递安全管理	技工院校4级
3590	4-02-07-05	报刊业务员	0518-3	邮政业务	技工院校3级
3591	4-02-07-05	报刊业务员	1415-3	数字出版	技工院校3级
3592	4-02-07-05	报刊业务员	760101	出版商务	职教中职
3593	4-02-07-05	报刊业务员	0518-4	邮政业务	技工院校4级
3594	4-02-07-07	邮政市场业务员	300701	邮政快递管理	职教本科
3595	4-02-07-07	邮政市场业务员	500701	邮政快递运营管理	职教专科
3596	4-02-07-07	邮政市场业务员	500702	邮政快递智能技术	职教专科
3597	4-02-07-07	邮政市场业务员	500703	邮政通信管理	职教专科
3598	4-02-07-07	邮政市场业务员	0518-3	邮政业务	技工院校3级

续表

序号	职业编码	职业名称	专业代码	专业名称	院校类型
3599	4-02-07-07	邮政市场业务员	700701	邮政快递运营	职教中职
3600	4-02-07-07	邮政市场业务员	700702	邮政快递安全技术	职教中职
3601	4-02-07-07	邮政市场业务员	700703	邮政通信服务	职教中职
3602	4-02-07-07	邮政市场业务员	0518-4	邮政业务	技工院校4级
3603	4-02-07-08	快递员	500701	邮政快递运营管理	职教专科
3604	4-02-07-08	快递员	0524-3	快递运营管理	技工院校3级
3605	4-02-07-08	快递员	0531-3	快递安全管理	技工院校3级
3606	4-02-07-08	快递员	700701	邮政快递运营	职教中职
3607	4-02-07-08	快递员	700702	邮政快递安全技术	职教中职
3608	4-02-07-08	快递员	0524-4	快递运营管理	技工院校4级
3609	4-02-07-08	快递员	0531-4	快递安全管理	技工院校4级
3610	4-02-07-09	快件处理员	0524-3	快递运营管理	技工院校3级
3611	4-02-07-09	快件处理员	0531-3	快递安全管理	技工院校3级
3612	4-02-07-09	快件处理员	700701	邮政快递运营	职教中职
3613	4-02-07-09	快件处理员	700702	邮政快递安全技术	职教中职
3614	4-02-07-09	快件处理员	0524-4	快递运营管理	技工院校4级
3615	4-02-07-09	快件处理员	0531-4	快递安全管理	技工院校4级
3616	4-02-07-10	国际快递业务师	530502	国际商务	职教专科
3617	4-02-07-10	国际快递业务师	700702	邮政快递安全技术	职教中职

续表

序号	职业编码	职业名称	专业代码	专业名称	院校类型
3618	4-02-07-11	快递站点管理师	300701	邮政快递管理	职教本科
3619	4-02-07-11	快递站点管理师	500701	邮政快递运营管理	职教专科
3620	4-02-07-11	快递站点管理师	500702	邮政快递智能技术	职教专科
3621	4-02-07-11	快递站点管理师	0518-3	邮政业务	技工院校3级
3622	4-02-07-11	快递站点管理师	0524-3	快递运营管理	技工院校3级
3623	4-02-07-11	快递站点管理师	0531-3	快递安全管理	技工院校3级
3624	4-02-07-11	快递站点管理师	700701	邮政快递运营	职教中职
3625	4-02-07-11	快递站点管理师	700702	邮政快递安全技术	职教中职
3626	4-02-07-11	快递站点管理师	700703	邮政通信服务	职教中职
3627	4-02-07-11	快递站点管理师	0518-4	邮政业务	技工院校4级
3628	4-02-07-11	快递站点管理师	0524-4	快递运营管理	技工院校4级
3629	4-02-07-11	快递站点管理师	0531-4	快递安全管理	技工院校4级
3630	4-03-01-01	前厅服务员	0504-3	饭店（酒店）服务	技工院校3级
3631	4-03-01-01	前厅服务员	0519-3	酒店管理	技工院校3级
3632	4-03-01-01	前厅服务员	0504-4	饭店（酒店）服务	技工院校4级
3633	4-03-01-01	前厅服务员	0523-4	休闲服务与管理	技工院校4级
3634	4-03-01-02	客房服务员	340102	酒店管理	职教本科

续表

序号	职业编码	职业名称	专业代码	专业名称	院校类型
3635	4-03-01-02	客房服务员	0422-3	邮轮乘务	技工院校3级
3636	4-03-01-02	客房服务员	0504-3	饭店（酒店）服务	技工院校3级
3637	4-03-01-02	客房服务员	0519-3	酒店管理	技工院校3级
3638	4-03-01-02	客房服务员	740104	高星级饭店运营与管理	职教中职
3639	4-03-01-02	客房服务员	0422-4	邮轮乘务	技工院校4级
3640	4-03-01-02	客房服务员	0504-4	饭店（酒店）服务	技工院校4级
3641	4-03-01-02	客房服务员	0519-4	酒店管理	技工院校4级
3642	4-03-01-03	旅店服务员	540201	餐饮智能管理	职教专科
3643	4-03-01-03	旅店服务员	0422-3	邮轮乘务	技工院校3级
3644	4-03-01-03	旅店服务员	0504-3	饭店（酒店）服务	技工院校3级
3645	4-03-01-03	旅店服务员	0519-3	酒店管理	技工院校3级
3646	4-03-01-03	旅店服务员	740104	高星级饭店运营与管理	职教中职
3647	4-03-01-03	旅店服务员	0422-4	邮轮乘务	技工院校4级
3648	4-03-01-03	旅店服务员	0504-4	饭店（酒店）服务	技工院校4级
3649	4-03-01-03	旅店服务员	0519-4	酒店管理	技工院校4级
3650	4-03-02-01	中式烹调师	340201	烹饪与餐饮管理	职教本科

职业信息与教育培训项目（专业）信息对应指引
（2023年版）

续表

序号	职业编码	职业名称	专业代码	专业名称	院校类型
3651	4-03-02-01	中式烹调师	0501-2	烹饪（中式烹调）	技工院校2级
3652	4-03-02-01	中式烹调师	520418	药膳与食疗	职教专科
3653	4-03-02-01	中式烹调师	540202	烹饪工艺与营养	职教专科
3654	4-03-02-01	中式烹调师	540205	营养配餐	职教专科
3655	4-03-02-01	中式烹调师	0501-3	烹饪（中式烹调）	技工院校3级
3656	4-03-02-01	中式烹调师	0534-3	烹调工艺与营养	技工院校3级
3657	4-03-02-01	中式烹调师	740201	中餐烹饪	职教中职
3658	4-03-02-01	中式烹调师	0501-4	烹饪（中式烹调）	技工院校4级
3659	4-03-02-01	中式烹调师	0534-4	烹调工艺与营养	技工院校4级
3660	4-03-02-02	中式面点师	0501-2	烹饪（中式烹调）	技工院校2级
3661	4-03-02-02	中式面点师	540203	中西面点工艺	职教专科
3662	4-03-02-02	中式面点师	0501-3	烹饪（中式烹调）	技工院校3级
3663	4-03-02-02	中式面点师	0503-3	烹饪（中西式面点）	技工院校3级
3664	4-03-02-02	中式面点师	740203	中西面点	职教中职
3665	4-03-02-02	中式面点师	0501-4	烹饪（中式烹调）	技工院校4级
3666	4-03-02-02	中式面点师	0503-4	烹饪（中西式面点）	技工院校4级
3667	4-03-02-03	西式烹调师	0502-3	烹饪（西式烹调）	技工院校3级

续表

序号	职业编码	职业名称	专业代码	专业名称	院校类型
3668	4-03-02-03	西式烹调师	0503-3	烹饪（中西式面点）	技工院校3级
3669	4-03-02-03	西式烹调师	0534-3	烹调工艺与营养	技工院校3级
3670	4-03-02-03	西式烹调师	740202	西餐烹饪	职教中职
3671	4-03-02-03	西式烹调师	740203	中西面点	职教中职
3672	4-03-02-03	西式烹调师	0502-4	烹饪（西式烹调）	技工院校4级
3673	4-03-02-03	西式烹调师	0503-4	烹饪（中西式面点）	技工院校4级
3674	4-03-02-03	西式烹调师	0534-4	烹调工艺与营养	技工院校4级
3675	4-03-02-04	西式面点师	540203	中西面点工艺	职教专科
3676	4-03-02-04	西式面点师	0502-3	烹饪（西式烹调）	技工院校3级
3677	4-03-02-04	西式面点师	0503-3	烹饪（中西式面点）	技工院校3级
3678	4-03-02-04	西式面点师	0534-3	烹调工艺与营养	技工院校3级
3679	4-03-02-04	西式面点师	740202	西餐烹饪	职教中职
3680	4-03-02-04	西式面点师	740203	中西面点	职教中职
3681	4-03-02-04	西式面点师	0502-4	烹饪（西式烹调）	技工院校4级
3682	4-03-02-04	西式面点师	0503-4	烹饪（中西式面点）	技工院校4级
3683	4-03-02-04	西式面点师	0534-4	烹调工艺与营养	技工院校4级
3684	4-03-02-05	餐厅服务员	540201	餐饮智能管理	职教专科

职业信息与教育培训项目（专业）信息对应指引
（2023 年版）

续表

序号	职业编码	职业名称	专业代码	专业名称	院校类型
3685	4-03-02-05	餐厅服务员	0422-3	邮轮乘务	技工院校3级
3686	4-03-02-05	餐厅服务员	0504-3	饭店（酒店）服务	技工院校3级
3687	4-03-02-05	餐厅服务员	0422-4	邮轮乘务	技工院校4级
3688	4-03-02-05	餐厅服务员	0504-4	饭店（酒店）服务	技工院校4级
3689	4-03-02-05	餐厅服务员	0519-4	酒店管理	技工院校4级
3690	4-03-02-06	营养配餐员	290103	食品营养与健康	职教本科
3691	4-03-02-06	营养配餐员	520418	药膳与食疗	职教专科
3692	4-03-02-06	营养配餐员	520805	医学营养	职教专科
3693	4-03-02-06	营养配餐员	540205	营养配餐	职教专科
3694	4-03-02-06	营养配餐员	0513-3	公共营养保健	技工院校3级
3695	4-03-02-06	营养配餐员	1218-3	食品营养与卫生	技工院校3级
3696	4-03-02-06	营养配餐员	720801	营养与保健	职教中职
3697	4-03-02-07	茶艺师	410107	茶叶生产与加工技术	职教专科
3698	4-03-02-07	茶艺师	540109	茶艺与茶文化	职教专科
3699	4-03-02-07	茶艺师	0517-3	茶艺	技工院校3级
3700	4-03-02-07	茶艺师	0725-3	茶叶生产与加工	技工院校3级
3701	4-03-02-07	茶艺师	610107	茶叶生产与加工	职教中职
3702	4-03-02-07	茶艺师	740105	茶艺与茶营销	职教中职

续表

序号	职业编码	职业名称	专业代码	专业名称	院校类型
3703	4-03-02-07	茶艺师	0517-4	茶艺	技工院校4级
3704	4-03-02-07	茶艺师	0725-4	茶叶生产与加工	技工院校4级
3705	4-03-02-11	食品安全管理师	082701	食品科学与工程	普通本科
3706	4-03-02-11	食品安全管理师	082702	食品质量与安全	普通本科
3707	4-03-02-11	食品安全管理师	100402	食品卫生与营养学	普通本科
3708	4-03-02-11	食品安全管理师	290101	食品工程技术	职教本科
3709	4-03-02-11	食品安全管理师	290102	食品质量与安全	职教本科
3710	4-03-02-11	食品安全管理师	290103	食品营养与健康	职教本科
3711	4-03-02-11	食品安全管理师	340201	烹饪与餐饮管理	职教本科
3712	4-03-02-11	食品安全管理师	470101	食品生物技术	职教专科
3713	4-03-02-11	食品安全管理师	490101	食品智能加工技术	职教专科
3714	4-03-02-11	食品安全管理师	490102	食品质量与安全	职教专科
3715	4-03-02-11	食品安全管理师	490103	食品营养与健康	职教专科
3716	4-03-02-11	食品安全管理师	490104	食品检验检测技术	职教专科
3717	4-03-02-11	食品安全管理师	490106	食品贮运与营销	职教专科
3718	4-03-02-11	食品安全管理师	0708-3	农产品保鲜与加工	技工院校3级
3719	4-03-02-11	食品安全管理师	1214-3	食品加工与检验	技工院校3级
3720	4-03-02-11	食品安全管理师	1218-3	食品营养与卫生	技工院校3级
3721	4-03-02-11	食品安全管理师	1219-3	食品质量与安全	技工院校3级
3722	4-03-02-11	食品安全管理师	610115	农产品贮藏与加工	职教中职
3723	4-03-02-11	食品安全管理师	690101	食品加工工艺	职教中职
3724	4-03-02-11	食品安全管理师	690103	民族食品加工技术	职教中职

职业信息与教育培训项目（专业）信息对应指引

（2023 年版）

续表

序号	职业编码	职业名称	专业代码	专业名称	院校类型
3725	4-03-02-11	食品安全管理师	690104	食品安全与检测技术	职教中职
3726	4-03-02-11	食品安全管理师	690204	药品食品检验	职教中职
3727	4-03-02-11	食品安全管理师	790205	产品质量监督检验	职教中职
3728	4-03-02-11	食品安全管理师	0708-4	农产品保鲜与加工	技工院校4级
3729	4-03-02-11	食品安全管理师	1214-4	食品加工与检验	技工院校4级
3730	4-03-02-11	食品安全管理师	1218-4	食品营养与卫生	技工院校4级
3731	4-03-02-11	食品安全管理师	1219-4	食品质量与安全	技工院校4级
3732	4-03-02-12	侍酒师	540108	葡萄酒文化与营销	职教专科
3733	4-03-02-13	宴会定制服务师	540104	定制旅行管理与服务	职教专科
3734	4-03-02-13	宴会定制服务师	540201	餐饮智能管理	职教专科
3735	4-03-02-13	宴会定制服务师	540202	烹饪工艺与营养	职教专科
3736	4-04-01-01	信息通信营业员	0309-2	通信网络应用	技工院校2级
3737	4-04-01-01	信息通信营业员	510301	现代通信技术	职教专科
3738	4-04-01-01	信息通信营业员	510309	电信服务与管理	职教专科
3739	4-04-01-01	信息通信营业员	0309-3	通信网络应用	技工院校3级
3740	4-04-01-01	信息通信营业员	0310-3	通信运营服务	技工院校3级
3741	4-04-01-01	信息通信营业员	710301	现代通信技术应用	职教中职
3742	4-04-01-01	信息通信营业员	710303	通信运营服务	职教中职
3743	4-04-01-01	信息通信营业员	0310-4	通信运营服务	技工院校4级
3744	4-04-01-02	信息通信业务员	080703	通信工程	普通本科

续表

序号	职业编码	职业名称	专业代码	专业名称	院校类型
3745	4-04-01-02	信息通信业务员	310301	现代通信工程	职教本科
3746	4-04-01-02	信息通信业务员	0211-2	通信终端设备制造与维修	技工院校2级
3747	4-04-01-02	信息通信业务员	0309-2	通信网络应用	技工院校2级
3748	4-04-01-02	信息通信业务员	510301	现代通信技术	职教专科
3749	4-04-01-02	信息通信业务员	510302	现代移动通信技术	职教专科
3750	4-04-01-02	信息通信业务员	510303	通信软件技术	职教专科
3751	4-04-01-02	信息通信业务员	510306	通信系统运行管理	职教专科
3752	4-04-01-02	信息通信业务员	510309	电信服务与管理	职教专科
3753	4-04-01-02	信息通信业务员	0211-3	通信终端设备制造与维修	技工院校3级
3754	4-04-01-02	信息通信业务员	0309-3	通信网络应用	技工院校3级
3755	4-04-01-02	信息通信业务员	0310-3	通信运营服务	技工院校3级
3756	4-04-01-02	信息通信业务员	710301	现代通信技术应用	职教中职
3757	4-04-01-02	信息通信业务员	710302	通信系统工程安装与维护	职教中职
3758	4-04-01-02	信息通信业务员	710303	通信运营服务	职教中职
3759	4-04-01-02	信息通信业务员	0310-4	通信运营服务	技工院校4级
3760	4-04-02-01	信息通信网络机务员	080703	通信工程	普通本科
3761	4-04-02-01	信息通信网络机务员	310301	现代通信工程	职教本科
3762	4-04-02-01	信息通信网络机务员	0211-2	通信终端设备制造与维修	技工院校2级
3763	4-04-02-01	信息通信网络机务员	0309-2	通信网络应用	技工院校2级

职业信息与教育培训项目(专业)信息对应指引

(2023年版)

续表

序号	职业编码	职业名称	专业代码	专业名称	院校类型
3764	4-04-02-01	信息通信网络机务员	510301	现代通信技术	职教专科
3765	4-04-02-01	信息通信网络机务员	510302	现代移动通信技术	职教专科
3766	4-04-02-01	信息通信网络机务员	510303	通信软件技术	职教专科
3767	4-04-02-01	信息通信网络机务员	510304	卫星通信与导航技术	职教专科
3768	4-04-02-01	信息通信网络机务员	510306	通信系统运行管理	职教专科
3769	4-04-02-01	信息通信网络机务员	510308	网络规划与优化技术	职教专科
3770	4-04-02-01	信息通信网络机务员	510309	电信服务与管理	职教专科
3771	4-04-02-01	信息通信网络机务员	0211-3	通信终端设备制造与维修	技工院校3级
3772	4-04-02-01	信息通信网络机务员	0309-3	通信网络应用	技工院校3级
3773	4-04-02-01	信息通信网络机务员	0310-3	通信运营服务	技工院校3级
3774	4-04-02-01	信息通信网络机务员	0316-3	工业互联网技术应用	技工院校3级
3775	4-04-02-01	信息通信网络机务员	710202	计算机网络技术	职教中职
3776	4-04-02-01	信息通信网络机务员	710301	现代通信技术应用	职教中职
3777	4-04-02-01	信息通信网络机务员	710302	通信系统工程安装与维护	职教中职
3778	4-04-02-01	信息通信网络机务员	710303	通信运营服务	职教中职
3779	4-04-02-01	信息通信网络机务员	0310-4	通信运营服务	技工院校4级
3780	4-04-02-02	信息通信网络线务员	0309-2	通信网络应用	技工院校2级
3781	4-04-02-02	信息通信网络线务员	510306	通信系统运行管理	职教专科
3782	4-04-02-02	信息通信网络线务员	510308	网络规划与优化技术	职教专科
3783	4-04-02-02	信息通信网络线务员	0309-3	通信网络应用	技工院校3级

续表

序号	职业编码	职业名称	专业代码	专业名称	院校类型
3784	4-04-02-02	信息通信网络线务员	710301	现代通信技术应用	职教中职
3785	4-04-02-02	信息通信网络线务员	710302	通信系统工程安装与维护	职教中职
3786	4-04-02-03	信息通信网络动力机务员	080703	通信工程	普通本科
3787	4-04-02-03	信息通信网络动力机务员	310301	现代通信工程	职教本科
3788	4-04-02-03	信息通信网络动力机务员	0309-2	通信网络应用	技工院校2级
3789	4-04-02-03	信息通信网络动力机务员	0309-3	通信网络应用	技工院校3级
3790	4-04-02-03	信息通信网络动力机务员	710301	现代通信技术应用	职教中职
3791	4-04-02-04	信息通信网络测量员	0309-2	通信网络应用	技工院校2级
3792	4-04-02-04	信息通信网络测量员	0310-3	通信运营服务	技工院校3级
3793	4-04-02-04	信息通信网络测量员	710301	现代通信技术应用	职教中职
3794	4-04-02-04	信息通信网络测量员	0310-4	通信运营服务	技工院校4级
3795	4-04-03-02	广播电视机线员	360203	数字广播电视技术	职教本科
3796	4-04-03-02	广播电视机线员	560203	数字广播电视技术	职教专科
3797	4-04-04-01	信息通信网络运行管理员	080703	通信工程	普通本科
3798	4-04-04-01	信息通信网络运行管理员	310202	网络工程技术	职教本科
3799	4-04-04-01	信息通信网络运行管理员	310301	现代通信工程	职教本科

续表

序号	职业编码	职业名称	专业代码	专业名称	院校类型
3800	4-04-04-01	信息通信网络运行管理员	0211-2	通信终端设备制造与维修	技工院校2级
3801	4-04-04-01	信息通信网络运行管理员	0301-2	计算机网络应用	技工院校2级
3802	4-04-04-01	信息通信网络运行管理员	0304-2	计算机信息管理	技工院校2级
3803	4-04-04-01	信息通信网络运行管理员	0309-2	通信网络应用	技工院校2级
3804	4-04-04-01	信息通信网络运行管理员	0316-2	工业互联网技术应用	技工院校2级
3805	4-04-04-01	信息通信网络运行管理员	460404	轨道交通通信信号设备制造与维护	职教专科
3806	4-04-04-01	信息通信网络运行管理员	500402	民航通信技术	职教专科
3807	4-04-04-01	信息通信网络运行管理员	500604	城市轨道交通通信信号技术	职教专科
3808	4-04-04-01	信息通信网络运行管理员	510202	计算机网络技术	职教专科
3809	4-04-04-01	信息通信网络运行管理员	510301	现代通信技术	职教专科
3810	4-04-04-01	信息通信网络运行管理员	510302	现代移动通信技术	职教专科
3811	4-04-04-01	信息通信网络运行管理员	510303	通信软件技术	职教专科
3812	4-04-04-01	信息通信网络运行管理员	510306	通信系统运行管理	职教专科
3813	4-04-04-01	信息通信网络运行管理员	510308	网络规划与优化技术	职教专科

续表

序号	职业编码	职业名称	专业代码	专业名称	院校类型
3814	4-04-04-01	信息通信网络运行管理员	510309	电信服务与管理	职教专科
3815	4-04-04-01	信息通信网络运行管理员	0211-3	通信终端设备制造与维修	技工院校3级
3816	4-04-04-01	信息通信网络运行管理员	0214-3	工业网络技术	技工院校3级
3817	4-04-04-01	信息通信网络运行管理员	0301-3	计算机网络应用	技工院校3级
3818	4-04-04-01	信息通信网络运行管理员	0304-3	计算机信息管理	技工院校3级
3819	4-04-04-01	信息通信网络运行管理员	0309-3	通信网络应用	技工院校3级
3820	4-04-04-01	信息通信网络运行管理员	0310-3	通信运营服务	技工院校3级
3821	4-04-04-01	信息通信网络运行管理员	0313-3	物联网应用技术	技工院校3级
3822	4-04-04-01	信息通信网络运行管理员	0314-3	网络与信息安全	技工院校3级
3823	4-04-04-01	信息通信网络运行管理员	0316-3	工业互联网技术应用	技工院校3级
3824	4-04-04-01	信息通信网络运行管理员	0443-3	道路智能交通技术应用	技工院校3级
3825	4-04-04-01	信息通信网络运行管理员	710202	计算机网络技术	职教中职
3826	4-04-04-01	信息通信网络运行管理员	710301	现代通信技术应用	职教中职
3827	4-04-04-01	信息通信网络运行管理员	710302	通信系统工程安装与维护	职教中职

职业信息与教育培训项目（专业）信息对应指引

（2023年版）

续表

序号	职业编码	职业名称	专业代码	专业名称	院校类型
3828	4-04-04-01	信息通信网络运行管理员	710303	通信运营服务	职教中职
3829	4-04-04-01	信息通信网络运行管理员	0211-4	通信终端设备制造与维修	技工院校4级
3830	4-04-04-01	信息通信网络运行管理员	0214-4	工业网络技术	技工院校4级
3831	4-04-04-01	信息通信网络运行管理员	0218-4	工业互联网与大数据应用	技工院校4级
3832	4-04-04-01	信息通信网络运行管理员	0301-4	计算机网络应用	技工院校4级
3833	4-04-04-01	信息通信网络运行管理员	0310-4	通信运营服务	技工院校4级
3834	4-04-04-01	信息通信网络运行管理员	0313-4	物联网应用技术	技工院校4级
3835	4-04-04-01	信息通信网络运行管理员	0314-4	网络与信息安全	技工院校4级
3836	4-04-04-01	信息通信网络运行管理员	0443-4	道路智能交通技术应用	技工院校4级
3837	4-04-04-02	网络与信息安全管理员	080904K	信息安全	普通本科
3838	4-04-04-02	网络与信息安全管理员	310202	网络工程技术	职教本科
3839	4-04-04-02	网络与信息安全管理员	310207	信息安全与管理	职教本科
3840	4-04-04-02	网络与信息安全管理员	0301-2	计算机网络应用	技工院校2级
3841	4-04-04-02	网络与信息安全管理员	0304-2	计算机信息管理	技工院校2级
3842	4-04-04-02	网络与信息安全管理员	0316-2	工业互联网技术应用	技工院校2级
3843	4-04-04-02	网络与信息安全管理员	510202	计算机网络技术	职教专科

续表

序号	职业编码	职业名称	专业代码	专业名称	院校类型
3844	4-04-04-02	网络与信息安全管理员	510207	信息安全技术应用	职教专科
3845	4-04-04-02	网络与信息安全管理员	510306	通信系统运行管理	职教专科
3846	4-04-04-02	网络与信息安全管理员	580604K	司法信息安全	职教专科
3847	4-04-04-02	网络与信息安全管理员	0214-3	工业网络技术	技工院校3级
3848	4-04-04-02	网络与信息安全管理员	0301-3	计算机网络应用	技工院校3级
3849	4-04-04-02	网络与信息安全管理员	0304-3	计算机信息管理	技工院校3级
3850	4-04-04-02	网络与信息安全管理员	0314-3	网络与信息安全	技工院校3级
3851	4-04-04-02	网络与信息安全管理员	0316-3	工业互联网技术应用	技工院校3级
3852	4-04-04-02	网络与信息安全管理员	710202	计算机网络技术	职教中职
3853	4-04-04-02	网络与信息安全管理员	710207	网络信息安全	职教中职
3854	4-04-04-02	网络与信息安全管理员	0214-4	工业网络技术	技工院校4级
3855	4-04-04-02	网络与信息安全管理员	0301-4	计算机网络应用	技工院校4级
3856	4-04-04-02	网络与信息安全管理员	0314-4	网络与信息安全	技工院校4级
3857	4-04-04-03	信息通信信息化系统管理员	080703	通信工程	普通本科
3858	4-04-04-03	信息通信信息化系统管理员	310301	现代通信工程	职教本科
3859	4-04-04-03	信息通信信息化系统管理员	0211-2	通信终端设备制造与维修	技工院校2级

职业信息与教育培训项目（专业）信息对应指引

（2023 年版）

续表

序号	职业编码	职业名称	专业代码	专业名称	院校类型
3860	4-04-04-03	信息通信信息化系统管理员	0304-2	计算机信息管理	技工院校 2 级
3861	4-04-04-03	信息通信信息化系统管理员	0309-2	通信网络应用	技工院校 2 级
3862	4-04-04-03	信息通信信息化系统管理员	460404	轨道交通通信信号设备制造与维护	职教专科
3863	4-04-04-03	信息通信信息化系统管理员	500111	铁道通信与信息化技术	职教专科
3864	4-04-04-03	信息通信信息化系统管理员	500402	民航通信技术	职教专科
3865	4-04-04-03	信息通信信息化系统管理员	500604	城市轨道交通通信信号技术	职教专科
3866	4-04-04-03	信息通信信息化系统管理员	510301	现代通信技术	职教专科
3867	4-04-04-03	信息通信信息化系统管理员	510302	现代移动通信技术	职教专科
3868	4-04-04-03	信息通信信息化系统管理员	510303	通信软件技术	职教专科
3869	4-04-04-03	信息通信信息化系统管理员	510306	通信系统运行管理	职教专科
3870	4-04-04-03	信息通信信息化系统管理员	510308	网络规划与优化技术	职教专科
3871	4-04-04-03	信息通信信息化系统管理员	510309	电信服务与管理	职教专科
3872	4-04-04-03	信息通信信息化系统管理员	0211-3	通信终端设备制造与维修	技工院校 3 级
3873	4-04-04-03	信息通信信息化系统管理员	0304-3	计算机信息管理	技工院校 3 级

续表

序号	职业编码	职业名称	专业代码	专业名称	院校类型
3874	4-04-04-03	信息通信信息化系统管理员	0309-3	通信网络应用	技工院校3级
3875	4-04-04-03	信息通信信息化系统管理员	0310-3	通信运营服务	技工院校3级
3876	4-04-04-03	信息通信信息化系统管理员	0443-3	道路智能交通技术应用	技工院校3级
3877	4-04-04-03	信息通信信息化系统管理员	710301	现代通信技术应用	职教中职
3878	4-04-04-03	信息通信信息化系统管理员	710302	通信系统工程安装与维护	职教中职
3879	4-04-04-03	信息通信信息化系统管理员	710303	通信运营服务	职教中职
3880	4-04-04-03	信息通信信息化系统管理员	0211-4	通信终端设备制造与维修	技工院校4级
3881	4-04-04-03	信息通信信息化系统管理员	0310-4	通信运营服务	技工院校4级
3882	4-04-04-03	信息通信信息化系统管理员	0443-4	道路智能交通技术应用	技工院校4级
3883	4-04-04-04	信息安全测试员	490209	食品药品监督管理	职教专科
3884	4-04-04-04	信息安全测试员	510207	信息安全技术应用	职教专科
3885	4-04-04-04	信息安全测试员	0314-3	网络与信息安全	技工院校3级
3886	4-04-04-04	信息安全测试员	710207	网络信息安全	职教中职
3887	4-04-04-05	数字化解决方案设计师	510309	电信服务与管理	职教专科
3888	4-04-04-06	密码技术应用员	510216	密码技术应用	职教专科
3889	4-04-05-01	计算机程序设计员	0302-2	计算机程序设计	技工院校2级

职业信息与教育培训项目（专业）信息对应指引

（2023 年版）

续表

序号	职业编码	职业名称	专业代码	专业名称	院校类型
3890	4-04-05-01	计算机程序设计员	0302-3	计算机程序设计	技工院校3级
3891	4-04-05-01	计算机程序设计员	0302-4	计算机程序设计	技工院校4级
3892	4-04-05-03	呼叫中心服务员	0310-3	通信运营服务	技工院校3级
3893	4-04-05-03	呼叫中心服务员	710303	通信运营服务	职教中职
3894	4-04-05-03	呼叫中心服务员	730603	客户信息服务	职教中职
3895	4-04-05-03	呼叫中心服务员	0310-4	通信运营服务	技工院校4级
3896	4-04-05-04	数据库运行管理员	0314-3	网络与信息安全	技工院校3级
3897	4-04-05-05	人工智能训练师	310209	人工智能工程技术	职教本科
3898	4-04-05-05	人工智能训练师	330602	市场营销	职教本科
3899	4-04-05-05	人工智能训练师	0318-2	人工智能技术应用	技工院校2级
3900	4-04-05-05	人工智能训练师	510209	人工智能技术应用	职教专科
3901	4-04-05-05	人工智能训练师	0318-3	人工智能技术应用	技工院校3级
3902	4-04-05-05	人工智能训练师	710205	大数据技术应用	职教中职
3903	4-04-05-06	区块链应用操作员	310212	区块链技术	职教本科
3904	4-04-05-06	区块链应用操作员	330202	金融科技应用	职教本科
3905	4-04-05-06	区块链应用操作员	0320-2	区块链技术应用	技工院校2级
3906	4-04-05-06	区块链应用操作员	510212	区块链技术应用	职教专科
3907	4-04-05-06	区块链应用操作员	530202	金融科技应用	职教专科
3908	4-04-05-06	区块链应用操作员	0320-3	区块链技术应用	技工院校3级

续表

序号	职业编码	职业名称	专业代码	专业名称	院校类型
3909	4-04-05-06	区块链应用操作员	0320-4	区块链技术应用	技工院校4级
3910	4-04-05-07	服务机器人应用技术员	260303	智能控制技术	职教本科
3911	4-04-05-07	服务机器人应用技术员	260304	机器人技术	职教本科
3912	4-04-05-07	服务机器人应用技术员	0137-2	智能制造技术应用	技工院校2级
3913	4-04-05-07	服务机器人应用技术员	0208-2	工业机器人应用与维护	技工院校2级
3914	4-04-05-07	服务机器人应用技术员	0219-2	服务机器人应用与维护	技工院校2级
3915	4-04-05-07	服务机器人应用技术员	460302	智能机电技术	职教专科
3916	4-04-05-07	服务机器人应用技术员	460303	智能控制技术	职教专科
3917	4-04-05-07	服务机器人应用技术员	460304	智能机器人技术	职教专科
3918	4-04-05-07	服务机器人应用技术员	460305	工业机器人技术	职教专科
3919	4-04-05-07	服务机器人应用技术员	0137-3	智能制造技术应用	技工院校3级
3920	4-04-05-07	服务机器人应用技术员	0208-3	工业机器人应用与维护	技工院校3级
3921	4-04-05-07	服务机器人应用技术员	0219-3	服务机器人应用与维护	技工院校3级
3922	4-04-05-07	服务机器人应用技术员	660301	机电技术应用	职教中职
3923	4-04-05-07	服务机器人应用技术员	660303	工业机器人技术应用	职教中职
3924	4-04-05-07	服务机器人应用技术员	710106	服务机器人装配与维护	职教中职
3925	4-04-05-08	电子数据取证分析师	310205	大数据工程技术	职教本科
3926	4-04-05-08	电子数据取证分析师	420804	生态环境大数据技术	职教专科
3927	4-04-05-08	电子数据取证分析师	510101	电子信息工程技术	职教专科
3928	4-04-05-08	电子数据取证分析师	510205	大数据技术	职教专科
3929	4-04-05-08	电子数据取证分析师	520704	健康大数据管理与服务	职教专科

职业信息与教育培训项目（专业）信息对应指引
（2023年版）

续表

序号	职业编码	职业名称	专业代码	专业名称	院校类型
3930	4-04-05-08	电子数据取证分析师	530706	商务数据分析与应用	职教专科
3931	4-04-05-08	电子数据取证分析师	710205	大数据技术应用	职教中职
3932	4-04-05-10	数字孪生应用技术员	0141-2	数字孪生技术应用	技工院校2级
3933	4-04-05-10	数字孪生应用技术员	0141-3	数字孪生技术应用	技工院校3级
3934	4-04-05-10	数字孪生应用技术员	0141-4	数字孪生技术应用	技工院校4级
3935	4-04-05-11	虚拟现实产品设计师	310208	虚拟现实技术	职教本科
3936	4-04-05-11	虚拟现实产品设计师	350103	数字媒体艺术	职教本科
3937	4-04-05-11	虚拟现实产品设计师	0317-2	虚拟现实技术应用	技工院校2级
3938	4-04-05-11	虚拟现实产品设计师	510208	虚拟现实技术应用	职教专科
3939	4-04-05-11	虚拟现实产品设计师	550103	数字媒体艺术设计	职教专科
3940	4-04-05-11	虚拟现实产品设计师	0317-3	虚拟现实技术应用	技工院校3级
3941	4-04-05-11	虚拟现实产品设计师	710204	数字媒体技术应用	职教中职
3942	4-05-01-01	银行综合柜员	530201	金融服务与管理	职教专科
3943	4-05-01-03	银行客户业务员	530201	金融服务与管理	职教专科
3944	4-05-01-03	银行客户业务员	530205	财富管理	职教专科
3945	4-05-01-03	银行客户业务员	530206	证券实务	职教专科
3946	4-05-01-03	银行客户业务员	530208	农村金融	职教专科
3947	4-05-01-04	银行信用卡业务员	330204	信用管理	职教本科
3948	4-05-01-04	银行信用卡业务员	530204	信用管理	职教专科
3949	4-05-02-00	证券期货服务师	330201	金融管理	职教本科
3950	4-05-02-00	证券期货服务师	530206	证券实务	职教专科
3951	4-05-03-01	保险代理人	020303	保险学	普通本科
3952	4-05-03-01	保险代理人	330203	保险	职教本科

续表

序号	职业编码	职业名称	专业代码	专业名称	院校类型
3953	4-05-03-01	保险代理人	530203	保险实务	职教专科
3954	4-05-03-02	保险保全员	330203	保险	职教本科
3955	4-05-03-02	保险保全员	530203	保险实务	职教专科
3956	4-05-03-03	保险公估人	020303	保险学	普通本科
3957	4-05-03-03	保险公估人	330203	保险	职教本科
3958	4-05-03-03	保险公估人	530203	保险实务	职教专科
3959	4-05-03-04	保险经纪人	330203	保险	职教本科
3960	4-05-03-04	保险经纪人	530203	保险实务	职教专科
3961	4-05-04-02	鉴定估价师	420107	宝玉石鉴定与加工	职教专科
3962	4-05-04-02	鉴定估价师	620103	宝玉石加工与检测	职教中职
3963	4-05-04-02	鉴定估价师	1404-4	珠宝首饰鉴定与营销	技工院校4级
3964	4-05-05-02	资产管理师	120208	资产评估	普通本科
3965	4-05-05-02	资产管理师	530102	资产评估与管理	职教专科
3966	4-06-01-01	物业管理师	120209	物业管理	普通本科
3967	4-06-01-01	物业管理师	240702	现代物业管理	职教本科
3968	4-06-01-01	物业管理师	440703	现代物业管理	职教专科
3969	4-06-01-01	物业管理师	0511-3	物业管理	技工院校3级
3970	4-06-01-01	物业管理师	640702	物业服务	职教中职
3971	4-06-01-01	物业管理师	0511-4	物业管理	技工院校4级
3972	4-06-01-02	中央空调系统运行操作员	0205-3	楼宇自动控制设备安装与维护	技工院校3级
3973	4-06-01-02	中央空调系统运行操作员	0205-4	楼宇自动控制设备安装与维护	技工院校4级
3974	4-06-01-04	智能楼宇管理员	0205-2	楼宇自动控制设备安装与维护	技工院校2级

职业信息与教育培训项目（专业）信息对应指引

（2023 年版）

续表

序号	职业编码	职业名称	专业代码	专业名称	院校类型
3975	4-06-01-04	智能楼宇管理员	420904	安全智能监测技术	职教专科
3976	4-06-01-04	智能楼宇管理员	440404	建筑智能化工程技术	职教专科
3977	4-06-01-04	智能楼宇管理员	0205-3	楼宇自动控制设备安装与维护	技工院校3级
3978	4-06-01-04	智能楼宇管理员	0311-3	网络安防系统安装与维护	技工院校3级
3979	4-06-01-04	智能楼宇管理员	1111-3	消防工程技术	技工院校3级
3980	4-06-01-04	智能楼宇管理员	640401	建筑智能化设备安装与运维	职教中职
3981	4-06-01-04	智能楼宇管理员	0205-4	楼宇自动控制设备安装与维护	技工院校4级
3982	4-06-01-04	智能楼宇管理员	0311-4	网络安防系统安装与维护	技工院校4级
3983	4-06-01-04	智能楼宇管理员	1111-4	消防工程技术	技工院校4级
3984	4-06-02-01	房地产经纪人	120104	房地产开发与管理	普通本科
3985	4-06-02-01	房地产经纪人	240701	房地产投资与策划	职教本科
3986	4-06-02-01	房地产经纪人	440701	房地产经营与管理	职教专科
3987	4-06-02-01	房地产经纪人	440702	房地产智能检测与估价	职教专科
3988	4-06-02-01	房地产经纪人	0609-3	房地产经营与管理	技工院校3级
3989	4-06-02-01	房地产经纪人	640701	房地产营销	职教中职
3990	4-06-02-01	房地产经纪人	0609-4	房地产经营与管理	技工院校4级
3991	4-06-02-02	房地产策划师	120104	房地产开发与管理	普通本科
3992	4-06-02-02	房地产策划师	240701	房地产投资与策划	职教本科
3993	4-06-02-02	房地产策划师	440701	房地产经营与管理	职教专科

续表

序号	职业编码	职业名称	专业代码	专业名称	院校类型
3994	4-06-02-02	房地产策划师	440702	房地产智能检测与估价	职教专科
3995	4-06-02-02	房地产策划师	0609-3	房地产经营与管理	技工院校3级
3996	4-06-02-02	房地产策划师	640701	房地产营销	职教中职
3997	4-06-02-02	房地产策划师	0609-4	房地产经营与管理	技工院校4级
3998	4-06-02-03	验房师	440702	房地产智能检测与估价	职教专科
3999	4-07-01-01	租赁业务员	530204	信用管理	职教专科
4000	4-07-02-03	客户服务管理员	530605	市场营销	职教专科
4001	4-07-02-03	客户服务管理员	710303	通信运营服务	职教中职
4002	4-07-02-03	客户服务管理员	730602	市场营销	职教中职
4003	4-07-02-04	信用管理师	330204	信用管理	职教本科
4004	4-07-02-04	信用管理师	530204	信用管理	职教专科
4005	4-07-02-05	商务数据分析师	120205	国际商务	普通本科
4006	4-07-02-05	商务数据分析师	310205	大数据工程技术	职教本科
4007	4-07-02-05	商务数据分析师	420804	生态环境大数据技术	职教专科
4008	4-07-02-05	商务数据分析师	510205	大数据技术	职教专科
4009	4-07-02-05	商务数据分析师	520704	健康大数据管理与服务	职教专科
4010	4-07-02-05	商务数据分析师	530401	统计与大数据分析	职教专科
4011	4-07-02-05	商务数据分析师	530502	国际商务	职教专科
4012	4-07-02-05	商务数据分析师	530706	商务数据分析与应用	职教专科
4013	4-07-02-05	商务数据分析师	570309	运动数据分析	职教专科
4014	4-07-02-05	商务数据分析师	710205	大数据技术应用	职教中职
4015	4-07-02-05	商务数据分析师	730401	统计事务	职教中职
4016	4-07-02-05	商务数据分析师	790403	商务助理	职教中职
4017	4-07-03-01	职业指导师	590209	职业指导与服务	职教专科
4018	4-07-03-02	劳动关系协调师	590203	劳动与社会保障	职教专科
4019	4-07-03-02	劳动关系协调师	590209	职业指导与服务	职教专科

职业信息与教育培训项目（专业）信息对应指引

（2023年版）

续表

序号	职业编码	职业名称	专业代码	专业名称	院校类型
4020	4-07-03-02	劳动关系协调师	0606-3	人力资源管理	技工院校3级
4021	4-07-03-02	劳动关系协调师	780401	法律事务	职教中职
4022	4-07-03-02	劳动关系协调师	790202	人力资源管理事务	职教中职
4023	4-07-03-02	劳动关系协调师	790203	社会保障事务	职教中职
4024	4-07-03-02	劳动关系协调师	0606-4	人力资源管理	技工院校4级
4025	4-07-03-03	创业指导师	410120	农村新型经济组织管理	职教专科
4026	4-07-03-03	创业指导师	530604	中小企业创业与经营	职教专科
4027	4-07-03-03	创业指导师	0611-3	连锁经营与管理	技工院校3级
4028	4-07-03-04	企业人力资源管理师	590202	人力资源管理	职教专科
4029	4-07-03-04	企业人力资源管理师	590209	职业指导与服务	职教专科
4030	4-07-03-05	职业培训师	590209	职业指导与服务	职教专科
4031	4-07-03-06	劳务派遣管理员	440503	建筑经济信息化管理	职教专科
4032	4-07-03-06	劳务派遣管理员	0606-3	人力资源管理	技工院校3级
4033	4-07-03-08	招聘师	390202	人力资源管理	职教本科
4034	4-07-03-08	招聘师	590202	人力资源管理	职教专科
4035	4-07-03-08	招聘师	0606-3	人力资源管理	技工院校3级
4036	4-07-03-08	招聘师	0606-4	人力资源管理	技工院校4级
4037	4-07-04-01	导游	540102	导游	职教专科
4038	4-07-04-01	导游	540103	旅行社经营与管理	职教专科
4039	4-07-04-01	导游	0520-3	旅游服务与管理	技工院校3级

续表

序号	职业编码	职业名称	专业代码	专业名称	院校类型
4040	4-07-04-01	导游	740102	导游服务	职教中职
4041	4-07-04-01	导游	740103	康养休闲旅游服务	职教中职
4042	4-07-04-01	导游	0505-4	导游	技工院校4级
4043	4-07-04-01	导游	0520-4	旅游服务与管理	技工院校4级
4044	4-07-04-02	旅游团队领队	340101	旅游管理	职教本科
4045	4-07-04-02	旅游团队领队	340103	旅游规划与设计	职教本科
4046	4-07-04-02	旅游团队领队	540101	旅游管理	职教专科
4047	4-07-04-02	旅游团队领队	540102	导游	职教专科
4048	4-07-04-02	旅游团队领队	540103	旅行社经营与管理	职教专科
4049	4-07-04-02	旅游团队领队	540111	智慧旅游技术应用	职教专科
4050	4-07-04-02	旅游团队领队	0520-3	旅游服务与管理	技工院校3级
4051	4-07-04-02	旅游团队领队	740103	康养休闲旅游服务	职教中职
4052	4-07-04-03	旅行社计调	120901K	旅游管理	普通本科
4053	4-07-04-03	旅行社计调	300304	国际邮轮运营管理	职教本科
4054	4-07-04-03	旅行社计调	340101	旅游管理	职教本科
4055	4-07-04-03	旅行社计调	340103	旅游规划与设计	职教本科
4056	4-07-04-03	旅行社计调	540101	旅游管理	职教专科
4057	4-07-04-03	旅行社计调	540102	导游	职教专科
4058	4-07-04-03	旅行社计调	540103	旅行社经营与管理	职教专科
4059	4-07-04-03	旅行社计调	540104	定制旅行管理与服务	职教专科
4060	4-07-04-03	旅行社计调	540105	研学旅行管理与服务	职教专科
4061	4-07-04-03	旅行社计调	540110	智慧景区开发与管理	职教专科
4062	4-07-04-03	旅行社计调	540111	智慧旅游技术应用	职教专科
4063	4-07-04-03	旅行社计调	540113	休闲服务与管理	职教专科
4064	4-07-04-03	旅行社计调	570203	旅游英语	职教专科

职业信息与教育培训项目（专业）信息对应指引

（2023 年版）

续表

序号	职业编码	职业名称	专业代码	专业名称	院校类型
4065	4-07-04-03	旅行社计调	570207	旅游日语	职教专科
4066	4-07-04-03	旅行社计调	0520-3	旅游服务与管理	技工院校3级
4067	4-07-04-03	旅行社计调	740101	旅游服务与管理	职教中职
4068	4-07-04-03	旅行社计调	740102	导游服务	职教中职
4069	4-07-04-03	旅行社计调	740103	康养休闲旅游服务	职教中职
4070	4-07-04-03	旅行社计调	770209	旅游外语	职教中职
4071	4-07-04-03	旅行社计调	0505-4	导游	技工院校4级
4072	4-07-04-03	旅行社计调	0520-4	旅游服务与管理	技工院校4级
4073	4-07-04-04	旅游咨询员	120901K	旅游管理	普通本科
4074	4-07-04-04	旅游咨询员	340101	旅游管理	职教本科
4075	4-07-04-04	旅游咨询员	340103	旅游规划与设计	职教本科
4076	4-07-04-04	旅游咨询员	540101	旅游管理	职教专科
4077	4-07-04-04	旅游咨询员	540102	导游	职教专科
4078	4-07-04-04	旅游咨询员	540103	旅行社经营与管理	职教专科
4079	4-07-04-04	旅游咨询员	540104	定制旅行管理与服务	职教专科
4080	4-07-04-04	旅游咨询员	540110	智慧景区开发与管理	职教专科
4081	4-07-04-04	旅游咨询员	540111	智慧旅游技术应用	职教专科
4082	4-07-04-04	旅游咨询员	570203	旅游英语	职教专科
4083	4-07-04-04	旅游咨询员	570207	旅游日语	职教专科
4084	4-07-04-04	旅游咨询员	0520-3	旅游服务与管理	技工院校3级
4085	4-07-04-04	旅游咨询员	740101	旅游服务与管理	职教中职
4086	4-07-04-04	旅游咨询员	740102	导游服务	职教中职
4087	4-07-04-04	旅游咨询员	740103	康养休闲旅游服务	职教中职
4088	4-07-04-04	旅游咨询员	770209	旅游外语	职教中职

续表

序号	职业编码	职业名称	专业代码	专业名称	院校类型
4089	4-07-04-04	旅游咨询员	0520-4	旅游服务与管理	技工院校4级
4090	4-07-04-06	休闲农业服务员	082301	农业工程	普通本科
4091	4-07-04-06	休闲农业服务员	210103	智慧农业技术	职教本科
4092	4-07-04-06	休闲农业服务员	210105	现代农业经营与管理	职教本科
4093	4-07-04-06	休闲农业服务员	370302	休闲体育	职教本科
4094	4-07-04-06	休闲农业服务员	410103	现代农业技术	职教专科
4095	4-07-04-06	休闲农业服务员	410112	设施农业与装备	职教专科
4096	4-07-04-06	休闲农业服务员	410118	休闲农业经营与管理	职教专科
4097	4-07-04-06	休闲农业服务员	410119	现代农业经济管理	职教专科
4098	4-07-04-06	休闲农业服务员	430109	农业电气化技术	职教专科
4099	4-07-04-06	休闲农业服务员	540113	休闲服务与管理	职教专科
4100	4-07-04-06	休闲农业服务员	570302	休闲体育	职教专科
4101	4-07-04-06	休闲农业服务员	0523-3	休闲服务与管理	技工院校3级
4102	4-07-04-06	休闲农业服务员	610118	休闲农业生产与经营	职教中职
4103	4-07-04-06	休闲农业服务员	770302	休闲体育服务与管理	职教中职
4104	4-07-04-07	景区运营管理师	420803	生态保护技术	职教专科
4105	4-07-04-07	景区运营管理师	540110	智慧景区开发与管理	职教专科
4106	4-07-04-07	景区运营管理师	740101	旅游服务与管理	职教中职
4107	4-07-05-01	保安员	0525-4	保安	技工院校4级
4108	4-07-05-02	安检员	300403	智慧机场运行与管理	职教本科
4109	4-07-05-02	安检员	500401	民航运输服务	职教专科
4110	4-07-05-02	安检员	500406	民航安全技术管理	职教专科
4111	4-07-05-02	安检员	500408	机场运行服务与管理	职教专科
4112	4-07-05-02	安检员	0442-3	交通运输安全检查	技工院校3级

续表

序号	职业编码	职业名称	专业代码	专业名称	院校类型
4113	4-07-05-02	安检员	700402	航空服务	职教中职
4114	4-07-05-02	安检员	0442-4	交通运输安全检查	技工院校4级
4115	4-07-05-02	安检员	0531-4	快递安全管理	技工院校4级
4116	4-07-05-03	消防设施操作员	440406	建筑消防技术	职教专科
4117	4-07-05-03	消防设施操作员	1111-3	消防工程技术	技工院校3级
4118	4-07-05-03	消防设施操作员	620904	森林消防	职教中职
4119	4-07-05-03	消防设施操作员	640401	建筑智能化设备安装与运维	职教中职
4120	4-07-05-03	消防设施操作员	1111-4	消防工程技术	技工院校4级
4121	4-07-05-04	安全防范系统安装维护员	420904	安全智能监测技术	职教专科
4122	4-07-05-04	安全防范系统安装维护员	580602K	司法信息技术	职教专科
4123	4-07-05-04	安全防范系统安装维护员	580701	安全防范技术	职教专科
4124	4-07-05-04	安全防范系统安装维护员	0311-3	网络安防系统安装与维护	技工院校3级
4125	4-07-05-04	安全防范系统安装维护员	640401	建筑智能化设备安装与运维	职教中职
4126	4-07-05-04	安全防范系统安装维护员	710208	网络安防系统安装与维护	职教中职
4127	4-07-05-04	安全防范系统安装维护员	780701	安全保卫服务	职教中职
4128	4-07-05-04	安全防范系统安装维护员	0205-4	楼宇自动控制设备安装与维护	技工院校4级

续表

序号	职业编码	职业名称	专业代码	专业名称	院校类型
4129	4-07-05-04	安全防范系统安装维护员	0311-4	网络安防系统安装与维护	技工院校4级
4130	4-07-06-01	商品监督员	730601	连锁经营与管理	职教中职
4131	4-07-06-01	商品监督员	790204	工商行政管理事务	职教中职
4132	4-07-06-01	商品监督员	0601-4	市场营销	技工院校4级
4133	4-07-07-01	会展服务师	120903	会展经济与管理	普通本科
4134	4-07-07-01	会展服务师	350110	展示艺术设计	职教本科
4135	4-07-07-01	会展服务师	540112	会展策划与管理	职教专科
4136	4-07-07-01	会展服务师	550110	展示艺术设计	职教专科
4137	4-07-07-01	会展服务师	0516-3	会展服务与管理	技工院校3级
4138	4-07-07-01	会展服务师	740106	会展服务与管理	职教中职
4139	4-07-07-01	会展服务师	0516-4	会展服务与管理	技工院校4级
4140	4-07-07-02	装饰美工	350107	美术	职教本科
4141	4-07-07-02	装饰美工	1408-3	美术绘画	技工院校3级
4142	4-07-07-02	装饰美工	1408-4	美术绘画	技工院校4级
4143	4-07-07-03	模特	550117	人物形象设计	职教专科
4144	4-07-07-03	模特	1411-3	服装模特	技工院校3级
4145	4-07-07-03	模特	750206	服装表演	职教中职
4146	4-07-07-03	模特	1411-4	服装模特	技工院校4级
4147	4-08-01-01	航空气象员	070602	应用气象学	普通本科
4148	4-08-01-01	航空气象员	220701	智慧气象技术	职教本科

职业信息与教育培训项目（专业）信息对应指引

（2023年版）

续表

序号	职业编码	职业名称	专业代码	专业名称	院校类型
4149	4-08-01-01	航空气象员	420701	大气科学技术	职教专科
4150	4-08-01-01	航空气象员	420702	大气探测技术	职教专科
4151	4-08-01-01	航空气象员	420703	应用气象技术	职教专科
4152	4-08-01-01	航空气象员	620701	气象服务	职教中职
4153	4-08-01-02	人工影响天气特种作业操作员	420701	大气科学技术	职教专科
4154	4-08-01-02	人工影响天气特种作业操作员	620701	气象服务	职教中职
4155	4-08-02-01	海洋水文气象观测员	070701	海洋科学	普通本科
4156	4-08-02-01	海洋水文气象观测员	070702	海洋技术	普通本科
4157	4-08-02-01	海洋水文气象观测员	470207	海洋化工技术	职教专科
4158	4-08-02-02	海洋浮标工	070701	海洋科学	普通本科
4159	4-08-02-02	海洋浮标工	070702	海洋技术	普通本科
4160	4-08-02-03	海洋水文调查员	070701	海洋科学	普通本科
4161	4-08-02-03	海洋水文调查员	070702	海洋技术	普通本科
4162	4-08-02-03	海洋水文调查员	420702	大气探测技术	职教专科
4163	4-08-02-04	海洋生物调查员	270101	生物检验检测技术	职教本科
4164	4-08-02-04	海洋生物调查员	270102	合成生物技术	职教本科
4165	4-08-02-04	海洋生物调查员	470105	生物产品检验检疫	职教专科
4166	4-08-02-04	海洋生物调查员	470106	绿色生物制造技术	职教专科
4167	4-08-02-04	海洋生物调查员	470107	生物信息技术	职教专科
4168	4-08-02-04	海洋生物调查员	620801	环境监测技术	职教中职
4169	4-08-02-04	海洋生物调查员	670101	生物产品检验检测	职教中职
4170	4-08-02-04	海洋生物调查员	670207	分析检验技术	职教中职
4171	4-08-03-01	大地测量员	0412-4	公路工程测量	技工院校4级
4172	4-08-03-01	大地测量员	0426-4	铁路工程测量	技工院校4级

续表

序号	职业编码	职业名称	专业代码	专业名称	院校类型
4173	4-08-03-01	大地测量员	1104-4	建筑测量	技工院校 4 级
4174	4-08-03-02	摄影测量员	081202	遥感科学与技术	普通本科
4175	4-08-03-02	摄影测量员	420304	摄影测量与遥感技术	职教专科
4176	4-08-03-02	摄影测量员	0814-3	地图制图与地理信息系统	技工院校 3 级
4177	4-08-03-02	摄影测量员	620304	航空摄影测量	职教中职
4178	4-08-03-03	地图绘制员	220303	地理信息技术	职教本科
4179	4-08-03-03	地图绘制员	420303	测绘地理信息技术	职教专科
4180	4-08-03-03	地图绘制员	420310	空间数字建模与应用技术	职教专科
4181	4-08-03-03	地图绘制员	0814-3	地图制图与地理信息系统	技工院校 3 级
4182	4-08-03-03	地图绘制员	620302	地图绘制与地理信息系统	职教中职
4183	4-08-03-03	地图绘制员	0814-4	地图制图与地理信息系统	技工院校 4 级
4184	4-08-03-04	工程测量员	080301	测控技术与仪器	普通本科
4185	4-08-03-04	工程测量员	220302	测绘工程技术	职教本科
4186	4-08-03-04	工程测量员	420203	矿山地质	职教专科
4187	4-08-03-04	工程测量员	420301	工程测量技术	职教专科
4188	4-08-03-04	工程测量员	420302	测绘工程技术	职教专科
4189	4-08-03-04	工程测量员	420304	摄影测量与遥感技术	职教专科
4190	4-08-03-04	工程测量员	420308	矿山测量	职教专科
4191	4-08-03-04	工程测量员	420601	矿山智能开采技术	职教专科
4192	4-08-03-04	工程测量员	0412-3	公路工程测量	技工院校 3 级

续表

序号	职业编码	职业名称	专业代码	专业名称	院校类型
4193	4-08-03-04	工程测量员	0426-3	铁路工程测量	技工院校3级
4194	4-08-03-04	工程测量员	0805-3	矿山测量	技工院校3级
4195	4-08-03-04	工程测量员	0813-3	地质勘查	技工院校3级
4196	4-08-03-04	工程测量员	0814-3	地图制图与地理信息系统	技工院校3级
4197	4-08-03-04	工程测量员	1104-3	建筑测量	技工院校3级
4198	4-08-03-04	工程测量员	620301	工程测量技术	职教中职
4199	4-08-03-04	工程测量员	620303	地质与测量	职教中职
4200	4-08-03-04	工程测量员	620304	航空摄影测量	职教中职
4201	4-08-03-04	工程测量员	0412-4	公路工程测量	技工院校4级
4202	4-08-03-04	工程测量员	0426-4	铁路工程测量	技工院校4级
4203	4-08-03-04	工程测量员	0805-4	矿山测量	技工院校4级
4204	4-08-03-04	工程测量员	0813-4	地质勘查	技工院校4级
4205	4-08-03-04	工程测量员	0814-4	地图制图与地理信息系统	技工院校4级
4206	4-08-03-04	工程测量员	1104-4	建筑测量	技工院校4级
4207	4-08-03-05	不动产测绘员	220302	测绘工程技术	职教本科
4208	4-08-03-05	不动产测绘员	0814-3	地图制图与地理信息系统	技工院校3级

序号	职业编码	职业名称	专业代码	专业名称	院校类型
4209	4-08-03-05	不动产测绘员	620101	国土资源调查	职教中职
4210	4-08-03-05	不动产测绘员	620301	工程测量技术	职教中职
4211	4-08-03-05	不动产测绘员	0412-4	公路工程测量	技工院校4级
4212	4-08-03-05	不动产测绘员	1104-4	建筑测量	技工院校4级
4213	4-08-03-06	海洋测绘员	070701	海洋科学	普通本科
4214	4-08-03-06	海洋测绘员	070702	海洋技术	普通本科
4215	4-08-03-06	海洋测绘员	470207	海洋化工技术	职教专科
4216	4-08-03-06	海洋测绘员	0412-4	公路工程测量	技工院校4级
4217	4-08-03-06	海洋测绘员	0426-4	铁路工程测量	技工院校4级
4218	4-08-03-06	海洋测绘员	1104-4	建筑测量	技工院校4级
4219	4-08-03-07	无人机测绘操控员	082001	航空航天工程	普通本科
4220	4-08-03-07	无人机测绘操控员	082002	飞行器设计与工程	普通本科
4221	4-08-03-07	无人机测绘操控员	260604	无人机系统应用技术	职教本科
4222	4-08-03-07	无人机测绘操控员	420307	无人机测绘技术	职教专科
4223	4-08-03-07	无人机测绘操控员	460602	飞行器数字化装配技术	职教专科
4224	4-08-03-07	无人机测绘操控员	460609	无人机应用技术	职教专科
4225	4-08-03-07	无人机测绘操控员	500414	航空地面设备维修	职教专科
4226	4-08-03-07	无人机测绘操控员	0439-3	无人机应用技术	技工院校3级
4227	4-08-03-07	无人机测绘操控员	620302	地图绘制与地理信息系统	职教中职
4228	4-08-03-07	无人机测绘操控员	620304	航空摄影测量	职教中职
4229	4-08-03-07	无人机测绘操控员	660601	无人机操控与维护	职教中职

职业信息与教育培训项目（专业）信息对应指引

（2023 年版）

续表

序号	职业编码	职业名称	专业代码	专业名称	院校类型
4230	4-08-03-07	无人机测绘操控员	0439-4	无人机应用技术	技工院校4级
4231	4-08-04-01	地理信息采集员	220303	地理信息技术	职教本科
4232	4-08-04-01	地理信息采集员	420303	测绘地理信息技术	职教专科
4233	4-08-04-01	地理信息采集员	620302	地图绘制与地理信息系统	职教中职
4234	4-08-04-02	地理信息处理员	070504	地理信息科学	普通本科
4235	4-08-04-02	地理信息处理员	220301	导航工程技术	职教本科
4236	4-08-04-02	地理信息处理员	220302	测绘工程技术	职教本科
4237	4-08-04-02	地理信息处理员	220303	地理信息技术	职教本科
4238	4-08-04-02	地理信息处理员	420301	工程测量技术	职教专科
4239	4-08-04-02	地理信息处理员	420302	测绘工程技术	职教专科
4240	4-08-04-02	地理信息处理员	420303	测绘地理信息技术	职教专科
4241	4-08-04-02	地理信息处理员	420305	地籍测绘与土地管理	职教专科
4242	4-08-04-02	地理信息处理员	420309	导航与位置服务	职教专科
4243	4-08-04-02	地理信息处理员	420310	空间数字建模与应用技术	职教专科
4244	4-08-04-02	地理信息处理员	420804	生态环境大数据技术	职教专科
4245	4-08-04-02	地理信息处理员	510205	大数据技术	职教专科
4246	4-08-04-02	地理信息处理员	510304	卫星通信与导航技术	职教专科
4247	4-08-04-02	地理信息处理员	520704	健康大数据管理与服务	职教专科
4248	4-08-04-02	地理信息处理员	0814-3	地图制图与地理信息系统	技工院校3级
4249	4-08-04-02	地理信息处理员	620302	地图绘制与地理信息系统	职教中职
4250	4-08-04-02	地理信息处理员	710205	大数据技术应用	职教中职
4251	4-08-04-03	地理信息应用作业员	070504	地理信息科学	普通本科
4252	4-08-04-03	地理信息应用作业员	220301	导航工程技术	职教本科

续表

序号	职业编码	职业名称	专业代码	专业名称	院校类型
4253	4-08-04-03	地理信息应用作业员	220303	地理信息技术	职教本科
4254	4-08-04-03	地理信息应用作业员	420301	工程测量技术	职教专科
4255	4-08-04-03	地理信息应用作业员	420303	测绘地理信息技术	职教专科
4256	4-08-04-03	地理信息应用作业员	420309	导航与位置服务	职教专科
4257	4-08-04-03	地理信息应用作业员	420310	空间数字建模与应用技术	职教专科
4258	4-08-04-03	地理信息应用作业员	510304	卫星通信与导航技术	职教专科
4259	4-08-04-03	地理信息应用作业员	620301	工程测量技术	职教中职
4260	4-08-04-03	地理信息应用作业员	620302	地图绘制与地理信息系统	职教中职
4261	4-08-05-01	农产品食品检验员	082701	食品科学与工程	普通本科
4262	4-08-05-01	农产品食品检验员	100402	食品卫生与营养学	普通本科
4263	4-08-05-01	农产品食品检验员	290101	食品工程技术	职教本科
4264	4-08-05-01	农产品食品检验员	290102	食品质量与安全	职教本科
4265	4-08-05-01	农产品食品检验员	410114	农产品加工与质量检测	职教专科
4266	4-08-05-01	农产品食品检验员	410115	绿色食品生产技术	职教专科
4267	4-08-05-01	农产品食品检验员	460120	理化测试与质检技术	职教专科
4268	4-08-05-01	农产品食品检验员	470101	食品生物技术	职教专科
4269	4-08-05-01	农产品食品检验员	470208	分析检验技术	职教专科
4270	4-08-05-01	农产品食品检验员	490101	食品智能加工技术	职教专科
4271	4-08-05-01	农产品食品检验员	490102	食品质量与安全	职教专科
4272	4-08-05-01	农产品食品检验员	490103	食品营养与健康	职教专科
4273	4-08-05-01	农产品食品检验员	490104	食品检验检测技术	职教专科
4274	4-08-05-01	农产品食品检验员	490106	食品贮运与营销	职教专科
4275	4-08-05-01	农产品食品检验员	490302	粮食储运与质量安全	职教专科
4276	4-08-05-01	农产品食品检验员	520508	卫生检验与检疫技术	职教专科
4277	4-08-05-01	农产品食品检验员	0708-3	农产品保鲜与加工	技工院校3级

续表

序号	职业编码	职业名称	专业代码	专业名称	院校类型
4278	4-08-05-01	农产品食品检验员	0903-3	化工分析与检验	技工院校3级
4279	4-08-05-01	农产品食品检验员	1214-3	食品加工与检验	技工院校3级
4280	4-08-05-01	农产品食品检验员	1215-3	粮食工程	技工院校3级
4281	4-08-05-01	农产品食品检验员	1218-3	食品营养与卫生	技工院校3级
4282	4-08-05-01	农产品食品检验员	1219-3	食品质量与安全	技工院校3级
4283	4-08-05-01	农产品食品检验员	610114	农产品加工与质量检测	职教中职
4284	4-08-05-01	农产品食品检验员	610115	农产品贮藏与加工	职教中职
4285	4-08-05-01	农产品食品检验员	620801	环境监测技术	职教中职
4286	4-08-05-01	农产品食品检验员	670101	生物产品检验检测	职教中职
4287	4-08-05-01	农产品食品检验员	670207	分析检验技术	职教中职
4288	4-08-05-01	农产品食品检验员	690101	食品加工工艺	职教中职
4289	4-08-05-01	农产品食品检验员	690103	民族食品加工技术	职教中职
4290	4-08-05-01	农产品食品检验员	690104	食品安全与检测技术	职教中职
4291	4-08-05-01	农产品食品检验员	690204	药品食品检验	职教中职
4292	4-08-05-01	农产品食品检验员	690301	粮油和饲料加工技术	职教中职
4293	4-08-05-01	农产品食品检验员	690302	粮油储运与检验技术	职教中职
4294	4-08-05-01	农产品食品检验员	790205	产品质量监督检验	职教中职
4295	4-08-05-01	农产品食品检验员	0708-4	农产品保鲜与加工	技工院校4级
4296	4-08-05-01	农产品食品检验员	0903-4	化工分析与检验	技工院校4级
4297	4-08-05-01	农产品食品检验员	1214-4	食品加工与检验	技工院校4级

续表

序号	职业编码	职业名称	专业代码	专业名称	院校类型
4298	4-08-05-01	农产品食品检验员	1215-4	粮食工程	技工院校4级
4299	4-08-05-01	农产品食品检验员	1218-4	食品营养与卫生	技工院校4级
4300	4-08-05-01	农产品食品检验员	1219-4	食品质量与安全	技工院校4级
4301	4-08-05-02	纤维检验员	460120	理化测试与质检技术	职教专科
4302	4-08-05-02	纤维检验员	470208	分析检验技术	职教专科
4303	4-08-05-02	纤维检验员	670207	分析检验技术	职教中职
4304	4-08-05-02	纤维检验员	790205	产品质量监督检验	职教中职
4305	4-08-05-02	纤维检验员	1204-4	纺织技术	技工院校4级
4306	4-08-05-03	贵金属首饰与宝玉石检测员	420107	宝玉石鉴定与加工	职教专科
4307	4-08-05-03	贵金属首饰与宝玉石检测员	480106	珠宝首饰技术与管理	职教专科
4308	4-08-05-03	贵金属首饰与宝玉石检测员	550123	首饰设计与工艺	职教专科
4309	4-08-05-03	贵金属首饰与宝玉石检测员	550303	民族服装与饰品	职教专科
4310	4-08-05-03	贵金属首饰与宝玉石检测员	1403-3	珠宝首饰设计与制作	技工院校3级
4311	4-08-05-03	贵金属首饰与宝玉石检测员	1404-3	珠宝首饰鉴定与营销	技工院校3级
4312	4-08-05-03	贵金属首饰与宝玉石检测员	620103	宝玉石加工与检测	职教中职
4313	4-08-05-03	贵金属首饰与宝玉石检测员	750108	首饰设计与制作	职教中职

职业信息与教育培训项目（专业）信息对应指引

（2023年版）

续表

序号	职业编码	职业名称	专业代码	专业名称	院校类型
4314	4-08-05-03	贵金属首饰与宝玉石检测员	750303	民族服装与饰品	职教中职
4315	4-08-05-03	贵金属首饰与宝玉石检测员	1403-4	珠宝首饰设计与制作	技工院校4级
4316	4-08-05-03	贵金属首饰与宝玉石检测员	1404-4	珠宝首饰鉴定与营销	技工院校4级
4317	4-08-05-04	药物检验员	090401	动物医学	普通本科
4318	4-08-05-04	药物检验员	090402	动物药学	普通本科
4319	4-08-05-04	药物检验员	100701	药学	普通本科
4320	4-08-05-04	药物检验员	210302	动物药学	职教本科
4321	4-08-05-04	药物检验员	270101	生物检验检测技术	职教本科
4322	4-08-05-04	药物检验员	320301	药学	职教本科
4323	4-08-05-04	药物检验员	410302	动物药学	职教专科
4324	4-08-05-04	药物检验员	410306	动物防疫与检疫	职教专科
4325	4-08-05-04	药物检验员	470102	药品生物技术	职教专科
4326	4-08-05-04	药物检验员	470105	生物产品检验检疫	职教专科
4327	4-08-05-04	药物检验员	490204	化学制药技术	职教专科
4328	4-08-05-04	药物检验员	490205	兽药制药技术	职教专科
4329	4-08-05-04	药物检验员	520508	卫生检验与检疫技术	职教专科
4330	4-08-05-04	药物检验员	1305-3	药物分析与检验	技工院校3级
4331	4-08-05-04	药物检验员	670101	生物产品检验检测	职教中职
4332	4-08-05-04	药物检验员	690202	生物制药工艺	职教中职
4333	4-08-05-04	药物检验员	690203	生物药物检验	职教中职
4334	4-08-05-04	药物检验员	690204	药品食品检验	职教中职
4335	4-08-05-04	药物检验员	720501	医学检验技术	职教中职

续表

序号	职业编码	职业名称	专业代码	专业名称	院校类型
4336	4-08-05-04	药物检验员	790205	产品质量监督检验	职教中职
4337	4-08-05-04	药物检验员	0903-4	化工分析与检验	技工院校4级
4338	4-08-05-04	药物检验员	1305-4	药物分析与检验	技工院校4级
4339	4-08-05-05	机动车检测工	080208	汽车服务工程	普通本科
4340	4-08-05-05	机动车检测工	260701	汽车工程技术	职教本科
4341	4-08-05-05	机动车检测工	260702	新能源汽车工程技术	职教本科
4342	4-08-05-05	机动车检测工	260703	智能网联汽车工程技术	职教本科
4343	4-08-05-05	机动车检测工	300203	汽车服务工程技术	职教本科
4344	4-08-05-05	机动车检测工	0126-2	汽车制造与装配	技工院校2级
4345	4-08-05-05	机动车检测工	0403-2	汽车维修	技工院校2级
4346	4-08-05-05	机动车检测工	0404-2	汽车电器维修	技工院校2级
4347	4-08-05-05	机动车检测工	0405-2	汽车钣金与涂装	技工院校2级
4348	4-08-05-05	机动车检测工	0407-2	汽车检测	技工院校2级
4349	4-08-05-05	机动车检测工	430404	金属材料检测技术	职教专科
4350	4-08-05-05	机动车检测工	460120	理化测试与质检技术	职教专科
4351	4-08-05-05	机动车检测工	460701	汽车制造与试验技术	职教专科
4352	4-08-05-05	机动车检测工	460702	新能源汽车技术	职教专科
4353	4-08-05-05	机动车检测工	460703	汽车电子技术	职教专科
4354	4-08-05-05	机动车检测工	460704	智能网联汽车技术	职教专科
4355	4-08-05-05	机动车检测工	460705	汽车造型与改装技术	职教专科
4356	4-08-05-05	机动车检测工	500210	汽车技术服务与营销	职教专科

职业信息与教育培训项目（专业）信息对应指引
（2023年版）

续表

序号	职业编码	职业名称	专业代码	专业名称	院校类型
4357	4-08-05-05	机动车检测工	500211	汽车检测与维修技术	职教专科
4358	4-08-05-05	机动车检测工	500212	新能源汽车检测与维修技术	职教专科
4359	4-08-05-05	机动车检测工	510107	汽车智能技术	职教专科
4360	4-08-05-05	机动车检测工	0126-3	汽车制造与装配	技工院校3级
4361	4-08-05-05	机动车检测工	0132-3	新能源汽车制造与装配	技工院校3级
4362	4-08-05-05	机动车检测工	0401-3	汽车驾驶	技工院校3级
4363	4-08-05-05	机动车检测工	0403-3	汽车维修	技工院校3级
4364	4-08-05-05	机动车检测工	0404-3	汽车电器维修	技工院校3级
4365	4-08-05-05	机动车检测工	0405-3	汽车钣金与涂装	技工院校3级
4366	4-08-05-05	机动车检测工	0406-3	汽车装饰与美容	技工院校3级
4367	4-08-05-05	机动车检测工	0407-3	汽车检测	技工院校3级
4368	4-08-05-05	机动车检测工	0408-3	汽车营销	技工院校3级
4369	4-08-05-05	机动车检测工	0435-3	新能源汽车检测与维修	技工院校3级
4370	4-08-05-05	机动车检测工	0436-3	汽车技术服务与营销	技工院校3级
4371	4-08-05-05	机动车检测工	0437-3	汽车保险理赔与评估	技工院校3级

续表

序号	职业编码	职业名称	专业代码	专业名称	院校类型
4372	4-08-05-05	机动车检测工	0444-3	智能网联汽车技术应用	技工院校3级
4373	4-08-05-05	机动车检测工	660701	汽车制造与检测	职教中职
4374	4-08-05-05	机动车检测工	660702	新能源汽车制造与检测	职教中职
4375	4-08-05-05	机动车检测工	660703	汽车电子技术应用	职教中职
4376	4-08-05-05	机动车检测工	700205	汽车服务与营销	职教中职
4377	4-08-05-05	机动车检测工	700206	汽车运用与维修	职教中职
4378	4-08-05-05	机动车检测工	700207	汽车车身修复	职教中职
4379	4-08-05-05	机动车检测工	700208	汽车美容与装潢	职教中职
4380	4-08-05-05	机动车检测工	700209	新能源汽车运用与维修	职教中职
4381	4-08-05-05	机动车检测工	790205	产品质量监督检验	职教中职
4382	4-08-05-05	机动车检测工	0126-4	汽车制造与装配	技工院校4级
4383	4-08-05-05	机动车检测工	0132-4	新能源汽车制造与装配	技工院校4级
4384	4-08-05-05	机动车检测工	0401-4	汽车驾驶	技工院校4级
4385	4-08-05-05	机动车检测工	0403-4	汽车维修	技工院校4级
4386	4-08-05-05	机动车检测工	0404-4	汽车电器维修	技工院校4级
4387	4-08-05-05	机动车检测工	0405-4	汽车钣金与涂装	技工院校4级
4388	4-08-05-05	机动车检测工	0406-4	汽车装饰与美容	技工院校4级
4389	4-08-05-05	机动车检测工	0407-4	汽车检测	技工院校4级
4390	4-08-05-05	机动车检测工	0408-4	汽车营销	技工院校4级

序号	职业编码	职业名称	专业代码	专业名称	院校类型
4391	4-08-05-05	机动车检测工	0435-4	新能源汽车检测与维修	技工院校4级
4392	4-08-05-05	机动车检测工	0436-4	汽车技术服务与营销	技工院校4级
4393	4-08-05-05	机动车检测工	0437-4	汽车保险理赔与评估	技工院校4级
4394	4-08-05-05	机动车检测工	0444-4	智能网联汽车技术应用	技工院校4级
4395	4-08-05-06	计量员	460311	计量测试与应用技术	职教专科
4396	4-08-05-06	计量员	590207	质量管理与认证	职教专科
4397	4-08-05-06	计量员	660109	工业产品质量检测技术	职教中职
4398	4-08-05-06	计量员	660307	计量测试与应用技术	职教中职
4399	4-08-05-06	计量员	670207	分析检验技术	职教中职
4400	4-08-05-07	电子电气产品检验员	260202	制冷与空调工程	职教本科
4401	4-08-05-07	电子电气产品检验员	270101	生物检验检测技术	职教本科
4402	4-08-05-07	电子电气产品检验员	270204	现代分析测试技术	职教本科
4403	4-08-05-07	电子电气产品检验员	420801	环境监测技术	职教专科
4404	4-08-05-07	电子电气产品检验员	460119	工业产品质量检测技术	职教专科
4405	4-08-05-07	电子电气产品检验员	460120	理化测试与质检技术	职教专科
4406	4-08-05-07	电子电气产品检验员	470105	生物产品检验检疫	职教专科
4407	4-08-05-07	电子电气产品检验员	470208	分析检验技术	职教专科
4408	4-08-05-07	电子电气产品检验员	520508	卫生检验与检疫技术	职教专科
4409	4-08-05-07	电子电气产品检验员	1305-3	药物分析与检验	技工院校3级
4410	4-08-05-07	电子电气产品检验员	620801	环境监测技术	职教中职
4411	4-08-05-07	电子电气产品检验员	660109	工业产品质量检测技术	职教中职
4412	4-08-05-07	电子电气产品检验员	670101	生物产品检验检测	职教中职
4413	4-08-05-07	电子电气产品检验员	670207	分析检验技术	职教中职

续表

序号	职业编码	职业名称	专业代码	专业名称	院校类型
4414	4-08-05-07	电子电气产品检验员	710105	电子电器应用与维修	职教中职
4415	4-08-05-07	电子电气产品检验员	790205	产品质量监督检验	职教中职
4416	4-08-05-07	电子电气产品检验员	0124-4	机电产品检测技术应用	技工院校4级
4417	4-08-05-07	电子电气产品检验员	0903-4	化工分析与检验	技工院校4级
4418	4-08-05-08	公路水运工程试验检测员	500204	道路工程检测技术	职教专科
4419	4-08-05-08	公路水运工程试验检测员	500205	道路工程造价	职教专科
4420	4-08-05-08	公路水运工程试验检测员	500302	港口与航道工程技术	职教专科
4421	4-08-05-08	公路水运工程试验检测员	0410-3	公路施工与养护	技工院校3级
4422	4-08-05-08	公路水运工程试验检测员	0411-3	桥梁施工与养护	技工院校3级
4423	4-08-05-08	公路水运工程试验检测员	0412-3	公路工程测量	技工院校3级
4424	4-08-05-08	公路水运工程试验检测员	0440-3	工程安全评价与管理	技工院校3级
4425	4-08-05-08	公路水运工程试验检测员	700201	道路与桥梁工程施工	职教中职
4426	4-08-05-08	公路水运工程试验检测员	700202	公路养护与管理	职教中职
4427	4-08-05-08	公路水运工程试验检测员	0410-4	公路施工与养护	技工院校4级
4428	4-08-05-08	公路水运工程试验检测员	0411-4	桥梁施工与养护	技工院校4级

职业信息与教育培训项目（专业）信息对应指引
（2023 年版）

续表

序号	职业编码	职业名称	专业代码	专业名称	院校类型
4429	4-08-05-08	公路水运工程试验检测员	0440-4	工程安全评价与管理	技工院校4级
4430	4-08-05-09	建设工程质量检测员	440306	土木工程检测技术	职教专科
4431	4-08-05-09	建设工程质量检测员	460120	理化测试与质检技术	职教专科
4432	4-08-05-09	建设工程质量检测员	630703	建筑材料检测技术	职教中职
4433	4-08-05-09	建设工程质量检测员	640303	建筑工程检测	职教中职
4434	4-08-05-09	建设工程质量检测员	660109	工业产品质量检测技术	职教中职
4435	4-08-05-09	建设工程质量检测员	0815-4	水利水电工程施工	技工院校4级
4436	4-08-06-00	环境监测员	270204	现代分析测试技术	职教本科
4437	4-08-06-00	环境监测员	420801	环境监测技术	职教专科
4438	4-08-06-00	环境监测员	470208	分析检验技术	职教专科
4439	4-08-06-00	环境监测员	1502-3	环境保护与检测	技工院校3级
4440	4-08-06-00	环境监测员	620801	环境监测技术	职教中职
4441	4-08-06-00	环境监测员	670207	分析检验技术	职教中职
4442	4-08-06-00	环境监测员	1502-4	环境保护与检测	技工院校4级
4443	4-08-07-01	地勘钻探工	420204	钻探工程技术	职教专科
4444	4-08-07-01	地勘钻探工	0809-3	钻探工程技术	技工院校3级
4445	4-08-07-01	地勘钻探工	620202	钻探技术	职教中职
4446	4-08-07-01	地勘钻探工	0809-4	钻探工程技术	技工院校4级
4447	4-08-07-02	地勘掘进工	420502	矿井建设工程技术	职教专科
4448	4-08-07-02	地勘掘进工	0804-3	煤矿技术（综合机械化掘进）	技工院校3级

续表

序号	职业编码	职业名称	专业代码	专业名称	院校类型
4449	4-08-07-02	地勘掘进工	0809-3	钻探工程技术	技工院校3级
4450	4-08-07-02	地勘掘进工	620203	掘进技术	职教中职
4451	4-08-07-02	地勘掘进工	620502	矿井建设技术	职教中职
4452	4-08-07-02	地勘掘进工	0804-4	煤矿技术（综合机械化掘进）	技工院校4级
4453	4-08-07-02	地勘掘进工	0809-4	钻探工程技术	技工院校4级
4454	4-08-07-03	物探工	081402	勘查技术与工程	普通本科
4455	4-08-07-03	物探工	420206	地球物理勘探技术	职教专科
4456	4-08-07-03	物探工	420402	油气地质勘探技术	职教专科
4457	4-08-07-03	物探工	620205	地球物理勘探技术	职教中职
4458	4-08-07-03	物探工	620402	石油地质录井与测井	职教中职
4459	4-08-07-04	地质调查员	070901	地质学	普通本科
4460	4-08-07-04	地质调查员	081401	地质工程	普通本科
4461	4-08-07-04	地质调查员	081402	勘查技术与工程	普通本科
4462	4-08-07-04	地质调查员	081403	资源勘查工程	普通本科
4463	4-08-07-04	地质调查员	220101	资源勘查工程技术	职教本科
4464	4-08-07-04	地质调查员	220201	环境地质工程	职教本科
4465	4-08-07-04	地质调查员	420101	国土资源调查与管理	职教专科
4466	4-08-07-04	地质调查员	420102	地质调查与矿产普查	职教专科
4467	4-08-07-04	地质调查员	420103	生态地质调查	职教专科
4468	4-08-07-04	地质调查员	420104	矿产地质勘查	职教专科
4469	4-08-07-04	地质调查员	420105	煤田地质勘查	职教专科
4470	4-08-07-04	地质调查员	420106	岩矿分析与鉴定	职教专科
4471	4-08-07-04	地质调查员	420201	工程地质勘查	职教专科
4472	4-08-07-04	地质调查员	420202	水文与工程地质	职教专科
4473	4-08-07-04	地质调查员	420203	矿山地质	职教专科

职业信息与教育培训项目（专业）信息对应指引
（2023 年版）

续表

序号	职业编码	职业名称	专业代码	专业名称	院校类型
4474	4-08-07-04	地质调查员	420206	地球物理勘探技术	职教专科
4475	4-08-07-04	地质调查员	420207	地质灾害调查与防治	职教专科
4476	4-08-07-04	地质调查员	420208	环境地质工程	职教专科
4477	4-08-07-04	地质调查员	420209	城市地质勘查	职教专科
4478	4-08-07-04	地质调查员	420402	油气地质勘探技术	职教专科
4479	4-08-07-04	地质调查员	0813-3	地质勘查	技工院校3级
4480	4-08-07-04	地质调查员	620101	国土资源调查	职教中职
4481	4-08-07-04	地质调查员	620102	地质调查与找矿	职教中职
4482	4-08-07-04	地质调查员	620201	水文地质与工程地质勘查	职教中职
4483	4-08-07-04	地质调查员	620204	岩土工程勘察与施工	职教中职
4484	4-08-07-04	地质调查员	620205	地球物理勘探技术	职教中职
4485	4-08-07-04	地质调查员	620206	地质灾害调查与治理施工	职教中职
4486	4-08-07-04	地质调查员	620303	地质与测量	职教中职
4487	4-08-07-04	地质调查员	620402	石油地质录井与测井	职教中职
4488	4-08-07-04	地质调查员	0813-4	地质勘查	技工院校4级
4489	4-08-07-05	地质实验员	081401	地质工程	普通本科
4490	4-08-07-05	地质实验员	081402	勘查技术与工程	普通本科
4491	4-08-07-05	地质实验员	220101	资源勘查工程技术	职教本科
4492	4-08-07-05	地质实验员	220201	环境地质工程	职教本科
4493	4-08-07-05	地质实验员	420101	国土资源调查与管理	职教专科
4494	4-08-07-05	地质实验员	420102	地质调查与矿产普查	职教专科
4495	4-08-07-05	地质实验员	420103	生态地质调查	职教专科
4496	4-08-07-05	地质实验员	420104	矿产地质勘查	职教专科
4497	4-08-07-05	地质实验员	420105	煤田地质勘查	职教专科

续表

序号	职业编码	职业名称	专业代码	专业名称	院校类型
4498	4-08-07-05	地质实验员	420106	岩矿分析与鉴定	职教专科
4499	4-08-07-05	地质实验员	420203	矿山地质	职教专科
4500	4-08-07-05	地质实验员	420207	地质灾害调查与防治	职教专科
4501	4-08-07-05	地质实验员	420208	环境地质工程	职教专科
4502	4-08-07-05	地质实验员	420209	城市地质勘查	职教专科
4503	4-08-07-05	地质实验员	420402	油气地质勘探技术	职教专科
4504	4-08-07-05	地质实验员	470208	分析检验技术	职教专科
4505	4-08-07-05	地质实验员	0813-3	地质勘查	技工院校3级
4506	4-08-07-05	地质实验员	620101	国土资源调查	职教中职
4507	4-08-07-05	地质实验员	620102	地质调查与找矿	职教中职
4508	4-08-07-05	地质实验员	620201	水文地质与工程地质勘查	职教中职
4509	4-08-07-05	地质实验员	620204	岩土工程勘察与施工	职教中职
4510	4-08-07-05	地质实验员	620303	地质与测量	职教中职
4511	4-08-07-05	地质实验员	620801	环境监测技术	职教中职
4512	4-08-07-05	地质实验员	670101	生物产品检验检测	职教中职
4513	4-08-07-05	地质实验员	670207	分析检验技术	职教中职
4514	4-08-07-05	地质实验员	0813-4	地质勘查	技工院校4级
4515	4-08-08-01	花艺环境设计师	410204	花卉生产与花艺	职教专科
4516	4-08-08-01	花艺环境设计师	0532-3	婚庆服务	技工院校3级
4517	4-08-08-02	纺织面料设计师	081601	纺织工程	普通本科
4518	4-08-08-02	纺织面料设计师	280401	现代纺织工程技术	职教本科
4519	4-08-08-02	纺织面料设计师	480401	现代纺织技术	职教专科
4520	4-08-08-02	纺织面料设计师	480406	纺织品设计	职教专科
4521	4-08-08-02	纺织面料设计师	480408	纺织材料与应用	职教专科

职业信息与教育培训项目（专业）信息对应指引
（2023年版）

续表

序号	职业编码	职业名称	专业代码	专业名称	院校类型
4522	4-08-08-02	纺织面料设计师	480411	纺织品检验与贸易	职教专科
4523	4-08-08-02	纺织面料设计师	1204-3	纺织技术	技工院校3级
4524	4-08-08-02	纺织面料设计师	680401	纺织技术与服务	职教中职
4525	4-08-08-02	纺织面料设计师	1204-4	纺织技术	技工院校4级
4526	4-08-08-03	家用纺织品设计师	081601	纺织工程	普通本科
4527	4-08-08-03	家用纺织品设计师	280401	现代纺织工程技术	职教本科
4528	4-08-08-03	家用纺织品设计师	480401	现代纺织技术	职教专科
4529	4-08-08-03	家用纺织品设计师	480406	纺织品设计	职教专科
4530	4-08-08-03	家用纺织品设计师	480407	现代家用纺织品设计	职教专科
4531	4-08-08-03	家用纺织品设计师	480408	纺织材料与应用	职教专科
4532	4-08-08-03	家用纺织品设计师	480411	纺织品检验与贸易	职教专科
4533	4-08-08-03	家用纺织品设计师	680401	纺织技术与服务	职教中职
4534	4-08-08-03	家用纺织品设计师	680405	数字化染整工艺	职教中职
4535	4-08-08-04	色彩搭配师	750107	绘画	职教中职
4536	4-08-08-05	工艺美术品设计师	350101	工艺美术	职教本科
4537	4-08-08-05	工艺美术品设计师	550112	工艺美术品设计	职教专科
4538	4-08-08-05	工艺美术品设计师	550124	玉器设计与工艺	职教专科
4539	4-08-08-05	工艺美术品设计师	550304	民族传统技艺	职教专科
4540	4-08-08-05	工艺美术品设计师	1402-3	工艺美术	技工院校3级
4541	4-08-08-05	工艺美术品设计师	750106	工艺美术	职教中职
4542	4-08-08-05	工艺美术品设计师	750112	工艺品设计与制作	职教中职
4543	4-08-08-05	工艺美术品设计师	750305	民间传统工艺	职教中职
4544	4-08-08-05	工艺美术品设计师	750306	民族工艺品设计与制作	职教中职
4545	4-08-08-05	工艺美术品设计师	1402-4	工艺美术	技工院校4级

续表

序号	职业编码	职业名称	专业代码	专业名称	院校类型
4546	4-08-08-06	装潢美术设计师	0307-2	计算机广告制作	技工院校 2 级
4547	4-08-08-06	装潢美术设计师	550102	视觉传达设计	职教专科
4548	4-08-08-06	装潢美术设计师	550113	广告艺术设计	职教专科
4549	4-08-08-06	装潢美术设计师	0307-3	计算机广告制作	技工院校 3 级
4550	4-08-08-06	装潢美术设计师	1401-3	美术设计与制作	技工院校 3 级
4551	4-08-08-06	装潢美术设计师	1420-3	平面设计	技工院校 3 级
4552	4-08-08-06	装潢美术设计师	700208	汽车美容与装潢	职教中职
4553	4-08-08-06	装潢美术设计师	730601	连锁经营与管理	职教中职
4554	4-08-08-06	装潢美术设计师	1420-4	平面设计	技工院校 4 级
4555	4-08-08-07	室内装饰设计师	440102	建筑装饰工程技术	职教专科
4556	4-08-08-07	室内装饰设计师	440106	建筑室内设计	职教专科
4557	4-08-08-07	室内装饰设计师	550114	室内艺术设计	职教专科
4558	4-08-08-07	室内装饰设计师	1405-3	室内设计	技工院校 3 级
4559	4-08-08-07	室内装饰设计师	1405-4	室内设计	技工院校 4 级
4560	4-08-08-08	广告设计师	050303	广告学	普通本科
4561	4-08-08-08	广告设计师	130404	摄影	普通本科
4562	4-08-08-08	广告设计师	0307-2	计算机广告制作	技工院校 2 级
4563	4-08-08-08	广告设计师	550113	广告艺术设计	职教专科
4564	4-08-08-08	广告设计师	550117	人物形象设计	职教专科
4565	4-08-08-08	广告设计师	560216	全媒体广告策划与营销	职教专科

职业信息与教育培训项目（专业）信息对应指引

（2023 年版）

续表

序号	职业编码	职业名称	专业代码	专业名称	院校类型
4566	4-08-08-08	广告设计师	0307-3	计算机广告制作	技工院校3级
4567	4-08-08-08	广告设计师	0526-3	形象设计	技工院校3级
4568	4-08-08-08	广告设计师	1401-3	美术设计与制作	技工院校3级
4569	4-08-08-08	广告设计师	1420-3	平面设计	技工院校3级
4570	4-08-08-08	广告设计师	750101	艺术设计与制作	职教中职
4571	4-08-08-08	广告设计师	1401-4	美术设计与制作	技工院校4级
4572	4-08-08-09	包装设计师	081702	包装工程	普通本科
4573	4-08-08-09	包装设计师	280201	包装工程技术	职教本科
4574	4-08-08-09	包装设计师	350102	视觉传达设计	职教本科
4575	4-08-08-09	包装设计师	360202	影视摄影与制作	职教本科
4576	4-08-08-09	包装设计师	480201	包装工程技术	职教专科
4577	4-08-08-09	包装设计师	480202	包装策划与设计	职教专科
4578	4-08-08-09	包装设计师	550102	视觉传达设计	职教专科
4579	4-08-08-09	包装设计师	550121	包装艺术设计	职教专科
4580	4-08-08-09	包装设计师	560202	广播影视节目制作	职教专科
4581	4-08-08-09	包装设计师	560208	影视多媒体技术	职教专科
4582	4-08-08-09	包装设计师	1203-3	印刷（包装应用技术）	技工院校3级
4583	4-08-08-09	包装设计师	1401-3	美术设计与制作	技工院校3级
4584	4-08-08-09	包装设计师	1407-3	工业设计	技工院校3级
4585	4-08-08-09	包装设计师	680201	包装设计与制作	职教中职

续表

序号	职业编码	职业名称	专业代码	专业名称	院校类型
4586	4-08-08-09	包装设计师	750101	艺术设计与制作	职教中职
4587	4-08-08-09	包装设计师	760202	广播影视节目制作	职教中职
4588	4-08-08-09	包装设计师	760203	影像与影视技术	职教中职
4589	4-08-08-09	包装设计师	1203-4	印刷（包装应用技术）	技工院校4级
4590	4-08-08-09	包装设计师	1420-4	平面设计	技工院校4级
4591	4-08-08-10	玩具设计师	550104	产品艺术设计	职教专科
4592	4-08-08-10	玩具设计师	1221-3	玩具设计与制造	技工院校3级
4593	4-08-08-10	玩具设计师	1407-3	工业设计	技工院校3级
4594	4-08-08-10	玩具设计师	1221-4	玩具设计与制造	技工院校4级
4595	4-08-08-11	首饰设计师	420107	宝玉石鉴定与加工	职教专科
4596	4-08-08-11	首饰设计师	480106	珠宝首饰技术与管理	职教专科
4597	4-08-08-11	首饰设计师	550123	首饰设计与工艺	职教专科
4598	4-08-08-11	首饰设计师	1402-3	工艺美术	技工院校3级
4599	4-08-08-11	首饰设计师	1403-3	珠宝首饰设计与制作	技工院校3级
4600	4-08-08-11	首饰设计师	1404-3	珠宝首饰鉴定与营销	技工院校3级
4601	4-08-08-11	首饰设计师	620103	宝玉石加工与检测	职教中职
4602	4-08-08-11	首饰设计师	750108	首饰设计与制作	职教中职
4603	4-08-08-11	首饰设计师	750112	工艺品设计与制作	职教中职
4604	4-08-08-11	首饰设计师	1402-4	工艺美术	技工院校4级

职业信息与教育培训项目（专业）信息对应指引
（2023年版）

续表

序号	职业编码	职业名称	专业代码	专业名称	院校类型
4605	4-08-08-11	首饰设计师	1403-4	珠宝首饰设计与制作	技工院校4级
4606	4-08-08-11	首饰设计师	1404-4	珠宝首饰鉴定与营销	技工院校4级
4607	4-08-08-12	家具设计师	210203	木业产品智能制造	职教本科
4608	4-08-08-12	家具设计师	410212	木业智能装备应用技术	职教专科
4609	4-08-08-12	家具设计师	480103	家具设计与制造	职教专科
4610	4-08-08-12	家具设计师	550104	产品艺术设计	职教专科
4611	4-08-08-12	家具设计师	550115	家具艺术设计	职教专科
4612	4-08-08-12	家具设计师	1222-3	家具设计与制作	技工院校3级
4613	4-08-08-12	家具设计师	1407-3	工业设计	技工院校3级
4614	4-08-08-12	家具设计师	680103	家具设计与制作	职教中职
4615	4-08-08-12	家具设计师	1222-4	家具设计与制作	技工院校4级
4616	4-08-08-13	陶瓷产品设计师	240102	建筑装饰工程	职教本科
4617	4-08-08-13	陶瓷产品设计师	350104	产品设计	职教本科
4618	4-08-08-13	陶瓷产品设计师	430703	建筑装饰材料技术	职教专科
4619	4-08-08-13	陶瓷产品设计师	440102	建筑装饰工程技术	职教专科
4620	4-08-08-13	陶瓷产品设计师	460105	工业设计	职教专科
4621	4-08-08-13	陶瓷产品设计师	550104	产品艺术设计	职教专科
4622	4-08-08-13	陶瓷产品设计师	640102	建筑装饰技术	职教中职
4623	4-08-08-14	彩灯艺术设计师	1223-3	灯饰工艺与造型	技工院校3级
4624	4-08-08-14	彩灯艺术设计师	1223-4	灯饰工艺与造型	技工院校4级

续表

序号	职业编码	职业名称	专业代码	专业名称	院校类型
4625	4-08-08-15	地毯设计师	1402-3	工艺美术	技工院校3级
4626	4-08-08-16	皮具设计师	480108	皮具制作与工艺	职教专科
4627	4-08-08-16	皮具设计师	550120	皮具艺术设计	职教专科
4628	4-08-08-17	鞋类设计师	480104	鞋类设计与工艺	职教专科
4629	4-08-08-17	鞋类设计师	1212-3	鞋制品设计与制作	技工院校3级
4630	4-08-08-17	鞋类设计师	1212-4	鞋制品设计与制作	技工院校4级
4631	4-08-08-18	灯具设计师	1223-3	灯饰工艺与造型	技工院校3级
4632	4-08-08-18	灯具设计师	1412-3	演艺设备安装与调试	技工院校3级
4633	4-08-08-18	灯具设计师	1223-4	灯饰工艺与造型	技工院校4级
4634	4-08-08-18	灯具设计师	1412-4	演艺设备安装与调试	技工院校4级
4635	4-08-08-19	照明设计师	350106	环境艺术设计	职教本科
4636	4-08-08-19	照明设计师	510109	智能光电技术应用	职教专科
4637	4-08-08-19	照明设计师	510110	光电显示技术	职教专科
4638	4-08-08-20	形象设计师	550111	美容美体艺术	职教专科
4639	4-08-08-20	形象设计师	550117	人物形象设计	职教专科
4640	4-08-08-20	形象设计师	0509-3	美容美发与造型（化妆）	技工院校3级
4641	4-08-08-20	形象设计师	0526-3	形象设计	技工院校3级
4642	4-08-08-20	形象设计师	1411-3	服装模特	技工院校3级

职业信息与教育培训项目（专业）信息对应指引

（2023年版）

续表

序号	职业编码	职业名称	专业代码	专业名称	院校类型
4643	4-08-08-20	形象设计师	750110	美发与形象设计	职教中职
4644	4-08-08-20	形象设计师	0526-4	形象设计	技工院校4级
4645	4-08-08-20	形象设计师	1411-4	服装模特	技工院校4级
4646	4-08-08-21	会展设计师	120903	会展经济与管理	普通本科
4647	4-08-08-21	会展设计师	350110	展示艺术设计	职教本科
4648	4-08-08-21	会展设计师	540112	会展策划与管理	职教专科
4649	4-08-08-21	会展设计师	550110	展示艺术设计	职教专科
4650	4-08-08-21	会展设计师	0516-3	会展服务与管理	技工院校3级
4651	4-08-08-21	会展设计师	740106	会展服务与管理	职教中职
4652	4-08-08-21	会展设计师	0516-4	会展服务与管理	技工院校4级
4653	4-08-08-22	建筑幕墙设计师	081004	建筑电气与智能化	普通本科
4654	4-08-08-22	建筑幕墙设计师	240101	建筑设计	职教本科
4655	4-08-08-22	建筑幕墙设计师	240102	建筑装饰工程	职教本科
4656	4-08-08-22	建筑幕墙设计师	240301	建筑工程	职教本科
4657	4-08-08-22	建筑幕墙设计师	240302	智能建造工程	职教本科
4658	4-08-08-22	建筑幕墙设计师	240304	建筑智能检测与修复	职教本科
4659	4-08-08-22	建筑幕墙设计师	240401	建筑环境与能源工程	职教本科
4660	4-08-08-22	建筑幕墙设计师	240402	建筑电气与智能化工程	职教本科
4661	4-08-08-22	建筑幕墙设计师	430703	建筑装饰材料技术	职教专科
4662	4-08-08-22	建筑幕墙设计师	430705	装配式建筑构件智能制造技术	职教专科
4663	4-08-08-22	建筑幕墙设计师	440101	建筑设计	职教专科
4664	4-08-08-22	建筑幕墙设计师	440102	建筑装饰工程技术	职教专科
4665	4-08-08-22	建筑幕墙设计师	440107	建筑动画技术	职教专科

续表

序号	职业编码	职业名称	专业代码	专业名称	院校类型
4666	4-08-08-22	建筑幕墙设计师	440301	建筑工程技术	职教专科
4667	4-08-08-22	建筑幕墙设计师	440302	装配式建筑工程技术	职教专科
4668	4-08-08-22	建筑幕墙设计师	440304	智能建造技术	职教专科
4669	4-08-08-22	建筑幕墙设计师	440401	建筑设备工程技术	职教专科
4670	4-08-08-22	建筑幕墙设计师	440402	建筑电气工程技术	职教专科
4671	4-08-08-22	建筑幕墙设计师	440404	建筑智能化工程技术	职教专科
4672	4-08-08-22	建筑幕墙设计师	440405	工业设备安装工程技术	职教专科
4673	4-08-08-22	建筑幕墙设计师	440503	建筑经济信息化管理	职教专科
4674	4-08-08-22	建筑幕墙设计师	1102-3	建筑施工	技工院校3级
4675	4-08-08-22	建筑幕墙设计师	1103-3	建筑装饰	技工院校3级
4676	4-08-08-22	建筑幕墙设计师	1116-3	建筑设计	技工院校3级
4677	4-08-08-22	建筑幕墙设计师	1117-3	建筑模型设计与制作	技工院校3级
4678	4-08-08-22	建筑幕墙设计师	630704	装配式建筑构件制作技术	职教中职
4679	4-08-08-22	建筑幕墙设计师	640101	建筑表现	职教中职
4680	4-08-08-22	建筑幕墙设计师	640102	建筑装饰技术	职教中职
4681	4-08-08-22	建筑幕墙设计师	640301	建筑工程施工	职教中职
4682	4-08-08-22	建筑幕墙设计师	640302	装配式建筑施工	职教中职
4683	4-08-08-22	建筑幕墙设计师	640401	建筑智能化设备安装与运维	职教中职
4684	4-08-08-22	建筑幕墙设计师	640402	建筑水电设备安装与运维	职教中职
4685	4-08-08-22	建筑幕墙设计师	1102-4	建筑施工	技工院校4级

职业信息与教育培训项目（专业）信息对应指引
（2023年版）

续表

序号	职业编码	职业名称	专业代码	专业名称	院校类型
4686	4-08-08-22	建筑幕墙设计师	1103-4	建筑装饰	技工院校4级
4687	4-08-08-22	建筑幕墙设计师	1117-4	建筑模型设计与制作	技工院校4级
4688	4-08-08-22	建筑幕墙设计师	1406-4	环境艺术设计	技工院校4级
4689	4-08-08-23	建筑信息模型技术员	081004	建筑电气与智能化	普通本科
4690	4-08-08-23	建筑信息模型技术员	082801	建筑学	普通本科
4691	4-08-08-23	建筑信息模型技术员	240101	建筑设计	职教本科
4692	4-08-08-23	建筑信息模型技术员	240102	建筑装饰工程	职教本科
4693	4-08-08-23	建筑信息模型技术员	240301	建筑工程	职教本科
4694	4-08-08-23	建筑信息模型技术员	240302	智能建造工程	职教本科
4695	4-08-08-23	建筑信息模型技术员	240304	建筑智能检测与修复	职教本科
4696	4-08-08-23	建筑信息模型技术员	240401	建筑环境与能源工程	职教本科
4697	4-08-08-23	建筑信息模型技术员	240402	建筑电气与智能化工程	职教本科
4698	4-08-08-23	建筑信息模型技术员	440101	建筑设计	职教专科
4699	4-08-08-23	建筑信息模型技术员	440102	建筑装饰工程技术	职教专科
4700	4-08-08-23	建筑信息模型技术员	440107	建筑动画技术	职教专科
4701	4-08-08-23	建筑信息模型技术员	440301	建筑工程技术	职教专科
4702	4-08-08-23	建筑信息模型技术员	440302	装配式建筑工程技术	职教专科
4703	4-08-08-23	建筑信息模型技术员	440304	智能建造技术	职教专科
4704	4-08-08-23	建筑信息模型技术员	440401	建筑设备工程技术	职教专科
4705	4-08-08-23	建筑信息模型技术员	440402	建筑电气工程技术	职教专科
4706	4-08-08-23	建筑信息模型技术员	440403	供热通风与空调工程技术	职教专科
4707	4-08-08-23	建筑信息模型技术员	440404	建筑智能化工程技术	职教专科
4708	4-08-08-23	建筑信息模型技术员	440405	工业设备安装工程技术	职教专科
4709	4-08-08-23	建筑信息模型技术员	440406	建筑消防技术	职教专科

续表

序号	职业编码	职业名称	专业代码	专业名称	院校类型
4710	4-08-08-23	建筑信息模型技术员	440502	建设工程管理	职教专科
4711	4-08-08-23	建筑信息模型技术员	440503	建筑经济信息化管理	职教专科
4712	4-08-08-23	建筑信息模型技术员	1102-3	建筑施工	技工院校3级
4713	4-08-08-23	建筑信息模型技术员	1114-3	给排水施工与运行	技工院校3级
4714	4-08-08-23	建筑信息模型技术员	1116-3	建筑设计	技工院校3级
4715	4-08-08-23	建筑信息模型技术员	1117-3	建筑模型设计与制作	技工院校3级
4716	4-08-08-23	建筑信息模型技术员	640101	建筑表现	职教中职
4717	4-08-08-23	建筑信息模型技术员	640102	建筑装饰技术	职教中职
4718	4-08-08-23	建筑信息模型技术员	640301	建筑工程施工	职教中职
4719	4-08-08-23	建筑信息模型技术员	640302	装配式建筑施工	职教中职
4720	4-08-08-23	建筑信息模型技术员	640401	建筑智能化设备安装与运维	职教中职
4721	4-08-08-23	建筑信息模型技术员	640402	建筑水电设备安装与运维	职教中职
4722	4-08-08-23	建筑信息模型技术员	640602	给排水工程施工与运行	职教中职
4723	4-08-08-23	建筑信息模型技术员	1102-4	建筑施工	技工院校4级
4724	4-08-08-23	建筑信息模型技术员	1117-4	建筑模型设计与制作	技工院校4级
4725	4-08-08-24	乐器设计师	480109	乐器制造与维护	职教专科
4726	4-08-08-24	乐器设计师	1422-3	乐器制造与维修	技工院校3级
4727	4-08-08-24	乐器设计师	750212	乐器维修与制作	职教中职

职业信息与教育培训项目（专业）信息对应指引
（2023年版）

续表

序号	职业编码	职业名称	专业代码	专业名称	院校类型
4728	4-08-08-24	乐器设计师	1422-4	乐器制造与维修	技工院校4级
4729	4-08-08-26	工业设计工艺师	080205	工业设计	普通本科
4730	4-08-08-26	工业设计工艺师	260104	工业设计	职教本科
4731	4-08-08-26	工业设计工艺师	260307	工业互联网工程	职教本科
4732	4-08-08-26	工业设计工艺师	310211	工业互联网技术	职教本科
4733	4-08-08-26	工业设计工艺师	350104	产品设计	职教本科
4734	4-08-08-26	工业设计工艺师	0136-2	数字化设计与制造	技工院校2级
4735	4-08-08-26	工业设计工艺师	0140-2	智能装备工业视觉技术应用	技工院校2级
4736	4-08-08-26	工业设计工艺师	0142-2	原型制作	技工院校2级
4737	4-08-08-26	工业设计工艺师	460102	数字化设计与制造技术	职教专科
4738	4-08-08-26	工业设计工艺师	460105	工业设计	职教专科
4739	4-08-08-26	工业设计工艺师	460119	工业产品质量检测技术	职教专科
4740	4-08-08-26	工业设计工艺师	460310	工业互联网应用	职教专科
4741	4-08-08-26	工业设计工艺师	510214	工业软件开发技术	职教专科
4742	4-08-08-26	工业设计工艺师	550104	产品艺术设计	职教专科
4743	4-08-08-26	工业设计工艺师	0140-3	智能装备工业视觉技术应用	技工院校3级
4744	4-08-08-26	工业设计工艺师	0142-3	原型制作	技工院校3级
4745	4-08-08-26	工业设计工艺师	1407-3	工业设计	技工院校3级
4746	4-08-08-26	工业设计工艺师	0140-4	智能装备工业视觉技术应用	技工院校4级
4747	4-08-08-27	钟表设计师	680106	钟表维修	职教中职

职业信息与教育培训项目（专业）信息对应指引一览表

续表

序号	职业编码	职业名称	专业代码	专业名称	院校类型
4748	4-08-08-29	桌面游戏设计师	350109	游戏创意设计	职教本科
4749	4-08-08-29	桌面游戏设计师	0305-2	计算机游戏制作	技工院校2级
4750	4-08-08-29	桌面游戏设计师	550109	游戏艺术设计	职教专科
4751	4-08-08-29	桌面游戏设计师	550116	动漫设计	职教专科
4752	4-08-08-29	桌面游戏设计师	0305-3	计算机游戏制作	技工院校3级
4753	4-08-08-29	桌面游戏设计师	750109	动漫与游戏设计	职教中职
4754	4-08-08-29	桌面游戏设计师	760204	动漫与游戏制作	职教中职
4755	4-08-09-01	商业摄影师	560212	摄影摄像技术	职教专科
4756	4-08-10-01	陶瓷工艺师	480105	陶瓷制造技术与工艺	职教专科
4757	4-08-10-01	陶瓷工艺师	550122	陶瓷设计与工艺	职教专科
4758	4-08-10-01	陶瓷工艺师	1216-3	陶瓷工艺	技工院校3级
4759	4-08-10-01	陶瓷工艺师	1216-4	陶瓷工艺	技工院校4级
4760	4-08-10-02	化工生产现场技术员	070302	应用化学	普通本科
4761	4-08-10-02	化工生产现场技术员	081301	化学工程与工艺	普通本科
4762	4-08-10-02	化工生产现场技术员	230602	新材料与应用技术	职教本科
4763	4-08-10-02	化工生产现场技术员	260105	工业工程技术	职教本科
4764	4-08-10-02	化工生产现场技术员	270201	应用化工技术	职教本科
4765	4-08-10-02	化工生产现场技术员	270202	化工智能制造工程技术	职教本科
4766	4-08-10-02	化工生产现场技术员	420902	化工安全技术	职教专科
4767	4-08-10-02	化工生产现场技术员	470201	应用化工技术	职教专科
4768	4-08-10-02	化工生产现场技术员	470202	石油炼制技术	职教专科
4769	4-08-10-02	化工生产现场技术员	470203	精细化工技术	职教专科
4770	4-08-10-02	化工生产现场技术员	470204	石油化工技术	职教专科
4771	4-08-10-02	化工生产现场技术员	470205	煤化工技术	职教专科

续表

序号	职业编码	职业名称	专业代码	专业名称	院校类型
4772	4-08-10-02	化工生产现场技术员	470206	高分子合成技术	职教专科
4773	4-08-10-02	化工生产现场技术员	470207	海洋化工技术	职教专科
4774	4-08-10-02	化工生产现场技术员	470209	化工智能制造技术	职教专科
4775	4-08-10-02	化工生产现场技术员	470210	化工装备技术	职教专科
4776	4-08-10-02	化工生产现场技术员	470211	化工自动化技术	职教专科
4777	4-08-10-02	化工生产现场技术员	470212	涂装防护技术	职教专科
4778	4-08-10-02	化工生产现场技术员	0114-3	化工机械维修	技工院校3级
4779	4-08-10-02	化工生产现场技术员	0902-3	化工工艺	技工院校3级
4780	4-08-10-02	化工生产现场技术员	0904-3	精细化工	技工院校3级
4781	4-08-10-02	化工生产现场技术员	0905-3	生物化工	技工院校3级
4782	4-08-10-02	化工生产现场技术员	0906-3	高分子材料加工	技工院校3级
4783	4-08-10-02	化工生产现场技术员	0908-3	磷化工	技工院校3级
4784	4-08-10-02	化工生产现场技术员	0911-3	化工安全管理	技工院校3级
4785	4-08-10-02	化工生产现场技术员	620505	煤炭综合利用技术	职教中职
4786	4-08-10-02	化工生产现场技术员	670201	化学工艺	职教中职
4787	4-08-10-02	化工生产现场技术员	670202	石油炼制技术	职教中职
4788	4-08-10-02	化工生产现场技术员	670206	林产化工技术	职教中职
4789	4-08-10-02	化工生产现场技术员	670208	化工机械与设备	职教中职
4790	4-08-10-02	化工生产现场技术员	670209	化工仪表及自动化	职教中职
4791	4-08-10-02	化工生产现场技术员	0114-4	化工机械维修	技工院校4级

续表

序号	职业编码	职业名称	专业代码	专业名称	院校类型
4792	4-08-10-02	化工生产现场技术员	0902-4	化工工艺	技工院校4级
4793	4-08-10-02	化工生产现场技术员	0904-4	精细化工	技工院校4级
4794	4-08-10-02	化工生产现场技术员	0905-4	生物化工	技工院校4级
4795	4-08-10-02	化工生产现场技术员	0906-4	高分子材料加工	技工院校4级
4796	4-08-10-02	化工生产现场技术员	0908-4	磷化工	技工院校4级
4797	4-08-10-02	化工生产现场技术员	0911-4	化工安全管理	技工院校4级
4798	4-09-01-01	河道修防工	500206	道路养护与管理	职教专科
4799	4-09-01-01	河道修防工	700202	公路养护与管理	职教中职
4800	4-09-01-01	河道修防工	0411-4	桥梁施工与养护	技工院校4级
4801	4-09-01-02	水工混凝土维修工	450202	智慧水利技术	职教专科
4802	4-09-01-02	水工混凝土维修工	450203	水利水电工程技术	职教专科
4803	4-09-01-02	水工混凝土维修工	450205	水利水电建筑工程	职教专科
4804	4-09-01-02	水工混凝土维修工	0718-3	农业与农村用水	技工院校3级
4805	4-09-01-02	水工混凝土维修工	0815-3	水利水电工程施工	技工院校3级
4806	4-09-01-02	水工混凝土维修工	0828-3	智慧水利技术	技工院校3级
4807	4-09-01-02	水工混凝土维修工	1102-3	建筑施工	技工院校3级
4808	4-09-01-02	水工混凝土维修工	630702	新型建筑材料生产技术	职教中职

职业信息与教育培训项目（专业）信息对应指引

（2023年版）

续表

序号	职业编码	职业名称	专业代码	专业名称	院校类型
4809	4-09-01-02	水工混凝土维修工	650201	水利工程运行与管理	职教中职
4810	4-09-01-02	水工混凝土维修工	0718-4	农业与农村用水	技工院校4级
4811	4-09-01-02	水工混凝土维修工	0815-4	水利水电工程施工	技工院校4级
4812	4-09-01-02	水工混凝土维修工	0828-4	智慧水利技术	技工院校4级
4813	4-09-01-02	水工混凝土维修工	1102-4	建筑施工	技工院校4级
4814	4-09-01-04	水工监测工	450202	智慧水利技术	职教专科
4815	4-09-01-04	水工监测工	450205	水利水电建筑工程	职教专科
4816	4-09-01-04	水工监测工	0718-3	农业与农村用水	技工院校3级
4817	4-09-01-04	水工监测工	0828-3	智慧水利技术	技工院校3级
4818	4-09-01-04	水工监测工	650201	水利工程运行与管理	职教中职
4819	4-09-01-04	水工监测工	0718-4	农业与农村用水	技工院校4级
4820	4-09-01-04	水工监测工	0828-4	智慧水利技术	技工院校4级
4821	4-09-01-05	水工闸门运行工	0718-3	农业与农村用水	技工院校3级
4822	4-09-01-05	水工闸门运行工	0827-3	水利机电设备智能管理	技工院校3级
4823	4-09-01-05	水工闸门运行工	0828-3	智慧水利技术	技工院校3级
4824	4-09-01-05	水工闸门运行工	0718-4	农业与农村用水	技工院校4级

续表

序号	职业编码	职业名称	专业代码	专业名称	院校类型
4825	4-09-01-05	水工闸门运行工	0827-4	水利机电设备智能管理	技工院校4级
4826	4-09-01-05	水工闸门运行工	0828-4	智慧水利技术	技工院校4级
4827	4-09-02-01	水文勘测工	081102	水文与水资源工程	普通本科
4828	4-09-02-01	水文勘测工	250101	水文与水资源工程技术	职教本科
4829	4-09-02-01	水文勘测工	450101	水文与水资源技术	职教专科
4830	4-09-02-01	水文勘测工	450102	水政水资源管理	职教专科
4831	4-09-02-01	水文勘测工	0816-3	水文与水资源勘测	技工院校3级
4832	4-09-02-01	水文勘测工	650101	水文与水资源勘测	职教中职
4833	4-09-02-01	水文勘测工	0816-4	水文与水资源勘测	技工院校4级
4834	4-09-02-02	水文勘测船工	081102	水文与水资源工程	普通本科
4835	4-09-02-02	水文勘测船工	250101	水文与水资源工程技术	职教本科
4836	4-09-02-02	水文勘测船工	450101	水文与水资源技术	职教专科
4837	4-09-02-02	水文勘测船工	450102	水政水资源管理	职教专科
4838	4-09-02-02	水文勘测船工	500206	道路养护与管理	职教专科
4839	4-09-02-02	水文勘测船工	0816-3	水文与水资源勘测	技工院校3级
4840	4-09-02-02	水文勘测船工	650101	水文与水资源勘测	职教中职
4841	4-09-02-02	水文勘测船工	0816-4	水文与水资源勘测	技工院校4级
4842	4-09-03-00	水土保持员	090203	水土保持与荒漠化防治	普通本科
4843	4-09-03-00	水土保持员	450401	水土保持技术	职教专科
4844	4-09-03-00	水土保持员	620803	生态环境保护	职教中职
4845	4-09-03-00	水土保持员	650401	水土保持技术	职教中职
4846	4-09-04-00	灌区管理工	450206	机电排灌工程技术	职教专科

续表

序号	职业编码	职业名称	专业代码	专业名称	院校类型
4847	4-09-04-00	灌区管理工	0718-3	农业与农村用水	技工院校3级
4848	4-09-04-00	灌区管理工	650204	现代灌溉技术	职教中职
4849	4-09-04-00	灌区管理工	0718-4	农业与农村用水	技工院校4级
4850	4-09-05-01	自然保护区巡护监测员	090202	野生动物与自然保护区管理	普通本科
4851	4-09-05-01	自然保护区巡护监测员	410208	野生动植物资源保护与利用	职教专科
4852	4-09-05-01	自然保护区巡护监测员	410209	自然保护地建设与管理	职教专科
4853	4-09-05-02	草地监护员	090701	草业科学	普通本科
4854	4-09-05-02	草地监护员	410203	草业技术	职教专科
4855	4-09-06-01	野生动物保护员	090202	野生动物与自然保护区管理	普通本科
4856	4-09-06-01	野生动物保护员	410208	野生动植物资源保护与利用	职教专科
4857	4-09-06-01	野生动物保护员	0707-3	野生动物保护	技工院校3级
4858	4-09-06-01	野生动物保护员	0707-4	野生动物保护	技工院校4级
4859	4-09-06-02	野生植物保护员	410208	野生动植物资源保护与利用	职教专科
4860	4-09-06-03	标本员	520501	医学检验技术	职教专科
4861	4-09-06-04	展出动物保育员	090301	动物科学	普通本科
4862	4-09-06-04	展出动物保育员	090401	动物医学	普通本科
4863	4-09-06-04	展出动物保育员	090402	动物药学	普通本科
4864	4-09-06-04	展出动物保育员	090601	水产养殖学	普通本科
4865	4-09-06-04	展出动物保育员	210301	动物医学	职教本科

职业信息与教育培训项目（专业）信息对应指引一览表

续表

序号	职业编码	职业名称	专业代码	专业名称	院校类型
4866	4-09-06-04	展出动物保育员	210302	动物药学	职教本科
4867	4-09-06-04	展出动物保育员	210401	现代水产养殖技术	职教本科
4868	4-09-06-04	展出动物保育员	410301	动物医学	职教专科
4869	4-09-06-04	展出动物保育员	410302	动物药学	职教专科
4870	4-09-06-04	展出动物保育员	410306	动物防疫与检疫	职教专科
4871	4-09-06-04	展出动物保育员	410308	特种动物养殖技术	职教专科
4872	4-09-06-04	展出动物保育员	410401	水产养殖技术	职教专科
4873	4-09-06-04	展出动物保育员	410403	水族科学与技术	职教专科
4874	4-09-06-04	展出动物保育员	0704-3	畜禽生产与疫病防治	技工院校3级
4875	4-09-06-04	展出动物保育员	0705-3	畜牧兽医	技工院校3级
4876	4-09-06-04	展出动物保育员	0706-3	水产养殖	技工院校3级
4877	4-09-06-04	展出动物保育员	610302	特种动物养殖	职教中职
4878	4-09-06-04	展出动物保育员	610401	淡水养殖	职教中职
4879	4-09-06-04	展出动物保育员	0704-4	畜禽生产与疫病防治	技工院校4级
4880	4-09-06-04	展出动物保育员	0705-4	畜牧兽医	技工院校4级
4881	4-09-06-04	展出动物保育员	0706-4	水产养殖	技工院校4级
4882	4-09-07-01	污水处理工	420809	水净化与安全技术	职教专科
4883	4-09-07-01	污水处理工	430208	电厂化学与环保技术	职教专科
4884	4-09-07-01	污水处理工	610112	设施农业生产技术	职教中职
4885	4-09-07-01	污水处理工	620802	环境治理技术	职教中职
4886	4-09-07-01	污水处理工	630205	火电厂水处理及化学监督	职教中职

职业信息与教育培训项目（专业）信息对应指引
（2023 年版）

续表

序号	职业编码	职业名称	专业代码	专业名称	院校类型
4887	4-09-07-01	污水处理工	650402	水环境智能监测与保护	职教中职
4888	4-09-07-01	污水处理工	1115-4	城市水务技术	技工院校 4级
4889	4-09-07-02	工业固体废物处理处置工	082502	环境工程	普通本科
4890	4-09-07-02	工业固体废物处理处置工	420808	资源综合利用技术	职教专科
4891	4-09-07-02	工业固体废物处理处置工	430704	建筑材料检测技术	职教专科
4892	4-09-07-02	工业固体废物处理处置工	1502-3	环境保护与检测	技工院校 3级
4893	4-09-07-02	工业固体废物处理处置工	620802	环境治理技术	职教中职
4894	4-09-07-02	工业固体废物处理处置工	630703	建筑材料检测技术	职教中职
4895	4-09-07-02	工业固体废物处理处置工	1502-4	环境保护与检测	技工院校 4级
4896	4-09-07-03	危险废物处理工	420808	资源综合利用技术	职教专科
4897	4-09-07-04	碳排放管理员	220801	生态环境工程技术	职教本科
4898	4-09-07-04	碳排放管理员	420807	绿色低碳技术	职教专科
4899	4-09-07-05	碳汇计量评估师	420807	绿色低碳技术	职教专科
4900	4-09-07-05	碳汇计量评估师	460311	计量测试与应用技术	职教专科
4901	4-09-07-05	碳汇计量评估师	660307	计量测试与应用技术	职教中职
4902	4-09-07-06	建筑节能减排咨询师	081002	建筑环境与能源应用工程	普通本科
4903	4-09-07-06	建筑节能减排咨询师	081004	建筑电气与智能化	普通本科
4904	4-09-07-06	建筑节能减排咨询师	082801	建筑学	普通本科
4905	4-09-07-06	建筑节能减排咨询师	240101	建筑设计	职教本科

续表

序号	职业编码	职业名称	专业代码	专业名称	院校类型
4906	4-09-07-06	建筑节能减排咨询师	240102	建筑装饰工程	职教本科
4907	4-09-07-06	建筑节能减排咨询师	240301	建筑工程	职教本科
4908	4-09-07-06	建筑节能减排咨询师	240302	智能建造工程	职教本科
4909	4-09-07-06	建筑节能减排咨询师	240304	建筑智能检测与修复	职教本科
4910	4-09-07-06	建筑节能减排咨询师	240401	建筑环境与能源工程	职教本科
4911	4-09-07-06	建筑节能减排咨询师	240402	建筑电气与智能化工程	职教本科
4912	4-09-07-06	建筑节能减排咨询师	440101	建筑设计	职教专科
4913	4-09-07-06	建筑节能减排咨询师	440107	建筑动画技术	职教专科
4914	4-09-07-06	建筑节能减排咨询师	440301	建筑工程技术	职教专科
4915	4-09-07-06	建筑节能减排咨询师	440304	智能建造技术	职教专科
4916	4-09-07-06	建筑节能减排咨询师	440401	建筑设备工程技术	职教专科
4917	4-09-07-06	建筑节能减排咨询师	440402	建筑电气工程技术	职教专科
4918	4-09-07-06	建筑节能减排咨询师	440404	建筑智能化工程技术	职教专科
4919	4-09-07-06	建筑节能减排咨询师	1116-3	建筑设计	技工院校3级
4920	4-09-07-06	建筑节能减排咨询师	1117-3	建筑模型设计与制作	技工院校3级
4921	4-09-07-06	建筑节能减排咨询师	640101	建筑表现	职教中职
4922	4-09-07-06	建筑节能减排咨询师	640102	建筑装饰技术	职教中职
4923	4-09-07-06	建筑节能减排咨询师	640301	建筑工程施工	职教中职
4924	4-09-07-06	建筑节能减排咨询师	640302	装配式建筑施工	职教中职
4925	4-09-07-06	建筑节能减排咨询师	640401	建筑智能化设备安装与运维	职教中职
4926	4-09-07-06	建筑节能减排咨询师	640402	建筑水电设备安装与运维	职教中职
4927	4-09-07-06	建筑节能减排咨询师	1117-4	建筑模型设计与制作	技工院校4级
4928	4-09-08-02	生活垃圾清运工	440605	城市环境工程技术	职教专科

职业信息与教育培训项目（专业）信息对应指引

（2023 年版）

续表

序号	职业编码	职业名称	专业代码	专业名称	院校类型
4929	4-09-09-00	有害生物防制员	1311-3	公共卫生防疫与管理	技工院校3级
4930	4-09-09-00	有害生物防制员	1311-4	公共卫生防疫与管理	技工院校4级
4931	4-09-10-01	园林绿化工	090103	植物保护	普通本科
4932	4-09-10-01	园林绿化工	090502	园林	普通本科
4933	4-09-10-01	园林绿化工	210202	园林工程	职教本科
4934	4-09-10-01	园林绿化工	240104	园林景观工程	职教本科
4935	4-09-10-01	园林绿化工	410202	园林技术	职教专科
4936	4-09-10-01	园林绿化工	410204	花卉生产与花艺	职教专科
4937	4-09-10-01	园林绿化工	440104	园林工程技术	职教专科
4938	4-09-10-01	园林绿化工	440105	风景园林设计	职教专科
4939	4-09-10-01	园林绿化工	0711-3	园林技术	技工院校3级
4940	4-09-10-01	园林绿化工	610202	园林技术	职教中职
4941	4-09-10-01	园林绿化工	610203	园林绿化	职教中职
4942	4-09-10-01	园林绿化工	640104	园林景观施工与维护	职教中职
4943	4-09-10-01	园林绿化工	0711-4	园林技术	技工院校4级
4944	4-09-10-02	草坪园艺师	090701	草业科学	普通本科
4945	4-09-10-02	草坪园艺师	410203	草业技术	职教专科
4946	4-09-10-02	草坪园艺师	1406-3	环境艺术设计	技工院校3级
4947	4-09-10-02	草坪园艺师	1406-4	环境艺术设计	技工院校4级
4948	4-09-10-03	盆景师	0711-3	园林技术	技工院校3级

续表

序号	职业编码	职业名称	专业代码	专业名称	院校类型
4949	4-09-10-03	盆景师	0711-4	园林技术	技工院校4级
4950	4-09-10-04	假山工	750305	民间传统工艺	职教中职
4951	4-09-10-05	插花花艺师	130506	公共艺术	普通本科
4952	4-09-10-05	插花花艺师	350107	美术	职教本科
4953	4-10-01-01	婴幼儿发展引导员	320802	婴幼儿发展与健康管理	职教本科
4954	4-10-01-01	婴幼儿发展引导员	520802	婴幼儿托育服务与管理	职教专科
4955	4-10-01-01	婴幼儿发展引导员	570101K	早期教育	职教专科
4956	4-10-01-01	婴幼儿发展引导员	590301	现代家政服务与管理	职教专科
4957	4-10-01-01	婴幼儿发展引导员	0535-3	婴幼儿托育服务与管理	技工院校3级
4958	4-10-01-01	婴幼儿发展引导员	720803	婴幼儿托育	职教中职
4959	4-10-01-01	婴幼儿发展引导员	790301	现代家政服务与管理	职教中职
4960	4-10-01-01	婴幼儿发展引导员	0512-4	家政服务	技工院校4级
4961	4-10-01-01	婴幼儿发展引导员	0535-4	婴幼儿托育服务与管理	技工院校4级
4962	4-10-01-03	保育师	320802	婴幼儿发展与健康管理	职教本科
4963	4-10-01-03	保育师	520802	婴幼儿托育服务与管理	职教专科
4964	4-10-01-03	保育师	570101K	早期教育	职教专科
4965	4-10-01-03	保育师	0535-3	婴幼儿托育服务与管理	技工院校3级
4966	4-10-01-03	保育师	720803	婴幼儿托育	职教中职
4967	4-10-01-03	保育师	770101	幼儿保育	职教中职
4968	4-10-01-03	保育师	790301	现代家政服务与管理	职教中职
4969	4-10-01-03	保育师	0512-4	家政服务	技工院校4级

职业信息与教育培训项目（专业）信息对应指引
（2023年版）

续表

序号	职业编码	职业名称	专业代码	专业名称	院校类型
4970	4-10-01-03	保育师	0515-4	护理	技工院校4级
4971	4-10-01-03	保育师	0535-4	婴幼儿托育服务与管理	技工院校4级
4972	4-10-01-04	孤残儿童护理员	040108	特殊教育	普通本科
4973	4-10-01-04	孤残儿童护理员	320604	儿童康复治疗	职教本科
4974	4-10-01-04	孤残儿童护理员	570114K	特殊教育	职教专科
4975	4-10-01-04	孤残儿童护理员	590303	社区康复	职教专科
4976	4-10-01-04	孤残儿童护理员	0515-3	护理	技工院校3级
4977	4-10-01-04	孤残儿童护理员	790103	社会福利事业管理	职教中职
4978	4-10-01-04	孤残儿童护理员	790301	现代家政服务与管理	职教中职
4979	4-10-01-04	孤残儿童护理员	0512-4	家政服务	技工院校4级
4980	4-10-01-04	孤残儿童护理员	0515-4	护理	技工院校4级
4981	4-10-01-05	养老护理员	320201	护理	职教本科
4982	4-10-01-05	养老护理员	320803	医养照护与管理	职教本科
4983	4-10-01-05	养老护理员	520201	护理	职教专科
4984	4-10-01-05	养老护理员	520803	老年保健与管理	职教专科
4985	4-10-01-05	养老护理员	590302	智慧健康养老服务与管理	职教专科
4986	4-10-01-05	养老护理员	590303	社区康复	职教专科
4987	4-10-01-05	养老护理员	0515-3	护理	技工院校3级
4988	4-10-01-05	养老护理员	0521-3	老年服务与管理	技工院校3级
4989	4-10-01-05	养老护理员	720201	护理	职教中职

续表

序号	职业编码	职业名称	专业代码	专业名称	院校类型
4990	4-10-01-05	养老护理员	720402	中医护理	职教中职
4991	4-10-01-05	养老护理员	790103	社会福利事业管理	职教中职
4992	4-10-01-05	养老护理员	790301	现代家政服务与管理	职教中职
4993	4-10-01-05	养老护理员	790302	智慧健康养老服务	职教中职
4994	4-10-01-05	养老护理员	790303	老年人服务与管理	职教中职
4995	4-10-01-05	养老护理员	0512-4	家政服务	技工院校4级
4996	4-10-01-05	养老护理员	0515-4	护理	技工院校4级
4997	4-10-01-05	养老护理员	0521-4	老年服务与管理	技工院校4级
4998	4-10-01-05	养老护理员	0529-4	健康与社会照护	技工院校4级
4999	4-10-01-06	家政服务员	320201	护理	职教本科
5000	4-10-01-06	家政服务员	320802	婴幼儿发展与健康管理	职教本科
5001	4-10-01-06	家政服务员	320803	医养照护与管理	职教本科
5002	4-10-01-06	家政服务员	390301	现代家政管理	职教本科
5003	4-10-01-06	家政服务员	520201	护理	职教专科
5004	4-10-01-06	家政服务员	520802	婴幼儿托育服务与管理	职教专科
5005	4-10-01-06	家政服务员	520803	老年保健与管理	职教专科
5006	4-10-01-06	家政服务员	570101K	早期教育	职教专科
5007	4-10-01-06	家政服务员	590301	现代家政服务与管理	职教专科
5008	4-10-01-06	家政服务员	590302	智慧健康养老服务与管理	职教专科
5009	4-10-01-06	家政服务员	590303	社区康复	职教专科
5010	4-10-01-06	家政服务员	0512-3	家政服务	技工院校3级

职业信息与教育培训项目（专业）信息对应指引

（2023年版）

续表

序号	职业编码	职业名称	专业代码	专业名称	院校类型
5011	4-10-01-06	家政服务员	0515-3	护理	技工院校3级
5012	4-10-01-06	家政服务员	0521-3	老年服务与管理	技工院校3级
5013	4-10-01-06	家政服务员	0529-3	健康与社会照护	技工院校3级
5014	4-10-01-06	家政服务员	0535-3	婴幼儿托育服务与管理	技工院校3级
5015	4-10-01-06	家政服务员	720201	护理	职教中职
5016	4-10-01-06	家政服务员	720803	婴幼儿托育	职教中职
5017	4-10-01-06	家政服务员	790301	现代家政服务与管理	职教中职
5018	4-10-01-06	家政服务员	790302	智慧健康养老服务	职教中职
5019	4-10-01-06	家政服务员	790303	老年人服务与管理	职教中职
5020	4-10-01-06	家政服务员	790305	母婴照护	职教中职
5021	4-10-01-06	家政服务员	0512-4	家政服务	技工院校4级
5022	4-10-01-06	家政服务员	0515-4	护理	技工院校4级
5023	4-10-01-06	家政服务员	0521-4	老年服务与管理	技工院校4级
5024	4-10-01-06	家政服务员	0529-4	健康与社会照护	技工院校4级
5025	4-10-01-06	家政服务员	0535-4	婴幼儿托育服务与管理	技工院校4级
5026	4-10-02-01	裁缝	081602	服装设计与工程	普通本科
5027	4-10-02-01	裁缝	130505	服装与服饰设计	普通本科
5028	4-10-02-01	裁缝	280402	服装工程技术	职教本科
5029	4-10-02-01	裁缝	350105	服装与服饰设计	职教本科

续表

序号	职业编码	职业名称	专业代码	专业名称	院校类型
5030	4-10-02-01	裁缝	480402	服装设计与工艺	职教专科
5031	4-10-02-01	裁缝	480412	皮革服装制作与工艺	职教专科
5032	4-10-02-01	裁缝	550105	服装与服饰设计	职教专科
5033	4-10-02-01	裁缝	1208-3	服装制作与营销	技工院校3级
5034	4-10-02-01	裁缝	1210-3	服装设计与制作	技工院校3级
5035	4-10-02-01	裁缝	680402	服装设计与工艺	职教中职
5036	4-10-02-01	裁缝	680406	服装制作与生产管理	职教中职
5037	4-10-02-01	裁缝	750105	服装陈列与展示设计	职教中职
5038	4-10-02-01	裁缝	0536-4	服装陈列与展示设计	技工院校4级
5039	4-10-02-01	裁缝	1208-4	服装制作与营销	技工院校4级
5040	4-10-02-01	裁缝	1210-4	服装设计与制作	技工院校4级
5041	4-10-02-02	洗衣师	1209-3	服装养护	技工院校3级
5042	4-10-02-02	洗衣师	1209-4	服装养护	技工院校4级
5043	4-10-02-03	染色师	480405	数字化染整技术	职教专科
5044	4-10-02-04	皮革护理师	1209-3	服装养护	技工院校3级
5045	4-10-02-04	皮革护理师	1211-3	皮革加工与设计	技工院校3级
5046	4-10-02-04	皮革护理师	750104	皮革制品设计与制作	职教中职
5047	4-10-02-04	皮革护理师	1209-4	服装养护	技工院校4级

续表

序号	职业编码	职业名称	专业代码	专业名称	院校类型
5048	4-10-02-04	皮革护理师	1211-4	皮革加工与设计	技工院校4级
5049	4-10-02-05	织补师	1209-3	服装养护	技工院校3级
5050	4-10-02-05	织补师	1209-4	服装养护	技工院校4级
5051	4-10-03-01	美容师	101101	护理学	普通本科
5052	4-10-03-01	美容师	320201	护理	职教本科
5053	4-10-03-01	美容师	520201	护理	职教专科
5054	4-10-03-01	美容师	520202	助产	职教专科
5055	4-10-03-01	美容师	520507	医学美容技术	职教专科
5056	4-10-03-01	美容师	550111	美容美体艺术	职教专科
5057	4-10-03-01	美容师	0507-3	美容美发与造型（美发）	技工院校3级
5058	4-10-03-01	美容师	0508-3	美容美发与造型（美容）	技工院校3级
5059	4-10-03-01	美容师	0509-3	美容美发与造型（化妆）	技工院校3级
5060	4-10-03-01	美容师	0526-3	形象设计	技工院校3级
5061	4-10-03-01	美容师	0527-3	美容保健	技工院校3级
5062	4-10-03-01	美容师	720201	护理	职教中职
5063	4-10-03-01	美容师	720402	中医护理	职教中职
5064	4-10-03-01	美容师	750110	美发与形象设计	职教中职
5065	4-10-03-01	美容师	750111	美容美体艺术	职教中职
5066	4-10-03-01	美容师	0507-4	美容美发与造型（美发）	技工院校4级

职业信息与教育培训项目（专业）信息对立指引一览表

续表

序号	职业编码	职业名称	专业代码	专业名称	院校类型
5067	4-10-03-01	美容师	0508-4	美容美发与造型（美容）	技工院校4级
5068	4-10-03-01	美容师	0509-4	美容美发与造型（化妆）	技工院校4级
5069	4-10-03-01	美容师	0526-4	形象设计	技工院校4级
5070	4-10-03-01	美容师	0527-4	美容保健	技工院校4级
5071	4-10-03-02	美发师	0507-3	美容美发与造型（美发）	技工院校3级
5072	4-10-03-02	美发师	0510-3	休闲体育服务	技工院校3级
5073	4-10-03-02	美发师	0507-4	美容美发与造型（美发）	技工院校4级
5074	4-10-03-02	美发师	0510-4	休闲体育服务	技工院校4级
5075	4-10-03-03	美甲师	101101	护理学	普通本科
5076	4-10-03-03	美甲师	320201	护理	职教本科
5077	4-10-03-03	美甲师	520201	护理	职教专科
5078	4-10-03-03	美甲师	720201	护理	职教中职
5079	4-10-03-03	美甲师	720402	中医护理	职教中职
5080	4-10-03-03	美甲师	0508-4	美容美发与造型（美容）	技工院校4级
5081	4-10-03-04	浴池服务员	0510-3	休闲体育服务	技工院校3级
5082	4-10-03-04	浴池服务员	0510-4	休闲体育服务	技工院校4级
5083	4-10-03-05	修脚师	100701	药学	普通本科

职业信息与教育培训项目（专业）信息对应指引
（2023年版）

续表

序号	职业编码	职业名称	专业代码	专业名称	院校类型
5084	4-10-03-05	修脚师	320201	护理	职教本科
5085	4-10-03-05	修脚师	520201	护理	职教专科
5086	4-10-03-05	修脚师	720201	护理	职教中职
5087	4-10-03-05	修脚师	720402	中医护理	职教中职
5088	4-10-04-01	保健调理师	520416	中医康复技术	职教专科
5089	4-10-04-01	保健调理师	520417	中医养生保健	职教专科
5090	4-10-04-01	保健调理师	520803	老年保健与管理	职教专科
5091	4-10-04-01	保健调理师	590303	社区康复	职教专科
5092	4-10-04-01	保健调理师	0514-3	保健按摩	技工院校3级
5093	4-10-04-01	保健调理师	0527-3	美容保健	技工院校3级
5094	4-10-04-01	保健调理师	0528-3	康复保健	技工院校3级
5095	4-10-04-01	保健调理师	720401	中医	职教中职
5096	4-10-04-01	保健调理师	720409	中医养生保健	职教中职
5097	4-10-04-01	保健调理师	0514-4	保健按摩	技工院校4级
5098	4-10-04-01	保健调理师	0527-4	美容保健	技工院校4级
5099	4-10-04-01	保健调理师	0528-4	康复保健	技工院校4级
5100	4-10-04-02	保健按摩师	520416	中医康复技术	职教专科
5101	4-10-04-02	保健按摩师	520417	中医养生保健	职教专科
5102	4-10-04-02	保健按摩师	520803	老年保健与管理	职教专科
5103	4-10-04-02	保健按摩师	590303	社区康复	职教专科
5104	4-10-04-02	保健按摩师	0514-3	保健按摩	技工院校3级

续表

序号	职业编码	职业名称	专业代码	专业名称	院校类型
5105	4-10-04-02	保健按摩师	0527-3	美容保健	技工院校3级
5106	4-10-04-02	保健按摩师	0528-3	康复保健	技工院校3级
5107	4-10-04-02	保健按摩师	720409	中医养生保健	职教中职
5108	4-10-04-02	保健按摩师	0514-4	保健按摩	技工院校4级
5109	4-10-04-02	保健按摩师	0527-4	美容保健	技工院校4级
5110	4-10-04-02	保健按摩师	0528-4	康复保健	技工院校4级
5111	4-10-04-03	芳香保健师	101101	护理学	普通本科
5112	4-10-04-03	芳香保健师	320201	护理	职教本科
5113	4-10-04-03	芳香保健师	520201	护理	职教专科
5114	4-10-04-03	芳香保健师	520202	助产	职教专科
5115	4-10-04-03	芳香保健师	590303	社区康复	职教专科
5116	4-10-04-03	芳香保健师	0508-3	美容美发与造型（美容）	技工院校3级
5117	4-10-04-03	芳香保健师	0514-3	保健按摩	技工院校3级
5118	4-10-04-03	芳香保健师	0527-3	美容保健	技工院校3级
5119	4-10-04-03	芳香保健师	0528-3	康复保健	技工院校3级
5120	4-10-04-03	芳香保健师	720201	护理	职教中职
5121	4-10-04-03	芳香保健师	720402	中医护理	职教中职
5122	4-10-04-03	芳香保健师	0508-4	美容美发与造型（美容）	技工院校4级

职业信息与教育培训项目（专业）信息对应指引

（2023 年版）

续表

序号	职业编码	职业名称	专业代码	专业名称	院校类型
5123	4-10-04-03	芳香保健师	0514-4	保健按摩	技工院校4级
5124	4-10-04-03	芳香保健师	0515-4	护理	技工院校4级
5125	4-10-04-03	芳香保健师	0527-4	美容保健	技工院校4级
5126	4-10-04-03	芳香保健师	0528-4	康复保健	技工院校4级
5127	4-10-05-01	婚介师	730603	客户信息服务	职教中职
5128	4-10-05-02	婚礼策划师	590304	婚庆服务与管理	职教专科
5129	4-10-05-02	婚礼策划师	0532-3	婚庆服务	技工院校3级
5130	4-10-05-02	婚礼策划师	0532-4	婚庆服务	技工院校4级
5131	4-10-05-03	婚姻家庭咨询师	590301	现代家政服务与管理	职教专科
5132	4-10-05-03	婚姻家庭咨询师	790301	现代家政服务与管理	职教中职
5133	4-10-06-01	殡仪服务员	590305	现代殡葬技术与管理	职教专科
5134	4-10-06-01	殡仪服务员	590306	殡葬设备维护技术	职教专科
5135	4-10-06-01	殡仪服务员	0537-3	殡葬设备检修	技工院校3级
5136	4-10-06-01	殡仪服务员	790304	殡葬服务与管理	职教中职
5137	4-10-06-01	殡仪服务员	0537-4	殡葬设备检修	技工院校4级
5138	4-10-06-02	遗体防腐整容师	590305	现代殡葬技术与管理	职教专科
5139	4-10-06-02	遗体防腐整容师	590306	殡葬设备维护技术	职教专科
5140	4-10-06-02	遗体防腐整容师	790304	殡葬服务与管理	职教中职
5141	4-10-06-02	遗体防腐整容师	0537-4	殡葬设备检修	技工院校4级

续表

序号	职业编码	职业名称	专业代码	专业名称	院校类型
5142	4-10-06-03	遗体火化师	590305	现代殡葬技术与管理	职教专科
5143	4-10-06-03	遗体火化师	590306	殡葬设备维护技术	职教专科
5144	4-10-06-03	遗体火化师	0537-3	殡葬设备检修	技工院校3级
5145	4-10-06-03	遗体火化师	790304	殡葬服务与管理	职教中职
5146	4-10-06-03	遗体火化师	0537-4	殡葬设备检修	技工院校4级
5147	4-10-06-04	公墓管理员	0537-3	殡葬设备检修	技工院校3级
5148	4-10-06-04	公墓管理员	790304	殡葬服务与管理	职教中职
5149	4-10-07-01	宠物健康护理员	210303	宠物医疗	职教本科
5150	4-10-07-01	宠物健康护理员	320201	护理	职教本科
5151	4-10-07-01	宠物健康护理员	410305	宠物医疗技术	职教专科
5152	4-10-07-01	宠物健康护理员	410309	宠物养护与驯导	职教专科
5153	4-10-07-01	宠物健康护理员	520201	护理	职教专科
5154	4-10-07-01	宠物健康护理员	0727-3	宠物医疗与护理	技工院校3级
5155	4-10-07-01	宠物健康护理员	610303	宠物养护与经营	职教中职
5156	4-10-07-01	宠物健康护理员	720201	护理	职教中职
5157	4-10-07-01	宠物健康护理员	720402	中医护理	职教中职
5158	4-10-07-01	宠物健康护理员	0727-4	宠物医疗与护理	技工院校4级
5159	4-10-07-02	宠物驯导师	210303	宠物医疗	职教本科
5160	4-10-07-02	宠物驯导师	410305	宠物医疗技术	职教专科
5161	4-10-07-02	宠物驯导师	410309	宠物养护与驯导	职教专科
5162	4-10-07-02	宠物驯导师	0727-3	宠物医疗与护理	技工院校3级
5163	4-10-07-02	宠物驯导师	610303	宠物养护与经营	职教中职

职业信息与教育培训项目（专业）信息对应指引

（2023年版）

续表

序号	职业编码	职业名称	专业代码	专业名称	院校类型
5164	4-10-07-02	宠物驯导师	0727-4	宠物医疗与护理	技工院校4级
5165	4-10-07-03	宠物美容师	210303	宠物医疗	职教本科
5166	4-10-07-03	宠物美容师	410305	宠物医疗技术	职教专科
5167	4-10-07-03	宠物美容师	410309	宠物养护与驯导	职教专科
5168	4-10-07-03	宠物美容师	0727-3	宠物医疗与护理	技工院校3级
5169	4-10-07-03	宠物美容师	610303	宠物养护与经营	职教中职
5170	4-10-07-03	宠物美容师	0508-4	美容美发与造型（美容）	技工院校4级
5171	4-10-07-03	宠物美容师	0727-4	宠物医疗与护理	技工院校4级
5172	4-11-01-01	供电服务员	430108	供用电技术	职教专科
5173	4-11-01-01	供电服务员	430111	电力客户服务与管理	职教专科
5174	4-11-01-01	供电服务员	0819-3	供用电技术	技工院校3级
5175	4-11-01-01	供电服务员	630105	供用电技术	职教中职
5176	4-11-01-01	供电服务员	0819-4	供用电技术	技工院校4级
5177	4-11-01-02	电力交易员	230101	电力工程及自动化	职教本科
5178	4-11-01-03	综合能源服务员	080501	能源与动力工程	普通本科
5179	4-11-01-03	综合能源服务员	081002	建筑环境与能源应用工程	普通本科
5180	4-11-01-03	综合能源服务员	240401	建筑环境与能源工程	职教本科
5181	4-11-01-03	综合能源服务员	430305	工业节能技术	职教专科
5182	4-11-02-00	燃气供应服务员	440603	城市燃气工程技术	职教专科
5183	4-11-02-00	燃气供应服务员	1110-3	燃气热力运行与维护	技工院校3级

续表

序号	职业编码	职业名称	专业代码	专业名称	院校类型
5184	4-11-02-00	燃气供应服务员	1113-3	城市燃气输配与应用	技工院校3级
5185	4-11-02-00	燃气供应服务员	640603	城市燃气智能输配与应用	职教中职
5186	4-11-02-00	燃气供应服务员	1110-4	燃气热力运行与维护	技工院校4级
5187	4-11-02-00	燃气供应服务员	1113-4	城市燃气输配与应用	技工院校4级
5188	4-11-03-02	村镇供水员	120302	农村区域发展	普通本科
5189	4-11-03-02	村镇供水员	210105	现代农业经营与管理	职教本科
5190	4-11-03-02	村镇供水员	420809	水净化与安全技术	职教专科
5191	4-11-03-02	村镇供水员	0721-3	农村电气技术	技工院校3级
5192	4-11-03-02	村镇供水员	0722-3	农村经济综合管理	技工院校3级
5193	4-11-03-02	村镇供水员	610111	农村电气技术	职教中职
5194	4-11-03-02	村镇供水员	650205	农村饮水供水工程技术	职教中职
5195	4-11-03-02	村镇供水员	0721-4	农村电气技术	技工院校4级
5196	4-12-01-01	汽车维修工	080208	汽车服务工程	普通本科
5197	4-12-01-01	汽车维修工	260701	汽车工程技术	职教本科
5198	4-12-01-01	汽车维修工	260702	新能源汽车工程技术	职教本科
5199	4-12-01-01	汽车维修工	260703	智能网联汽车工程技术	职教本科
5200	4-12-01-01	汽车维修工	300203	汽车服务工程技术	职教本科
5201	4-12-01-01	汽车维修工	0126-2	汽车制造与装配	技工院校2级
5202	4-12-01-01	汽车维修工	0403-2	汽车维修	技工院校2级

职业信息与教育培训项目（专业）信息对应指引
（2023 年版）

续表

序号	职业编码	职业名称	专业代码	专业名称	院校类型
5203	4-12-01-01	汽车维修工	0404-2	汽车电器维修	技工院校2级
5204	4-12-01-01	汽车维修工	0405-2	汽车钣金与涂装	技工院校2级
5205	4-12-01-01	汽车维修工	0407-2	汽车检测	技工院校2级
5206	4-12-01-01	汽车维修工	460701	汽车制造与试验技术	职教专科
5207	4-12-01-01	汽车维修工	460702	新能源汽车技术	职教专科
5208	4-12-01-01	汽车维修工	460703	汽车电子技术	职教专科
5209	4-12-01-01	汽车维修工	460704	智能网联汽车技术	职教专科
5210	4-12-01-01	汽车维修工	460705	汽车造型与改装技术	职教专科
5211	4-12-01-01	汽车维修工	500210	汽车技术服务与营销	职教专科
5212	4-12-01-01	汽车维修工	500211	汽车检测与维修技术	职教专科
5213	4-12-01-01	汽车维修工	500212	新能源汽车检测与维修技术	职教专科
5214	4-12-01-01	汽车维修工	510107	汽车智能技术	职教专科
5215	4-12-01-01	汽车维修工	0126-3	汽车制造与装配	技工院校3级
5216	4-12-01-01	汽车维修工	0132-3	新能源汽车制造与装配	技工院校3级
5217	4-12-01-01	汽车维修工	0403-3	汽车维修	技工院校3级
5218	4-12-01-01	汽车维修工	0404-3	汽车电器维修	技工院校3级
5219	4-12-01-01	汽车维修工	0405-3	汽车钣金与涂装	技工院校3级
5220	4-12-01-01	汽车维修工	0406-3	汽车装饰与美容	技工院校3级

续表

序号	职业编码	职业名称	专业代码	专业名称	院校类型
5221	4-12-01-01	汽车维修工	0407-3	汽车检测	技工院校3级
5222	4-12-01-01	汽车维修工	0408-3	汽车营销	技工院校3级
5223	4-12-01-01	汽车维修工	0435-3	新能源汽车检测与维修	技工院校3级
5224	4-12-01-01	汽车维修工	0436-3	汽车技术服务与营销	技工院校3级
5225	4-12-01-01	汽车维修工	0437-3	汽车保险理赔与评估	技工院校3级
5226	4-12-01-01	汽车维修工	0444-3	智能网联汽车技术应用	技工院校3级
5227	4-12-01-01	汽车维修工	0445-3	重型车辆运用与维修	技工院校3级
5228	4-12-01-01	汽车维修工	0716-3	农业机械使用与维护	技工院校3级
5229	4-12-01-01	汽车维修工	660701	汽车制造与检测	职教中职
5230	4-12-01-01	汽车维修工	660702	新能源汽车制造与检测	职教中职
5231	4-12-01-01	汽车维修工	660703	汽车电子技术应用	职教中职
5232	4-12-01-01	汽车维修工	700203	交通运营服务	职教中职
5233	4-12-01-01	汽车维修工	700205	汽车服务与营销	职教中职
5234	4-12-01-01	汽车维修工	700206	汽车运用与维修	职教中职
5235	4-12-01-01	汽车维修工	700207	汽车车身修复	职教中职
5236	4-12-01-01	汽车维修工	700208	汽车美容与装潢	职教中职
5237	4-12-01-01	汽车维修工	700209	新能源汽车运用与维修	职教中职
5238	4-12-01-01	汽车维修工	0126-4	汽车制造与装配	技工院校4级

续表

序号	职业编码	职业名称	专业代码	专业名称	院校类型
5239	4-12-01-01	汽车维修工	0132-4	新能源汽车制造与装配	技工院校4级
5240	4-12-01-01	汽车维修工	0403-4	汽车维修	技工院校4级
5241	4-12-01-01	汽车维修工	0404-4	汽车电器维修	技工院校4级
5242	4-12-01-01	汽车维修工	0405-4	汽车钣金与涂装	技工院校4级
5243	4-12-01-01	汽车维修工	0406-4	汽车装饰与美容	技工院校4级
5244	4-12-01-01	汽车维修工	0407-4	汽车检测	技工院校4级
5245	4-12-01-01	汽车维修工	0408-4	汽车营销	技工院校4级
5246	4-12-01-01	汽车维修工	0435-4	新能源汽车检测与维修	技工院校4级
5247	4-12-01-01	汽车维修工	0436-4	汽车技术服务与营销	技工院校4级
5248	4-12-01-01	汽车维修工	0437-4	汽车保险理赔与评估	技工院校4级
5249	4-12-01-01	汽车维修工	0444-4	智能网联汽车技术应用	技工院校4级
5250	4-12-01-01	汽车维修工	0445-4	重型车辆运用与维修	技工院校4级
5251	4-12-01-02	摩托车修理工	260306	现代测控工程技术	职教本科
5252	4-12-01-02	摩托车修理工	0111-2	工量具制造与维修	技工院校2级

续表

序号	职业编码	职业名称	专业代码	专业名称	院校类型
5253	4-12-01-02	摩托车修理工	0127-2	机电一体化技术	技工院校2级
5254	4-12-01-02	摩托车修理工	460308	工业自动化仪表技术	职教专科
5255	4-12-01-02	摩托车修理工	0111-3	工量具制造与维修	技工院校3级
5256	4-12-01-02	摩托车修理工	0206-3	工业自动化仪器仪表装配与维护	技工院校3级
5257	4-12-01-02	摩托车修理工	0434-3	飞机维修	技工院校3级
5258	4-12-01-02	摩托车修理工	0111-4	工量具制造与维修	技工院校4级
5259	4-12-01-02	摩托车修理工	0716-4	农业机械使用与维护	技工院校4级
5260	4-12-01-03	电池及电池系统维修保养师	230503	储能材料工程技术	职教本科
5261	4-12-01-03	电池及电池系统维修保养师	430307	新能源材料应用技术	职教专科
5262	4-12-01-03	电池及电池系统维修保养师	430504	储能材料技术	职教专科
5263	4-12-01-03	电池及电池系统维修保养师	0824-3	储能材料制备	技工院校3级
5264	4-12-01-03	电池及电池系统维修保养师	0824-4	储能材料制备	技工院校4级
5265	4-12-02-01	计算机维修工	300402	航空机电设备维修技术	职教本科
5266	4-12-02-01	计算机维修工	0212-2	办公设备维修	技工院校2级
5267	4-12-02-01	计算机维修工	0303-3	计算机应用与维修	技工院校3级

职业信息与教育培训项目（专业）信息对应指引

（2023年版）

续表

序号	职业编码	职业名称	专业代码	专业名称	院校类型
5268	4-12-02-01	计算机维修工	710211	计算机与数码设备维修	职教中职
5269	4-12-02-01	计算机维修工	710401	微电子技术与器件制造	职教中职
5270	4-12-02-01	计算机维修工	0211-4	通信终端设备制造与维修	技工院校4级
5271	4-12-02-01	计算机维修工	0303-4	计算机应用与维修	技工院校4级
5272	4-12-02-02	办公设备维修工	0212-3	办公设备维修	技工院校3级
5273	4-12-02-03	信息通信网络终端维修员	080703	通信工程	普通本科
5274	4-12-02-03	信息通信网络终端维修员	310301	现代通信工程	职教本科
5275	4-12-02-03	信息通信网络终端维修员	0211-2	通信终端设备制造与维修	技工院校2级
5276	4-12-02-03	信息通信网络终端维修员	0301-2	计算机网络应用	技工院校2级
5277	4-12-02-03	信息通信网络终端维修员	0309-2	通信网络应用	技工院校2级
5278	4-12-02-03	信息通信网络终端维修员	510301	现代通信技术	职教专科
5279	4-12-02-03	信息通信网络终端维修员	510302	现代移动通信技术	职教专科
5280	4-12-02-03	信息通信网络终端维修员	510303	通信软件技术	职教专科
5281	4-12-02-03	信息通信网络终端维修员	510306	通信系统运行管理	职教专科
5282	4-12-02-03	信息通信网络终端维修员	510308	网络规划与优化技术	职教专科

续表

序号	职业编码	职业名称	专业代码	专业名称	院校类型
5283	4-12-02-03	信息通信网络终端维修员	510309	电信服务与管理	职教专科
5284	4-12-02-03	信息通信网络终端维修员	0211-3	通信终端设备制造与维修	技工院校3级
5285	4-12-02-03	信息通信网络终端维修员	0309-3	通信网络应用	技工院校3级
5286	4-12-02-03	信息通信网络终端维修员	0310-3	通信运营服务	技工院校3级
5287	4-12-02-03	信息通信网络终端维修员	710202	计算机网络技术	职教中职
5288	4-12-02-03	信息通信网络终端维修员	710301	现代通信技术应用	职教中职
5289	4-12-02-03	信息通信网络终端维修员	710302	通信系统工程安装与维护	职教中职
5290	4-12-02-03	信息通信网络终端维修员	710303	通信运营服务	职教中职
5291	4-12-02-03	信息通信网络终端维修员	0211-4	通信终端设备制造与维修	技工院校4级
5292	4-12-02-03	信息通信网络终端维修员	0301-4	计算机网络应用	技工院校4级
5293	4-12-02-03	信息通信网络终端维修员	0310-4	通信运营服务	技工院校4级
5294	4-12-03-02	家用电子产品维修工	0209-2	电子技术应用	技工院校2级
5295	4-12-03-02	家用电子产品维修工	0210-2	音像电子设备应用与维修	技工院校2级
5296	4-12-03-02	家用电子产品维修工	0212-2	办公设备维修	技工院校2级

职业信息与教育培训项目（专业）信息对应指引

（2023 年版）

续表

序号	职业编码	职业名称	专业代码	专业名称	院校类型
5297	4-12-03-02	家用电子产品维修工	510103	应用电子技术	职教专科
5298	4-12-03-02	家用电子产品维修工	0209-3	电子技术应用	技工院校3级
5299	4-12-03-02	家用电子产品维修工	0210-3	音像电子设备应用与维修	技工院校3级
5300	4-12-03-02	家用电子产品维修工	0211-3	通信终端设备制造与维修	技工院校3级
5301	4-12-03-02	家用电子产品维修工	0212-3	办公设备维修	技工院校3级
5302	4-12-03-02	家用电子产品维修工	710211	计算机与数码设备维修	职教中职
5303	4-12-03-02	家用电子产品维修工	0209-4	电子技术应用	技工院校4级
5304	4-12-03-02	家用电子产品维修工	0210-4	音像电子设备应用与维修	技工院校4级
5305	4-12-03-02	家用电子产品维修工	0211-4	通信终端设备制造与维修	技工院校4级
5306	4-12-04-02	修鞋工	480104	鞋类设计与工艺	职教专科
5307	4-12-04-02	修鞋工	1212-3	鞋制品设计与制作	技工院校3级
5308	4-12-04-02	修鞋工	1212-4	鞋制品设计与制作	技工院校4级
5309	4-12-04-03	钟表维修工	680106	钟表维修	职教中职
5310	4-12-04-05	燃气具安装维修工	440603	城市燃气工程技术	职教专科
5311	4-12-04-05	燃气具安装维修工	1110-3	燃气热力运行与维护	技工院校3级
5312	4-12-04-05	燃气具安装维修工	1113-3	城市燃气输配与应用	技工院校3级

续表

序号	职业编码	职业名称	专业代码	专业名称	院校类型
5313	4-12-04-05	燃气具安装维修工	640603	城市燃气智能输配与应用	职教中职
5314	4-12-04-05	燃气具安装维修工	1110-4	燃气热力运行与维护	技工院校4级
5315	4-12-04-05	燃气具安装维修工	1113-4	城市燃气输配与应用	技工院校4级
5316	4-12-04-06	照相器材维修工	560212	摄影摄像技术	职教专科
5317	4-12-05-01	乐器维修工	480109	乐器制造与维护	职教专科
5318	4-12-05-01	乐器维修工	1422-3	乐器制造与维修	技工院校3级
5319	4-12-05-01	乐器维修工	750212	乐器维修与制作	职教中职
5320	4-12-05-01	乐器维修工	1422-4	乐器制造与维修	技工院校4级
5321	4-12-05-02	钢琴调律师	550214	钢琴调律	职教专科
5322	4-12-06-00	印章制作工	550119	雕刻艺术设计	职教专科
5323	4-12-06-00	印章制作工	1217-3	陶瓷美术	技工院校3级
5324	4-12-06-00	印章制作工	1402-3	工艺美术	技工院校3级
5325	4-12-06-00	印章制作工	1402-4	工艺美术	技工院校4级
5326	4-13-01-01	群众文化指导员	550403	公共文化服务与管理	职教专科
5327	4-13-01-01	群众文化指导员	750401	社会文化艺术	职教中职
5328	4-13-01-03	讲解员	550110	展示艺术设计	职教专科
5329	4-13-01-04	文化经纪人	550402	文化产业经营与管理	职教专科
5330	4-13-01-05	全媒体运营师	310204	数字媒体技术	职教本科
5331	4-13-01-05	全媒体运营师	330703	全媒体电商运营	职教本科
5332	4-13-01-05	全媒体运营师	360101	网络与新媒体	职教本科

职业信息与教育培训项目（专业）信息对应指引

（2023年版）

续表

序号	职业编码	职业名称	专业代码	专业名称	院校类型
5333	4-13-01-05	全媒体运营师	0319-2	数字媒体技术应用	技工院校2级
5334	4-13-01-05	全媒体运营师	510204	数字媒体技术	职教专科
5335	4-13-01-05	全媒体运营师	530703	移动商务	职教专科
5336	4-13-01-05	全媒体运营师	530704	网络营销与直播电商	职教专科
5337	4-13-01-05	全媒体运营师	550402	文化产业经营与管理	职教专科
5338	4-13-01-05	全媒体运营师	560102	网络新闻与传播	职教专科
5339	4-13-01-05	全媒体运营师	560213	融媒体技术与运营	职教专科
5340	4-13-01-05	全媒体运营师	560215	传播与策划	职教专科
5341	4-13-01-05	全媒体运营师	560216	全媒体广告策划与营销	职教专科
5342	4-13-01-06	档案数字化管理师	120502	档案学	普通本科
5343	4-13-01-06	档案数字化管理师	550407	图书档案管理	职教专科
5344	4-13-01-06	档案数字化管理师	750403	图书档案数字化管理	职教中职
5345	4-13-01-06	档案数字化管理师	790401	文秘	职教中职
5346	4-13-01-07	图书馆服务员	550407	图书档案管理	职教专科
5347	4-13-02-02	动画制作员	130310	动画	普通本科
5348	4-13-02-02	动画制作员	360206	数字动画	职教本科
5349	4-13-02-02	动画制作员	0306-2	计算机动画制作	技工院校2级
5350	4-13-02-02	动画制作员	440107	建筑动画技术	职教专科
5351	4-13-02-02	动画制作员	510215	动漫制作技术	职教专科
5352	4-13-02-02	动画制作员	550103	数字媒体艺术设计	职教专科
5353	4-13-02-02	动画制作员	550116	动漫设计	职教专科
5354	4-13-02-02	动画制作员	550212	音乐制作	职教专科
5355	4-13-02-02	动画制作员	550216	音乐传播	职教专科
5356	4-13-02-02	动画制作员	560206	影视动画	职教专科
5357	4-13-02-02	动画制作员	0305-3	计算机游戏制作	技工院校3级

续表

序号	职业编码	职业名称	专业代码	专业名称	院校类型
5358	4-13-02-02	动画制作员	0306-3	计算机动画制作	技工院校3级
5359	4-13-02-02	动画制作员	0319-3	数字媒体技术应用	技工院校3级
5360	4-13-02-02	动画制作员	750109	动漫与游戏设计	职教中职
5361	4-13-02-02	动画制作员	750211	数字音乐制作	职教中职
5362	4-13-02-02	动画制作员	760204	动漫与游戏制作	职教中职
5363	4-13-02-02	动画制作员	0306-4	计算机动画制作	技工院校4级
5364	4-13-02-05	电影放映员	560207	影视制片管理	职教专科
5365	4-13-02-06	音响调音员	550212	音乐制作	职教专科
5366	4-13-02-06	音响调音员	560211	录音技术与艺术	职教专科
5367	4-13-02-06	音响调音员	1412-3	演艺设备安装与调试	技工院校3级
5368	4-13-02-06	音响调音员	750211	数字音乐制作	职教中职
5369	4-13-02-06	音响调音员	1412-4	演艺设备安装与调试	技工院校4级
5370	4-13-02-07	照明工	350204	舞台艺术设计	职教本科
5371	4-13-02-07	照明工	550218	舞台艺术设计与制作	职教专科
5372	4-13-02-07	照明工	560209	影视照明技术与艺术	职教专科
5373	4-13-02-07	照明工	560210	音像技术	职教专科
5374	4-13-02-07	照明工	1412-3	演艺设备安装与调试	技工院校3级
5375	4-13-02-07	照明工	1412-4	演艺设备安装与调试	技工院校4级
5376	4-13-02-08	影视服装员	081602	服装设计与工程	普通本科
5377	4-13-02-08	影视服装员	130505	服装与服饰设计	普通本科
5378	4-13-02-08	影视服装员	280402	服装工程技术	职教本科

序号	职业编码	职业名称	专业代码	专业名称	院校类型
5379	4-13-02-08	影视服装员	350105	服装与服饰设计	职教本科
5380	4-13-02-08	影视服装员	360204	影视编导	职教本科
5381	4-13-02-08	影视服装员	480402	服装设计与工艺	职教专科
5382	4-13-02-08	影视服装员	480404	针织技术与针织服装	职教专科
5383	4-13-02-08	影视服装员	480411	纺织品检验与贸易	职教专科
5384	4-13-02-08	影视服装员	480412	皮革服装制作与工艺	职教专科
5385	4-13-02-08	影视服装员	550105	服装与服饰设计	职教专科
5386	4-13-02-08	影视服装员	550127	服装陈列与展示设计	职教专科
5387	4-13-02-08	影视服装员	1208-3	服装制作与营销	技工院校3级
5388	4-13-02-08	影视服装员	1210-3	服装设计与制作	技工院校3级
5389	4-13-02-08	影视服装员	680402	服装设计与工艺	职教中职
5390	4-13-02-08	影视服装员	680406	服装制作与生产管理	职教中职
5391	4-13-02-08	影视服装员	750105	服装陈列与展示设计	职教中职
5392	4-13-02-08	影视服装员	0536-4	服装陈列与展示设计	技工院校4级
5393	4-13-02-08	影视服装员	1208-4	服装制作与营销	技工院校4级
5394	4-13-02-08	影视服装员	1210-4	服装设计与制作	技工院校4级
5395	4-13-02-08	影视服装员	1411-4	服装模特	技工院校4级
5396	4-13-02-09	电视摄像员	130404	摄影	普通本科
5397	4-13-02-09	电视摄像员	360202	影视摄影与制作	职教本科
5398	4-13-02-09	电视摄像员	560202	广播影视节目制作	职教专科
5399	4-13-02-09	电视摄像员	560212	摄影摄像技术	职教专科

续表

序号	职业编码	职业名称	专业代码	专业名称	院校类型
5400	4-13-02-09	电视摄像员	1416-3	摄影摄像技术	技工院校3级
5401	4-13-02-09	电视摄像员	1419-3	影视表演与制作	技工院校3级
5402	4-13-02-09	电视摄像员	760202	广播影视节目制作	职教中职
5403	4-13-02-09	电视摄像员	760203	影像与影视技术	职教中职
5404	4-13-02-09	电视摄像员	1416-4	摄影摄像技术	技工院校4级
5405	4-13-02-09	电视摄像员	1419-4	影视表演与制作	技工院校4级
5406	4-13-03-01	考古探掘工	060104	文物与博物馆学	普通本科
5407	4-13-03-01	考古探掘工	550405	文物考古技术	职教专科
5408	4-13-03-02	文物修复师	060104	文物与博物馆学	普通本科
5409	4-13-03-02	文物修复师	350401	文物修复与保护	职教本科
5410	4-13-03-02	文物修复师	420806	生态环境修复技术	职教专科
5411	4-13-03-02	文物修复师	550404	文物修复与保护	职教专科
5412	4-13-03-02	文物修复师	550405	文物考古技术	职教专科
5413	4-13-03-02	文物修复师	550406	文物展示利用技术	职教专科
5414	4-13-03-02	文物修复师	550408	石窟寺保护技术	职教专科
5415	4-13-03-02	文物修复师	1417-3	文物修复与保护	技工院校3级
5416	4-13-03-02	文物修复师	1423-3	文物数字化技术应用	技工院校3级
5417	4-13-03-02	文物修复师	750402	文物保护技术	职教中职
5418	4-13-03-02	文物修复师	750403	图书档案数字化管理	职教中职
5419	4-13-03-02	文物修复师	1417-4	文物修复与保护	技工院校4级

职业信息与教育培训项目（专业）信息对应指引
（2023年版）

续表

序号	职业编码	职业名称	专业代码	专业名称	院校类型
5420	4-13-03-02	文物修复师	1423-4	文物数字化技术应用	技工院校4级
5421	4-13-04-01	在线学习服务师	570115K	现代教育技术	职教专科
5422	4-13-04-02	国防教育辅导员	040101	教育学	普通本科
5423	4-13-04-03	家庭教育指导师	320604	儿童康复治疗	职教本科
5424	4-13-04-04	研学旅行指导师	540102	导游	职教专科
5425	4-13-04-04	研学旅行指导师	540105	研学旅行管理与服务	职教专科
5426	4-13-04-04	研学旅行指导师	740102	导游服务	职教中职
5427	4-14-01-01	医疗临床辅助服务员	320201	护理	职教本科
5428	4-14-01-01	医疗临床辅助服务员	520410	中药学	职教专科
5429	4-14-01-01	医疗临床辅助服务员	520415	中药制药	职教专科
5430	4-14-01-01	医疗临床辅助服务员	520501	医学检验技术	职教专科
5431	4-14-01-01	医疗临床辅助服务员	520702	卫生信息管理	职教专科
5432	4-14-01-01	医疗临床辅助服务员	720403	中药	职教中职
5433	4-14-01-01	医疗临床辅助服务员	720407	中药制药	职教中职
5434	4-14-01-01	医疗临床辅助服务员	720501	医学检验技术	职教中职
5435	4-14-01-01	医疗临床辅助服务员	720701	卫生信息管理	职教中职
5436	4-14-01-02	医疗护理员	101101	护理学	普通本科
5437	4-14-01-02	医疗护理员	320201	护理	职教本科
5438	4-14-01-02	医疗护理员	520201	护理	职教专科
5439	4-14-01-02	医疗护理员	520202	助产	职教专科
5440	4-14-01-02	医疗护理员	590302	智慧健康养老服务与管理	职教专科
5441	4-14-01-02	医疗护理员	0515-3	护理	技工院校3级
5442	4-14-01-02	医疗护理员	0529-3	健康与社会照护	技工院校3级
5443	4-14-01-02	医疗护理员	720201	护理	职教中职

序号	职业编码	职业名称	专业代码	专业名称	院校类型
5444	4-14-01-02	医疗护理员	720402	中医护理	职教中职
5445	4-14-01-02	医疗护理员	790302	智慧健康养老服务	职教中职
5446	4-14-01-02	医疗护理员	0515-4	护理	技工院校4级
5447	4-14-01-02	医疗护理员	0521-4	老年服务与管理	技工院校4级
5448	4-14-01-02	医疗护理员	0529-4	健康与社会照护	技工院校4级
5449	4-14-01-03	健康照护师	320802	婴幼儿发展与健康管理	职教本科
5450	4-14-01-03	健康照护师	320803	医养照护与管理	职教本科
5451	4-14-01-03	健康照护师	520803	老年保健与管理	职教专科
5452	4-14-01-03	健康照护师	590301	现代家政服务与管理	职教专科
5453	4-14-01-03	健康照护师	590302	智慧健康养老服务与管理	职教专科
5454	4-14-01-03	健康照护师	590303	社区康复	职教专科
5455	4-14-01-03	健康照护师	0529-3	健康与社会照护	技工院校3级
5456	4-14-01-03	健康照护师	770101	幼儿保育	职教中职
5457	4-14-01-03	健康照护师	790302	智慧健康养老服务	职教中职
5458	4-14-01-03	健康照护师	790303	老年人服务与管理	职教中职
5459	4-14-01-03	健康照护师	790305	母婴照护	职教中职
5460	4-14-01-03	健康照护师	0529-4	健康与社会照护	技工院校4级
5461	4-14-01-04	呼吸治疗师	320506	呼吸治疗技术	职教本科
5462	4-14-01-04	呼吸治疗师	320601	康复治疗	职教本科
5463	4-14-01-04	呼吸治疗师	520416	中医康复技术	职教专科
5464	4-14-01-04	呼吸治疗师	520506	呼吸治疗技术	职教专科
5465	4-14-01-04	呼吸治疗师	520601	康复治疗技术	职教专科

职业信息与教育培训项目（专业）信息对应指引

（2023年版）

续表

序号	职业编码	职业名称	专业代码	专业名称	院校类型
5466	4-14-01-04	呼吸治疗师	720601	康复技术	职教中职
5467	4-14-02-01	营养师	040205	运动人体科学	普通本科
5468	4-14-02-01	营养师	100402	食品卫生与营养学	普通本科
5469	4-14-02-01	营养师	290103	食品营养与健康	职教本科
5470	4-14-02-01	营养师	320801	健康管理	职教本科
5471	4-14-02-01	营养师	490103	食品营养与健康	职教专科
5472	4-14-02-01	营养师	520801	健康管理	职教专科
5473	4-14-02-01	营养师	520805	医学营养	职教专科
5474	4-14-02-01	营养师	540205	营养配餐	职教专科
5475	4-14-02-01	营养师	0513-3	公共营养保健	技工院校3级
5476	4-14-02-01	营养师	0534-3	烹调工艺与营养	技工院校3级
5477	4-14-02-01	营养师	1218-3	食品营养与卫生	技工院校3级
5478	4-14-02-01	营养师	720801	营养与保健	职教中职
5479	4-14-02-01	营养师	0513-4	公共营养保健	技工院校4级
5480	4-14-02-01	营养师	1218-4	食品营养与卫生	技工院校4级
5481	4-14-02-02	健康管理师	290103	食品营养与健康	职教本科
5482	4-14-02-02	健康管理师	320604	儿童康复治疗	职教本科
5483	4-14-02-02	健康管理师	320801	健康管理	职教本科
5484	4-14-02-02	健康管理师	520801	健康管理	职教专科
5485	4-14-02-02	健康管理师	590303	社区康复	职教专科
5486	4-14-02-02	健康管理师	0522-3	健康服务与管理	技工院校3级
5487	4-14-02-02	健康管理师	790103	社会福利事业管理	职教中职

续表

序号	职业编码	职业名称	专业代码	专业名称	院校类型
5488	4-14-02-02	健康管理师	0522-4	健康服务与管理	技工院校4级
5489	4-14-02-03	生殖健康咨询师	320801	健康管理	职教本科
5490	4-14-02-03	生殖健康咨询师	520801	健康管理	职教专科
5491	4-14-02-03	生殖健康咨询师	520806	生殖健康管理	职教专科
5492	4-14-02-03	生殖健康咨询师	720802	生殖健康管理	职教中职
5493	4-14-02-05	老年人能力评估师	320803	医养照护与管理	职教本科
5494	4-14-02-05	老年人能力评估师	520803	老年保健与管理	职教专科
5495	4-14-02-05	老年人能力评估师	590302	智慧健康养老服务与管理	职教专科
5496	4-14-02-05	老年人能力评估师	0515-3	护理	技工院校3级
5497	4-14-02-05	老年人能力评估师	0521-3	老年服务与管理	技工院校3级
5498	4-14-02-05	老年人能力评估师	790103	社会福利事业管理	职教中职
5499	4-14-02-05	老年人能力评估师	790302	智慧健康养老服务	职教中职
5500	4-14-02-05	老年人能力评估师	790303	老年人服务与管理	职教中职
5501	4-14-02-05	老年人能力评估师	0515-4	护理	技工院校4级
5502	4-14-02-05	老年人能力评估师	0521-4	老年服务与管理	技工院校4级
5503	4-14-03-01	助听器验配师	101005	康复治疗学	普通本科
5504	4-14-03-01	助听器验配师	320601	康复治疗	职教本科
5505	4-14-03-01	助听器验配师	320602	康复辅助器具技术	职教本科
5506	4-14-03-01	助听器验配师	320603	言语听觉治疗技术	职教本科
5507	4-14-03-01	助听器验配师	490215	康复工程技术	职教专科
5508	4-14-03-01	助听器验配师	520416	中医康复技术	职教专科
5509	4-14-03-01	助听器验配师	520601	康复治疗技术	职教专科

序号	职业编码	职业名称	专业代码	专业名称	院校类型
5510	4-14-03-01	助听器验配师	520602	康复辅助器具技术	职教专科
5511	4-14-03-01	助听器验配师	520603	言语听觉康复技术	职教专科
5512	4-14-03-01	助听器验配师	720408	中医康复技术	职教中职
5513	4-14-03-01	助听器验配师	720601	康复技术	职教中职
5514	4-14-03-01	助听器验配师	720602	康复辅助器具技术及应用	职教中职
5515	4-14-03-02	口腔修复体制作师	100301K	口腔医学	普通本科
5516	4-14-03-02	口腔修复体制作师	101006	口腔医学技术	普通本科
5517	4-14-03-02	口腔修复体制作师	320504	口腔医学技术	职教本科
5518	4-14-03-02	口腔修复体制作师	520102K	口腔医学	职教专科
5519	4-14-03-02	口腔修复体制作师	520504	口腔医学技术	职教专科
5520	4-14-03-02	口腔修复体制作师	1307-3	口腔义齿制造	技工院校3级
5521	4-14-03-02	口腔修复体制作师	720504	口腔修复工艺	职教中职
5522	4-14-03-02	口腔修复体制作师	1307-4	口腔义齿制造	技工院校4级
5523	4-14-03-03	眼镜验光师	320901	眼视光技术	职教本科
5524	4-14-03-03	眼镜验光师	520901	眼视光技术	职教专科
5525	4-14-03-03	眼镜验光师	520903	视觉训练与康复	职教专科
5526	4-14-03-03	眼镜验光师	1308-3	眼视光技术	技工院校3级
5527	4-14-03-03	眼镜验光师	720901	眼视光与配镜	职教中职
5528	4-14-03-03	眼镜验光师	1308-4	眼视光技术	技工院校4级
5529	4-14-03-04	眼镜定配工	320901	眼视光技术	职教本科
5530	4-14-03-04	眼镜定配工	520901	眼视光技术	职教专科
5531	4-14-03-04	眼镜定配工	1308-3	眼视光技术	技工院校3级

续表

序号	职业编码	职业名称	专业代码	专业名称	院校类型
5532	4-14-03-04	眼镜定配工	720901	眼视光与配镜	职教中职
5533	4-14-03-04	眼镜定配工	1308-4	眼视光技术	技工院校4级
5534	4-14-03-05	听觉口语师	101005	康复治疗学	普通本科
5535	4-14-03-05	听觉口语师	320601	康复治疗	职教本科
5536	4-14-03-05	听觉口语师	320602	康复辅助器具技术	职教本科
5537	4-14-03-05	听觉口语师	320603	言语听觉治疗技术	职教本科
5538	4-14-03-05	听觉口语师	320604	儿童康复治疗	职教本科
5539	4-14-03-05	听觉口语师	490215	康复工程技术	职教专科
5540	4-14-03-05	听觉口语师	520416	中医康复技术	职教专科
5541	4-14-03-05	听觉口语师	520601	康复治疗技术	职教专科
5542	4-14-03-05	听觉口语师	520602	康复辅助器具技术	职教专科
5543	4-14-03-05	听觉口语师	520603	言语听觉康复技术	职教专科
5544	4-14-03-05	听觉口语师	570306	体育保健与康复	职教专科
5545	4-14-03-05	听觉口语师	590303	社区康复	职教专科
5546	4-14-03-05	听觉口语师	0522-3	健康服务与管理	技工院校3级
5547	4-14-03-05	听觉口语师	0528-3	康复保健	技工院校3级
5548	4-14-03-05	听觉口语师	720408	中医康复技术	职教中职
5549	4-14-03-05	听觉口语师	720601	康复技术	职教中职
5550	4-14-03-05	听觉口语师	720602	康复辅助器具技术及应用	职教中职
5551	4-14-03-05	听觉口语师	0522-4	健康服务与管理	技工院校4级
5552	4-14-03-05	听觉口语师	0528-4	康复保健	技工院校4级
5553	4-14-03-06	康复辅助技术咨询师	101005	康复治疗学	普通本科

职业信息与教育培训项目（专业）信息对应指引
（2023年版）

续表

序号	职业编码	职业名称	专业代码	专业名称	院校类型
5554	4-14-03-06	康复辅助技术咨询师	320601	康复治疗	职教本科
5555	4-14-03-06	康复辅助技术咨询师	320602	康复辅助器具技术	职教本科
5556	4-14-03-06	康复辅助技术咨询师	320603	言语听觉治疗技术	职教本科
5557	4-14-03-06	康复辅助技术咨询师	320604	儿童康复治疗	职教本科
5558	4-14-03-06	康复辅助技术咨询师	490215	康复工程技术	职教专科
5559	4-14-03-06	康复辅助技术咨询师	520416	中医康复技术	职教专科
5560	4-14-03-06	康复辅助技术咨询师	520601	康复治疗技术	职教专科
5561	4-14-03-06	康复辅助技术咨询师	520602	康复辅助器具技术	职教专科
5562	4-14-03-06	康复辅助技术咨询师	520603	言语听觉康复技术	职教专科
5563	4-14-03-06	康复辅助技术咨询师	570306	体育保健与康复	职教专科
5564	4-14-03-06	康复辅助技术咨询师	590303	社区康复	职教专科
5565	4-14-03-06	康复辅助技术咨询师	0528-3	康复保健	技工院校3级
5566	4-14-03-06	康复辅助技术咨询师	720408	中医康复技术	职教中职
5567	4-14-03-06	康复辅助技术咨询师	720601	康复技术	职教中职
5568	4-14-03-06	康复辅助技术咨询师	720602	康复辅助器具技术及应用	职教中职
5569	4-14-03-06	康复辅助技术咨询师	0528-4	康复保健	技工院校4级
5570	4-14-04-01	防疫员	320701	公共卫生管理	职教本科
5571	4-14-04-01	防疫员	410404	水生动物医学	职教专科
5572	4-14-04-01	防疫员	520101K	临床医学	职教专科
5573	4-14-04-01	防疫员	520701	公共卫生管理	职教专科
5574	4-14-04-01	防疫员	520703K	预防医学	职教专科
5575	4-14-04-01	防疫员	1311-3	公共卫生防疫与管理	技工院校3级
5576	4-14-04-01	防疫员	1311-4	公共卫生防疫与管理	技工院校4级

续表

序号	职业编码	职业名称	专业代码	专业名称	院校类型
5577	4-14-04-02	消毒员	1311-3	公共卫生防疫与管理	技工院校3级
5578	4-14-04-02	消毒员	1311-4	公共卫生防疫与管理	技工院校4级
5579	4-14-04-03	公共场所卫生管理员	320701	公共卫生管理	职教本科
5580	4-14-04-03	公共场所卫生管理员	320702	职业卫生工程技术	职教本科
5581	4-14-04-03	公共场所卫生管理员	320703	职业病危害检测评价技术	职教本科
5582	4-14-04-03	公共场所卫生管理员	520508	卫生检验与检疫技术	职教专科
5583	4-14-04-03	公共场所卫生管理员	520701	公共卫生管理	职教专科
5584	4-14-04-03	公共场所卫生管理员	1311-3	公共卫生防疫与管理	技工院校3级
5585	4-14-04-03	公共场所卫生管理员	1311-4	公共卫生防疫与管理	技工院校4级
5586	4-14-04-04	社群健康助理员	320701	公共卫生管理	职教本科
5587	4-14-04-04	社群健康助理员	320801	健康管理	职教本科
5588	4-14-04-04	社群健康助理员	520701	公共卫生管理	职教专科
5589	4-14-04-04	社群健康助理员	520703K	预防医学	职教专科
5590	4-14-04-04	社群健康助理员	520801	健康管理	职教专科
5591	4-14-05-01	社会体育指导员	0533-4	健身指导与管理	技工院校4级
5592	4-14-05-02	体育场馆管理员	570313	高尔夫球运动与管理	职教专科
5593	4-14-05-03	游泳救生员	570305	运动防护	职教专科
5594	4-14-05-03	游泳救生员	570308	运动健康指导	职教专科
5595	4-14-05-03	游泳救生员	0533-3	健身指导与管理	技工院校3级
5596	4-14-05-03	游泳救生员	0533-4	健身指导与管理	技工院校4级

273

职业信息与教育培训项目（专业）信息对应指引
（2023 年版）

续表

序号	职业编码	职业名称	专业代码	专业名称	院校类型
5597	4-14-05-04	康乐服务员	570307	健身指导与管理	职教专科
5598	4-14-05-04	康乐服务员	0510-4	休闲体育服务	技工院校4级
5599	4-14-05-04	康乐服务员	0523-4	休闲服务与管理	技工院校4级
5600	4-14-05-04	康乐服务员	0533-4	健身指导与管理	技工院校4级
5601	4-14-05-05	体育经纪人	040201	体育教育	普通本科
5602	4-14-05-05	体育经纪人	040202K	运动训练	普通本科
5603	4-14-05-05	体育经纪人	040203	社会体育指导与管理	普通本科
5604	4-14-05-05	体育经纪人	040204K	武术与民族传统体育	普通本科
5605	4-14-05-05	体育经纪人	370301	社会体育指导与管理	职教本科
5606	4-14-05-05	体育经纪人	370302	休闲体育	职教本科
5607	4-14-05-05	体育经纪人	570110K	体育教育	职教专科
5608	4-14-05-05	体育经纪人	570301	社会体育	职教专科
5609	4-14-05-05	体育经纪人	570302	休闲体育	职教专科
5610	4-14-05-05	体育经纪人	570304	民族传统体育	职教专科
5611	4-14-05-05	体育经纪人	570311	体育运营与管理	职教专科
5612	4-14-05-05	体育经纪人	570316	体育艺术表演	职教专科
5613	4-14-05-05	体育经纪人	0510-3	休闲体育服务	技工院校3级
5614	4-14-05-05	体育经纪人	1421-3	运动训练	技工院校3级
5615	4-14-05-05	体育经纪人	770301	体育设施管理与经营	职教中职
5616	4-14-05-05	体育经纪人	770302	休闲体育服务与管理	职教中职
5617	4-14-05-05	体育经纪人	0510-4	休闲体育服务	技工院校4级

职业信息与教育培训项目（专业）信息对应指引一览表

续表

序号	职业编码	职业名称	专业代码	专业名称	院校类型
5618	4-14-05-05	体育经纪人	1421-4	运动训练	技工院校4级
5619	4-14-05-06	电子竞技运营师	370304	电子竞技技术与管理	职教本科
5620	4-14-05-06	电子竞技运营师	570312	电子竞技运动与管理	职教专科
5621	4-14-05-07	电子竞技员	350109	游戏创意设计	职教本科
5622	4-14-05-07	电子竞技员	550109	游戏艺术设计	职教专科
5623	4-14-05-07	电子竞技员	570312	电子竞技运动与管理	职教专科
5624	4-14-05-07	电子竞技员	0530-4	电子竞技运动服务与管理	技工院校4级
5625	4-14-06-01	森林园林康养师	210202	园林工程	职教本科
5626	4-14-06-01	森林园林康养师	410210	森林生态旅游与康养	职教专科
5627	4-14-06-01	森林园林康养师	440105	风景园林设计	职教专科
5628	4-14-06-01	森林园林康养师	540113	休闲服务与管理	职教专科
5629	4-14-06-01	森林园林康养师	740103	康养休闲旅游服务	职教中职
5630	4-14-06-02	民宿管家	540107	民宿管理与运营	职教专科
5631	5-01-01-01	种子繁育员	090101	农学	普通本科
5632	5-01-01-01	种子繁育员	090104	植物科学与技术	普通本科
5633	5-01-01-01	种子繁育员	090105	种子科学与工程	普通本科
5634	5-01-01-01	种子繁育员	210101	现代种业技术	职教本科
5635	5-01-01-01	种子繁育员	410102	作物生产与经营管理	职教专科
5636	5-01-01-01	种子繁育员	410105	园艺技术	职教专科
5637	5-01-01-01	种子繁育员	0702-3	现代农艺技术	技工院校3级
5638	5-01-01-01	种子繁育员	0726-3	生态农业技术	技工院校3级
5639	5-01-01-01	种子繁育员	610101	种子生产技术	职教中职
5640	5-01-01-01	种子繁育员	610102	作物生产技术	职教中职

职业信息与教育培训项目（专业）信息对应指引
（2023年版）

续表

序号	职业编码	职业名称	专业代码	专业名称	院校类型
5641	5-01-01-01	种子繁育员	0701-4	种植	技工院校4级
5642	5-01-01-01	种子繁育员	0702-4	现代农艺技术	技工院校4级
5643	5-01-01-01	种子繁育员	0726-4	生态农业技术	技工院校4级
5644	5-01-01-02	种苗繁育员	0710-3	现代林业技术	技工院校3级
5645	5-01-01-02	种苗繁育员	610102	作物生产技术	职教中职
5646	5-01-01-02	种苗繁育员	610105	园艺技术	职教中职
5647	5-01-01-02	种苗繁育员	0710-4	现代林业技术	技工院校4级
5648	5-01-02-01	农艺工	090105	种子科学与工程	普通本科
5649	5-01-02-01	农艺工	210101	现代种业技术	职教本科
5650	5-01-02-01	农艺工	210102	作物生产与品质改良	职教本科
5651	5-01-02-01	农艺工	410101	种子生产与经营	职教专科
5652	5-01-02-01	农艺工	410102	作物生产与经营管理	职教专科
5653	5-01-02-01	农艺工	410117	棉花加工与经营管理	职教专科
5654	5-01-02-01	农艺工	0701-3	种植	技工院校3级
5655	5-01-02-01	农艺工	610101	种子生产技术	职教中职
5656	5-01-02-01	农艺工	610102	作物生产技术	职教中职
5657	5-01-02-01	农艺工	610112	设施农业生产技术	职教中职
5658	5-01-02-01	农艺工	610117	棉花加工与检验	职教中职
5659	5-01-02-01	农艺工	0701-4	种植	技工院校4级
5660	5-01-02-01	农艺工	0702-4	现代农艺技术	技工院校4级

职业信息与教育培训项目（专业）信息对应指引一览表

续表

序号	职业编码	职业名称	专业代码	专业名称	院校类型
5661	5-01-02-01	农艺工	0726-4	生态农业技术	技工院校4级
5662	5-01-02-02	园艺工	410204	花卉生产与花艺	职教专科
5663	5-01-02-02	园艺工	0703-3	果蔬花卉生产技术	技工院校3级
5664	5-01-02-02	园艺工	610105	园艺技术	职教中职
5665	5-01-02-02	园艺工	610107	茶叶生产与加工	职教中职
5666	5-01-02-02	园艺工	0701-4	种植	技工院校4级
5667	5-01-02-02	园艺工	0703-4	果蔬花卉生产技术	技工院校4级
5668	5-01-02-03	食用菌生产工	410111	食用菌生产与加工技术	职教专科
5669	5-01-02-05	中药材种植员	100504K	蒙医学	普通本科
5670	5-01-02-05	中药材种植员	520404K	蒙医学	职教专科
5671	5-01-02-05	中药材种植员	520411	蒙药学	职教专科
5672	5-01-02-05	中药材种植员	520413	藏药学	职教专科
5673	5-01-02-05	中药材种植员	720404	藏医医疗与藏药	职教中职
5674	5-01-02-05	中药材种植员	720406	蒙医医疗与蒙药	职教中职
5675	5-01-02-05	中药材种植员	0720-4	中草药种植	技工院校4级
5676	5-02-01-00	林草种苗工	210101	现代种业技术	职教本科
5677	5-02-01-00	林草种苗工	410101	种子生产与经营	职教专科
5678	5-02-01-00	林草种苗工	410206	森林和草原资源保护	职教专科
5679	5-02-01-00	林草种苗工	0710-3	现代林业技术	技工院校3级
5680	5-02-01-00	林草种苗工	610101	种子生产技术	职教中职
5681	5-02-01-00	林草种苗工	610201	林业生产技术	职教中职

职业信息与教育培训项目（专业）信息对应指引

（2023年版）

续表

序号	职业编码	职业名称	专业代码	专业名称	院校类型
5682	5-02-01-00	林草种苗工	0710-4	现代林业技术	技工院校4级
5683	5-02-02-00	造林更新工	120404	土地资源管理	普通本科
5684	5-02-02-00	造林更新工	410201	林业技术	职教专科
5685	5-02-02-00	造林更新工	0710-3	现代林业技术	技工院校3级
5686	5-02-02-00	造林更新工	620101	国土资源调查	职教中职
5687	5-02-02-00	造林更新工	0710-4	现代林业技术	技工院校4级
5688	5-02-03-01	护林员	082401	森林工程	普通本科
5689	5-02-03-01	护林员	090501	林学	普通本科
5690	5-02-03-01	护林员	210201	智慧林业技术	职教本科
5691	5-02-03-01	护林员	410201	林业技术	职教专科
5692	5-02-03-01	护林员	410208	野生动植物资源保护与利用	职教专科
5693	5-02-03-01	护林员	410210	森林生态旅游与康养	职教专科
5694	5-02-03-01	护林员	410211	林业信息技术应用	职教专科
5695	5-02-03-01	护林员	0714-3	森林资源保护与管理	技工院校3级
5696	5-02-03-01	护林员	610201	林业生产技术	职教中职
5697	5-02-03-01	护林员	610204	森林资源保护与管理	职教中职
5698	5-02-03-01	护林员	0710-4	现代林业技术	技工院校4级
5699	5-02-03-01	护林员	0714-4	森林资源保护与管理	技工院校4级
5700	5-02-03-02	森林抚育工	0710-4	现代林业技术	技工院校4级

续表

序号	职业编码	职业名称	专业代码	专业名称	院校类型
5701	5-02-03-02	森林抚育工	0715-4	森林采运工程	技工院校4级
5702	5-02-04-01	林木采伐工	0715-3	森林采运工程	技工院校3级
5703	5-02-04-01	林木采伐工	0715-4	森林采运工程	技工院校4级
5704	5-02-04-02	集材作业工	0715-3	森林采运工程	技工院校3级
5705	5-02-04-02	集材作业工	0715-4	森林采运工程	技工院校4级
5706	5-02-04-03	木材水运工	082402	木材科学与工程	普通本科
5707	5-02-04-03	木材水运工	0715-3	森林采运工程	技工院校3级
5708	5-02-04-03	木材水运工	0712-4	木材加工	技工院校4级
5709	5-02-04-03	木材水运工	0715-4	森林采运工程	技工院校4级
5710	5-03-02-02	家禽饲养员	0704-3	畜禽生产与疫病防治	技工院校3级
5711	5-03-02-02	家禽饲养员	0705-3	畜牧兽医	技工院校3级
5712	5-03-02-02	家禽饲养员	0704-4	畜禽生产与疫病防治	技工院校4级
5713	5-03-02-02	家禽饲养员	0705-4	畜牧兽医	技工院校4级
5714	5-03-03-01	经济昆虫养殖员	410308	特种动物养殖技术	职教专科
5715	5-03-03-01	经济昆虫养殖员	410311	蚕桑技术	职教专科
5716	5-03-03-01	经济昆虫养殖员	610304	蚕桑生产与经营	职教中职

序号	职业编码	职业名称	专业代码	专业名称	院校类型
5717	5-03-03-02	实验动物养殖员	090202	野生动物与自然保护区管理	普通本科
5718	5-03-03-02	实验动物养殖员	090301	动物科学	普通本科
5719	5-03-03-02	实验动物养殖员	090402	动物药学	普通本科
5720	5-03-03-02	实验动物养殖员	090601	水产养殖学	普通本科
5721	5-03-03-02	实验动物养殖员	210301	动物医学	职教本科
5722	5-03-03-02	实验动物养殖员	210304	现代畜牧	职教本科
5723	5-03-03-02	实验动物养殖员	410301	动物医学	职教专科
5724	5-03-03-02	实验动物养殖员	410303	畜牧兽医	职教专科
5725	5-03-03-02	实验动物养殖员	410304	中兽医	职教专科
5726	5-03-03-02	实验动物养殖员	410306	动物防疫与检疫	职教专科
5727	5-03-03-02	实验动物养殖员	410307	畜禽智能化养殖	职教专科
5728	5-03-03-02	实验动物养殖员	410308	特种动物养殖技术	职教专科
5729	5-03-03-02	实验动物养殖员	410310	动物营养与饲料	职教专科
5730	5-03-03-02	实验动物养殖员	410401	水产养殖技术	职教专科
5731	5-03-03-02	实验动物养殖员	0704-3	畜禽生产与疫病防治	技工院校3级
5732	5-03-03-02	实验动物养殖员	0706-3	水产养殖	技工院校3级
5733	5-03-03-02	实验动物养殖员	610301	畜禽生产技术	职教中职
5734	5-03-03-02	实验动物养殖员	610302	特种动物养殖	职教中职
5735	5-03-03-02	实验动物养殖员	0704-4	畜禽生产与疫病防治	技工院校4级
5736	5-03-03-02	实验动物养殖员	0705-4	畜牧兽医	技工院校4级
5737	5-03-03-03	特种动物养殖员	090301	动物科学	普通本科
5738	5-03-03-03	特种动物养殖员	090401	动物医学	普通本科
5739	5-03-03-03	特种动物养殖员	090402	动物药学	普通本科

续表

序号	职业编码	职业名称	专业代码	专业名称	院校类型
5740	5-03-03-03	特种动物养殖员	090601	水产养殖学	普通本科
5741	5-03-03-03	特种动物养殖员	210301	动物医学	职教本科
5742	5-03-03-03	特种动物养殖员	210302	动物药学	职教本科
5743	5-03-03-03	特种动物养殖员	210304	现代畜牧	职教本科
5744	5-03-03-03	特种动物养殖员	210401	现代水产养殖技术	职教本科
5745	5-03-03-03	特种动物养殖员	410301	动物医学	职教专科
5746	5-03-03-03	特种动物养殖员	410302	动物药学	职教专科
5747	5-03-03-03	特种动物养殖员	410303	畜牧兽医	职教专科
5748	5-03-03-03	特种动物养殖员	410306	动物防疫与检疫	职教专科
5749	5-03-03-03	特种动物养殖员	410307	畜禽智能化养殖	职教专科
5750	5-03-03-03	特种动物养殖员	410308	特种动物养殖技术	职教专科
5751	5-03-03-03	特种动物养殖员	410310	动物营养与饲料	职教专科
5752	5-03-03-03	特种动物养殖员	410401	水产养殖技术	职教专科
5753	5-03-03-03	特种动物养殖员	460114	特种加工技术	职教专科
5754	5-03-03-03	特种动物养殖员	0704-3	畜禽生产与疫病防治	技工院校3级
5755	5-03-03-03	特种动物养殖员	0705-3	畜牧兽医	技工院校3级
5756	5-03-03-03	特种动物养殖员	0706-3	水产养殖	技工院校3级
5757	5-03-03-03	特种动物养殖员	610301	畜禽生产技术	职教中职
5758	5-03-03-03	特种动物养殖员	610302	特种动物养殖	职教中职
5759	5-03-03-03	特种动物养殖员	610401	淡水养殖	职教中职
5760	5-03-03-03	特种动物养殖员	0704-4	畜禽生产与疫病防治	技工院校4级
5761	5-03-03-03	特种动物养殖员	0705-4	畜牧兽医	技工院校4级

续表

序号	职业编码	职业名称	专业代码	专业名称	院校类型
5762	5-03-03-03	特种动物养殖员	0706-4	水产养殖	技工院校4级
5763	5-04-01-01	水生动物苗种繁育工	0706-3	水产养殖	技工院校3级
5764	5-04-01-01	水生动物苗种繁育工	610402	海水养殖	职教中职
5765	5-04-01-01	水生动物苗种繁育工	0706-4	水产养殖	技工院校4级
5766	5-04-01-02	水生植物苗种培育工	0706-3	水产养殖	技工院校3级
5767	5-04-01-02	水生植物苗种培育工	610402	海水养殖	职教中职
5768	5-04-01-02	水生植物苗种培育工	0706-4	水产养殖	技工院校4级
5769	5-04-02-01	水生动物饲养工	090601	水产养殖学	普通本科
5770	5-04-02-01	水生动物饲养工	210401	现代水产养殖技术	职教本科
5771	5-04-02-01	水生动物饲养工	410307	畜禽智能化养殖	职教专科
5772	5-04-02-01	水生动物饲养工	410308	特种动物养殖技术	职教专科
5773	5-04-02-01	水生动物饲养工	410401	水产养殖技术	职教专科
5774	5-04-02-01	水生动物饲养工	410403	水族科学与技术	职教专科
5775	5-04-02-01	水生动物饲养工	410404	水生动物医学	职教专科
5776	5-04-02-01	水生动物饲养工	0706-3	水产养殖	技工院校3级
5777	5-04-02-01	水生动物饲养工	610103	循环农业与再生资源利用	职教中职
5778	5-04-02-01	水生动物饲养工	610302	特种动物养殖	职教中职
5779	5-04-02-01	水生动物饲养工	610401	淡水养殖	职教中职
5780	5-04-02-01	水生动物饲养工	610402	海水养殖	职教中职
5781	5-04-02-01	水生动物饲养工	0706-4	水产养殖	技工院校4级

续表

序号	职业编码	职业名称	专业代码	专业名称	院校类型
5782	5-04-02-02	水生植物栽培工	0706-4	水产养殖	技工院校4级
5783	5-04-02-03	水产养殖潜水工	090601	水产养殖学	普通本科
5784	5-04-02-03	水产养殖潜水工	210401	现代水产养殖技术	职教本科
5785	5-04-02-03	水产养殖潜水工	410308	特种动物养殖技术	职教专科
5786	5-04-02-03	水产养殖潜水工	410401	水产养殖技术	职教专科
5787	5-04-02-03	水产养殖潜水工	0706-3	水产养殖	技工院校3级
5788	5-04-02-03	水产养殖潜水工	610401	淡水养殖	职教中职
5789	5-04-02-03	水产养殖潜水工	610402	海水养殖	职教中职
5790	5-04-02-03	水产养殖潜水工	700308	工程潜水	职教中职
5791	5-04-02-03	水产养殖潜水工	0706-4	水产养殖	技工院校4级
5792	5-04-03-01	水产捕捞工	0719-3	航海捕捞	技工院校3级
5793	5-04-03-01	水产捕捞工	610403	航海捕捞	职教中职
5794	5-04-03-01	水产捕捞工	0719-4	航海捕捞	技工院校4级
5795	5-04-03-02	渔业船员	081803K	航海技术	普通本科
5796	5-04-03-02	渔业船员	081901	船舶与海洋工程	普通本科
5797	5-04-03-02	渔业船员	090602	海洋渔业科学与技术	普通本科
5798	5-04-03-02	渔业船员	260502	船舶动力工程技术	职教本科
5799	5-04-03-02	渔业船员	260503	船舶电气工程技术	职教本科
5800	5-04-03-02	渔业船员	300301	航海技术	职教本科
5801	5-04-03-02	渔业船员	300303	轮机工程技术	职教本科
5802	5-04-03-02	渔业船员	300305	水路运输与海事管理	职教本科
5803	5-04-03-02	渔业船员	410402	海洋渔业技术	职教专科
5804	5-04-03-02	渔业船员	460502	船舶动力工程技术	职教专科

续表

序号	职业编码	职业名称	专业代码	专业名称	院校类型
5805	5-04-03-02	渔业船员	460503	船舶电气工程技术	职教专科
5806	5-04-03-02	渔业船员	460505	船舶舾装工程技术	职教专科
5807	5-04-03-02	渔业船员	460507	船舶通信装备技术	职教专科
5808	5-04-03-02	渔业船员	500301	航海技术	职教专科
5809	5-04-03-02	渔业船员	500303	轮机工程技术	职教专科
5810	5-04-03-02	渔业船员	500305	水路运输安全管理	职教专科
5811	5-04-03-02	渔业船员	500308	船舶电子电气技术	职教专科
5812	5-04-03-02	渔业船员	500309	船舶检验	职教专科
5813	5-04-03-02	渔业船员	0416-3	船舶驾驶	技工院校3级
5814	5-04-03-02	渔业船员	0417-3	船舶轮机	技工院校3级
5815	5-04-03-02	渔业船员	0719-3	航海捕捞	技工院校3级
5816	5-04-03-02	渔业船员	610403	航海捕捞	职教中职
5817	5-04-03-02	渔业船员	660502	船舶机械装置安装与维修	职教中职
5818	5-04-03-02	渔业船员	660503	船舶电气装置安装与调试	职教中职
5819	5-04-03-02	渔业船员	700301	船舶驾驶	职教中职
5820	5-04-03-02	渔业船员	700302	船舶机工与水手	职教中职
5821	5-04-03-02	渔业船员	700303	轮机维护与管理	职教中职
5822	5-04-03-02	渔业船员	0416-4	船舶驾驶	技工院校4级
5823	5-04-03-02	渔业船员	0417-4	船舶轮机	技工院校4级
5824	5-04-03-02	渔业船员	0418-4	船舶建造与维修	技工院校4级

续表

序号	职业编码	职业名称	专业代码	专业名称	院校类型
5825	5-04-03-02	渔业船员	0719-4	航海捕捞	技工院校4级
5826	5-05-01-01	农业技术员	210102	作物生产与品质改良	职教本科
5827	5-05-01-01	农业技术员	210304	现代畜牧	职教本科
5828	5-05-01-01	农业技术员	210401	现代水产养殖技术	职教本科
5829	5-05-01-01	农业技术员	410102	作物生产与经营管理	职教专科
5830	5-05-01-01	农业技术员	410103	现代农业技术	职教专科
5831	5-05-01-01	农业技术员	410106	植物保护与检疫技术	职教专科
5832	5-05-01-01	农业技术员	410109	烟草栽培与加工技术	职教专科
5833	5-05-01-01	农业技术员	410307	畜禽智能化养殖	职教专科
5834	5-05-01-01	农业技术员	410401	水产养殖技术	职教专科
5835	5-05-01-01	农业技术员	0702-3	现代农艺技术	技工院校3级
5836	5-05-01-01	农业技术员	0704-3	畜禽生产与疫病防治	技工院校3级
5837	5-05-01-01	农业技术员	0706-3	水产养殖	技工院校3级
5838	5-05-01-01	农业技术员	610102	作物生产技术	职教中职
5839	5-05-01-01	农业技术员	610103	循环农业与再生资源利用	职教中职
5840	5-05-01-01	农业技术员	610106	植物保护	职教中职
5841	5-05-01-01	农业技术员	610301	畜禽生产技术	职教中职
5842	5-05-01-01	农业技术员	0701-4	种植	技工院校4级
5843	5-05-01-01	农业技术员	0702-4	现代农艺技术	技工院校4级
5844	5-05-01-01	农业技术员	0703-4	果蔬花卉生产技术	技工院校4级

续表

序号	职业编码	职业名称	专业代码	专业名称	院校类型
5845	5-05-01-01	农业技术员	0704-4	畜禽生产与疫病防治	技工院校4级
5846	5-05-01-02	农业经理人	082301	农业工程	普通本科
5847	5-05-01-02	农业经理人	082302	农业机械化及其自动化	普通本科
5848	5-05-01-02	农业经理人	082304	农业建筑环境与能源工程	普通本科
5849	5-05-01-02	农业经理人	090201	农业资源与环境	普通本科
5850	5-05-01-02	农业经理人	210102	作物生产与品质改良	职教本科
5851	5-05-01-02	农业经理人	210103	智慧农业技术	职教本科
5852	5-05-01-02	农业经理人	210105	现代农业经营与管理	职教本科
5853	5-05-01-02	农业经理人	410102	作物生产与经营管理	职教专科
5854	5-05-01-02	农业经理人	410103	现代农业技术	职教专科
5855	5-05-01-02	农业经理人	410104	生态农业技术	职教专科
5856	5-05-01-02	农业经理人	410112	设施农业与装备	职教专科
5857	5-05-01-02	农业经理人	410116	农产品流通与管理	职教专科
5858	5-05-01-02	农业经理人	410118	休闲农业经营与管理	职教专科
5859	5-05-01-02	农业经理人	410119	现代农业经济管理	职教专科
5860	5-05-01-02	农业经理人	410120	农村新型经济组织管理	职教专科
5861	5-05-01-02	农业经理人	430109	农业电气化技术	职教专科
5862	5-05-01-02	农业经理人	0723-3	农资连锁经营与管理	技工院校3级
5863	5-05-01-02	农业经理人	0724-3	农产品营销与储运	技工院校3级
5864	5-05-01-02	农业经理人	0726-3	生态农业技术	技工院校3级
5865	5-05-01-02	农业经理人	0728-3	农业经营与管理	技工院校3级
5866	5-05-01-02	农业经理人	610102	作物生产技术	职教中职

续表

序号	职业编码	职业名称	专业代码	专业名称	院校类型
5867	5-05-01-02	农业经理人	610104	家庭农场生产经营	职教中职
5868	5-05-01-02	农业经理人	610112	设施农业生产技术	职教中职
5869	5-05-01-02	农业经理人	610118	休闲农业生产与经营	职教中职
5870	5-05-01-02	农业经理人	0723-4	农资连锁经营与管理	技工院校4级
5871	5-05-01-02	农业经理人	0724-4	农产品营销与储运	技工院校4级
5872	5-05-01-02	农业经理人	0726-4	生态农业技术	技工院校4级
5873	5-05-01-02	农业经理人	0728-4	农业经营与管理	技工院校4级
5874	5-05-01-03	农业数字化技术员	082301	农业工程	普通本科
5875	5-05-01-03	农业数字化技术员	082302	农业机械化及其自动化	普通本科
5876	5-05-01-03	农业数字化技术员	082304	农业建筑环境与能源工程	普通本科
5877	5-05-01-03	农业数字化技术员	082305	农业水利工程	普通本科
5878	5-05-01-03	农业数字化技术员	090101	农学	普通本科
5879	5-05-01-03	农业数字化技术员	090106	设施农业科学与工程	普通本科
5880	5-05-01-03	农业数字化技术员	090201	农业资源与环境	普通本科
5881	5-05-01-03	农业数字化技术员	120302	农村区域发展	普通本科
5882	5-05-01-03	农业数字化技术员	210102	作物生产与品质改良	职教本科
5883	5-05-01-03	农业数字化技术员	210103	智慧农业技术	职教本科
5884	5-05-01-03	农业数字化技术员	210104	设施园艺	职教本科
5885	5-05-01-03	农业数字化技术员	210105	现代农业经营与管理	职教本科
5886	5-05-01-03	农业数字化技术员	250202	农业水利工程	职教本科
5887	5-05-01-03	农业数字化技术员	270103	农业生物技术	职教本科
5888	5-05-01-03	农业数字化技术员	410102	作物生产与经营管理	职教专科
5889	5-05-01-03	农业数字化技术员	410103	现代农业技术	职教专科

职业信息与教育培训项目（专业）信息对应指引
（2023 年版）

续表

序号	职业编码	职业名称	专业代码	专业名称	院校类型
5890	5-05-01-03	农业数字化技术员	410104	生态农业技术	职教专科
5891	5-05-01-03	农业数字化技术员	410112	设施农业与装备	职教专科
5892	5-05-01-03	农业数字化技术员	410118	休闲农业经营与管理	职教专科
5893	5-05-01-03	农业数字化技术员	410119	现代农业经济管理	职教专科
5894	5-05-01-03	农业数字化技术员	410120	农村新型经济组织管理	职教专科
5895	5-05-01-03	农业数字化技术员	430109	农业电气化技术	职教专科
5896	5-05-01-03	农业数字化技术员	470103	农业生物技术	职教专科
5897	5-05-01-03	农业数字化技术员	0701-3	种植	技工院校 3 级
5898	5-05-01-03	农业数字化技术员	0702-3	现代农艺技术	技工院校 3 级
5899	5-05-01-03	农业数字化技术员	0722-3	农村经济综合管理	技工院校 3 级
5900	5-05-01-03	农业数字化技术员	0723-3	农资连锁经营与管理	技工院校 3 级
5901	5-05-01-03	农业数字化技术员	0726-3	生态农业技术	技工院校 3 级
5902	5-05-01-03	农业数字化技术员	0728-3	农业经营与管理	技工院校 3 级
5903	5-05-01-03	农业数字化技术员	610102	作物生产技术	职教中职
5904	5-05-01-03	农业数字化技术员	610103	循环农业与再生资源利用	职教中职
5905	5-05-01-03	农业数字化技术员	610104	家庭农场生产经营	职教中职
5906	5-05-01-03	农业数字化技术员	610111	农村电气技术	职教中职
5907	5-05-01-03	农业数字化技术员	610112	设施农业生产技术	职教中职
5908	5-05-01-03	农业数字化技术员	610118	休闲农业生产与经营	职教中职
5909	5-05-01-03	农业数字化技术员	0701-4	种植	技工院校 4 级

续表

序号	职业编码	职业名称	专业代码	专业名称	院校类型
5910	5-05-01-03	农业数字化技术员	0702-4	现代农艺技术	技工院校4级
5911	5-05-01-03	农业数字化技术员	0722-4	农村经济综合管理	技工院校4级
5912	5-05-01-03	农业数字化技术员	0723-4	农资连锁经营与管理	技工院校4级
5913	5-05-01-03	农业数字化技术员	0726-4	生态农业技术	技工院校4级
5914	5-05-01-03	农业数字化技术员	0728-4	农业经营与管理	技工院校4级
5915	5-05-02-01	农作物植保员	090103	植物保护	普通本科
5916	5-05-02-01	农作物植保员	090503	森林保护	普通本科
5917	5-05-02-01	农作物植保员	410103	现代农业技术	职教专科
5918	5-05-02-01	农作物植保员	410106	植物保护与检疫技术	职教专科
5919	5-05-02-01	农作物植保员	0702-3	现代农艺技术	技工院校3级
5920	5-05-02-01	农作物植保员	610102	作物生产技术	职教中职
5921	5-05-02-01	农作物植保员	610106	植物保护	职教中职
5922	5-05-02-01	农作物植保员	610112	设施农业生产技术	职教中职
5923	5-05-02-01	农作物植保员	0701-4	种植	技工院校4级
5924	5-05-02-01	农作物植保员	0702-4	现代农艺技术	技工院校4级
5925	5-05-02-02	林业有害生物防治员	090103	植物保护	普通本科
5926	5-05-02-02	林业有害生物防治员	090503	森林保护	普通本科
5927	5-05-02-02	林业有害生物防治员	210201	智慧林业技术	职教本科
5928	5-05-02-02	林业有害生物防治员	410201	林业技术	职教专科
5929	5-05-02-02	林业有害生物防治员	410211	林业信息技术应用	职教专科

职业信息与教育培训项目（专业）信息对应指引
（2023 年版）

续表

序号	职业编码	职业名称	专业代码	专业名称	院校类型
5930	5-05-02-02	林业有害生物防治员	0714-3	森林资源保护与管理	技工院校3级
5931	5-05-02-02	林业有害生物防治员	610201	林业生产技术	职教中职
5932	5-05-02-02	林业有害生物防治员	610204	森林资源保护与管理	职教中职
5933	5-05-02-02	林业有害生物防治员	0714-4	森林资源保护与管理	技工院校4级
5934	5-05-02-03	动物疫病防治员	090202	野生动物与自然保护区管理	普通本科
5935	5-05-02-03	动物疫病防治员	090301	动物科学	普通本科
5936	5-05-02-03	动物疫病防治员	090401	动物医学	普通本科
5937	5-05-02-03	动物疫病防治员	090402	动物药学	普通本科
5938	5-05-02-03	动物疫病防治员	210301	动物医学	职教本科
5939	5-05-02-03	动物疫病防治员	210302	动物药学	职教本科
5940	5-05-02-03	动物疫病防治员	210304	现代畜牧	职教本科
5941	5-05-02-03	动物疫病防治员	320503	医学生物技术	职教本科
5942	5-05-02-03	动物疫病防治员	410301	动物医学	职教专科
5943	5-05-02-03	动物疫病防治员	410302	动物药学	职教专科
5944	5-05-02-03	动物疫病防治员	410304	中兽医	职教专科
5945	5-05-02-03	动物疫病防治员	410306	动物防疫与检疫	职教专科
5946	5-05-02-03	动物疫病防治员	410308	特种动物养殖技术	职教专科
5947	5-05-02-03	动物疫病防治员	0704-3	畜禽生产与疫病防治	技工院校3级
5948	5-05-02-03	动物疫病防治员	0705-3	畜牧兽医	技工院校3级
5949	5-05-02-03	动物疫病防治员	610302	特种动物养殖	职教中职
5950	5-05-02-03	动物疫病防治员	0704-4	畜禽生产与疫病防治	技工院校4级

续表

序号	职业编码	职业名称	专业代码	专业名称	院校类型
5951	5-05-02-03	动物疫病防治员	0705-4	畜牧兽医	技工院校4级
5952	5-05-02-04	动物检疫检验员	090202	野生动物与自然保护区管理	普通本科
5953	5-05-02-04	动物检疫检验员	090301	动物科学	普通本科
5954	5-05-02-04	动物检疫检验员	090401	动物医学	普通本科
5955	5-05-02-04	动物检疫检验员	090402	动物药学	普通本科
5956	5-05-02-04	动物检疫检验员	210301	动物医学	职教本科
5957	5-05-02-04	动物检疫检验员	210302	动物药学	职教本科
5958	5-05-02-04	动物检疫检验员	410301	动物医学	职教专科
5959	5-05-02-04	动物检疫检验员	410302	动物药学	职教专科
5960	5-05-02-04	动物检疫检验员	410304	中兽医	职教专科
5961	5-05-02-04	动物检疫检验员	410306	动物防疫与检疫	职教专科
5962	5-05-02-04	动物检疫检验员	410308	特种动物养殖技术	职教专科
5963	5-05-02-04	动物检疫检验员	0704-3	畜禽生产与疫病防治	技工院校3级
5964	5-05-02-04	动物检疫检验员	0705-3	畜牧兽医	技工院校3级
5965	5-05-02-04	动物检疫检验员	610302	特种动物养殖	职教中职
5966	5-05-02-04	动物检疫检验员	0704-4	畜禽生产与疫病防治	技工院校4级
5967	5-05-02-04	动物检疫检验员	0705-4	畜牧兽医	技工院校4级
5968	5-05-02-05	水生物病害防治员	410404	水生动物医学	职教专科
5969	5-05-02-05	水生物病害防治员	0706-3	水产养殖	技工院校3级
5970	5-05-02-05	水生物病害防治员	610402	海水养殖	职教中职

职业信息与教育培训项目（专业）信息对应指引
（2023 年版）

续表

序号	职业编码	职业名称	专业代码	专业名称	院校类型
5971	5-05-02-05	水生物病害防治员	0706-4	水产养殖	技工院校 4 级
5972	5-05-02-06	水生物检疫检验员	410404	水生动物医学	职教专科
5973	5-05-02-06	水生物检疫检验员	0706-3	水产养殖	技工院校 3 级
5974	5-05-02-06	水生物检疫检验员	0706-4	水产养殖	技工院校 4 级
5975	5-05-03-01	沼气工	0717-3	农村能源开发与利用	技工院校 3 级
5976	5-05-03-01	沼气工	630303	太阳能与沼气技术利用	职教中职
5977	5-05-03-01	沼气工	0717-4	农村能源开发与利用	技工院校 4 级
5978	5-05-03-02	农村节能员	440203	村镇建设与管理	职教专科
5979	5-05-03-02	农村节能员	1110-3	燃气热力运行与维护	技工院校 3 级
5980	5-05-03-02	农村节能员	640201	城镇建设	职教中职
5981	5-05-03-03	太阳能利用工	430204	太阳能光热技术与应用	职教专科
5982	5-05-03-03	太阳能利用工	430301	光伏工程技术	职教专科
5983	5-05-03-03	太阳能利用工	430606	光伏材料制备技术	职教专科
5984	5-05-03-03	太阳能利用工	0213-3	光伏应用技术	技工院校 3 级
5985	5-05-03-03	太阳能利用工	0217-3	光电技术应用	技工院校 3 级
5986	5-05-03-03	太阳能利用工	0717-3	农村能源开发与利用	技工院校 3 级
5987	5-05-03-03	太阳能利用工	630301	光伏工程技术与应用	职教中职
5988	5-05-03-03	太阳能利用工	630303	太阳能与沼气技术利用	职教中职

续表

序号	职业编码	职业名称	专业代码	专业名称	院校类型
5989	5-05-03-03	太阳能利用工	0213-4	光伏应用技术	技工院校4级
5990	5-05-03-03	太阳能利用工	0717-4	农村能源开发与利用	技工院校4级
5991	5-05-03-05	小风电利用工	230301	新能源发电工程技术	职教本科
5992	5-05-03-05	小风电利用工	430302	风力发电工程技术	职教专科
5993	5-05-03-05	小风电利用工	0217-3	光电技术应用	技工院校3级
5994	5-05-03-05	小风电利用工	0822-3	风电场机电设备运行与维护	技工院校3级
5995	5-05-03-05	小风电利用工	630302	风力发电设备运行与维护	职教中职
5996	5-05-03-05	小风电利用工	630303	太阳能与沼气技术利用	职教中职
5997	5-05-03-05	小风电利用工	660204	新能源装备运行与维护	职教中职
5998	5-05-03-05	小风电利用工	0822-4	风电场机电设备运行与维护	技工院校4级
5999	5-05-04-00	农村环境保护工	082301	农业工程	普通本科
6000	5-05-04-00	农村环境保护工	082304	农业建筑环境与能源工程	普通本科
6001	5-05-04-00	农村环境保护工	082502	环境工程	普通本科
6002	5-05-04-00	农村环境保护工	090106	设施农业科学与工程	普通本科
6003	5-05-04-00	农村环境保护工	090201	农业资源与环境	普通本科
6004	5-05-04-00	农村环境保护工	120302	农村区域发展	普通本科
6005	5-05-04-00	农村环境保护工	210102	作物生产与品质改良	职教本科
6006	5-05-04-00	农村环境保护工	210103	智慧农业技术	职教本科
6007	5-05-04-00	农村环境保护工	210105	现代农业经营与管理	职教本科
6008	5-05-04-00	农村环境保护工	410102	作物生产与经营管理	职教专科
6009	5-05-04-00	农村环境保护工	410103	现代农业技术	职教专科

续表

序号	职业编码	职业名称	专业代码	专业名称	院校类型
6010	5-05-04-00	农村环境保护工	410104	生态农业技术	职教专科
6011	5-05-04-00	农村环境保护工	410112	设施农业与装备	职教专科
6012	5-05-04-00	农村环境保护工	410118	休闲农业经营与管理	职教专科
6013	5-05-04-00	农村环境保护工	410119	现代农业经济管理	职教专科
6014	5-05-04-00	农村环境保护工	410120	农村新型经济组织管理	职教专科
6015	5-05-04-00	农村环境保护工	430109	农业电气化技术	职教专科
6016	5-05-04-00	农村环境保护工	0722-3	农村经济综合管理	技工院校3级
6017	5-05-04-00	农村环境保护工	0726-3	生态农业技术	技工院校3级
6018	5-05-04-00	农村环境保护工	0728-3	农业经营与管理	技工院校3级
6019	5-05-04-00	农村环境保护工	610103	循环农业与再生资源利用	职教中职
6020	5-05-04-00	农村环境保护工	610111	农村电气技术	职教中职
6021	5-05-04-00	农村环境保护工	610112	设施农业生产技术	职教中职
6022	5-05-04-00	农村环境保护工	0722-4	农村经济综合管理	技工院校4级
6023	5-05-04-00	农村环境保护工	0726-4	生态农业技术	技工院校4级
6024	5-05-04-00	农村环境保护工	0728-4	农业经营与管理	技工院校4级
6025	5-05-05-01	农机驾驶操作员	0716-3	农业机械使用与维护	技工院校3级
6026	5-05-05-01	农机驾驶操作员	0716-4	农业机械使用与维护	技工院校4级
6027	5-05-05-02	农机修理工	0716-3	农业机械使用与维护	技工院校3级

续表

序号	职业编码	职业名称	专业代码	专业名称	院校类型
6028	5-05-05-02	农机修理工	610113	农机设备应用与维修	职教中职
6029	5-05-05-02	农机修理工	0716-4	农业机械使用与维护	技工院校 4级
6030	5-05-05-03	农机服务经纪人	410113	现代农业装备应用技术	职教专科
6031	5-05-05-03	农机服务经纪人	0716-3	农业机械使用与维护	技工院校 3级
6032	5-05-05-03	农机服务经纪人	610113	农机设备应用与维修	职教中职
6033	5-05-05-03	农机服务经纪人	0716-4	农业机械使用与维护	技工院校 4级
6034	5-05-06-01	园艺产品加工工	410105	园艺技术	职教专科
6035	5-05-06-01	园艺产品加工工	410204	花卉生产与花艺	职教专科
6036	5-05-06-02	棉花加工工	410117	棉花加工与经营管理	职教专科
6037	5-05-06-02	棉花加工工	0709-3	棉花加工与检验	技工院校 3级
6038	5-05-06-02	棉花加工工	610117	棉花加工与检验	职教中职
6039	5-05-06-02	棉花加工工	0709-4	棉花加工与检验	技工院校 4级
6040	5-05-06-03	热带作物初制工	1204-3	纺织技术	技工院校 3级
6041	5-05-06-03	热带作物初制工	670205	橡胶工艺	职教中职
6042	5-05-06-03	热带作物初制工	1204-4	纺织技术	技工院校 4级
6043	5-05-06-05	竹藤师	750112	工艺品设计与制作	职教中职
6044	5-05-06-05	竹藤师	750306	民族工艺品设计与制作	职教中职
6045	6-01-01-01	制米工	490301	粮食工程技术与管理	职教专科
6046	6-01-01-02	制粉工	490301	粮食工程技术与管理	职教专科
6047	6-01-01-02	制粉工	690301	粮油和饲料加工技术	职教中职
6048	6-01-02-00	饲料加工工	210304	现代畜牧	职教本科

续表

序号	职业编码	职业名称	专业代码	专业名称	院校类型
6049	6-01-02-00	饲料加工工	410110	饲草生产技术	职教专科
6050	6-01-02-00	饲料加工工	410310	动物营养与饲料	职教专科
6051	6-01-02-00	饲料加工工	610110	饲草栽培与加工	职教中职
6052	6-01-02-00	饲料加工工	610301	畜禽生产技术	职教中职
6053	6-01-02-00	饲料加工工	690301	粮油和饲料加工技术	职教中职
6054	6-01-03-00	食糖制造工	1220-3	制糖技术	技工院校3级
6055	6-01-03-00	食糖制造工	1220-4	制糖技术	技工院校4级
6056	6-01-04-01	畜禽屠宰加工工	210304	现代畜牧	职教本科
6057	6-01-04-01	畜禽屠宰加工工	410303	畜牧兽医	职教专科
6058	6-01-04-01	畜禽屠宰加工工	410307	畜禽智能化养殖	职教专科
6059	6-01-04-01	畜禽屠宰加工工	610301	畜禽生产技术	职教中职
6060	6-01-04-03	肉制品加工工	470101	食品生物技术	职教专科
6061	6-01-04-03	肉制品加工工	670102	生物化工技术应用	职教中职
6062	6-01-04-04	蛋类制品加工工	460114	特种加工技术	职教专科
6063	6-01-04-04	蛋类制品加工工	0708-3	农产品保鲜与加工	技工院校3级
6064	6-01-04-04	蛋类制品加工工	0708-4	农产品保鲜与加工	技工院校4级
6065	6-01-06-00	果蔬坚果加工工	0708-3	农产品保鲜与加工	技工院校3级
6066	6-01-06-00	果蔬坚果加工工	1214-3	食品加工与检验	技工院校3级
6067	6-01-06-00	果蔬坚果加工工	0708-4	农产品保鲜与加工	技工院校4级
6068	6-01-06-00	果蔬坚果加工工	1214-4	食品加工与检验	技工院校4级

续表

序号	职业编码	职业名称	专业代码	专业名称	院校类型
6069	6-01-07-03	豆制品制作工	470104	化工生物技术	职教专科
6070	6-01-07-03	豆制品制作工	490202	生物制药技术	职教专科
6071	6-01-07-03	豆制品制作工	670102	生物化工技术应用	职教中职
6072	6-01-07-03	豆制品制作工	690202	生物制药工艺	职教中职
6073	6-02-02-02	果脯蜜饯加工工	0708-3	农产品保鲜与加工	技工院校3级
6074	6-02-03-02	冷冻食品制作工	1214-3	食品加工与检验	技工院校3级
6075	6-02-03-02	冷冻食品制作工	1214-4	食品加工与检验	技工院校4级
6076	6-02-04-02	乳品评鉴师	1214-3	食品加工与检验	技工院校3级
6077	6-02-04-02	乳品评鉴师	1214-4	食品加工与检验	技工院校4级
6078	6-02-05-01	味精制造工	470101	食品生物技术	职教专科
6079	6-02-05-01	味精制造工	470104	化工生物技术	职教专科
6080	6-02-05-01	味精制造工	490202	生物制药技术	职教专科
6081	6-02-05-01	味精制造工	670102	生物化工技术应用	职教中职
6082	6-02-05-01	味精制造工	690202	生物制药工艺	职教中职
6083	6-02-05-02	酱油酱类制作工	470101	食品生物技术	职教专科
6084	6-02-05-02	酱油酱类制作工	470104	化工生物技术	职教专科
6085	6-02-05-02	酱油酱类制作工	670102	生物化工技术应用	职教中职
6086	6-02-05-03	食醋制作工	470101	食品生物技术	职教专科
6087	6-02-05-03	食醋制作工	670102	生物化工技术应用	职教中职
6088	6-02-05-05	酶制剂制造工	470101	食品生物技术	职教专科
6089	6-02-05-05	酶制剂制造工	470104	化工生物技术	职教专科
6090	6-02-05-05	酶制剂制造工	490202	生物制药技术	职教专科
6091	6-02-05-05	酶制剂制造工	670102	生物化工技术应用	职教中职

职业信息与教育培训项目（专业）信息对应指引
（2023 年版）

续表

序号	职业编码	职业名称	专业代码	专业名称	院校类型
6092	6-02-05-05	酶制剂制造工	690202	生物制药工艺	职教中职
6093	6-02-05-06	柠檬酸制造工	470101	食品生物技术	职教专科
6094	6-02-05-06	柠檬酸制造工	470104	化工生物技术	职教专科
6095	6-02-05-06	柠檬酸制造工	490202	生物制药技术	职教专科
6096	6-02-05-06	柠檬酸制造工	670102	生物化工技术应用	职教中职
6097	6-02-05-06	柠檬酸制造工	690202	生物制药工艺	职教中职
6098	6-02-06-01	酿酒师	082705	酿酒工程	普通本科
6099	6-02-06-01	酿酒师	490105	酿酒技术	职教专科
6100	6-02-06-01	酿酒师	690102	酿酒工艺与技术	职教中职
6101	6-02-06-02	酒精酿造工	470101	食品生物技术	职教专科
6102	6-02-06-02	酒精酿造工	470104	化工生物技术	职教专科
6103	6-02-06-02	酒精酿造工	670102	生物化工技术应用	职教中职
6104	6-02-06-02	酒精酿造工	690202	生物制药工艺	职教中职
6105	6-02-06-03	白酒酿造工	470101	食品生物技术	职教专科
6106	6-02-06-03	白酒酿造工	670102	生物化工技术应用	职教中职
6107	6-02-06-03	白酒酿造工	690102	酿酒工艺与技术	职教中职
6108	6-02-06-05	黄酒酿造工	470101	食品生物技术	职教专科
6109	6-02-06-05	黄酒酿造工	670102	生物化工技术应用	职教中职
6110	6-02-06-05	黄酒酿造工	690102	酿酒工艺与技术	职教中职
6111	6-02-06-06	果露酒酿造工	690102	酿酒工艺与技术	职教中职
6112	6-02-06-07	品酒师	490105	酿酒技术	职教专科
6113	6-02-06-07	品酒师	690102	酿酒工艺与技术	职教中职
6114	6-02-06-10	茶叶加工工	410107	茶叶生产与加工技术	职教专科
6115	6-02-06-10	茶叶加工工	540109	茶艺与茶文化	职教专科
6116	6-02-06-10	茶叶加工工	0517-3	茶艺	技工院校3级
6117	6-02-06-10	茶叶加工工	0725-3	茶叶生产与加工	技工院校3级

续表

序号	职业编码	职业名称	专业代码	专业名称	院校类型
6118	6-02-06-10	茶叶加工工	610107	茶叶生产与加工	职教中职
6119	6-02-06-10	茶叶加工工	740105	茶艺与茶营销	职教中职
6120	6-02-06-10	茶叶加工工	0517-4	茶艺	技工院校4级
6121	6-02-06-10	茶叶加工工	0725-4	茶叶生产与加工	技工院校4级
6122	6-02-06-11	评茶师	410107	茶叶生产与加工技术	职教专科
6123	6-02-06-11	评茶师	540109	茶艺与茶文化	职教专科
6124	6-02-06-11	评茶师	0517-3	茶艺	技工院校3级
6125	6-02-06-11	评茶师	0725-3	茶叶生产与加工	技工院校3级
6126	6-02-06-11	评茶师	610107	茶叶生产与加工	职教中职
6127	6-02-06-11	评茶师	740105	茶艺与茶营销	职教中职
6128	6-02-06-11	评茶师	0517-4	茶艺	技工院校4级
6129	6-02-06-11	评茶师	0725-4	茶叶生产与加工	技工院校4级
6130	6-02-06-12	酒体设计师	490105	酿酒技术	职教专科
6131	6-02-06-12	酒体设计师	690102	酿酒工艺与技术	职教中职
6132	6-03-01-01	烟叶调制员	410109	烟草栽培与加工技术	职教专科
6133	6-03-01-01	烟叶调制员	610109	烟草栽培与加工	职教中职
6134	6-03-01-02	烟叶评级员	410109	烟草栽培与加工技术	职教专科
6135	6-03-01-02	烟叶评级员	610109	烟草栽培与加工	职教中职
6136	6-03-03-01	烟机设备操作工	410109	烟草栽培与加工技术	职教专科
6137	6-03-03-01	烟机设备操作工	610109	烟草栽培与加工	职教中职
6138	6-03-03-02	烟草评吸师	410109	烟草栽培与加工技术	职教专科
6139	6-03-03-02	烟草评吸师	610109	烟草栽培与加工	职教中职

职业信息与教育培训项目（专业）信息对应指引

（2023 年版）

续表

序号	职业编码	职业名称	专业代码	专业名称	院校类型
6140	6-04-01-03	纺织纤维梳理工	280401	现代纺织工程技术	职教本科
6141	6-04-01-03	纺织纤维梳理工	480401	现代纺织技术	职教专科
6142	6-04-01-03	纺织纤维梳理工	480408	纺织材料与应用	职教专科
6143	6-04-01-03	纺织纤维梳理工	1204-3	纺织技术	技工院校3级
6144	6-04-01-03	纺织纤维梳理工	680401	纺织技术与服务	职教中职
6145	6-04-01-03	纺织纤维梳理工	1204-4	纺织技术	技工院校4级
6146	6-04-03-03	织布工	1204-4	纺织技术	技工院校4级
6147	6-04-04-03	横机工	1205-3	针织工艺	技工院校3级
6148	6-04-04-03	横机工	1205-4	针织工艺	技工院校4级
6149	6-04-05-00	非织造布制造工	480409	现代非织造技术	职教专科
6150	6-04-06-02	纺织染色工	680405	数字化染整工艺	职教中职
6151	6-04-06-02	纺织染色工	1204-4	纺织技术	技工院校4级
6152	6-04-06-03	印花工	680405	数字化染整工艺	职教中职
6153	6-04-06-04	纺织印花制版工	680405	数字化染整工艺	职教中职
6154	6-04-06-06	印染染化料配制工	480405	数字化染整技术	职教专科
6155	6-04-06-07	工艺染织品制作工	480406	纺织品设计	职教专科
6156	6-04-06-07	工艺染织品制作工	680401	纺织技术与服务	职教中职
6157	6-05-01-01	服装制版师	081602	服装设计与工程	普通本科
6158	6-05-01-01	服装制版师	130505	服装与服饰设计	普通本科
6159	6-05-01-01	服装制版师	280402	服装工程技术	职教本科
6160	6-05-01-01	服装制版师	350105	服装与服饰设计	职教本科
6161	6-05-01-01	服装制版师	480402	服装设计与工艺	职教专科

续表

序号	职业编码	职业名称	专业代码	专业名称	院校类型
6162	6-05-01-01	服装制版师	480404	针织技术与针织服装	职教专科
6163	6-05-01-01	服装制版师	480411	纺织品检验与贸易	职教专科
6164	6-05-01-01	服装制版师	480412	皮革服装制作与工艺	职教专科
6165	6-05-01-01	服装制版师	550105	服装与服饰设计	职教专科
6166	6-05-01-01	服装制版师	1208-3	服装制作与营销	技工院校3级
6167	6-05-01-01	服装制版师	1210-3	服装设计与制作	技工院校3级
6168	6-05-01-01	服装制版师	680402	服装设计与工艺	职教中职
6169	6-05-01-01	服装制版师	680406	服装制作与生产管理	职教中职
6170	6-05-01-01	服装制版师	750105	服装陈列与展示设计	职教中职
6171	6-05-01-01	服装制版师	0536-4	服装陈列与展示设计	技工院校4级
6172	6-05-01-01	服装制版师	1208-4	服装制作与营销	技工院校4级
6173	6-05-01-01	服装制版师	1210-4	服装设计与制作	技工院校4级
6174	6-05-01-02	裁剪工	1210-3	服装设计与制作	技工院校3级
6175	6-05-01-02	裁剪工	1210-4	服装设计与制作	技工院校4级
6176	6-05-01-03	缝纫工	280402	服装工程技术	职教本科
6177	6-05-01-03	缝纫工	480402	服装设计与工艺	职教专科
6178	6-05-01-03	缝纫工	550105	服装与服饰设计	职教专科
6179	6-05-01-03	缝纫工	1208-3	服装制作与营销	技工院校3级
6180	6-05-01-03	缝纫工	1210-3	服装设计与制作	技工院校3级

序号	职业编码	职业名称	专业代码	专业名称	院校类型
6181	6-05-01-03	缝纫工	680402	服装设计与工艺	职教中职
6182	6-05-01-03	缝纫工	680406	服装制作与生产管理	职教中职
6183	6-05-01-03	缝纫工	1208-4	服装制作与营销	技工院校4级
6184	6-05-01-03	缝纫工	1210-4	服装设计与制作	技工院校4级
6185	6-05-01-04	缝纫品整型工	081602	服装设计与工程	普通本科
6186	6-05-01-04	缝纫品整型工	130505	服装与服饰设计	普通本科
6187	6-05-01-04	缝纫品整型工	280402	服装工程技术	职教本科
6188	6-05-01-04	缝纫品整型工	350105	服装与服饰设计	职教本科
6189	6-05-01-04	缝纫品整型工	480402	服装设计与工艺	职教专科
6190	6-05-01-04	缝纫品整型工	480406	纺织品设计	职教专科
6191	6-05-01-04	缝纫品整型工	480411	纺织品检验与贸易	职教专科
6192	6-05-01-04	缝纫品整型工	480412	皮革服装制作与工艺	职教专科
6193	6-05-01-04	缝纫品整型工	550105	服装与服饰设计	职教专科
6194	6-05-01-04	缝纫品整型工	1208-3	服装制作与营销	技工院校3级
6195	6-05-01-04	缝纫品整型工	1210-3	服装设计与制作	技工院校3级
6196	6-05-01-04	缝纫品整型工	680402	服装设计与工艺	职教中职
6197	6-05-01-04	缝纫品整型工	680406	服装制作与生产管理	职教中职
6198	6-05-01-04	缝纫品整型工	750105	服装陈列与展示设计	职教中职
6199	6-05-01-04	缝纫品整型工	0536-4	服装陈列与展示设计	技工院校4级
6200	6-05-01-04	缝纫品整型工	1208-4	服装制作与营销	技工院校4级
6201	6-05-01-04	缝纫品整型工	1210-4	服装设计与制作	技工院校4级

续表

序号	职业编码	职业名称	专业代码	专业名称	院校类型
6202	6-05-01-05	服装水洗工	081602	服装设计与工程	普通本科
6203	6-05-01-05	服装水洗工	130505	服装与服饰设计	普通本科
6204	6-05-01-05	服装水洗工	280402	服装工程技术	职教本科
6205	6-05-01-05	服装水洗工	350105	服装与服饰设计	职教本科
6206	6-05-01-05	服装水洗工	480402	服装设计与工艺	职教专科
6207	6-05-01-05	服装水洗工	480412	皮革服装制作与工艺	职教专科
6208	6-05-01-05	服装水洗工	550105	服装与服饰设计	职教专科
6209	6-05-01-05	服装水洗工	1208-3	服装制作与营销	技工院校3级
6210	6-05-01-05	服装水洗工	1210-3	服装设计与制作	技工院校3级
6211	6-05-01-05	服装水洗工	680402	服装设计与工艺	职教中职
6212	6-05-01-05	服装水洗工	680406	服装制作与生产管理	职教中职
6213	6-05-01-05	服装水洗工	750105	服装陈列与展示设计	职教中职
6214	6-05-01-05	服装水洗工	0536-4	服装陈列与展示设计	技工院校4级
6215	6-05-01-05	服装水洗工	1208-4	服装制作与营销	技工院校4级
6216	6-05-01-05	服装水洗工	1210-4	服装设计与制作	技工院校4级
6217	6-05-01-06	绒线编织拼布工	1208-3	服装制作与营销	技工院校3级
6218	6-05-01-06	绒线编织拼布工	1210-3	服装设计与制作	技工院校3级
6219	6-05-01-06	绒线编织拼布工	1208-4	服装制作与营销	技工院校4级
6220	6-05-01-06	绒线编织拼布工	1210-4	服装设计与制作	技工院校4级

职业信息与教育培训项目（专业）信息对应指引
（2023 年版）

续表

序号	职业编码	职业名称	专业代码	专业名称	院校类型
6221	6-05-02-01	皮革及皮革制品加工工	480107	皮革加工技术	职教专科
6222	6-05-02-01	皮革及皮革制品加工工	480108	皮具制作与工艺	职教专科
6223	6-05-02-01	皮革及皮革制品加工工	480412	皮革服装制作与工艺	职教专科
6224	6-05-02-01	皮革及皮革制品加工工	550120	皮具艺术设计	职教专科
6225	6-05-02-01	皮革及皮革制品加工工	1211-3	皮革加工与设计	技工院校3级
6226	6-05-02-01	皮革及皮革制品加工工	680105	皮革工艺	职教中职
6227	6-05-02-01	皮革及皮革制品加工工	750104	皮革制品设计与制作	职教中职
6228	6-05-02-01	皮革及皮革制品加工工	1211-4	皮革加工与设计	技工院校4级
6229	6-05-02-02	毛皮及毛皮制品加工工	480107	皮革加工技术	职教专科
6230	6-05-02-02	毛皮及毛皮制品加工工	680105	皮革工艺	职教中职
6231	6-05-04-01	制鞋工	1212-4	鞋制品设计与制作	技工院校4级
6232	6-05-04-02	制帽工	1210-4	服装设计与制作	技工院校4级
6233	6-06-01-01	制材工	082402	木材科学与工程	普通本科
6234	6-06-01-01	制材工	0712-4	木材加工	技工院校4级
6235	6-06-01-02	木竹藤材处理工	082402	木材科学与工程	普通本科
6236	6-06-01-02	木竹藤材处理工	210203	木业产品智能制造	职教本科
6237	6-06-01-02	木竹藤材处理工	410212	木业智能装备应用技术	职教专科
6238	6-06-01-02	木竹藤材处理工	0712-3	木材加工	技工院校3级
6239	6-06-01-02	木竹藤材处理工	610205	木业产品加工技术	职教中职
6240	6-06-01-02	木竹藤材处理工	0712-4	木材加工	技工院校4级

续表

序号	职业编码	职业名称	专业代码	专业名称	院校类型
6241	6-06-02-02	纤维板工	1204-3	纺织技术	技工院校3级
6242	6-06-02-02	纤维板工	1204-4	纺织技术	技工院校4级
6243	6-06-02-05	人造板饰面工	610205	木业产品加工技术	职教中职
6244	6-06-03-01	手工木工	082402	木材科学与工程	普通本科
6245	6-06-03-01	手工木工	410213	木业产品设计与制造	职教专科
6246	6-06-03-01	手工木工	0712-3	木材加工	技工院校3级
6247	6-06-03-01	手工木工	1103-3	建筑装饰	技工院校3级
6248	6-06-03-01	手工木工	610205	木业产品加工技术	职教中职
6249	6-06-03-01	手工木工	0712-4	木材加工	技工院校4级
6250	6-06-03-01	手工木工	1103-4	建筑装饰	技工院校4级
6251	6-06-03-01	手工木工	1222-4	家具设计与制作	技工院校4级
6252	6-06-03-02	机械木工	082402	木材科学与工程	普通本科
6253	6-06-03-02	机械木工	0712-3	木材加工	技工院校3级
6254	6-06-03-02	机械木工	610205	木业产品加工技术	职教中职
6255	6-06-03-02	机械木工	0712-4	木材加工	技工院校4级
6256	6-06-04-00	家具制作工	082402	木材科学与工程	普通本科
6257	6-06-04-00	家具制作工	210203	木业产品智能制造	职教本科
6258	6-06-04-00	家具制作工	410212	木业智能装备应用技术	职教专科
6259	6-06-04-00	家具制作工	480103	家具设计与制造	职教专科

职业信息与教育培训项目（专业）信息对应指引
（2023年版）

续表

序号	职业编码	职业名称	专业代码	专业名称	院校类型
6260	6-06-04-00	家具制作工	550115	家具艺术设计	职教专科
6261	6-06-04-00	家具制作工	1222-3	家具设计与制作	技工院校3级
6262	6-06-04-00	家具制作工	610205	木业产品加工技术	职教中职
6263	6-06-04-00	家具制作工	660106	金属表面处理技术应用	职教中职
6264	6-06-04-00	家具制作工	680103	家具设计与制作	职教中职
6265	6-06-04-00	家具制作工	0712-4	木材加工	技工院校4级
6266	6-06-04-00	家具制作工	1222-4	家具设计与制作	技工院校4级
6267	6-07-01-02	制浆废液回收利用工	081701	轻化工程	普通本科
6268	6-07-01-02	制浆废液回收利用工	280102	现代造纸工程技术	职教本科
6269	6-07-01-02	制浆废液回收利用工	480102	现代造纸技术	职教专科
6270	6-07-01-02	制浆废液回收利用工	1213-3	制浆造纸工艺	技工院校3级
6271	6-07-01-02	制浆废液回收利用工	680102	现代造纸工艺	职教中职
6272	6-07-01-02	制浆废液回收利用工	1213-4	制浆造纸工艺	技工院校4级
6273	6-07-01-03	造纸工	480102	现代造纸技术	职教专科
6274	6-07-01-03	造纸工	680102	现代造纸工艺	职教中职
6275	6-07-01-04	纸张整饰工	280201	包装工程技术	职教本科
6276	6-07-01-04	纸张整饰工	480201	包装工程技术	职教专科
6277	6-07-01-04	纸张整饰工	480202	包装策划与设计	职教专科
6278	6-07-01-04	纸张整饰工	550121	包装艺术设计	职教专科
6279	6-07-01-04	纸张整饰工	680201	包装设计与制作	职教中职
6280	6-07-01-05	宣纸书画纸制作工	1213-4	制浆造纸工艺	技工院校4级
6281	6-08-01-01	印前处理和制作员	480303	印刷数字图文技术	职教专科

续表

序号	职业编码	职业名称	专业代码	专业名称	院校类型
6282	6-08-01-01	印前处理和制作员	1201-3	印刷（图文信息处理）	技工院校3级
6283	6-08-01-01	印前处理和制作员	680301	印刷媒体技术	职教中职
6284	6-08-01-01	印前处理和制作员	1201-4	印刷（图文信息处理）	技工院校4级
6285	6-08-01-02	印刷操作员	081703	印刷工程	普通本科
6286	6-08-01-02	印刷操作员	280301	数字印刷工程	职教本科
6287	6-08-01-02	印刷操作员	480301	数字印刷技术	职教专科
6288	6-08-01-02	印刷操作员	480302	印刷媒体技术	职教专科
6289	6-08-01-02	印刷操作员	480303	印刷数字图文技术	职教专科
6290	6-08-01-02	印刷操作员	480304	印刷设备应用技术	职教专科
6291	6-08-01-02	印刷操作员	560101	数字图文信息处理技术	职教专科
6292	6-08-01-02	印刷操作员	1201-3	印刷（图文信息处理）	技工院校3级
6293	6-08-01-02	印刷操作员	1202-3	印刷（印刷技术）	技工院校3级
6294	6-08-01-02	印刷操作员	680301	印刷媒体技术	职教中职
6295	6-08-01-02	印刷操作员	1201-4	印刷（图文信息处理）	技工院校4级
6296	6-08-01-02	印刷操作员	1202-4	印刷（印刷技术）	技工院校4级
6297	6-08-01-02	印刷操作员	1203-4	印刷（包装应用技术）	技工院校4级
6298	6-08-01-03	印后制作员	1203-3	印刷（包装应用技术）	技工院校3级
6299	6-08-01-03	印后制作员	1203-4	印刷（包装应用技术）	技工院校4级

职业信息与教育培训项目（专业）信息对应指引
（2023 年版）

续表

序号	职业编码	职业名称	专业代码	专业名称	院校类型
6300	6-08-02-00	音像制品和电子出版物复制员	560101	数字图文信息处理技术	职教专科
6301	6-08-02-00	音像制品和电子出版物复制员	1415-3	数字出版	技工院校3级
6302	6-08-02-00	音像制品和电子出版物复制员	760101	出版商务	职教中职
6303	6-09-02-01	钢琴及键盘乐器制作工	550214	钢琴调律	职教专科
6304	6-09-02-02	提琴吉他制作工	082402	木材科学与工程	普通本科
6305	6-09-02-02	提琴吉他制作工	0712-4	木材加工	技工院校4级
6306	6-09-02-03	管乐器制作工	260106	材料成型及控制工程	职教本科
6307	6-09-02-03	管乐器制作工	660105	焊接技术应用	职教中职
6308	6-09-02-04	民族拉弦弹拨乐器制作工	480109	乐器制造与维护	职教专科
6309	6-09-02-04	民族拉弦弹拨乐器制作工	1422-3	乐器制造与维修	技工院校3级
6310	6-09-02-04	民族拉弦弹拨乐器制作工	750212	乐器维修与制作	职教中职
6311	6-09-02-04	民族拉弦弹拨乐器制作工	1422-4	乐器制造与维修	技工院校4级
6312	6-09-02-05	吹奏乐器制作工	082402	木材科学与工程	普通本科
6313	6-09-02-05	吹奏乐器制作工	460110	智能焊接技术	职教专科
6314	6-09-02-05	吹奏乐器制作工	0119-3	焊接加工	技工院校3级
6315	6-09-02-05	吹奏乐器制作工	660105	焊接技术应用	职教中职
6316	6-09-02-05	吹奏乐器制作工	0712-4	木材加工	技工院校4级

续表

序号	职业编码	职业名称	专业代码	专业名称	院校类型
6317	6-09-02-05	吹奏乐器制作工	1422-4	乐器制造与维修	技工院校4级
6318	6-09-02-06	打击乐器制作工	082402	木材科学与工程	普通本科
6319	6-09-02-06	打击乐器制作工	480109	乐器制造与维护	职教专科
6320	6-09-02-06	打击乐器制作工	1422-3	乐器制造与维修	技工院校3级
6321	6-09-02-06	打击乐器制作工	750212	乐器维修与制作	职教中职
6322	6-09-02-06	打击乐器制作工	0712-4	木材加工	技工院校4级
6323	6-09-02-06	打击乐器制作工	1422-4	乐器制造与维修	技工院校4级
6324	6-09-02-07	电鸣乐器制作工	480109	乐器制造与维护	职教专科
6325	6-09-02-07	电鸣乐器制作工	1422-3	乐器制造与维修	技工院校3级
6326	6-09-02-07	电鸣乐器制作工	750212	乐器维修与制作	职教中职
6327	6-09-02-07	电鸣乐器制作工	1422-4	乐器制造与维修	技工院校4级
6328	6-09-03-01	工艺品雕刻工	350101	工艺美术	职教本科
6329	6-09-03-01	工艺品雕刻工	550119	雕刻艺术设计	职教专科
6330	6-09-03-01	工艺品雕刻工	550124	玉器设计与工艺	职教专科
6331	6-09-03-01	工艺品雕刻工	1118-3	石材工艺	技工院校3级
6332	6-09-03-01	工艺品雕刻工	1217-3	陶瓷美术	技工院校3级
6333	6-09-03-01	工艺品雕刻工	1402-3	工艺美术	技工院校3级
6334	6-09-03-01	工艺品雕刻工	750106	工艺美术	职教中职
6335	6-09-03-01	工艺品雕刻工	750112	工艺品设计与制作	职教中职

职业信息与教育培训项目（专业）信息对应指引
（2023年版）

续表

序号	职业编码	职业名称	专业代码	专业名称	院校类型
6336	6-09-03-01	工艺品雕刻工	750306	民族工艺品设计与制作	职教中职
6337	6-09-03-01	工艺品雕刻工	1118-4	石材工艺	技工院校4级
6338	6-09-03-01	工艺品雕刻工	1402-4	工艺美术	技工院校4级
6339	6-09-03-02	雕塑翻制工	550126	雕塑设计	职教专科
6340	6-09-03-02	雕塑翻制工	1408-3	美术绘画	技工院校3级
6341	6-09-03-02	雕塑翻制工	1408-4	美术绘画	技工院校4级
6342	6-09-03-03	陶瓷工艺品制作师	350101	工艺美术	职教本科
6343	6-09-03-03	陶瓷工艺品制作师	480105	陶瓷制造技术与工艺	职教专科
6344	6-09-03-03	陶瓷工艺品制作师	550122	陶瓷设计与工艺	职教专科
6345	6-09-03-03	陶瓷工艺品制作师	1216-3	陶瓷工艺	技工院校3级
6346	6-09-03-03	陶瓷工艺品制作师	1217-3	陶瓷美术	技工院校3级
6347	6-09-03-03	陶瓷工艺品制作师	750106	工艺美术	职教中职
6348	6-09-03-03	陶瓷工艺品制作师	750112	工艺品设计与制作	职教中职
6349	6-09-03-03	陶瓷工艺品制作师	750306	民族工艺品设计与制作	职教中职
6350	6-09-03-03	陶瓷工艺品制作师	1216-4	陶瓷工艺	技工院校4级
6351	6-09-03-03	陶瓷工艺品制作师	1217-4	陶瓷美术	技工院校4级
6352	6-09-03-04	景泰蓝制作工	1402-3	工艺美术	技工院校3级
6353	6-09-03-05	金属摆件制作工	460110	智能焊接技术	职教专科

续表

序号	职业编码	职业名称	专业代码	专业名称	院校类型
6354	6-09-03-05	金属摆件制作工	1402-3	工艺美术	技工院校3级
6355	6-09-03-05	金属摆件制作工	660105	焊接技术应用	职教中职
6356	6-09-03-06	漆器制作工	1402-3	工艺美术	技工院校3级
6357	6-09-03-06	漆器制作工	750106	工艺美术	职教中职
6358	6-09-03-06	漆器制作工	750112	工艺品设计与制作	职教中职
6359	6-09-03-06	漆器制作工	1402-4	工艺美术	技工院校4级
6360	6-09-03-07	壁画制作工	1408-3	美术绘画	技工院校3级
6361	6-09-03-07	壁画制作工	750107	绘画	职教中职
6362	6-09-03-07	壁画制作工	1408-4	美术绘画	技工院校4级
6363	6-09-03-08	版画制作工	280301	数字印刷工程	职教本科
6364	6-09-03-08	版画制作工	480301	数字印刷技术	职教专科
6365	6-09-03-08	版画制作工	480302	印刷媒体技术	职教专科
6366	6-09-03-08	版画制作工	480304	印刷设备应用技术	职教专科
6367	6-09-03-08	版画制作工	1408-3	美术绘画	技工院校3级
6368	6-09-03-08	版画制作工	680301	印刷媒体技术	职教中职
6369	6-09-03-08	版画制作工	750107	绘画	职教中职
6370	6-09-03-08	版画制作工	1202-4	印刷（印刷技术）	技工院校4级
6371	6-09-03-08	版画制作工	1408-4	美术绘画	技工院校4级
6372	6-09-03-11	抽纱刺绣工	550125	刺绣设计与工艺	职教专科

序号	职业编码	职业名称	专业代码	专业名称	院校类型
6373	6-09-03-11	抽纱刺绣工	1209-4	服装养护	技工院校4级
6374	6-09-03-12	手工地毯制作工	1402-3	工艺美术	技工院校3级
6375	6-09-03-12	手工地毯制作工	1402-4	工艺美术	技工院校4级
6376	6-09-03-13	机制地毯制作工	1402-3	工艺美术	技工院校3级
6377	6-09-03-13	机制地毯制作工	1402-4	工艺美术	技工院校4级
6378	6-09-03-14	宝石琢磨工	420107	宝玉石鉴定与加工	职教专科
6379	6-09-03-14	宝石琢磨工	1402-3	工艺美术	技工院校3级
6380	6-09-03-14	宝石琢磨工	620103	宝玉石加工与检测	职教中职
6381	6-09-03-14	宝石琢磨工	750108	首饰设计与制作	职教中职
6382	6-09-03-14	宝石琢磨工	1402-4	工艺美术	技工院校4级
6383	6-09-03-15	贵金属首饰制作工	420107	宝玉石鉴定与加工	职教专科
6384	6-09-03-15	贵金属首饰制作工	480106	珠宝首饰技术与管理	职教专科
6385	6-09-03-15	贵金属首饰制作工	550123	首饰设计与工艺	职教专科
6386	6-09-03-15	贵金属首饰制作工	1402-3	工艺美术	技工院校3级
6387	6-09-03-15	贵金属首饰制作工	1403-3	珠宝首饰设计与制作	技工院校3级
6388	6-09-03-15	贵金属首饰制作工	1404-3	珠宝首饰鉴定与营销	技工院校3级
6389	6-09-03-15	贵金属首饰制作工	620103	宝玉石加工与检测	职教中职
6390	6-09-03-15	贵金属首饰制作工	750108	首饰设计与制作	职教中职

序号	职业编码	职业名称	专业代码	专业名称	院校类型
6391	6-09-03-15	贵金属首饰制作工	750112	工艺品设计与制作	职教中职
6392	6-09-03-15	贵金属首饰制作工	1402-4	工艺美术	技工院校4级
6393	6-09-03-15	贵金属首饰制作工	1403-4	珠宝首饰设计与制作	技工院校4级
6394	6-09-03-15	贵金属首饰制作工	1404-4	珠宝首饰鉴定与营销	技工院校4级
6395	6-09-03-17	民间工艺品制作工	350101	工艺美术	职教本科
6396	6-09-03-17	民间工艺品制作工	550112	工艺美术品设计	职教专科
6397	6-09-03-17	民间工艺品制作工	1402-3	工艺美术	技工院校3级
6398	6-09-03-17	民间工艺品制作工	750106	工艺美术	职教中职
6399	6-09-03-17	民间工艺品制作工	750112	工艺品设计与制作	职教中职
6400	6-09-03-17	民间工艺品制作工	750304	民族纺染织绣技艺	职教中职
6401	6-09-03-17	民间工艺品制作工	750305	民间传统工艺	职教中职
6402	6-09-03-17	民间工艺品制作工	750306	民族工艺品设计与制作	职教中职
6403	6-09-03-17	民间工艺品制作工	1402-4	工艺美术	技工院校4级
6404	6-09-03-18	剧装工	750304	民族纺染织绣技艺	职教中职
6405	6-09-03-19	民间工艺品艺人	350101	工艺美术	职教本科
6406	6-09-03-19	民间工艺品艺人	550112	工艺美术品设计	职教专科
6407	6-09-03-19	民间工艺品艺人	550304	民族传统技艺	职教专科
6408	6-09-03-19	民间工艺品艺人	1402-3	工艺美术	技工院校3级
6409	6-09-03-19	民间工艺品艺人	750106	工艺美术	职教中职
6410	6-09-03-19	民间工艺品艺人	750112	工艺品设计与制作	职教中职
6411	6-09-03-19	民间工艺品艺人	750302	民族美术	职教中职
6412	6-09-03-19	民间工艺品艺人	750304	民族纺染织绣技艺	职教中职

序号	职业编码	职业名称	专业代码	专业名称	院校类型
6413	6-09-03-19	民间工艺品艺人	750305	民间传统工艺	职教中职
6414	6-09-03-19	民间工艺品艺人	750306	民族工艺品设计与制作	职教中职
6415	6-09-03-19	民间工艺品艺人	1402-4	工艺美术	技工院校4级
6416	6-09-04-01	制球工	430609	橡胶智能制造技术	职教专科
6417	6-09-04-01	制球工	670205	橡胶工艺	职教中职
6418	6-09-04-02	球拍球网制作工	082402	木材科学与工程	普通本科
6419	6-09-04-02	球拍球网制作工	430609	橡胶智能制造技术	职教专科
6420	6-09-04-02	球拍球网制作工	670205	橡胶工艺	职教中职
6421	6-09-04-02	球拍球网制作工	0712-4	木材加工	技工院校4级
6422	6-09-04-03	健身器材制作工	480111	表面精饰工艺	职教专科
6423	6-09-04-03	健身器材制作工	660101	机械制造技术	职教中职
6424	6-09-04-03	健身器材制作工	660106	金属表面处理技术应用	职教中职
6425	6-09-05-00	玩具制作工	1221-3	玩具设计与制造	技工院校3级
6426	6-09-05-00	玩具制作工	1407-3	工业设计	技工院校3级
6427	6-09-05-00	玩具制作工	1221-4	玩具设计与制造	技工院校4级
6428	6-10-01-02	催化裂化工	0901-3	石油炼制	技工院校3级
6429	6-10-01-02	催化裂化工	0901-4	石油炼制	技工院校4级
6430	6-10-01-03	蜡油渣油加氢工	0901-3	石油炼制	技工院校3级
6431	6-10-01-03	蜡油渣油加氢工	0901-4	石油炼制	技工院校4级

续表

序号	职业编码	职业名称	专业代码	专业名称	院校类型
6432	6-10-01-04	渣油热加工工	0901-3	石油炼制	技工院校3级
6433	6-10-01-04	渣油热加工工	0901-4	石油炼制	技工院校4级
6434	6-10-01-07	润滑油脂生产工	470202	石油炼制技术	职教专科
6435	6-10-01-08	石油产品精制工	0901-3	石油炼制	技工院校3级
6436	6-10-01-08	石油产品精制工	670202	石油炼制技术	职教中职
6437	6-10-01-08	石油产品精制工	0901-4	石油炼制	技工院校4级
6438	6-10-01-10	油品储运工	0812-4	石油天然气储运与营销	技工院校4级
6439	6-10-01-11	油母页岩提炼工	0901-4	石油炼制	技工院校4级
6440	6-10-02-01	炼焦煤制备工	0907-3	煤化工	技工院校3级
6441	6-10-02-01	炼焦煤制备工	0907-4	煤化工	技工院校4级
6442	6-10-02-02	炼焦工	0907-3	煤化工	技工院校3级
6443	6-10-02-02	炼焦工	0907-4	煤化工	技工院校4级
6444	6-10-03-03	煤制气工	0907-3	煤化工	技工院校3级
6445	6-10-03-03	煤制气工	0907-4	煤化工	技工院校4级
6446	6-10-03-05	工业型煤工	0907-4	煤化工	技工院校4级

续表

序号	职业编码	职业名称	专业代码	专业名称	院校类型
6447	6-10-03-06	煤提质工	0907-4	煤化工	技工院校4级
6448	6-11-01-02	化工单元操作工	270201	应用化工技术	职教本科
6449	6-11-01-02	化工单元操作工	470201	应用化工技术	职教专科
6450	6-11-01-02	化工单元操作工	0902-3	化工工艺	技工院校3级
6451	6-11-01-02	化工单元操作工	0902-4	化工工艺	技工院校4级
6452	6-11-01-03	化工总控工	260305	自动化技术与应用	职教本科
6453	6-11-01-03	化工总控工	270201	应用化工技术	职教本科
6454	6-11-01-03	化工总控工	420902	化工安全技术	职教专科
6455	6-11-01-03	化工总控工	460307	工业过程自动化技术	职教专科
6456	6-11-01-03	化工总控工	460308	工业自动化仪表技术	职教专科
6457	6-11-01-03	化工总控工	470201	应用化工技术	职教专科
6458	6-11-01-03	化工总控工	470202	石油炼制技术	职教专科
6459	6-11-01-03	化工总控工	470204	石油化工技术	职教专科
6460	6-11-01-03	化工总控工	470207	海洋化工技术	职教专科
6461	6-11-01-03	化工总控工	470209	化工智能制造技术	职教专科
6462	6-11-01-03	化工总控工	470211	化工自动化技术	职教专科
6463	6-11-01-03	化工总控工	0207-3	化工仪表及自动化	技工院校3级
6464	6-11-01-03	化工总控工	0902-3	化工工艺	技工院校3级
6465	6-11-01-03	化工总控工	0904-3	精细化工	技工院校3级
6466	6-11-01-03	化工总控工	0905-3	生物化工	技工院校3级

续表

序号	职业编码	职业名称	专业代码	专业名称	院校类型
6467	6-11-01-03	化工总控工	0906-3	高分子材料加工	技工院校3级
6468	6-11-01-03	化工总控工	630202	火电厂热工仪表安装与检修	职教中职
6469	6-11-01-03	化工总控工	660304	工业自动化仪表及应用	职教中职
6470	6-11-01-03	化工总控工	670201	化学工艺	职教中职
6471	6-11-01-03	化工总控工	670202	石油炼制技术	职教中职
6472	6-11-01-03	化工总控工	670209	化工仪表及自动化	职教中职
6473	6-11-01-03	化工总控工	0206-4	工业自动化仪器仪表装配与维护	技工院校4级
6474	6-11-01-03	化工总控工	0207-4	化工仪表及自动化	技工院校4级
6475	6-11-01-03	化工总控工	0902-4	化工工艺	技工院校4级
6476	6-11-01-03	化工总控工	0904-4	精细化工	技工院校4级
6477	6-11-01-03	化工总控工	0905-4	生物化工	技工院校4级
6478	6-11-01-03	化工总控工	0906-4	高分子材料加工	技工院校4级
6479	6-11-01-04	制冷工	260202	制冷与空调工程	职教本科
6480	6-11-01-04	制冷工	0121-2	制冷设备运用与维修	技工院校2级
6481	6-11-01-04	制冷工	460205	制冷与空调技术	职教专科
6482	6-11-01-04	制冷工	0121-3	制冷设备运用与维修	技工院校3级
6483	6-11-01-04	制冷工	660205	制冷和空调设备运行与维护	职教中职

职业信息与教育培训项目（专业）信息对应指引
（2023年版）

续表

序号	职业编码	职业名称	专业代码	专业名称	院校类型
6484	6-11-01-04	制冷工	0121-4	制冷设备运用与维修	技工院校4级
6485	6-11-01-06	腐蚀控制工	460111	工业材料表面处理技术	职教专科
6486	6-11-01-06	腐蚀控制工	660106	金属表面处理技术应用	职教中职
6487	6-11-02-04	磷酸生产工	0908-3	磷化工	技工院校3级
6488	6-11-02-04	磷酸生产工	0908-4	磷化工	技工院校4级
6489	6-11-02-12	芳香烃生产工	420807	绿色低碳技术	职教专科
6490	6-11-02-15	有机合成工	1303-4	化学制药	技工院校4级
6491	6-11-03-05	过磷酸钙生产工	0908-3	磷化工	技工院校3级
6492	6-11-03-05	过磷酸钙生产工	0908-4	磷化工	技工院校4级
6493	6-11-04-00	农药生产工	470104	化工生物技术	职教专科
6494	6-11-04-00	农药生产工	490202	生物制药技术	职教专科
6495	6-11-04-00	农药生产工	670102	生物化工技术应用	职教中职
6496	6-11-04-00	农药生产工	690202	生物制药工艺	职教中职
6497	6-11-05-01	涂料生产工	430604	航空复合材料成型与加工技术	职教专科
6498	6-11-05-01	涂料生产工	470212	涂装防护技术	职教专科
6499	6-11-08-01	催化剂生产工	0904-4	精细化工	技工院校4级
6500	6-11-08-02	总溶剂生产工	470101	食品生物技术	职教专科
6501	6-11-08-02	总溶剂生产工	470104	化工生物技术	职教专科
6502	6-11-08-02	总溶剂生产工	490202	生物制药技术	职教专科
6503	6-11-08-02	总溶剂生产工	670102	生物化工技术应用	职教中职

续表

序号	职业编码	职业名称	专业代码	专业名称	院校类型
6504	6-11-08-02	总溶剂生产工	690202	生物制药工艺	职教中职
6505	6-11-08-05	表面活性剂制造工	460111	工业材料表面处理技术	职教专科
6506	6-11-08-21	柔性版材生产工	1001-3	钢材轧制与表面处理	技工院校3级
6507	6-11-08-21	柔性版材生产工	1001-4	钢材轧制与表面处理	技工院校4级
6508	6-11-08-26	生物质化工产品生产工	430303	生物质能应用技术	职教专科
6509	6-11-08-26	生物质化工产品生产工	470106	绿色生物制造技术	职教专科
6510	6-11-09-02	索状爆破器材制造工	0909-3	火炸药制造与应用	技工院校3级
6511	6-11-09-02	索状爆破器材制造工	0909-4	火炸药制造与应用	技工院校4级
6512	6-11-09-03	火工品装配工	0909-3	火炸药制造与应用	技工院校3级
6513	6-11-09-03	火工品装配工	0909-4	火炸药制造与应用	技工院校4级
6514	6-11-09-04	火工品管理工	0909-3	火炸药制造与应用	技工院校3级
6515	6-11-09-04	火工品管理工	670210	火炸药技术	职教中职
6516	6-11-09-04	火工品管理工	0909-4	火炸药制造与应用	技工院校4级
6517	6-11-09-05	烟花爆竹工	470213	烟花爆竹技术与管理	职教专科
6518	6-11-09-05	烟花爆竹工	670211	烟花爆竹生产与管理	职教中职
6519	6-11-10-03	化妆品配方师	280101	化妆品工程技术	职教本科
6520	6-11-10-03	化妆品配方师	480101	化妆品技术	职教专科
6521	6-11-10-03	化妆品配方师	490217	化妆品经营与管理	职教专科
6522	6-11-10-03	化妆品配方师	490218	化妆品质量与安全	职教专科

职业信息与教育培训项目（专业）信息对应指引
（2023 年版）

续表

序号	职业编码	职业名称	专业代码	专业名称	院校类型
6523	6-11-10-03	化妆品配方师	0508-3	美容美发与造型（美容）	技工院校3级
6524	6-11-10-03	化妆品配方师	1224-3	化妆品制造与营销	技工院校3级
6525	6-11-10-03	化妆品配方师	680101	化妆品制造技术	职教中职
6526	6-11-10-03	化妆品配方师	1224-4	化妆品制造与营销	技工院校4级
6527	6-11-10-04	化妆品制造工	280101	化妆品工程技术	职教本科
6528	6-11-10-04	化妆品制造工	480101	化妆品技术	职教专科
6529	6-11-10-04	化妆品制造工	490217	化妆品经营与管理	职教专科
6530	6-11-10-04	化妆品制造工	490218	化妆品质量与安全	职教专科
6531	6-11-10-04	化妆品制造工	1224-3	化妆品制造与营销	技工院校3级
6532	6-11-10-04	化妆品制造工	680101	化妆品制造技术	职教中职
6533	6-11-10-04	化妆品制造工	1224-4	化妆品制造与营销	技工院校4级
6534	6-11-10-05	口腔清洁剂制造工	520102K	口腔医学	职教专科
6535	6-11-10-05	口腔清洁剂制造工	1307-3	口腔义齿制造	技工院校3级
6536	6-11-10-06	香料制造工	480110	香料香精技术与工艺	职教专科
6537	6-11-10-07	调香师	480110	香料香精技术与工艺	职教专科
6538	6-11-10-08	香精配制工	480110	香料香精技术与工艺	职教专科
6539	6-11-10-09	火柴制造工	081703	印刷工程	普通本科
6540	6-11-10-09	火柴制造工	082402	木材科学与工程	普通本科
6541	6-11-10-09	火柴制造工	280301	数字印刷工程	职教本科
6542	6-11-10-09	火柴制造工	480301	数字印刷技术	职教专科
6543	6-11-10-09	火柴制造工	480302	印刷媒体技术	职教专科
6544	6-11-10-09	火柴制造工	480304	印刷设备应用技术	职教专科

续表

序号	职业编码	职业名称	专业代码	专业名称	院校类型
6545	6-11-10-09	火柴制造工	1202-3	印刷（印刷技术）	技工院校3级
6546	6-11-10-09	火柴制造工	680301	印刷媒体技术	职教中职
6547	6-11-10-09	火柴制造工	0712-4	木材加工	技工院校4级
6548	6-11-10-09	火柴制造工	1202-4	印刷（印刷技术）	技工院校4级
6549	6-12-01-00	化学合成制药工	490204	化学制药技术	职教专科
6550	6-12-01-00	化学合成制药工	1303-4	化学制药	技工院校4级
6551	6-12-02-00	中药炮制工	520410	中药学	职教专科
6552	6-12-02-00	中药炮制工	520414	中药材生产与加工	职教专科
6553	6-12-02-00	中药炮制工	520415	中药制药	职教专科
6554	6-12-02-00	中药炮制工	1301-3	中药	技工院校3级
6555	6-12-02-00	中药炮制工	720403	中药	职教中职
6556	6-12-02-00	中药炮制工	720407	中药制药	职教中职
6557	6-12-02-00	中药炮制工	1301-4	中药	技工院校4级
6558	6-12-03-00	药物制剂工	490203	药物制剂技术	职教专科
6559	6-12-03-00	药物制剂工	520410	中药学	职教专科
6560	6-12-03-00	药物制剂工	1301-4	中药	技工院校4级
6561	6-12-03-00	药物制剂工	1303-4	化学制药	技工院校4级
6562	6-12-03-00	药物制剂工	1305-4	药物分析与检验	技工院校4级
6563	6-12-04-00	兽药制造工	090402	动物药学	普通本科

职业信息与教育培训项目（专业）信息对应指引

（2023年版）

续表

序号	职业编码	职业名称	专业代码	专业名称	院校类型
6564	6-12-04-00	兽药制造工	410302	动物药学	职教专科
6565	6-12-04-00	兽药制造工	490205	兽药制药技术	职教专科
6566	6-12-05-01	生化药品制造工	280201	包装工程技术	职教本科
6567	6-12-05-01	生化药品制造工	460311	计量测试与应用技术	职教专科
6568	6-12-05-01	生化药品制造工	470102	药品生物技术	职教专科
6569	6-12-05-01	生化药品制造工	470104	化工生物技术	职教专科
6570	6-12-05-01	生化药品制造工	480201	包装工程技术	职教专科
6571	6-12-05-01	生化药品制造工	480202	包装策划与设计	职教专科
6572	6-12-05-01	生化药品制造工	490202	生物制药技术	职教专科
6573	6-12-05-01	生化药品制造工	490204	化学制药技术	职教专科
6574	6-12-05-01	生化药品制造工	660307	计量测试与应用技术	职教中职
6575	6-12-05-01	生化药品制造工	670102	生物化工技术应用	职教中职
6576	6-12-05-01	生化药品制造工	680201	包装设计与制作	职教中职
6577	6-12-05-01	生化药品制造工	690202	生物制药工艺	职教中职
6578	6-12-05-02	发酵工程制药工	470101	食品生物技术	职教专科
6579	6-12-05-02	发酵工程制药工	470102	药品生物技术	职教专科
6580	6-12-05-02	发酵工程制药工	470104	化工生物技术	职教专科
6581	6-12-05-02	发酵工程制药工	490202	生物制药技术	职教专科
6582	6-12-05-02	发酵工程制药工	670102	生物化工技术应用	职教中职
6583	6-12-05-02	发酵工程制药工	690202	生物制药工艺	职教中职
6584	6-12-05-03	疫苗制品工	470102	药品生物技术	职教专科
6585	6-12-05-03	疫苗制品工	520503	医学生物技术	职教专科
6586	6-12-05-03	疫苗制品工	690202	生物制药工艺	职教中职
6587	6-12-05-03	疫苗制品工	720503	医学生物技术	职教中职
6588	6-12-05-04	血液制品工	720503	医学生物技术	职教中职
6589	6-12-05-05	基因工程药品生产工	490202	生物制药技术	职教专科
6590	6-12-05-05	基因工程药品生产工	520503	医学生物技术	职教专科

续表

序号	职业编码	职业名称	专业代码	专业名称	院校类型
6591	6-13-01-01	化纤聚合工	0906-3	高分子材料加工	技工院校3级
6592	6-13-01-01	化纤聚合工	1207-3	化纤生产技术	技工院校3级
6593	6-13-01-01	化纤聚合工	0906-4	高分子材料加工	技工院校4级
6594	6-13-01-01	化纤聚合工	1207-4	化纤生产技术	技工院校4级
6595	6-13-01-02	纺丝原液制造工	1207-3	化纤生产技术	技工院校3级
6596	6-13-01-02	纺丝原液制造工	0906-4	高分子材料加工	技工院校4级
6597	6-13-01-02	纺丝原液制造工	1207-4	化纤生产技术	技工院校4级
6598	6-13-02-01	纺丝工	0906-3	高分子材料加工	技工院校3级
6599	6-13-02-01	纺丝工	1207-3	化纤生产技术	技工院校3级
6600	6-13-02-01	纺丝工	0906-4	高分子材料加工	技工院校4级
6601	6-13-02-01	纺丝工	1207-4	化纤生产技术	技工院校4级
6602	6-13-02-02	化纤后处理工	1207-4	化纤生产技术	技工院校4级
6603	6-14-01-01	橡胶制品生产工	430609	橡胶智能制造技术	职教专科
6604	6-14-01-01	橡胶制品生产工	670204	高分子材料加工工艺	职教中职
6605	6-14-01-01	橡胶制品生产工	670205	橡胶工艺	职教中职
6606	6-14-02-00	塑料制品成型制作工	0118-2	模具设计	技工院校2级

职业信息与教育培训项目（专业）信息对应指引
（2023 年版）

续表

序号	职业编码	职业名称	专业代码	专业名称	院校类型
6607	6-14-02-00	塑料制品成型制作工	460113	模具设计与制造	职教专科
6608	6-14-02-00	塑料制品成型制作工	0117-3	模具制造	技工院校3级
6609	6-14-02-00	塑料制品成型制作工	0118-3	模具设计	技工院校3级
6610	6-14-02-00	塑料制品成型制作工	660108	模具制造技术	职教中职
6611	6-14-02-00	塑料制品成型制作工	670204	高分子材料加工工艺	职教中职
6612	6-14-02-00	塑料制品成型制作工	680104	塑料成型	职教中职
6613	6-15-01-01	水泥生产工	1112-3	硅酸盐材料制品生产	技工院校3级
6614	6-15-01-01	水泥生产工	1112-4	硅酸盐材料制品生产	技工院校4级
6615	6-15-01-02	水泥混凝土制品工	260106	材料成型及控制工程	职教本科
6616	6-15-01-02	水泥混凝土制品工	430605	非金属矿物材料技术	职教专科
6617	6-15-01-02	水泥混凝土制品工	460107	材料成型及控制技术	职教专科
6618	6-15-01-02	水泥混凝土制品工	0815-3	水利水电工程施工	技工院校3级
6619	6-15-01-02	水泥混凝土制品工	1102-3	建筑施工	技工院校3级
6620	6-15-01-02	水泥混凝土制品工	1112-3	硅酸盐材料制品生产	技工院校3级
6621	6-15-01-02	水泥混凝土制品工	630702	新型建筑材料生产技术	职教中职
6622	6-15-01-02	水泥混凝土制品工	670204	高分子材料加工工艺	职教中职
6623	6-15-01-02	水泥混凝土制品工	0815-4	水利水电工程施工	技工院校4级
6624	6-15-01-02	水泥混凝土制品工	1102-4	建筑施工	技工院校4级

续表

序号	职业编码	职业名称	专业代码	专业名称	院校类型
6625	6-15-01-02	水泥混凝土制品工	1112-4	硅酸盐材料制品生产	技工院校4级
6626	6-15-01-05	石膏制品生产工	460113	模具设计与制造	职教专科
6627	6-15-01-05	石膏制品生产工	1112-3	硅酸盐材料制品生产	技工院校3级
6628	6-15-01-05	石膏制品生产工	660108	模具制造技术	职教中职
6629	6-15-01-05	石膏制品生产工	1112-4	硅酸盐材料制品生产	技工院校4级
6630	6-15-01-06	预拌混凝土生产工	1112-3	硅酸盐材料制品生产	技工院校3级
6631	6-15-01-06	预拌混凝土生产工	630702	新型建筑材料生产技术	职教中职
6632	6-15-01-06	预拌混凝土生产工	0815-4	水利水电工程施工	技工院校4级
6633	6-15-01-06	预拌混凝土生产工	1102-4	建筑施工	技工院校4级
6634	6-15-01-06	预拌混凝土生产工	1112-4	硅酸盐材料制品生产	技工院校4级
6635	6-15-02-02	加气混凝土制品工	630702	新型建筑材料生产技术	职教中职
6636	6-15-02-02	加气混凝土制品工	0815-4	水利水电工程施工	技工院校4级
6637	6-15-02-02	加气混凝土制品工	1102-4	建筑施工	技工院校4级
6638	6-15-02-03	石材生产工	1118-3	石材工艺	技工院校3级
6639	6-15-02-03	石材生产工	1118-4	石材工艺	技工院校4级
6640	6-15-02-04	人造石生产加工工	430605	非金属矿物材料技术	职教专科

续表

序号	职业编码	职业名称	专业代码	专业名称	院校类型
6641	6-15-02-05	防水卷材制造工	430602	高分子材料智能制造技术	职教专科
6642	6-15-02-05	防水卷材制造工	430609	橡胶智能制造技术	职教专科
6643	6-15-02-05	防水卷材制造工	670204	高分子材料加工工艺	职教中职
6644	6-15-02-05	防水卷材制造工	670205	橡胶工艺	职教中职
6645	6-15-02-05	防水卷材制造工	680104	塑料成型	职教中职
6646	6-15-02-06	保温材料制造工	280201	包装工程技术	职教本科
6647	6-15-02-06	保温材料制造工	480201	包装工程技术	职教专科
6648	6-15-02-06	保温材料制造工	480202	包装策划与设计	职教专科
6649	6-15-02-06	保温材料制造工	1112-3	硅酸盐材料制品生产	技工院校3级
6650	6-15-02-06	保温材料制造工	680201	包装设计与制作	职教中职
6651	6-15-02-06	保温材料制造工	1002-4	钢铁冶炼	技工院校4级
6652	6-15-02-06	保温材料制造工	1112-4	硅酸盐材料制品生产	技工院校4级
6653	6-15-03-02	玻璃及玻璃制品成型工	260106	材料成型及控制工程	职教本科
6654	6-15-03-02	玻璃及玻璃制品成型工	460113	模具设计与制造	职教专科
6655	6-15-03-02	玻璃及玻璃制品成型工	1112-3	硅酸盐材料制品生产	技工院校3级
6656	6-15-03-02	玻璃及玻璃制品成型工	660108	模具制造技术	职教中职
6657	6-15-03-02	玻璃及玻璃制品成型工	1112-4	硅酸盐材料制品生产	技工院校4级
6658	6-15-03-03	玻璃加工工	1112-3	硅酸盐材料制品生产	技工院校3级
6659	6-15-03-03	玻璃加工工	1112-4	硅酸盐材料制品生产	技工院校4级
6660	6-15-03-05	电子玻璃制品加工工	660106	金属表面处理技术应用	职教中职

序号	职业编码	职业名称	专业代码	专业名称	院校类型
6661	6-15-03-06	石英玻璃制品加工工	1112-3	硅酸盐材料制品生产	技工院校3级
6662	6-15-03-06	石英玻璃制品加工工	1112-4	硅酸盐材料制品生产	技工院校4级
6663	6-15-04-01	玻璃纤维及制品工	430605	非金属矿物材料技术	职教专科
6664	6-15-04-01	玻璃纤维及制品工	470102	药品生物技术	职教专科
6665	6-15-04-01	玻璃纤维及制品工	470104	化工生物技术	职教专科
6666	6-15-04-01	玻璃纤维及制品工	1112-3	硅酸盐材料制品生产	技工院校3级
6667	6-15-04-01	玻璃纤维及制品工	630702	新型建筑材料生产技术	职教中职
6668	6-15-04-01	玻璃纤维及制品工	1112-4	硅酸盐材料制品生产	技工院校4级
6669	6-15-04-02	玻璃钢制品工	430605	非金属矿物材料技术	职教专科
6670	6-15-04-02	玻璃钢制品工	1112-3	硅酸盐材料制品生产	技工院校3级
6671	6-15-04-02	玻璃钢制品工	1112-4	硅酸盐材料制品生产	技工院校4级
6672	6-15-05-01	陶瓷原料准备工	480105	陶瓷制造技术与工艺	职教专科
6673	6-15-05-01	陶瓷原料准备工	550122	陶瓷设计与工艺	职教专科
6674	6-15-05-01	陶瓷原料准备工	1216-3	陶瓷工艺	技工院校3级
6675	6-15-05-01	陶瓷原料准备工	1216-4	陶瓷工艺	技工院校4级
6676	6-15-05-02	陶瓷成型施釉工	480105	陶瓷制造技术与工艺	职教专科
6677	6-15-05-02	陶瓷成型施釉工	550122	陶瓷设计与工艺	职教专科
6678	6-15-05-02	陶瓷成型施釉工	1216-3	陶瓷工艺	技工院校3级

续表

序号	职业编码	职业名称	专业代码	专业名称	院校类型
6679	6-15-05-02	陶瓷成型施釉工	1217-3	陶瓷美术	技工院校3级
6680	6-15-05-02	陶瓷成型施釉工	1216-4	陶瓷工艺	技工院校4级
6681	6-15-05-02	陶瓷成型施釉工	1217-4	陶瓷美术	技工院校4级
6682	6-15-05-03	陶瓷烧成工	480105	陶瓷制造技术与工艺	职教专科
6683	6-15-05-03	陶瓷烧成工	550122	陶瓷设计与工艺	职教专科
6684	6-15-05-03	陶瓷烧成工	1216-3	陶瓷工艺	技工院校3级
6685	6-15-05-03	陶瓷烧成工	1216-4	陶瓷工艺	技工院校4级
6686	6-15-05-04	陶瓷装饰工	480105	陶瓷制造技术与工艺	职教专科
6687	6-15-05-04	陶瓷装饰工	550122	陶瓷设计与工艺	职教专科
6688	6-15-05-04	陶瓷装饰工	1216-3	陶瓷工艺	技工院校3级
6689	6-15-05-04	陶瓷装饰工	1217-3	陶瓷美术	技工院校3级
6690	6-15-05-04	陶瓷装饰工	1216-4	陶瓷工艺	技工院校4级
6691	6-15-05-04	陶瓷装饰工	1217-4	陶瓷美术	技工院校4级
6692	6-15-06-01	耐火原料加工成型工	1112-4	硅酸盐材料制品生产	技工院校4级
6693	6-15-06-02	耐火材料烧成工	1112-3	硅酸盐材料制品生产	技工院校3级
6694	6-15-06-02	耐火材料烧成工	1112-4	硅酸盐材料制品生产	技工院校4级

续表

序号	职业编码	职业名称	专业代码	专业名称	院校类型
6695	6-15-06-03	耐火制品加工工	1112-3	硅酸盐材料制品生产	技工院校3级
6696	6-15-06-03	耐火制品加工工	1112-4	硅酸盐材料制品生产	技工院校4级
6697	6-15-06-04	耐火纤维制品工	1112-3	硅酸盐材料制品生产	技工院校3级
6698	6-15-06-04	耐火纤维制品工	1112-4	硅酸盐材料制品生产	技工院校4级
6699	6-15-07-01	炭素煅烧工	430608	炭材料工程技术	职教专科
6700	6-15-07-02	炭素成型工	430608	炭材料工程技术	职教专科
6701	6-15-07-03	炭素焙烧工	430608	炭材料工程技术	职教专科
6702	6-15-07-04	炭素浸渍工	430608	炭材料工程技术	职教专科
6703	6-15-07-06	炭素制品工	430605	非金属矿物材料技术	职教专科
6704	6-15-07-06	炭素制品工	430608	炭材料工程技术	职教专科
6705	6-15-07-06	炭素制品工	1112-3	硅酸盐材料制品生产	技工院校3级
6706	6-15-07-06	炭素制品工	1112-4	硅酸盐材料制品生产	技工院校4级
6707	6-15-07-07	炭素特种材料工	430608	炭材料工程技术	职教专科
6708	6-15-07-07	炭素特种材料工	460114	特种加工技术	职教专科
6709	6-15-08-01	人工合成晶体工	460107	材料成型及控制技术	职教专科
6710	6-15-08-02	高岭土加工工	280102	现代造纸工程技术	职教本科
6711	6-15-08-02	高岭土加工工	1213-3	制浆造纸工艺	技工院校3级
6712	6-15-08-02	高岭土加工工	680102	现代造纸工艺	职教中职
6713	6-15-08-02	高岭土加工工	1213-4	制浆造纸工艺	技工院校4级

职业信息与教育培训项目（专业）信息对应指引

（2023 年版）

续表

序号	职业编码	职业名称	专业代码	专业名称	院校类型
6714	6-15-08-03	珍珠岩加工工	1002-3	钢铁冶炼	技工院校3级
6715	6-15-08-03	珍珠岩加工工	1112-3	硅酸盐材料制品生产	技工院校3级
6716	6-15-08-03	珍珠岩加工工	1002-4	钢铁冶炼	技工院校4级
6717	6-15-08-03	珍珠岩加工工	1112-4	硅酸盐材料制品生产	技工院校4级
6718	6-15-08-04	石棉制品工	670205	橡胶工艺	职教中职
6719	6-15-08-05	云母制品工	620601	选矿技术	职教中职
6720	6-16-01-01	露天采矿工	420601	矿山智能开采技术	职教专科
6721	6-16-01-01	露天采矿工	0801-3	矿物开采与处理	技工院校3级
6722	6-16-01-01	露天采矿工	0801-4	矿物开采与处理	技工院校4级
6723	6-16-01-02	露天矿物开采辅助工	0445-4	重型车辆运用与维修	技工院校4级
6724	6-16-01-03	运矿排土工	0215-3	电线电缆制造技术	技工院校3级
6725	6-16-01-04	矿井开掘工	420502	矿井建设工程技术	职教专科
6726	6-16-01-04	矿井开掘工	0801-3	矿物开采与处理	技工院校3级
6727	6-16-01-04	矿井开掘工	0804-3	煤矿技术（综合机械化掘进）	技工院校3级
6728	6-16-01-04	矿井开掘工	620203	掘进技术	职教中职
6729	6-16-01-04	矿井开掘工	620502	矿井建设技术	职教中职
6730	6-16-01-04	矿井开掘工	0801-4	矿物开采与处理	技工院校4级

续表

序号	职业编码	职业名称	专业代码	专业名称	院校类型
6731	6-16-01-04	矿井开掘工	0804-4	煤矿技术（综合机械化掘进）	技工院校4级
6732	6-16-01-05	井下采矿工	420501	煤矿智能开采技术	职教专科
6733	6-16-01-05	井下采矿工	0801-3	矿物开采与处理	技工院校3级
6734	6-16-01-05	井下采矿工	0802-3	煤矿技术（采煤）	技工院校3级
6735	6-16-01-05	井下采矿工	0803-3	煤矿技术（综合机械化采煤）	技工院校3级
6736	6-16-01-05	井下采矿工	0804-3	煤矿技术（综合机械化掘进）	技工院校3级
6737	6-16-01-05	井下采矿工	620501	采矿技术	职教中职
6738	6-16-01-05	井下采矿工	0801-4	矿物开采与处理	技工院校4级
6739	6-16-01-05	井下采矿工	0802-4	煤矿技术（采煤）	技工院校4级
6740	6-16-01-05	井下采矿工	0803-4	煤矿技术（综合机械化采煤）	技工院校4级
6741	6-16-01-05	井下采矿工	0804-4	煤矿技术（综合机械化掘进）	技工院校4级
6742	6-16-01-06	井下支护工	0802-3	煤矿技术（采煤）	技工院校3级
6743	6-16-01-06	井下支护工	0803-3	煤矿技术（综合机械化采煤）	技工院校3级
6744	6-16-01-06	井下支护工	0804-3	煤矿技术（综合机械化掘进）	技工院校3级
6745	6-16-01-06	井下支护工	0801-4	矿物开采与处理	技工院校4级

职业信息与教育培训项目（专业）信息对应指引
（2023年版）

续表

序号	职业编码	职业名称	专业代码	专业名称	院校类型
6746	6-16-01-06	井下支护工	0802-4	煤矿技术（采煤）	技工院校4级
6747	6-16-01-06	井下支护工	0803-4	煤矿技术（综合机械化采煤）	技工院校4级
6748	6-16-01-06	井下支护工	0804-4	煤矿技术（综合机械化掘进）	技工院校4级
6749	6-16-01-07	井下机车运输工	300104	铁道机车智能运用技术	职教本科
6750	6-16-01-07	井下机车运输工	500105	铁道机车运用与维护	职教专科
6751	6-16-01-08	矿山提升设备操作工	420503	通风技术与安全管理	职教专科
6752	6-16-01-08	矿山提升设备操作工	0429-3	铁道信号	技工院校3级
6753	6-16-01-08	矿山提升设备操作工	620503	矿井通风与安全	职教中职
6754	6-16-01-08	矿山提升设备操作工	700106	铁道信号施工与维护	职教中职
6755	6-16-01-08	矿山提升设备操作工	700602	城市轨道交通信号维护	职教中职
6756	6-16-01-08	矿山提升设备操作工	0429-4	铁道信号	技工院校4级
6757	6-16-01-09	矿井通风工	220501	智能采矿技术	职教本科
6758	6-16-01-09	矿井通风工	420501	煤矿智能开采技术	职教专科
6759	6-16-01-09	矿井通风工	420503	通风技术与安全管理	职教专科
6760	6-16-01-09	矿井通风工	420601	矿山智能开采技术	职教专科
6761	6-16-01-09	矿井通风工	0806-3	矿井通风与安全	技工院校3级
6762	6-16-01-09	矿井通风工	620501	采矿技术	职教中职
6763	6-16-01-09	矿井通风工	620503	矿井通风与安全	职教中职
6764	6-16-01-09	矿井通风工	640403	供热通风与空调施工运行	职教中职
6765	6-16-01-09	矿井通风工	0801-4	矿物开采与处理	技工院校4级

续表

序号	职业编码	职业名称	专业代码	专业名称	院校类型
6766	6-16-01-09	矿井通风工	0806-4	矿井通风与安全	技工院校4级
6767	6-16-01-10	矿山安全防护工	420503	通风技术与安全管理	职教专科
6768	6-16-01-10	矿山安全防护工	420506	煤层气采输技术	职教专科
6769	6-16-01-10	矿山安全防护工	0806-3	矿井通风与安全	技工院校3级
6770	6-16-01-10	矿山安全防护工	620503	矿井通风与安全	职教中职
6771	6-16-01-10	矿山安全防护工	0806-4	矿井通风与安全	技工院校4级
6772	6-16-01-11	矿山安全设备监测检修工	420503	通风技术与安全管理	职教专科
6773	6-16-01-11	矿山安全设备监测检修工	620503	矿井通风与安全	职教中职
6774	6-16-01-12	矿山救护工	220902	应急管理	职教本科
6775	6-16-01-12	矿山救护工	420503	通风技术与安全管理	职教专科
6776	6-16-01-12	矿山救护工	420601	矿山智能开采技术	职教专科
6777	6-16-01-12	矿山救护工	0806-3	矿井通风与安全	技工院校3级
6778	6-16-01-12	矿山救护工	1503-3	应急救援技术	技工院校3级
6779	6-16-01-12	矿山救护工	620503	矿井通风与安全	职教中职
6780	6-16-01-12	矿山救护工	620903	防灾减灾技术	职教中职
6781	6-16-01-12	矿山救护工	0801-4	矿物开采与处理	技工院校4级
6782	6-16-01-12	矿山救护工	1503-4	应急救援技术	技工院校4级
6783	6-16-01-14	矿石处理工	620601	选矿技术	职教中职
6784	6-16-01-15	选矿工	081503	矿物加工工程	普通本科

续表

序号	职业编码	职业名称	专业代码	专业名称	院校类型
6785	6-16-01-15	选矿工	420602	矿物加工技术	职教专科
6786	6-16-01-15	选矿工	0801-3	矿物开采与处理	技工院校3级
6787	6-16-01-15	选矿工	620601	选矿技术	职教中职
6788	6-16-01-15	选矿工	0801-4	矿物开采与处理	技工院校4级
6789	6-16-01-16	选矿脱水工	620601	选矿技术	职教中职
6790	6-16-01-17	尾矿工	0801-4	矿物开采与处理	技工院校4级
6791	6-16-02-01	石油勘探工	081502	石油工程	普通本科
6792	6-16-02-01	石油勘探工	220402	石油工程技术	职教本科
6793	6-16-02-01	石油勘探工	420206	地球物理勘探技术	职教专科
6794	6-16-02-01	石油勘探工	420402	油气地质勘探技术	职教专科
6795	6-16-02-01	石油勘探工	420404	油气智能开采技术	职教专科
6796	6-16-02-01	石油勘探工	420406	石油工程技术	职教专科
6797	6-16-02-01	石油勘探工	0812-3	石油天然气储运与营销	技工院校3级
6798	6-16-02-01	石油勘探工	0901-3	石油炼制	技工院校3级
6799	6-16-02-01	石油勘探工	620205	地球物理勘探技术	职教中职
6800	6-16-02-01	石油勘探工	620402	石油地质录井与测井	职教中职
6801	6-16-02-01	石油勘探工	620404	油气开采	职教中职
6802	6-16-02-01	石油勘探工	670202	石油炼制技术	职教中职
6803	6-16-02-01	石油勘探工	0901-4	石油炼制	技工院校4级
6804	6-16-02-02	钻井工	220402	石油工程技术	职教本科
6805	6-16-02-02	钻井工	420403	钻井技术	职教专科
6806	6-16-02-02	钻井工	420404	油气智能开采技术	职教专科

续表

序号	职业编码	职业名称	专业代码	专业名称	院校类型
6807	6-16-02-02	钻井工	420405	油田化学应用技术	职教专科
6808	6-16-02-02	钻井工	420406	石油工程技术	职教专科
6809	6-16-02-02	钻井工	0810-3	石油钻井	技工院校3级
6810	6-16-02-02	钻井工	620403	石油钻井	职教中职
6811	6-16-02-02	钻井工	620404	油气开采	职教中职
6812	6-16-02-02	钻井工	0810-4	石油钻井	技工院校4级
6813	6-16-02-03	钻井协作工	420403	钻井技术	职教专科
6814	6-16-02-03	钻井协作工	420406	石油工程技术	职教专科
6815	6-16-02-03	钻井协作工	620403	石油钻井	职教中职
6816	6-16-02-04	井下作业设备操作维修工	420403	钻井技术	职教专科
6817	6-16-02-04	井下作业设备操作维修工	420404	油气智能开采技术	职教专科
6818	6-16-02-04	井下作业设备操作维修工	420406	石油工程技术	职教专科
6819	6-16-02-04	井下作业设备操作维修工	0811-3	石油天然气开采	技工院校3级
6820	6-16-02-04	井下作业设备操作维修工	620403	石油钻井	职教中职
6821	6-16-02-04	井下作业设备操作维修工	620404	油气开采	职教中职
6822	6-16-02-04	井下作业设备操作维修工	0811-4	石油天然气开采	技工院校4级
6823	6-16-02-05	水下钻井设备操作工	420403	钻井技术	职教专科
6824	6-16-02-05	水下钻井设备操作工	620403	石油钻井	职教中职
6825	6-16-02-05	水下钻井设备操作工	700308	工程潜水	职教中职

职业信息与教育培训项目（专业）信息对应指引
（2023年版）

续表

序号	职业编码	职业名称	专业代码	专业名称	院校类型
6826	6-16-02-06	油气水井测试工	0811-3	石油天然气开采	技工院校3级
6827	6-16-02-06	油气水井测试工	620402	石油地质录井与测井	职教中职
6828	6-16-02-06	油气水井测试工	620404	油气开采	职教中职
6829	6-16-02-06	油气水井测试工	0811-4	石油天然气开采	技工院校4级
6830	6-16-02-07	石油开采工	420404	油气智能开采技术	职教专科
6831	6-16-02-07	石油开采工	420406	石油工程技术	职教专科
6832	6-16-02-07	石油开采工	620404	油气开采	职教中职
6833	6-16-02-08	天然气开采工	420404	油气智能开采技术	职教专科
6834	6-16-02-08	天然气开采工	0812-3	石油天然气储运与营销	技工院校3级
6835	6-16-02-08	天然气开采工	620404	油气开采	职教中职
6836	6-16-02-08	天然气开采工	0812-4	石油天然气储运与营销	技工院校4级
6837	6-16-02-09	煤层气排采集输工	420403	钻井技术	职教专科
6838	6-16-02-09	煤层气排采集输工	420506	煤层气采输技术	职教专科
6839	6-16-02-09	煤层气排采集输工	620403	石油钻井	职教中职
6840	6-16-02-10	天然气处理工	220402	石油工程技术	职教本科
6841	6-16-02-10	天然气处理工	420404	油气智能开采技术	职教专科
6842	6-16-02-10	天然气处理工	0812-3	石油天然气储运与营销	技工院校3级
6843	6-16-02-10	天然气处理工	0812-4	石油天然气储运与营销	技工院校4级
6844	6-16-02-11	油气输送工	081504	油气储运工程	普通本科
6845	6-16-02-11	油气输送工	220401	油气储运工程	职教本科
6846	6-16-02-11	油气输送工	420401	油气储运技术	职教专科
6847	6-16-02-11	油气输送工	460311	计量测试与应用技术	职教专科

续表

序号	职业编码	职业名称	专业代码	专业名称	院校类型
6848	6-16-02-11	油气输送工	0811-3	石油天然气开采	技工院校3级
6849	6-16-02-11	油气输送工	0812-3	石油天然气储运与营销	技工院校3级
6850	6-16-02-11	油气输送工	620401	油气储运	职教中职
6851	6-16-02-11	油气输送工	660307	计量测试与应用技术	职教中职
6852	6-16-02-11	油气输送工	0811-4	石油天然气开采	技工院校4级
6853	6-16-02-11	油气输送工	0812-4	石油天然气储运与营销	技工院校4级
6854	6-16-02-12	油气管道维护工	081504	油气储运工程	普通本科
6855	6-16-02-12	油气管道维护工	220401	油气储运工程	职教本科
6856	6-16-02-12	油气管道维护工	420401	油气储运技术	职教专科
6857	6-16-02-12	油气管道维护工	500502	管道运输管理	职教专科
6858	6-16-02-12	油气管道维护工	0812-3	石油天然气储运与营销	技工院校3级
6859	6-16-02-12	油气管道维护工	1101-3	建筑设备安装	技工院校3级
6860	6-16-02-12	油气管道维护工	620401	油气储运	职教中职
6861	6-16-02-12	油气管道维护工	0812-4	石油天然气储运与营销	技工院校4级
6862	6-16-02-12	油气管道维护工	1101-4	建筑设备安装	技工院校4级
6863	6-16-02-13	海上平台水手	081504	油气储运工程	普通本科
6864	6-16-02-13	海上平台水手	220401	油气储运工程	职教本科
6865	6-16-02-13	海上平台水手	420401	油气储运技术	职教专科
6866	6-16-02-13	海上平台水手	420403	钻井技术	职教专科

续表

序号	职业编码	职业名称	专业代码	专业名称	院校类型
6867	6-16-02-13	海上平台水手	0438-3	起重装卸机械操作与维修	技工院校3级
6868	6-16-02-13	海上平台水手	620401	油气储运	职教中职
6869	6-16-02-13	海上平台水手	620403	石油钻井	职教中职
6870	6-16-02-13	海上平台水手	620404	油气开采	职教中职
6871	6-16-02-13	海上平台水手	700301	船舶驾驶	职教中职
6872	6-16-02-13	海上平台水手	0438-4	起重装卸机械操作与维修	技工院校4级
6873	6-16-03-01	海盐制盐工	610402	海水养殖	职教中职
6874	6-16-03-03	井矿盐制盐工	420403	钻井技术	职教专科
6875	6-16-03-03	井矿盐制盐工	620403	石油钻井	职教中职
6876	6-17-01-01	烧结球团原料工	1002-3	钢铁冶炼	技工院校3级
6877	6-17-01-01	烧结球团原料工	1002-4	钢铁冶炼	技工院校4级
6878	6-17-01-02	粉矿烧结工	1002-3	钢铁冶炼	技工院校3级
6879	6-17-01-02	粉矿烧结工	1002-4	钢铁冶炼	技工院校4级
6880	6-17-01-03	球团焙烧工	1002-3	钢铁冶炼	技工院校3级
6881	6-17-01-03	球团焙烧工	1002-4	钢铁冶炼	技工院校4级
6882	6-17-01-04	烧结成品工	1002-3	钢铁冶炼	技工院校3级
6883	6-17-01-04	烧结成品工	1002-4	钢铁冶炼	技工院校4级

续表

序号	职业编码	职业名称	专业代码	专业名称	院校类型
6884	6-17-01-05	高炉原料工	1002-3	钢铁冶炼	技工院校3级
6885	6-17-01-05	高炉原料工	1002-4	钢铁冶炼	技工院校4级
6886	6-17-01-06	高炉炼铁工	1002-3	钢铁冶炼	技工院校3级
6887	6-17-01-06	高炉炼铁工	1002-4	钢铁冶炼	技工院校4级
6888	6-17-01-07	高炉运转工	1002-3	钢铁冶炼	技工院校3级
6889	6-17-01-07	高炉运转工	1002-4	钢铁冶炼	技工院校4级
6890	6-17-02-01	炼钢原料工	1002-3	钢铁冶炼	技工院校3级
6891	6-17-02-01	炼钢原料工	1002-4	钢铁冶炼	技工院校4级
6892	6-17-02-02	炼钢工	1002-3	钢铁冶炼	技工院校3级
6893	6-17-02-02	炼钢工	1003-3	有色金属冶炼	技工院校3级
6894	6-17-02-02	炼钢工	1002-4	钢铁冶炼	技工院校4级
6895	6-17-02-02	炼钢工	1003-4	有色金属冶炼	技工院校4级
6896	6-17-02-03	炼钢浇铸工	1002-4	钢铁冶炼	技工院校4级
6897	6-17-02-04	炼钢准备工	1002-3	钢铁冶炼	技工院校3级

职业信息与教育培训项目（专业）信息对应指引
（2023 年版）

续表

序号	职业编码	职业名称	专业代码	专业名称	院校类型
6898	6-17-03-02	铸管工	1002-4	钢铁冶炼	技工院校4级
6899	6-17-03-03	铸管精整工	460111	工业材料表面处理技术	职教专科
6900	6-17-03-03	铸管精整工	460606	航空装备表面处理技术	职教专科
6901	6-17-03-03	铸管精整工	660106	金属表面处理技术应用	职教中职
6902	6-17-04-01	铁合金原料工	420602	矿物加工技术	职教专科
6903	6-17-04-01	铁合金原料工	620601	选矿技术	职教中职
6904	6-17-04-01	铁合金原料工	0122-4	数控电加工	技工院校4级
6905	6-17-04-02	铁合金火法冶炼工	1002-3	钢铁冶炼	技工院校3级
6906	6-17-04-02	铁合金火法冶炼工	1003-3	有色金属冶炼	技工院校3级
6907	6-17-04-03	铁合金焙烧工	1002-3	钢铁冶炼	技工院校3级
6908	6-17-05-01	重冶备料工	1003-3	有色金属冶炼	技工院校3级
6909	6-17-05-01	重冶备料工	1003-4	有色金属冶炼	技工院校4级
6910	6-17-05-02	重金属物料焙烧工	1002-3	钢铁冶炼	技工院校3级
6911	6-17-05-03	重冶火法冶炼工	230502	金属智能成型技术	职教本科
6912	6-17-05-03	重冶火法冶炼工	1001-3	钢材轧制与表面处理	技工院校3级
6913	6-17-05-03	重冶火法冶炼工	1003-3	有色金属冶炼	技工院校3级
6914	6-17-05-03	重冶火法冶炼工	630502	金属压力加工	职教中职

续表

序号	职业编码	职业名称	专业代码	专业名称	院校类型
6915	6-17-05-03	重冶火法冶炼工	1001-4	钢材轧制与表面处理	技工院校4级
6916	6-17-05-03	重冶火法冶炼工	1003-4	有色金属冶炼	技工院校4级
6917	6-17-06-04	硅冶炼工	430607	硅材料制备技术	职教专科
6918	6-17-07-03	钛冶炼工	1003-3	有色金属冶炼	技工院校3级
6919	6-17-07-03	钛冶炼工	1003-4	有色金属冶炼	技工院校4级
6920	6-17-07-04	稀土冶炼工	430505	稀土材料技术	职教专科
6921	6-17-07-05	稀土材料生产工	430505	稀土材料技术	职教专科
6922	6-17-07-06	贵金属冶炼工	1003-3	有色金属冶炼	技工院校3级
6923	6-17-07-06	贵金属冶炼工	1003-4	有色金属冶炼	技工院校4级
6924	6-17-08-01	半导体辅料制备工	430607	硅材料制备技术	职教专科
6925	6-17-08-02	多晶硅制取工	430607	硅材料制备技术	职教专科
6926	6-17-09-01	轧制原料工	1001-3	钢材轧制与表面处理	技工院校3级
6927	6-17-09-01	轧制原料工	630502	金属压力加工	职教中职
6928	6-17-09-01	轧制原料工	1001-4	钢材轧制与表面处理	技工院校4级
6929	6-17-09-02	金属轧制工	430402	智能轧钢技术	职教专科
6930	6-17-09-02	金属轧制工	1001-3	钢材轧制与表面处理	技工院校3级
6931	6-17-09-02	金属轧制工	630502	金属压力加工	职教中职
6932	6-17-09-02	金属轧制工	1001-4	钢材轧制与表面处理	技工院校4级

职业信息与教育培训项目（专业）信息对应指引

（2023年版）

续表

序号	职业编码	职业名称	专业代码	专业名称	院校类型
6933	6-17-09-03	金属材酸碱洗工	1001-3	钢材轧制与表面处理	技工院校3级
6934	6-17-09-03	金属材酸碱洗工	1001-4	钢材轧制与表面处理	技工院校4级
6935	6-17-09-04	金属材涂层机组操作工	430402	智能轧钢技术	职教专科
6936	6-17-09-04	金属材涂层机组操作工	460111	工业材料表面处理技术	职教专科
6937	6-17-09-04	金属材涂层机组操作工	1001-3	钢材轧制与表面处理	技工院校3级
6938	6-17-09-04	金属材涂层机组操作工	1001-4	钢材轧制与表面处理	技工院校4级
6939	6-17-09-05	金属材热处理工	430402	智能轧钢技术	职教专科
6940	6-17-09-05	金属材热处理工	0125-3	金属热处理	技工院校3级
6941	6-17-09-05	金属材热处理工	1001-3	钢材轧制与表面处理	技工院校3级
6942	6-17-09-05	金属材热处理工	0125-4	金属热处理	技工院校4级
6943	6-17-09-05	金属材热处理工	1001-4	钢材轧制与表面处理	技工院校4级
6944	6-17-09-06	焊管机组操作工	0119-2	焊接加工	技工院校2级
6945	6-17-09-06	焊管机组操作工	460110	智能焊接技术	职教专科
6946	6-17-09-06	焊管机组操作工	460504	船舶智能焊接技术	职教专科
6947	6-17-09-06	焊管机组操作工	0119-3	焊接加工	技工院校3级
6948	6-17-09-06	焊管机组操作工	0820-3	火电厂集控运行	技工院校3级
6949	6-17-09-06	焊管机组操作工	660105	焊接技术应用	职教中职

续表

序号	职业编码	职业名称	专业代码	专业名称	院校类型
6950	6-17-09-06	焊管机组操作工	0119-4	焊接加工	技工院校4级
6951	6-17-09-07	金属材精整工	430402	智能轧钢技术	职教专科
6952	6-17-09-07	金属材精整工	1001-3	钢材轧制与表面处理	技工院校3级
6953	6-17-09-07	金属材精整工	1001-4	钢材轧制与表面处理	技工院校4级
6954	6-17-09-08	金属材丝拉拔工	430502	金属智能加工技术	职教专科
6955	6-17-09-08	金属材丝拉拔工	1001-3	钢材轧制与表面处理	技工院校3级
6956	6-17-09-08	金属材丝拉拔工	630502	金属压力加工	职教中职
6957	6-17-09-08	金属材丝拉拔工	1001-4	钢材轧制与表面处理	技工院校4级
6958	6-17-09-09	金属挤压工	430502	金属智能加工技术	职教专科
6959	6-17-09-09	金属挤压工	1001-3	钢材轧制与表面处理	技工院校3级
6960	6-17-09-09	金属挤压工	1001-4	钢材轧制与表面处理	技工院校4级
6961	6-17-09-10	铸轧工	430402	智能轧钢技术	职教专科
6962	6-17-09-10	铸轧工	1001-3	钢材轧制与表面处理	技工院校3级
6963	6-17-09-10	铸轧工	630502	金属压力加工	职教中职
6964	6-17-09-10	铸轧工	1001-4	钢材轧制与表面处理	技工院校4级
6965	6-17-10-02	硬质合金成型工	080203	材料成型及控制工程	普通本科
6966	6-17-10-02	硬质合金成型工	230502	金属智能成型技术	职教本科
6967	6-17-10-02	硬质合金成型工	260106	材料成型及控制工程	职教本科
6968	6-17-10-02	硬质合金成型工	430503	金属精密成型技术	职教专科

序号	职业编码	职业名称	专业代码	专业名称	院校类型
6969	6-17-10-02	硬质合金成型工	460107	材料成型及控制技术	职教专科
6970	6-17-10-02	硬质合金成型工	460113	模具设计与制造	职教专科
6971	6-17-10-02	硬质合金成型工	0117-3	模具制造	技工院校3级
6972	6-17-10-02	硬质合金成型工	660108	模具制造技术	职教中职
6973	6-17-10-02	硬质合金成型工	680104	塑料成型	职教中职
6974	6-17-10-02	硬质合金成型工	0117-4	模具制造	技工院校4级
6975	6-17-10-03	硬质合金烧结工	1002-3	钢铁冶炼	技工院校3级
6976	6-17-10-03	硬质合金烧结工	630401	钢铁冶炼技术	职教中职
6977	6-17-10-03	硬质合金烧结工	1002-4	钢铁冶炼	技工院校4级
6978	6-18-01-01	车工	0101-2	机床切削加工（车工）	技工院校2级
6979	6-18-01-01	车工	0106-2	数控加工（数控车工）	技工院校2级
6980	6-18-01-01	车工	0110-2	数控编程	技工院校2级
6981	6-18-01-01	车工	0122-2	数控电加工	技工院校2级
6982	6-18-01-01	车工	0128-2	多轴数控加工	技工院校2级
6983	6-18-01-01	车工	0101-3	机床切削加工（车工）	技工院校3级
6984	6-18-01-01	车工	0106-3	数控加工（数控车工）	技工院校3级

续表

序号	职业编码	职业名称	专业代码	专业名称	院校类型
6985	6-18-01-01	车工	0108-3	数控加工（加工中心操作工）	技工院校3级
6986	6-18-01-01	车工	0110-3	数控编程	技工院校3级
6987	6-18-01-01	车工	0115-3	机械装配	技工院校3级
6988	6-18-01-01	车工	0122-3	数控电加工	技工院校3级
6989	6-18-01-01	车工	0128-3	多轴数控加工	技工院校3级
6990	6-18-01-01	车工	660102	机械加工技术	职教中职
6991	6-18-01-01	车工	0101-4	机床切削加工（车工）	技工院校4级
6992	6-18-01-01	车工	0106-4	数控加工（数控车工）	技工院校4级
6993	6-18-01-01	车工	0108-4	数控加工（加工中心操作工）	技工院校4级
6994	6-18-01-01	车工	0142-4	原型制作	技工院校4级
6995	6-18-01-02	铣工	0102-2	机床切削加工（铣工）	技工院校2级
6996	6-18-01-02	铣工	0107-2	数控加工（数控铣工）	技工院校2级
6997	6-18-01-02	铣工	0110-2	数控编程	技工院校2级
6998	6-18-01-02	铣工	0128-2	多轴数控加工	技工院校2级

续表

序号	职业编码	职业名称	专业代码	专业名称	院校类型
6999	6-18-01-02	铣工	0102-3	机床切削加工（铣工）	技工院校3级
7000	6-18-01-02	铣工	0107-3	数控加工（数控铣工）	技工院校3级
7001	6-18-01-02	铣工	0108-3	数控加工（加工中心操作工）	技工院校3级
7002	6-18-01-02	铣工	0110-3	数控编程	技工院校3级
7003	6-18-01-02	铣工	0128-3	多轴数控加工	技工院校3级
7004	6-18-01-02	铣工	0102-4	机床切削加工（铣工）	技工院校4级
7005	6-18-01-02	铣工	0107-4	数控加工（数控铣工）	技工院校4级
7006	6-18-01-02	铣工	0108-4	数控加工（加工中心操作工）	技工院校4级
7007	6-18-01-02	铣工	0142-4	原型制作	技工院校4级
7008	6-18-01-03	刨插工	260103	数控技术	职教本科
7009	6-18-01-03	刨插工	0108-2	数控加工（加工中心操作工）	技工院校2级
7010	6-18-01-03	刨插工	0110-2	数控编程	技工院校2级
7011	6-18-01-03	刨插工	0122-2	数控电加工	技工院校2级
7012	6-18-01-03	刨插工	0128-2	多轴数控加工	技工院校2级

续表

序号	职业编码	职业名称	专业代码	专业名称	院校类型
7013	6-18-01-03	刨插工	0129-2	计算机辅助设计与制造	技工院校2级
7014	6-18-01-03	刨插工	460101	机械设计与制造	职教专科
7015	6-18-01-03	刨插工	460103	数控技术	职教专科
7016	6-18-01-03	刨插工	460104	机械制造及自动化	职教专科
7017	6-18-01-03	刨插工	460603	航空发动机制造技术	职教专科
7018	6-18-01-03	刨插工	0108-3	数控加工（加工中心操作工）	技工院校3级
7019	6-18-01-03	刨插工	0110-3	数控编程	技工院校3级
7020	6-18-01-03	刨插工	0128-3	多轴数控加工	技工院校3级
7021	6-18-01-03	刨插工	0129-3	计算机辅助设计与制造	技工院校3级
7022	6-18-01-03	刨插工	660102	机械加工技术	职教中职
7023	6-18-01-03	刨插工	660103	数控技术应用	职教中职
7024	6-18-01-03	刨插工	660106	金属表面处理技术应用	职教中职
7025	6-18-01-03	刨插工	0108-4	数控加工（加工中心操作工）	技工院校4级
7026	6-18-01-04	磨工	260103	数控技术	职教本科
7027	6-18-01-04	磨工	0103-2	机床切削加工（磨工）	技工院校2级
7028	6-18-01-04	磨工	0128-2	多轴数控加工	技工院校2级
7029	6-18-01-04	磨工	460103	数控技术	职教专科
7030	6-18-01-04	磨工	0103-3	机床切削加工（磨工）	技工院校3级

续表

序号	职业编码	职业名称	专业代码	专业名称	院校类型
7031	6-18-01-04	磨工	0108-3	数控加工（加工中心操作工）	技工院校3级
7032	6-18-01-04	磨工	0115-3	机械装配	技工院校3级
7033	6-18-01-04	磨工	0128-3	多轴数控加工	技工院校3级
7034	6-18-01-04	磨工	660103	数控技术应用	职教中职
7035	6-18-01-04	磨工	660106	金属表面处理技术应用	职教中职
7036	6-18-01-04	磨工	0103-4	机床切削加工（磨工）	技工院校4级
7037	6-18-01-04	磨工	0108-4	数控加工（加工中心操作工）	技工院校4级
7038	6-18-01-04	磨工	0111-4	工量具制造与维修	技工院校4级
7039	6-18-01-05	镗工	260103	数控技术	职教本科
7040	6-18-01-05	镗工	0108-2	数控加工（加工中心操作工）	技工院校2级
7041	6-18-01-05	镗工	0110-2	数控编程	技工院校2级
7042	6-18-01-05	镗工	0122-2	数控电加工	技工院校2级
7043	6-18-01-05	镗工	0128-2	多轴数控加工	技工院校2级
7044	6-18-01-05	镗工	0129-2	计算机辅助设计与制造	技工院校2级
7045	6-18-01-05	镗工	460101	机械设计与制造	职教专科
7046	6-18-01-05	镗工	460103	数控技术	职教专科
7047	6-18-01-05	镗工	460104	机械制造及自动化	职教专科

续表

序号	职业编码	职业名称	专业代码	专业名称	院校类型
7048	6-18-01-05	镗工	460603	航空发动机制造技术	职教专科
7049	6-18-01-05	镗工	0108-3	数控加工（加工中心操作工）	技工院校3级
7050	6-18-01-05	镗工	0110-3	数控编程	技工院校3级
7051	6-18-01-05	镗工	0115-3	机械装配	技工院校3级
7052	6-18-01-05	镗工	0128-3	多轴数控加工	技工院校3级
7053	6-18-01-05	镗工	0129-3	计算机辅助设计与制造	技工院校3级
7054	6-18-01-05	镗工	660102	机械加工技术	职教中职
7055	6-18-01-05	镗工	660103	数控技术应用	职教中职
7056	6-18-01-05	镗工	660106	金属表面处理技术应月	职教中职
7057	6-18-01-05	镗工	0108-4	数控加工（加工中心操作工）	技工院校4级
7058	6-18-01-05	镗工	0142-4	原型制作	技工院校4级
7059	6-18-01-06	钻床工	260103	数控技术	职教本科
7060	6-18-01-06	钻床工	460103	数控技术	职教专科
7061	6-18-01-06	钻床工	660103	数控技术应用	职教中职
7062	6-18-01-07	多工序数控机床操作调整工	260103	数控技术	职教本科
7063	6-18-01-07	多工序数控机床操作调整工	0108-2	数控加工（加工中心操作工）	技工院校2级
7064	6-18-01-07	多工序数控机床操作调整工	0110-2	数控编程	技工院校2级

职业信息与教育培训项目（专业）信息对应指引
（2023 年版）

续表

序号	职业编码	职业名称	专业代码	专业名称	院校类型
7065	6-18-01-07	多工序数控机床操作调整工	0116-2	机械设备装配与自动控制	技工院校2级
7066	6-18-01-07	多工序数控机床操作调整工	0122-2	数控电加工	技工院校2级
7067	6-18-01-07	多工序数控机床操作调整工	0128-2	多轴数控加工	技工院校2级
7068	6-18-01-07	多工序数控机床操作调整工	0129-2	计算机辅助设计与制造	技工院校2级
7069	6-18-01-07	多工序数控机床操作调整工	460101	机械设计与制造	职教专科
7070	6-18-01-07	多工序数控机床操作调整工	460103	数控技术	职教专科
7071	6-18-01-07	多工序数控机床操作调整工	460104	机械制造及自动化	职教专科
7072	6-18-01-07	多工序数控机床操作调整工	460603	航空发动机制造技术	职教专科
7073	6-18-01-07	多工序数控机床操作调整工	0108-3	数控加工（加工中心操作工）	技工院校3级
7074	6-18-01-07	多工序数控机床操作调整工	0109-3	数控机床装配与维修	技工院校3级
7075	6-18-01-07	多工序数控机床操作调整工	0110-3	数控编程	技工院校3级
7076	6-18-01-07	多工序数控机床操作调整工	0115-3	机械装配	技工院校3级
7077	6-18-01-07	多工序数控机床操作调整工	0116-3	机械设备装配与自动控制	技工院校3级
7078	6-18-01-07	多工序数控机床操作调整工	0122-3	数控电加工	技工院校3级

续表

序号	职业编码	职业名称	专业代码	专业名称	院校类型
7079	6-18-01-07	多工序数控机床操作调整工	0128-3	多轴数控加工	技工院校3级
7080	6-18-01-07	多工序数控机床操作调整工	0129-3	计算机辅助设计与制造	技工院校3级
7081	6-18-01-07	多工序数控机床操作调整工	660102	机械加工技术	职教中职
7082	6-18-01-07	多工序数控机床操作调整工	660103	数控技术应用	职教中职
7083	6-18-01-07	多工序数控机床操作调整工	660106	金属表面处理技术应用	职教中职
7084	6-18-01-07	多工序数控机床操作调整工	0108-4	数控加工（加工中心操作工）	技工院校4级
7085	6-18-01-07	多工序数控机床操作调整工	0109-4	数控机床装配与维修	技工院校4级
7086	6-18-01-07	多工序数控机床操作调整工	0122-4	数控电加工	技工院校4级
7087	6-18-01-07	多工序数控机床操作调整工	0142-4	原型制作	技工院校4级
7088	6-18-01-08	电切削工	0122-2	数控电加工	技工院校2级
7089	6-18-01-08	电切削工	0108-3	数控加工（加工中心操作工）	技工院校3级
7090	6-18-01-08	电切削工	0117-3	模具制造	技工院校3级
7091	6-18-01-08	电切削工	0122-3	数控电加工	技工院校3级
7092	6-18-01-08	电切削工	0122-4	数控电加工	技工院校4级

续表

序号	职业编码	职业名称	专业代码	专业名称	院校类型
7093	6-18-01-09	拉床工	260103	数控技术	职教本科
7094	6-18-01-09	拉床工	0108-2	数控加工（加工中心操作工）	技工院校2级
7095	6-18-01-09	拉床工	0110-2	数控编程	技工院校2级
7096	6-18-01-09	拉床工	0128-2	多轴数控加工	技工院校2级
7097	6-18-01-09	拉床工	0129-2	计算机辅助设计与制造	技工院校2级
7098	6-18-01-09	拉床工	460103	数控技术	职教专科
7099	6-18-01-09	拉床工	460104	机械制造及自动化	职教专科
7100	6-18-01-09	拉床工	0108-3	数控加工（加工中心操作工）	技工院校3级
7101	6-18-01-09	拉床工	0110-3	数控编程	技工院校3级
7102	6-18-01-09	拉床工	0128-3	多轴数控加工	技工院校3级
7103	6-18-01-09	拉床工	0129-3	计算机辅助设计与制造	技工院校3级
7104	6-18-01-09	拉床工	660102	机械加工技术	职教中职
7105	6-18-01-09	拉床工	660103	数控技术应用	职教中职
7106	6-18-01-09	拉床工	660106	金属表面处理技术应用	职教中职
7107	6-18-01-09	拉床工	0108-4	数控加工（加工中心操作工）	技工院校4级
7108	6-18-01-12	冲压工	0120-2	冷作钣金加工	技工院校2级
7109	6-18-01-12	冲压工	0120-3	冷作钣金加工	技工院校3级

续表

序号	职业编码	职业名称	专业代码	专业名称	院校类型
7110	6-18-01-12	冲压工	0120-4	冷作钣金加工	技工院校4级
7111	6-18-01-13	增材制造设备操作员	230502	金属智能成型技术	职教本科
7112	6-18-01-13	增材制造设备操作员	0136-2	数字化设计与制造	技工院校2级
7113	6-18-01-13	增材制造设备操作员	0142-2	原型制作	技工院校2级
7114	6-18-01-13	增材制造设备操作员	430503	金属精密成型技术	职教专科
7115	6-18-01-13	增材制造设备操作员	460102	数字化设计与制造技术	职教专科
7116	6-18-01-13	增材制造设备操作员	460107	材料成型及控制技术	职教专科
7117	6-18-01-13	增材制造设备操作员	460108	现代铸造技术	职教专科
7118	6-18-01-13	增材制造设备操作员	460112	增材制造技术	职教专科
7119	6-18-01-13	增材制造设备操作员	460114	特种加工技术	职教专科
7120	6-18-01-13	增材制造设备操作员	460201	智能制造装备技术	职教专科
7121	6-18-01-13	增材制造设备操作员	460610	航空材料精密成型技术	职教专科
7122	6-18-01-13	增材制造设备操作员	0136-3	数字化设计与制造	技工院校3级
7123	6-18-01-13	增材制造设备操作员	0142-3	原型制作	技工院校3级
7124	6-18-01-13	增材制造设备操作员	660107	增材制造技术应用	职教中职
7125	6-18-01-13	增材制造设备操作员	0142-4	原型制作	技工院校4级
7126	6-18-02-01	铸造工	460108	现代铸造技术	职教专科
7127	6-18-02-01	铸造工	460610	航空材料精密成型技术	职教专科
7128	6-18-02-01	铸造工	0104-3	铸造成型	技工院校3级
7129	6-18-02-01	铸造工	0104-4	铸造成型	技工院校4级

职业信息与教育培训项目（专业）信息对应指引

（2023年版）

续表

序号	职业编码	职业名称	专业代码	专业名称	院校类型
7130	6-18-02-02	锻造工	460109	现代锻压技术	职教专科
7131	6-18-02-02	锻造工	460610	航空材料精密成型技术	职教专科
7132	6-18-02-02	锻造工	0105-3	锻造成型	技工院校3级
7133	6-18-02-02	锻造工	630502	金属压力加工	职教中职
7134	6-18-02-02	锻造工	0105-4	锻造成型	技工院校4级
7135	6-18-02-03	金属热处理工	430402	智能轧钢技术	职教专科
7136	6-18-02-03	金属热处理工	460107	材料成型及控制技术	职教专科
7137	6-18-02-03	金属热处理工	0125-3	金属热处理	技工院校3级
7138	6-18-02-03	金属热处理工	0131-3	金属材料分析与检测	技工院校3级
7139	6-18-02-03	金属热处理工	660104	金属热加工	职教中职
7140	6-18-02-03	金属热处理工	660106	金属表面处理技术应用	职教中职
7141	6-18-02-03	金属热处理工	0125-4	金属热处理	技工院校4级
7142	6-18-02-03	金属热处理工	0131-4	金属材料分析与检测	技工院校4级
7143	6-18-02-03	金属热处理工	1001-4	钢材轧制与表面处理	技工院校4级
7144	6-18-02-04	焊工	0119-2	焊接加工	技工院校2级
7145	6-18-02-04	焊工	460110	智能焊接技术	职教专科
7146	6-18-02-04	焊工	460504	船舶智能焊接技术	职教专科
7147	6-18-02-04	焊工	0119-3	焊接加工	技工院校3级
7148	6-18-02-04	焊工	660105	焊接技术应用	职教中职

续表

序号	职业编码	职业名称	专业代码	专业名称	院校类型
7149	6-18-02-04	焊工	660106	金属表面处理技术应用	职教中职
7150	6-18-02-04	焊工	0119-4	焊接加工	技工院校4级
7151	6-18-02-05	机械加工材料切割工	0119-3	焊接加工	技工院校3级
7152	6-18-02-05	机械加工材料切割工	0119-4	焊接加工	技工院校4级
7153	6-18-02-06	粉末冶金制品制造工	230502	金属智能成型技术	职教本科
7154	6-18-02-06	粉末冶金制品制造工	430503	金属精密成型技术	职教专科
7155	6-18-02-06	粉末冶金制品制造工	630502	金属压力加工	职教中职
7156	6-18-03-01	镀层工	460111	工业材料表面处理技术	职教专科
7157	6-18-03-01	镀层工	460606	航空装备表面处理技术	职教专科
7158	6-18-03-01	镀层工	480111	表面精饰工艺	职教专科
7159	6-18-03-01	镀层工	0131-3	金属材料分析与检测	技工院校3级
7160	6-18-03-01	镀层工	660106	金属表面处理技术应用	职教中职
7161	6-18-03-02	镀膜工	660106	金属表面处理技术应用	职教中职
7162	6-18-03-03	涂装工	460111	工业材料表面处理技术	职教专科
7163	6-18-03-03	涂装工	460606	航空装备表面处理技术	职教专科
7164	6-18-03-03	涂装工	470212	涂装防护技术	职教专科
7165	6-18-03-03	涂装工	0131-3	金属材料分析与检测	技工院校3级
7166	6-18-03-03	涂装工	660106	金属表面处理技术应用	职教中职
7167	6-18-03-04	喷涂喷焊工	460111	工业材料表面处理技术	职教专科
7168	6-18-03-04	喷涂喷焊工	460606	航空装备表面处理技术	职教专科
7169	6-18-03-04	喷涂喷焊工	660106	金属表面处理技术应用	职教中职
7170	6-18-04-01	模具工	260106	材料成型及控制工程	职教本科

职业信息与教育培训项目（专业）信息对应指引

（2023 年版）

续表

序号	职业编码	职业名称	专业代码	专业名称	院校类型
7171	6-18-04-01	模具工	0117-2	模具制造	技工院校2级
7172	6-18-04-01	模具工	0118-2	模具设计	技工院校2级
7173	6-18-04-01	模具工	460107	材料成型及控制技术	职教专科
7174	6-18-04-01	模具工	460113	模具设计与制造	职教专科
7175	6-18-04-01	模具工	0105-3	锻造成型	技工院校3级
7176	6-18-04-01	模具工	0117-3	模具制造	技工院校3级
7177	6-18-04-01	模具工	0118-3	模具设计	技工院校3级
7178	6-18-04-01	模具工	660108	模具制造技术	职教中职
7179	6-18-04-01	模具工	0105-4	锻造成型	技工院校4级
7180	6-18-04-01	模具工	0111-4	工量具制造与维修	技工院校4级
7181	6-18-04-01	模具工	0117-4	模具制造	技工院校4级
7182	6-18-04-02	模型制作工	260501	船舶智能制造技术	职教本科
7183	6-18-04-02	模型制作工	460705	汽车造型与改装技术	职教专科
7184	6-18-04-02	模型制作工	1117-3	建筑模型设计与制作	技工院校3级
7185	6-18-04-02	模型制作工	640101	建筑表现	职教中职
7186	6-18-04-02	模型制作工	1117-4	建筑模型设计与制作	技工院校4级
7187	6-18-04-05	量具和刃具制造工	260101	机械设计制造及自动化	职教本科

续表

序号	职业编码	职业名称	专业代码	专业名称	院校类型
7188	6-18-04-05	量具和刃具制造工	0111-2	工量具制造与维修	技工院校2级
7189	6-18-04-05	量具和刃具制造工	460104	机械制造及自动化	职教专科
7190	6-18-04-05	量具和刃具制造工	0111-3	工量具制造与维修	技工院校3级
7191	6-18-04-05	量具和刃具制造工	0135-3	工业机械自动化装调	技工院校3级
7192	6-18-04-05	量具和刃具制造工	0206-3	工业自动化仪器仪表装配与维护	技工院校3级
7193	6-18-04-05	量具和刃具制造工	660102	机械加工技术	职教中职
7194	6-18-04-05	量具和刃具制造工	0111-4	工量具制造与维修	技工院校4级
7195	6-18-04-06	工具钳工	0111-3	工量具制造与维修	技工院校3级
7196	6-18-04-06	工具钳工	0111-4	工量具制造与维修	技工院校4级
7197	6-19-01-02	建筑五金制品制作工	430502	金属智能加工技术	职教专科
7198	6-19-01-02	建筑五金制品制作工	1001-3	钢材轧制与表面处理	技工院校3级
7199	6-19-01-02	建筑五金制品制作工	630502	金属压力加工	职教中职
7200	6-19-01-02	建筑五金制品制作工	660106	金属表面处理技术应用	职教中职
7201	6-19-01-02	建筑五金制品制作工	1001-4	钢材轧制与表面处理	技工院校4级
7202	6-19-01-03	锁具制作工	460606	航空装备表面处理技术	职教专科
7203	6-19-01-03	锁具制作工	660106	金属表面处理技术应用	职教中职
7204	6-19-01-04	金属炊具及器皿制作工	630502	金属压力加工	职教中职
7205	6-19-01-04	金属炊具及器皿制作工	660106	金属表面处理技术应用	职教中职
7206	6-19-01-05	日用五金制品制作工	260106	材料成型及控制工程	职教本科

职业信息与教育培训项目（专业）信息对应指引
（2023年版）

续表

序号	职业编码	职业名称	专业代码	专业名称	院校类型
7207	6-19-01-05	日用五金制品制作工	460111	工业材料表面处理技术	职教专科
7208	6-19-01-05	日用五金制品制作工	460606	航空装备表面处理技术	职教专科
7209	6-19-01-05	日用五金制品制作工	660106	金属表面处理技术应用	职教中职
7210	6-19-01-06	搪瓷制品制造工	1216-3	陶瓷工艺	技工院校3级
7211	6-19-01-06	搪瓷制品制造工	1217-3	陶瓷美术	技工院校3级
7212	6-20-01-01	装配钳工	260101	机械设计制造及自动化	职教本科
7213	6-20-01-01	装配钳工	0115-2	机械装配	技工院校2级
7214	6-20-01-01	装配钳工	0116-2	机械设备装配与自动控制	技工院校2级
7215	6-20-01-01	装配钳工	460308	工业自动化仪表技术	职教专科
7216	6-20-01-01	装配钳工	460602	飞行器数字化装配技术	职教专科
7217	6-20-01-01	装配钳工	0116-3	机械设备装配与自动控制	技工院校3级
7218	6-20-01-01	装配钳工	0135-3	工业机械自动化装调	技工院校3级
7219	6-20-01-01	装配钳工	0206-3	工业自动化仪器仪表装配与维护	技工院校3级
7220	6-20-01-01	装配钳工	660101	机械制造技术	职教中职
7221	6-20-01-01	装配钳工	660304	工业自动化仪表及应用	职教中职
7222	6-20-01-01	装配钳工	0115-4	机械装配	技工院校4级
7223	6-20-01-01	装配钳工	0116-4	机械设备装配与自动控制	技工院校4级
7224	6-20-01-01	装配钳工	0206-4	工业自动化仪器仪表装配与维护	技工院校4级

续表

序号	职业编码	职业名称	专业代码	专业名称	院校类型
7225	6-20-01-02	轴承制造工	0109-4	数控机床装配与维修	技工院校4级
7226	6-20-01-03	齿轮制造工	260103	数控技术	职教本科
7227	6-20-01-03	齿轮制造工	0106-2	数控加工（数控车工）	技工院校2级
7228	6-20-01-03	齿轮制造工	0108-2	数控加工（加工中心操作工）	技工院校2级
7229	6-20-01-03	齿轮制造工	0110-2	数控编程	技工院校2级
7230	6-20-01-03	齿轮制造工	0122-2	数控电加工	技工院校2级
7231	6-20-01-03	齿轮制造工	0128-2	多轴数控加工	技工院校2级
7232	6-20-01-03	齿轮制造工	0129-2	计算机辅助设计与制造	技工院校2级
7233	6-20-01-03	齿轮制造工	460103	数控技术	职教专科
7234	6-20-01-03	齿轮制造工	460104	机械制造及自动化	职教专科
7235	6-20-01-03	齿轮制造工	0101-3	机床切削加工（车工）	技工院校3级
7236	6-20-01-03	齿轮制造工	0102-3	机床切削加工（铣工）	技工院校3级
7237	6-20-01-03	齿轮制造工	0103-3	机床切削加工（磨工）	技工院校3级
7238	6-20-01-03	齿轮制造工	0106-3	数控加工（数控车工）	技工院校3级
7239	6-20-01-03	齿轮制造工	0107-3	数控加工（数控铣工）	技工院校3级

续表

序号	职业编码	职业名称	专业代码	专业名称	院校类型
7240	6-20-01-03	齿轮制造工	0108-3	数控加工（加工中心操作工）	技工院校3级
7241	6-20-01-03	齿轮制造工	0109-3	数控机床装配与维修	技工院校3级
7242	6-20-01-03	齿轮制造工	0110-3	数控编程	技工院校3级
7243	6-20-01-03	齿轮制造工	0112-3	机械设备维修	技工院校3级
7244	6-20-01-03	齿轮制造工	0115-3	机械装配	技工院校3级
7245	6-20-01-03	齿轮制造工	0116-3	机械设备装配与自动控制	技工院校3级
7246	6-20-01-03	齿轮制造工	0122-3	数控电加工	技工院校3级
7247	6-20-01-03	齿轮制造工	0128-3	多轴数控加工	技工院校3级
7248	6-20-01-03	齿轮制造工	660102	机械加工技术	职教中职
7249	6-20-01-03	齿轮制造工	660103	数控技术应用	职教中职
7250	6-20-01-03	齿轮制造工	660106	金属表面处理技术应用	职教中职
7251	6-20-01-03	齿轮制造工	0101-4	机床切削加工（车工）	技工院校4级
7252	6-20-01-03	齿轮制造工	0102-4	机床切削加工（铣工）	技工院校4级
7253	6-20-01-03	齿轮制造工	0103-4	机床切削加工（磨工）	技工院校4级
7254	6-20-01-03	齿轮制造工	0106-4	数控加工（数控车工）	技工院校4级

续表

序号	职业编码	职业名称	专业代码	专业名称	院校类型
7255	6-20-01-03	齿轮制造工	0108-4	数控加工（加工中心操作工）	技工院校4级
7256	6-20-01-03	齿轮制造工	0109-4	数控机床装配与维修	技工院校4级
7257	6-20-01-03	齿轮制造工	0122-4	数控电加工	技工院校4级
7258	6-20-01-03	齿轮制造工	0142-4	原型制作	技工院校4级
7259	6-20-01-05	链传动部件制造工	260101	机械设计制造及自动化	职教本科
7260	6-20-01-05	链传动部件制造工	0111-2	工量具制造与维修	技工院校2级
7261	6-20-01-05	链传动部件制造工	0117-2	模具制造	技工院校2级
7262	6-20-01-05	链传动部件制造工	0118-2	模具设计	技工院校2级
7263	6-20-01-05	链传动部件制造工	460104	机械制造及自动化	职教专科
7264	6-20-01-05	链传动部件制造工	460113	模具设计与制造	职教专科
7265	6-20-01-05	链传动部件制造工	0111-3	工量具制造与维修	技工院校3级
7266	6-20-01-05	链传动部件制造工	0117-3	模具制造	技工院校3级
7267	6-20-01-05	链传动部件制造工	0118-3	模具设计	技工院校3级
7268	6-20-01-05	链传动部件制造工	0122-3	数控电加工	技工院校3级
7269	6-20-01-05	链传动部件制造工	0135-3	工业机械自动化装调	技工院校3级
7270	6-20-01-05	链传动部件制造工	660108	模具制造技术	职教中职

职业信息与教育培训项目（专业）信息对应指引
（2023 年版）

续表

序号	职业编码	职业名称	专业代码	专业名称	院校类型
7271	6-20-01-05	链传动部件制造工	0111-4	工量具制造与维修	技工院校4级
7272	6-20-01-05	链传动部件制造工	0117-4	模具制造	技工院校4级
7273	6-20-01-06	紧固件制造工	0117-2	模具制造	技工院校2级
7274	6-20-01-06	紧固件制造工	0118-2	模具设计	技工院校2级
7275	6-20-01-06	紧固件制造工	460113	模具设计与制造	职教专科
7276	6-20-01-06	紧固件制造工	0117-3	模具制造	技工院校3级
7277	6-20-01-06	紧固件制造工	660108	模具制造技术	职教中职
7278	6-20-01-06	紧固件制造工	0117-4	模具制造	技工院校4级
7279	6-20-02-01	锅炉设备制造工	0125-3	金属热处理	技工院校3级
7280	6-20-02-01	锅炉设备制造工	0131-3	金属材料分析与检测	技工院校3级
7281	6-20-02-01	锅炉设备制造工	1110-3	燃气热力运行与维护	技工院校3级
7282	6-20-02-01	锅炉设备制造工	630201	火电厂热力设备安装	职教中职
7283	6-20-02-01	锅炉设备制造工	630203	火电厂热力设备运行与检修	职教中职
7284	6-20-02-01	锅炉设备制造工	0125-4	金属热处理	技工院校4级
7285	6-20-02-01	锅炉设备制造工	0821-4	火电厂热力设备运行与检修	技工院校4级

续表

序号	职业编码	职业名称	专业代码	专业名称	院校类型
7286	6-20-02-01	锅炉设备制造工	1110-4	燃气热力运行与维护	技工院校4级
7287	6-20-02-02	内燃机装配调试工	460117	内燃机制造与应用技术	职教专科
7288	6-20-02-03	汽轮机装配调试工	0115-3	机械装配	技工院校3级
7289	6-20-02-03	汽轮机装配调试工	0206-3	工业自动化仪器仪表装配与维护	技工院校3级
7290	6-20-02-03	汽轮机装配调试工	0109-4	数控机床装配与维修	技工院校4级
7291	6-20-02-03	汽轮机装配调试工	0206-4	工业自动化仪器仪表装配与维护	技工院校4级
7292	6-20-02-04	风电机组制造工	430302	风力发电工程技术	职教专科
7293	6-20-02-04	风电机组制造工	0822-3	风电场机电设备运行与维护	技工院校3级
7294	6-20-02-04	风电机组制造工	630302	风力发电设备运行与维护	职教中职
7295	6-20-02-04	风电机组制造工	0822-4	风电场机电设备运行与维护	技工院校4级
7296	6-20-03-01	机床装调维修工	260101	机械设计制造及自动化	职教本科
7297	6-20-03-01	机床装调维修工	260103	数控技术	职教本科
7298	6-20-03-01	机床装调维修工	0109-2	数控机床装配与维修	技工院校2级
7299	6-20-03-01	机床装调维修工	0112-2	机械设备维修	技工院校2级
7300	6-20-03-01	机床装调维修工	0115-2	机械装配	技工院校2级
7301	6-20-03-01	机床装调维修工	0116-2	机械设备装配与自动控制	技工院校2级

职业信息与教育培训项目（专业）信息对应指引
（2023年版）

续表

序号	职业编码	职业名称	专业代码	专业名称	院校类型
7302	6-20-03-01	机床装调维修工	0122-2	数控电加工	技工院校2级
7303	6-20-03-01	机床装调维修工	0127-2	机电一体化技术	技工院校2级
7304	6-20-03-01	机床装调维修工	0128-2	多轴数控加工	技工院校2级
7305	6-20-03-01	机床装调维修工	0129-2	计算机辅助设计与制造	技工院校2级
7306	6-20-03-01	机床装调维修工	0135-2	工业机械自动化装调	技工院校2级
7307	6-20-03-01	机床装调维修工	460103	数控技术	职教专科
7308	6-20-03-01	机床装调维修工	460104	机械制造及自动化	职教专科
7309	6-20-03-01	机床装调维修工	0109-3	数控机床装配与维修	技工院校3级
7310	6-20-03-01	机床装调维修工	0115-3	机械装配	技工院校3级
7311	6-20-03-01	机床装调维修工	0116-3	机械设备装配与自动控制	技工院校3级
7312	6-20-03-01	机床装调维修工	0122-3	数控电加工	技工院校3级
7313	6-20-03-01	机床装调维修工	0127-3	机电一体化技术	技工院校3级
7314	6-20-03-01	机床装调维修工	0128-3	多轴数控加工	技工院校3级
7315	6-20-03-01	机床装调维修工	0135-3	工业机械自动化装调	技工院校3级
7316	6-20-03-01	机床装调维修工	0138-3	智能装备安装与调试	技工院校3级

续表

序号	职业编码	职业名称	专业代码	专业名称	院校类型
7317	6-20-03-01	机床装调维修工	0206-3	工业自动化仪器仪表装配与维护	技工院校3级
7318	6-20-03-01	机床装调维修工	660101	机械制造技术	职教中职
7319	6-20-03-01	机床装调维修工	660301	机电技术应用	职教中职
7320	6-20-03-01	机床装调维修工	0109-4	数控机床装配与维修	技工院校4级
7321	6-20-03-01	机床装调维修工	0115-4	机械装配	技工院校4级
7322	6-20-03-01	机床装调维修工	0116-4	机械设备装配与自动控制	技工院校4级
7323	6-20-03-01	机床装调维修工	0138-4	智能装备安装与调试	技工院校4级
7324	6-20-03-01	机床装调维修工	0142-4	原型制作	技工院校4级
7325	6-20-03-01	机床装调维修工	0206-4	工业自动化仪器仪表装配与维护	技工院校4级
7326	6-20-03-02	焊接设备装配调试工	260106	材料成型及控制工程	职教本科
7327	6-20-03-02	焊接设备装配调试工	0119-2	焊接加工	技工院校2级
7328	6-20-03-02	焊接设备装配调试工	0127-2	机电一体化技术	技工院校2级
7329	6-20-03-02	焊接设备装配调试工	460110	智能焊接技术	职教专科
7330	6-20-03-02	焊接设备装配调试工	460308	工业自动化仪表技术	职教专科
7331	6-20-03-02	焊接设备装配调试工	460504	船舶智能焊接技术	职教专科
7332	6-20-03-02	焊接设备装配调试工	0116-3	机械设备装配与自动控制	技工院校3级
7333	6-20-03-02	焊接设备装配调试工	0119-3	焊接加工	技工院校3级

职业信息与教育培训项目（专业）信息对应指引

（2023 年版）

续表

序号	职业编码	职业名称	专业代码	专业名称	院校类型
7334	6-20-03-02	焊接设备装配调试工	0127-3	机电一体化技术	技工院校3级
7335	6-20-03-02	焊接设备装配调试工	0135-3	工业机械自动化装调	技工院校3级
7336	6-20-03-02	焊接设备装配调试工	0206-3	工业自动化仪器仪表装配与维护	技工院校3级
7337	6-20-03-02	焊接设备装配调试工	660105	焊接技术应用	职教中职
7338	6-20-03-02	焊接设备装配调试工	660304	工业自动化仪表及应用	职教中职
7339	6-20-03-02	焊接设备装配调试工	0109-4	数控机床装配与维修	技工院校4级
7340	6-20-03-02	焊接设备装配调试工	0116-4	机械设备装配与自动控制	技工院校4级
7341	6-20-03-02	焊接设备装配调试工	0119-4	焊接加工	技工院校4级
7342	6-20-03-02	焊接设备装配调试工	0202-4	电机电器装配与维修	技工院校4级
7343	6-20-03-02	焊接设备装配调试工	0206-4	工业自动化仪器仪表装配与维护	技工院校4级
7344	6-20-03-02	焊接设备装配调试工	0721-4	农村电气技术	技工院校4级
7345	6-20-03-03	焊接材料制造工	0119-4	焊接加工	技工院校4级
7346	6-20-04-00	电梯装配调试工	260203	电梯工程技术	职教本科
7347	6-20-04-00	电梯装配调试工	460206	电梯工程技术	职教专科
7348	6-20-04-00	电梯装配调试工	0216-3	电梯工程技术	技工院校3级
7349	6-20-04-00	电梯装配调试工	660206	电梯安装与维修保养	职教中职

续表

序号	职业编码	职业名称	专业代码	专业名称	院校类型
7350	6-20-04-00	电梯装配调试工	0216-4	电梯工程技术	技工院校4级
7351	6-20-05-02	真空设备装配调试工	0206-3	工业自动化仪器仪表装配与维护	技工院校3级
7352	6-20-05-07	制冷空调设备装配工	260202	制冷与空调工程	职教本科
7353	6-20-05-07	制冷空调设备装配工	0121-2	制冷设备运用与维修	技工院校2级
7354	6-20-05-07	制冷空调设备装配工	460205	制冷与空调技术	职教专科
7355	6-20-05-07	制冷空调设备装配工	0121-3	制冷设备运用与维修	技工院校3级
7356	6-20-05-07	制冷空调设备装配工	660205	制冷和空调设备运行与维护	职教中职
7357	6-20-05-07	制冷空调设备装配工	0121-4	制冷设备运用与维修	技工院校4级
7358	6-20-05-08	阀门装配调试工	0206-4	工业自动化仪器仪表装配与维护	技工院校4级
7359	6-20-05-09	液压液力气动密封件制造工	460309	液压与气动技术	职教专科
7360	6-20-05-09	液压液力气动密封件制造工	0135-3	工业机械自动化装调	技工院校3级
7361	6-20-05-09	液压液力气动密封件制造工	660305	液压与气动技术应用	职教中职
7362	6-20-06-01	工业炉及电炉装配工	460308	工业自动化仪表技术	职教专科
7363	6-20-06-01	工业炉及电炉装配工	0206-3	工业自动化仪器仪表装配与维护	技工院校3级
7364	6-20-06-01	工业炉及电炉装配工	660304	工业自动化仪表及应用	职教中职
7365	6-20-06-01	工业炉及电炉装配工	0206-4	工业自动化仪器仪表装配与维护	技工院校4级

职业信息与教育培训项目（专业）信息对应指引
（2023年版）

续表

序号	职业编码	职业名称	专业代码	专业名称	院校类型
7366	6-20-07-01	电影电教设备制造工	0206-3	工业自动化仪器仪表装配与维护	技工院校3级
7367	6-20-07-01	电影电教设备制造工	0206-4	工业自动化仪器仪表装配与维护	技工院校4级
7368	6-20-07-04	办公小机械制造工	660101	机械制造技术	职教中职
7369	6-20-07-04	办公小机械制造工	660106	金属表面处理技术应用	职教中职
7370	6-20-07-05	光学镜头制造工	460115	智能光电制造技术	职教专科
7371	6-21-01-01	矿用电机车装配工	0206-4	工业自动化仪器仪表装配与维护	技工院校4级
7372	6-21-01-02	工程机械装配调试工	0206-3	工业自动化仪器仪表装配与维护	技工院校3级
7373	6-21-01-02	工程机械装配调试工	0413-3	筑路机械操作与维修	技工院校3级
7374	6-21-01-02	工程机械装配调试工	660101	机械制造技术	职教中职
7375	6-21-01-02	工程机械装配调试工	0116-4	机械设备装配与自动控制	技工院校4级
7376	6-21-01-02	工程机械装配调试工	0413-4	筑路机械操作与维修	技工院校4级
7377	6-21-02-00	印刷设备装配调试工	081703	印刷工程	普通本科
7378	6-21-02-00	印刷设备装配调试工	280301	数字印刷工程	职教本科
7379	6-21-02-00	印刷设备装配调试工	0127-2	机电一体化技术	技工院校2级
7380	6-21-02-00	印刷设备装配调试工	0203-2	电气自动化设备安装与维修	技工院校2级
7381	6-21-02-00	印刷设备装配调试工	480301	数字印刷技术	职教专科
7382	6-21-02-00	印刷设备装配调试工	480302	印刷媒体技术	职教专科
7383	6-21-02-00	印刷设备装配调试工	480303	印刷数字图文技术	职教专科
7384	6-21-02-00	印刷设备装配调试工	480304	印刷设备应用技术	职教专科

续表

序号	职业编码	职业名称	专业代码	专业名称	院校类型
7385	6-21-02-00	印刷设备装配调试工	0203-3	电气自动化设备安装与维修	技工院校3级
7386	6-21-02-00	印刷设备装配调试工	0208-3	工业机器人应用与维护	技工院校3级
7387	6-21-02-00	印刷设备装配调试工	1202-3	印刷（印刷技术）	技工院校3级
7388	6-21-02-00	印刷设备装配调试工	660302	电气设备运行与控制	职教中职
7389	6-21-02-00	印刷设备装配调试工	680301	印刷媒体技术	职教中职
7390	6-21-02-00	印刷设备装配调试工	0116-4	机械设备装配与自动控制	技工院校4级
7391	6-21-02-00	印刷设备装配调试工	0207-4	化工仪表及自动化	技工院校4级
7392	6-21-02-00	印刷设备装配调试工	1202-4	印刷（印刷技术）	技工院校4级
7393	6-21-03-00	缝制机械装配调试工	0135-3	工业机械自动化装调	技工院校3级
7394	6-21-03-00	缝制机械装配调试工	660101	机械制造技术	职教中职
7395	6-21-04-01	电子专用设备装调工	460308	工业自动化仪表技术	职教专科
7396	6-21-04-01	电子专用设备装调工	510103	应用电子技术	职教专科
7397	6-21-04-01	电子专用设备装调工	0206-4	工业自动化仪器仪表装配与维护	技工院校4级
7398	6-21-05-01	拖拉机制造工	0716-3	农业机械使用与维护	技工院校3级
7399	6-21-05-01	拖拉机制造工	0716-4	农业机械使用与维护	技工院校4级
7400	6-21-05-02	耕种机械制造工	260101	机械设计制造及自动化	职教本科
7401	6-21-05-02	耕种机械制造工	0116-2	机械设备装配与自动控制	技工院校2级

职业信息与教育培训项目（专业）信息对应指引
（2023年版）

续表

序号	职业编码	职业名称	专业代码	专业名称	院校类型
7402	6-21-05-02	耕种机械制造工	0127-2	机电一体化技术	技工院校2级
7403	6-21-05-02	耕种机械制造工	460101	机械设计与制造	职教专科
7404	6-21-05-02	耕种机械制造工	460102	数字化设计与制造技术	职教专科
7405	6-21-05-02	耕种机械制造工	460104	机械制造及自动化	职教专科
7406	6-21-05-02	耕种机械制造工	460301	机电一体化技术	职教专科
7407	6-21-05-02	耕种机械制造工	470212	涂装防护技术	职教专科
7408	6-21-05-02	耕种机械制造工	660101	机械制造技术	职教中职
7409	6-21-05-02	耕种机械制造工	660102	机械加工技术	职教中职
7410	6-21-05-02	耕种机械制造工	660301	机电技术应用	职教中职
7411	6-21-05-02	耕种机械制造工	660306	智能化生产线安装与运维	职教中职
7412	6-21-05-02	耕种机械制造工	0116-4	机械设备装配与自动控制	技工院校4级
7413	6-21-05-03	灌溉机械制造工	650204	现代灌溉技术	职教中职
7414	6-21-06-01	医疗器械装配工	0127-2	机电一体化技术	技工院校2级
7415	6-21-06-01	医疗器械装配工	460308	工业自动化仪表技术	职教专科
7416	6-21-06-01	医疗器械装配工	490210	智能医疗装备技术	职教专科
7417	6-21-06-01	医疗器械装配工	490211	医用电子仪器技术	职教专科
7418	6-21-06-01	医疗器械装配工	490212	医用材料与应用	职教专科
7419	6-21-06-01	医疗器械装配工	0206-3	工业自动化仪器仪表装配与维护	技工院校3级
7420	6-21-06-01	医疗器械装配工	1309-3	医疗器械制造与维修	技工院校3级
7421	6-21-06-01	医疗器械装配工	660101	机械制造技术	职教中职
7422	6-21-06-01	医疗器械装配工	660304	工业自动化仪表及应用	职教中职
7423	6-21-06-01	医疗器械装配工	690206	医疗设备安装与维护	职教中职

续表

序号	职业编码	职业名称	专业代码	专业名称	院校类型
7424	6-21-06-01	医疗器械装配工	690207	医疗器械维修与营销	职教中职
7425	6-21-06-01	医疗器械装配工	0116-4	机械设备装配与自动控制	技工院校4级
7426	6-21-06-01	医疗器械装配工	0206-4	工业自动化仪器仪表装配与维护	技工院校4级
7427	6-21-06-02	矫形器装配工	1309-3	医疗器械制造与维修	技工院校3级
7428	6-21-06-02	矫形器装配工	1309-4	医疗器械制造与维修	技工院校4级
7429	6-21-06-03	假肢装配工	490215	康复工程技术	职教专科
7430	6-21-06-03	假肢装配工	1309-3	医疗器械制造与维修	技工院校3级
7431	6-21-06-03	假肢装配工	1309-4	医疗器械制造与维修	技工院校4级
7432	6-21-06-04	医用材料产品生产工	0117-2	模具制造	技工院校2级
7433	6-21-06-04	医用材料产品生产工	0118-2	模具设计	技工院校2级
7434	6-21-06-04	医用材料产品生产工	460113	模具设计与制造	职教专科
7435	6-21-06-04	医用材料产品生产工	490211	医用电子仪器技术	职教专科
7436	6-21-06-04	医用材料产品生产工	490212	医用材料与应用	职教专科
7437	6-21-06-04	医用材料产品生产工	1309-3	医疗器械制造与维修	技工院校3级
7438	6-21-06-04	医用材料产品生产工	660108	模具制造技术	职教中职
7439	6-22-01-01	汽车生产线操作工	080208	汽车服务工程	普通本科
7440	6-22-01-01	汽车生产线操作工	260101	机械设计制造及自动化	职教本科
7441	6-22-01-01	汽车生产线操作工	260106	材料成型及控制工程	职教本科
7442	6-22-01-01	汽车生产线操作工	260701	汽车工程技术	职教本科

职业信息与教育培训项目（专业）信息对应指引
（2023年版）

续表

序号	职业编码	职业名称	专业代码	专业名称	院校类型
7443	6-22-01-01	汽车生产线操作工	260702	新能源汽车工程技术	职教本科
7444	6-22-01-01	汽车生产线操作工	260703	智能网联汽车工程技术	职教本科
7445	6-22-01-01	汽车生产线操作工	300203	汽车服务工程技术	职教本科
7446	6-22-01-01	汽车生产线操作工	0126-2	汽车制造与装配	技工院校2级
7447	6-22-01-01	汽车生产线操作工	0403-2	汽车维修	技工院校2级
7448	6-22-01-01	汽车生产线操作工	0404-2	汽车电器维修	技工院校2级
7449	6-22-01-01	汽车生产线操作工	0405-2	汽车钣金与涂装	技工院校2级
7450	6-22-01-01	汽车生产线操作工	0407-2	汽车检测	技工院校2级
7451	6-22-01-01	汽车生产线操作工	460102	数字化设计与制造技术	职教专科
7452	6-22-01-01	汽车生产线操作工	460108	现代铸造技术	职教专科
7453	6-22-01-01	汽车生产线操作工	460301	机电一体化技术	职教专科
7454	6-22-01-01	汽车生产线操作工	460701	汽车制造与试验技术	职教专科
7455	6-22-01-01	汽车生产线操作工	460702	新能源汽车技术	职教专科
7456	6-22-01-01	汽车生产线操作工	460703	汽车电子技术	职教专科
7457	6-22-01-01	汽车生产线操作工	460704	智能网联汽车技术	职教专科
7458	6-22-01-01	汽车生产线操作工	460705	汽车造型与改装技术	职教专科
7459	6-22-01-01	汽车生产线操作工	500210	汽车技术服务与营销	职教专科
7460	6-22-01-01	汽车生产线操作工	500211	汽车检测与维修技术	职教专科
7461	6-22-01-01	汽车生产线操作工	500212	新能源汽车检测与维修技术	职教专科
7462	6-22-01-01	汽车生产线操作工	510107	汽车智能技术	职教专科
7463	6-22-01-01	汽车生产线操作工	0125-3	金属热处理	技工院校3级

续表

序号	职业编码	职业名称	专业代码	专业名称	院校类型
7464	6-22-01-01	汽车生产线操作工	0126-3	汽车制造与装配	技工院校3级
7465	6-22-01-01	汽车生产线操作工	0131-3	金属材料分析与检测	技工院校3级
7466	6-22-01-01	汽车生产线操作工	0132-3	新能源汽车制造与装配	技工院校3级
7467	6-22-01-01	汽车生产线操作工	0403-3	汽车维修	技工院校3级
7468	6-22-01-01	汽车生产线操作工	0404-3	汽车电器维修	技工院校3级
7469	6-22-01-01	汽车生产线操作工	0405-3	汽车钣金与涂装	技工院校3级
7470	6-22-01-01	汽车生产线操作工	0406-3	汽车装饰与美容	技工院校3级
7471	6-22-01-01	汽车生产线操作工	0407-3	汽车检测	技工院校3级
7472	6-22-01-01	汽车生产线操作工	0408-3	汽车营销	技工院校3级
7473	6-22-01-01	汽车生产线操作工	0435-3	新能源汽车检测与维修	技工院校3级
7474	6-22-01-01	汽车生产线操作工	0436-3	汽车技术服务与营销	技工院校3级
7475	6-22-01-01	汽车生产线操作工	0437-3	汽车保险理赔与评估	技工院校3级
7476	6-22-01-01	汽车生产线操作工	660306	智能化生产线安装与运维	职教中职
7477	6-22-01-01	汽车生产线操作工	660701	汽车制造与检测	职教中职
7478	6-22-01-01	汽车生产线操作工	660702	新能源汽车制造与检测	职教中职

职业信息与教育培训项目（专业）信息对应指引
（2023 年版）

续表

序号	职业编码	职业名称	专业代码	专业名称	院校类型
7479	6-22-01-01	汽车生产线操作工	660703	汽车电子技术应用	职教中职
7480	6-22-01-01	汽车生产线操作工	700205	汽车服务与营销	职教中职
7481	6-22-01-01	汽车生产线操作工	700206	汽车运用与维修	职教中职
7482	6-22-01-01	汽车生产线操作工	700207	汽车车身修复	职教中职
7483	6-22-01-01	汽车生产线操作工	700208	汽车美容与装潢	职教中职
7484	6-22-01-01	汽车生产线操作工	700209	新能源汽车运用与维修	职教中职
7485	6-22-01-01	汽车生产线操作工	0125-4	金属热处理	技工院校4级
7486	6-22-01-01	汽车生产线操作工	0126-4	汽车制造与装配	技工院校4级
7487	6-22-01-01	汽车生产线操作工	0132-4	新能源汽车制造与装配	技工院校4级
7488	6-22-01-01	汽车生产线操作工	0403-4	汽车维修	技工院校4级
7489	6-22-01-01	汽车生产线操作工	0404-4	汽车电器维修	技工院校4级
7490	6-22-01-01	汽车生产线操作工	0405-4	汽车钣金与涂装	技工院校4级
7491	6-22-01-01	汽车生产线操作工	0406-4	汽车装饰与美容	技工院校4级
7492	6-22-01-01	汽车生产线操作工	0407-4	汽车检测	技工院校4级
7493	6-22-01-01	汽车生产线操作工	0408-4	汽车营销	技工院校4级
7494	6-22-01-01	汽车生产线操作工	0435-4	新能源汽车检测与维修	技工院校4级
7495	6-22-01-01	汽车生产线操作工	0436-4	汽车技术服务与营销	技工院校4级

续表

序号	职业编码	职业名称	专业代码	专业名称	院校类型
7496	6-22-01-01	汽车生产线操作工	0437-4	汽车保险理赔与评估	技工院校4级
7497	6-22-01-01	汽车生产线操作工	0444-4	智能网联汽车技术应用	技工院校4级
7498	6-22-01-02	汽车饰件制造工	080208	汽车服务工程	普通本科
7499	6-22-01-02	汽车饰件制造工	260701	汽车工程技术	职教本科
7500	6-22-01-02	汽车饰件制造工	260702	新能源汽车工程技术	职教本科
7501	6-22-01-02	汽车饰件制造工	260703	智能网联汽车工程技术	职教本科
7502	6-22-01-02	汽车饰件制造工	300203	汽车服务工程技术	职教本科
7503	6-22-01-02	汽车饰件制造工	0126-2	汽车制造与装配	技工院校2级
7504	6-22-01-02	汽车饰件制造工	0403-2	汽车维修	技工院校2级
7505	6-22-01-02	汽车饰件制造工	0404-2	汽车电器维修	技工院校2级
7506	6-22-01-02	汽车饰件制造工	0405-2	汽车钣金与涂装	技工院校2级
7507	6-22-01-02	汽车饰件制造工	0407-2	汽车检测	技工院校2级
7508	6-22-01-02	汽车饰件制造工	460701	汽车制造与试验技术	职教专科
7509	6-22-01-02	汽车饰件制造工	460702	新能源汽车技术	职教专科
7510	6-22-01-02	汽车饰件制造工	460703	汽车电子技术	职教专科
7511	6-22-01-02	汽车饰件制造工	460704	智能网联汽车技术	职教专科
7512	6-22-01-02	汽车饰件制造工	460705	汽车造型与改装技术	职教专科
7513	6-22-01-02	汽车饰件制造工	500210	汽车技术服务与营销	职教专科
7514	6-22-01-02	汽车饰件制造工	500211	汽车检测与维修技术	职教专科
7515	6-22-01-02	汽车饰件制造工	500212	新能源汽车检测与维修技术	职教专科

续表

序号	职业编码	职业名称	专业代码	专业名称	院校类型
7516	6-22-01-02	汽车饰件制造工	510107	汽车智能技术	职教专科
7517	6-22-01-02	汽车饰件制造工	0126-3	汽车制造与装配	技工院校3级
7518	6-22-01-02	汽车饰件制造工	0132-3	新能源汽车制造与装配	技工院校3级
7519	6-22-01-02	汽车饰件制造工	0403-3	汽车维修	技工院校3级
7520	6-22-01-02	汽车饰件制造工	0404-3	汽车电器维修	技工院校3级
7521	6-22-01-02	汽车饰件制造工	0405-3	汽车钣金与涂装	技工院校3级
7522	6-22-01-02	汽车饰件制造工	0406-3	汽车装饰与美容	技工院校3级
7523	6-22-01-02	汽车饰件制造工	0407-3	汽车检测	技工院校3级
7524	6-22-01-02	汽车饰件制造工	0408-3	汽车营销	技工院校3级
7525	6-22-01-02	汽车饰件制造工	0435-3	新能源汽车检测与维修	技工院校3级
7526	6-22-01-02	汽车饰件制造工	0436-3	汽车技术服务与营销	技工院校3级
7527	6-22-01-02	汽车饰件制造工	0437-3	汽车保险理赔与评估	技工院校3级
7528	6-22-01-02	汽车饰件制造工	660701	汽车制造与检测	职教中职
7529	6-22-01-02	汽车饰件制造工	660702	新能源汽车制造与检测	职教中职
7530	6-22-01-02	汽车饰件制造工	660703	汽车电子技术应用	职教中职
7531	6-22-01-02	汽车饰件制造工	700205	汽车服务与营销	职教中职
7532	6-22-01-02	汽车饰件制造工	700206	汽车运用与维修	职教中职

续表

序号	职业编码	职业名称	专业代码	专业名称	院校类型
7533	6-22-01-02	汽车饰件制造工	700207	汽车车身修复	职教中职
7534	6-22-01-02	汽车饰件制造工	700208	汽车美容与装潢	职教中职
7535	6-22-01-02	汽车饰件制造工	700209	新能源汽车运用与维修	职教中职
7536	6-22-01-02	汽车饰件制造工	0126-4	汽车制造与装配	技工院校4级
7537	6-22-01-02	汽车饰件制造工	0132-4	新能源汽车制造与装配	技工院校4级
7538	6-22-01-02	汽车饰件制造工	0403-4	汽车维修	技工院校4级
7539	6-22-01-02	汽车饰件制造工	0404-4	汽车电器维修	技工院校4级
7540	6-22-01-02	汽车饰件制造工	0405-4	汽车钣金与涂装	技工院校4级
7541	6-22-01-02	汽车饰件制造工	0406-4	汽车装饰与美容	技工院校4级
7542	6-22-01-02	汽车饰件制造工	0407-4	汽车检测	技工院校4级
7543	6-22-01-02	汽车饰件制造工	0408-4	汽车营销	技工院校4级
7544	6-22-01-02	汽车饰件制造工	0435-4	新能源汽车检测与维修	技工院校4级
7545	6-22-01-02	汽车饰件制造工	0436-4	汽车技术服务与营销	技工院校4级
7546	6-22-01-02	汽车饰件制造工	0437-4	汽车保险理赔与评估	技工院校4级
7547	6-22-01-02	汽车饰件制造工	0444-4	智能网联汽车技术应用	技工院校4级
7548	6-22-01-03	汽车零部件再制造工	080208	汽车服务工程	普通本科

职业信息与教育培训项目（专业）信息对应指引
（2023年版）

续表

序号	职业编码	职业名称	专业代码	专业名称	院校类型
7549	6-22-01-03	汽车零部件再制造工	260701	汽车工程技术	职教本科
7550	6-22-01-03	汽车零部件再制造工	260702	新能源汽车工程技术	职教本科
7551	6-22-01-03	汽车零部件再制造工	260703	智能网联汽车工程技术	职教本科
7552	6-22-01-03	汽车零部件再制造工	300203	汽车服务工程技术	职教本科
7553	6-22-01-03	汽车零部件再制造工	0126-2	汽车制造与装配	技工院校2级
7554	6-22-01-03	汽车零部件再制造工	0403-2	汽车维修	技工院校2级
7555	6-22-01-03	汽车零部件再制造工	0404-2	汽车电器维修	技工院校2级
7556	6-22-01-03	汽车零部件再制造工	0405-2	汽车钣金与涂装	技工院校2级
7557	6-22-01-03	汽车零部件再制造工	0407-2	汽车检测	技工院校2级
7558	6-22-01-03	汽车零部件再制造工	460701	汽车制造与试验技术	职教专科
7559	6-22-01-03	汽车零部件再制造工	460702	新能源汽车技术	职教专科
7560	6-22-01-03	汽车零部件再制造工	460703	汽车电子技术	职教专科
7561	6-22-01-03	汽车零部件再制造工	460704	智能网联汽车技术	职教专科
7562	6-22-01-03	汽车零部件再制造工	460705	汽车造型与改装技术	职教专科
7563	6-22-01-03	汽车零部件再制造工	500210	汽车技术服务与营销	职教专科
7564	6-22-01-03	汽车零部件再制造工	500211	汽车检测与维修技术	职教专科
7565	6-22-01-03	汽车零部件再制造工	500212	新能源汽车检测与维修技术	职教专科
7566	6-22-01-03	汽车零部件再制造工	510107	汽车智能技术	职教专科
7567	6-22-01-03	汽车零部件再制造工	0126-3	汽车制造与装配	技工院校3级
7568	6-22-01-03	汽车零部件再制造工	0132-3	新能源汽车制造与装配	技工院校3级

续表

序号	职业编码	职业名称	专业代码	专业名称	院校类型
7569	6-22-01-03	汽车零部件再制造工	0135-3	工业机械自动化装调	技工院校3级
7570	6-22-01-03	汽车零部件再制造工	0403-3	汽车维修	技工院校3级
7571	6-22-01-03	汽车零部件再制造工	0404-3	汽车电器维修	技工院校3级
7572	6-22-01-03	汽车零部件再制造工	0405-3	汽车钣金与涂装	技工院校3级
7573	6-22-01-03	汽车零部件再制造工	0406-3	汽车装饰与美容	技工院校3级
7574	6-22-01-03	汽车零部件再制造工	0407-3	汽车检测	技工院校3级
7575	6-22-01-03	汽车零部件再制造工	0408-3	汽车营销	技工院校3级
7576	6-22-01-03	汽车零部件再制造工	0435-3	新能源汽车检测与维修	技工院校3级
7577	6-22-01-03	汽车零部件再制造工	0436-3	汽车技术服务与营销	技工院校3级
7578	6-22-01-03	汽车零部件再制造工	0444-3	智能网联汽车技术应用	技工院校3级
7579	6-22-01-03	汽车零部件再制造工	660101	机械制造技术	职教中职
7580	6-22-01-03	汽车零部件再制造工	660701	汽车制造与检测	职教中职
7581	6-22-01-03	汽车零部件再制造工	660702	新能源汽车制造与检测	职教中职
7582	6-22-01-03	汽车零部件再制造工	660703	汽车电子技术应用	职教中职
7583	6-22-01-03	汽车零部件再制造工	700205	汽车服务与营销	职教中职
7584	6-22-01-03	汽车零部件再制造工	700206	汽车运用与维修	职教中职
7585	6-22-01-03	汽车零部件再制造工	700207	汽车车身修复	职教中职
7586	6-22-01-03	汽车零部件再制造工	700208	汽车美容与装潢	职教中职

职业信息与教育培训项目（专业）信息对应指引

（2023 年版）

续表

序号	职业编码	职业名称	专业代码	专业名称	院校类型
7587	6-22-01-03	汽车零部件再制造工	700209	新能源汽车运用与维修	职教中职
7588	6-22-01-03	汽车零部件再制造工	0126-4	汽车制造与装配	技工院校4级
7589	6-22-01-03	汽车零部件再制造工	0132-4	新能源汽车制造与装配	技工院校4级
7590	6-22-01-03	汽车零部件再制造工	0403-4	汽车维修	技工院校4级
7591	6-22-01-03	汽车零部件再制造工	0404-4	汽车电器维修	技工院校4级
7592	6-22-01-03	汽车零部件再制造工	0405-4	汽车钣金与涂装	技工院校4级
7593	6-22-01-03	汽车零部件再制造工	0406-4	汽车装饰与美容	技工院校4级
7594	6-22-01-03	汽车零部件再制造工	0407-4	汽车检测	技工院校4级
7595	6-22-01-03	汽车零部件再制造工	0408-4	汽车营销	技工院校4级
7596	6-22-01-03	汽车零部件再制造工	0435-4	新能源汽车检测与维修	技工院校4级
7597	6-22-01-03	汽车零部件再制造工	0436-4	汽车技术服务与营销	技工院校4级
7598	6-22-01-03	汽车零部件再制造工	0437-4	汽车保险理赔与评估	技工院校4级
7599	6-22-01-03	汽车零部件再制造工	0444-4	智能网联汽车技术应用	技工院校4级
7600	6-22-02-01	汽车装调工	080208	汽车服务工程	普通本科
7601	6-22-02-01	汽车装调工	260701	汽车工程技术	职教本科
7602	6-22-02-01	汽车装调工	260702	新能源汽车工程技术	职教本科

续表

序号	职业编码	职业名称	专业代码	专业名称	院校类型
7603	6-22-02-01	汽车装调工	260703	智能网联汽车工程技术	职教本科
7604	6-22-02-01	汽车装调工	300203	汽车服务工程技术	职教本科
7605	6-22-02-01	汽车装调工	0126-2	汽车制造与装配	技工院校2级
7606	6-22-02-01	汽车装调工	0403-2	汽车维修	技工院校2级
7607	6-22-02-01	汽车装调工	0404-2	汽车电器维修	技工院校2级
7608	6-22-02-01	汽车装调工	0405-2	汽车钣金与涂装	技工院校2级
7609	6-22-02-01	汽车装调工	0407-2	汽车检测	技工院校2级
7610	6-22-02-01	汽车装调工	460701	汽车制造与试验技术	职教专科
7611	6-22-02-01	汽车装调工	460702	新能源汽车技术	职教专科
7612	6-22-02-01	汽车装调工	460703	汽车电子技术	职教专科
7613	6-22-02-01	汽车装调工	460704	智能网联汽车技术	职教专科
7614	6-22-02-01	汽车装调工	460705	汽车造型与改装技术	职教专科
7615	6-22-02-01	汽车装调工	500210	汽车技术服务与营销	职教专科
7616	6-22-02-01	汽车装调工	500211	汽车检测与维修技术	职教专科
7617	6-22-02-01	汽车装调工	500212	新能源汽车检测与维修技术	职教专科
7618	6-22-02-01	汽车装调工	510107	汽车智能技术	职教专科
7619	6-22-02-01	汽车装调工	0126-3	汽车制造与装配	技工院校3级
7620	6-22-02-01	汽车装调工	0132-3	新能源汽车制造与装配	技工院校3级
7621	6-22-02-01	汽车装调工	0403-3	汽车维修	技工院校3级

职业信息与教育培训项目（专业）信息对应指引
（2023 年版）

续表

序号	职业编码	职业名称	专业代码	专业名称	院校类型
7622	6-22-02-01	汽车装调工	0404-3	汽车电器维修	技工院校3级
7623	6-22-02-01	汽车装调工	0405-3	汽车钣金与涂装	技工院校3级
7624	6-22-02-01	汽车装调工	0406-3	汽车装饰与美容	技工院校3级
7625	6-22-02-01	汽车装调工	0407-3	汽车检测	技工院校3级
7626	6-22-02-01	汽车装调工	0408-3	汽车营销	技工院校3级
7627	6-22-02-01	汽车装调工	0435-3	新能源汽车检测与维修	技工院校3级
7628	6-22-02-01	汽车装调工	0436-3	汽车技术服务与营销	技工院校3级
7629	6-22-02-01	汽车装调工	0437-3	汽车保险理赔与评估	技工院校3级
7630	6-22-02-01	汽车装调工	0444-3	智能网联汽车技术应用	技工院校3级
7631	6-22-02-01	汽车装调工	0445-3	重型车辆运用与维修	技工院校3级
7632	6-22-02-01	汽车装调工	0716-3	农业机械使用与维护	技工院校3级
7633	6-22-02-01	汽车装调工	660701	汽车制造与检测	职教中职
7634	6-22-02-01	汽车装调工	660702	新能源汽车制造与检测	职教中职
7635	6-22-02-01	汽车装调工	660703	汽车电子技术应用	职教中职
7636	6-22-02-01	汽车装调工	700205	汽车服务与营销	职教中职
7637	6-22-02-01	汽车装调工	700206	汽车运用与维修	职教中职
7638	6-22-02-01	汽车装调工	700207	汽车车身修复	职教中职

续表

序号	职业编码	职业名称	专业代码	专业名称	院校类型
7639	6-22-02-01	汽车装调工	700208	汽车美容与装潢	职教中职
7640	6-22-02-01	汽车装调工	700209	新能源汽车运用与维修	职教中职
7641	6-22-02-01	汽车装调工	0126-4	汽车制造与装配	技工院校4级
7642	6-22-02-01	汽车装调工	0132-4	新能源汽车制造与装配	技工院校4级
7643	6-22-02-01	汽车装调工	0403-4	汽车维修	技工院校4级
7644	6-22-02-01	汽车装调工	0404-4	汽车电器维修	技工院校4级
7645	6-22-02-01	汽车装调工	0405-4	汽车钣金与涂装	技工院校4级
7646	6-22-02-01	汽车装调工	0406-4	汽车装饰与美容	技工院校4级
7647	6-22-02-01	汽车装调工	0407-4	汽车检测	技工院校4级
7648	6-22-02-01	汽车装调工	0408-4	汽车营销	技工院校4级
7649	6-22-02-01	汽车装调工	0435-4	新能源汽车检测与维修	技工院校4级
7650	6-22-02-01	汽车装调工	0436-4	汽车技术服务与营销	技工院校4级
7651	6-22-02-01	汽车装调工	0437-4	汽车保险理赔与评估	技工院校4级
7652	6-22-02-01	汽车装调工	0444-4	智能网联汽车技术应用	技工院校4级
7653	6-22-02-02	汽车回收拆解工	080208	汽车服务工程	普通本科
7654	6-22-02-02	汽车回收拆解工	260701	汽车工程技术	职教本科

职业信息与教育培训项目（专业）信息对应指引
（2023年版）

续表

序号	职业编码	职业名称	专业代码	专业名称	院校类型
7655	6-22-02-02	汽车回收拆解工	260702	新能源汽车工程技术	职教本科
7656	6-22-02-02	汽车回收拆解工	260703	智能网联汽车工程技术	职教本科
7657	6-22-02-02	汽车回收拆解工	300203	汽车服务工程技术	职教本科
7658	6-22-02-02	汽车回收拆解工	0126-2	汽车制造与装配	技工院校2级
7659	6-22-02-02	汽车回收拆解工	0403-2	汽车维修	技工院校2级
7660	6-22-02-02	汽车回收拆解工	0404-2	汽车电器维修	技工院校2级
7661	6-22-02-02	汽车回收拆解工	0405-2	汽车钣金与涂装	技工院校2级
7662	6-22-02-02	汽车回收拆解工	0407-2	汽车检测	技工院校2级
7663	6-22-02-02	汽车回收拆解工	460701	汽车制造与试验技术	职教专科
7664	6-22-02-02	汽车回收拆解工	460702	新能源汽车技术	职教专科
7665	6-22-02-02	汽车回收拆解工	460703	汽车电子技术	职教专科
7666	6-22-02-02	汽车回收拆解工	460704	智能网联汽车技术	职教专科
7667	6-22-02-02	汽车回收拆解工	460705	汽车造型与改装技术	职教专科
7668	6-22-02-02	汽车回收拆解工	500210	汽车技术服务与营销	职教专科
7669	6-22-02-02	汽车回收拆解工	500211	汽车检测与维修技术	职教专科
7670	6-22-02-02	汽车回收拆解工	500212	新能源汽车检测与维修技术	职教专科
7671	6-22-02-02	汽车回收拆解工	510107	汽车智能技术	职教专科
7672	6-22-02-02	汽车回收拆解工	0126-3	汽车制造与装配	技工院校3级
7673	6-22-02-02	汽车回收拆解工	0132-3	新能源汽车制造与装配	技工院校3级

续表

序号	职业编码	职业名称	专业代码	专业名称	院校类型
7674	6-22-02-02	汽车回收拆解工	0403-3	汽车维修	技工院校3级
7675	6-22-02-02	汽车回收拆解工	0404-3	汽车电器维修	技工院校3级
7676	6-22-02-02	汽车回收拆解工	0406-3	汽车装饰与美容	技工院校3级
7677	6-22-02-02	汽车回收拆解工	0407-3	汽车检测	技工院校3级
7678	6-22-02-02	汽车回收拆解工	0408-3	汽车营销	技工院校3级
7679	6-22-02-02	汽车回收拆解工	0435-3	新能源汽车检测与维修	技工院校3级
7680	6-22-02-02	汽车回收拆解工	0436-3	汽车技术服务与营销	技工院校3级
7681	6-22-02-02	汽车回收拆解工	660701	汽车制造与检测	职教中职
7682	6-22-02-02	汽车回收拆解工	660702	新能源汽车制造与检测	职教中职
7683	6-22-02-02	汽车回收拆解工	660703	汽车电子技术应用	职教中职
7684	6-22-02-02	汽车回收拆解工	700205	汽车服务与营销	职教中职
7685	6-22-02-02	汽车回收拆解工	700206	汽车运用与维修	职教中职
7686	6-22-02-02	汽车回收拆解工	700207	汽车车身修复	职教中职
7687	6-22-02-02	汽车回收拆解工	700208	汽车美容与装潢	职教中职
7688	6-22-02-02	汽车回收拆解工	700209	新能源汽车运用与维修	职教中职
7689	6-22-02-02	汽车回收拆解工	0126-4	汽车制造与装配	技工院校4级
7690	6-22-02-02	汽车回收拆解工	0132-4	新能源汽车制造与装配	技工院校4级
7691	6-22-02-02	汽车回收拆解工	0403-4	汽车维修	技工院校4级

续表

序号	职业编码	职业名称	专业代码	专业名称	院校类型
7692	6-22-02-02	汽车回收拆解工	0404-4	汽车电器维修	技工院校4级
7693	6-22-02-02	汽车回收拆解工	0405-4	汽车钣金与涂装	技工院校4级
7694	6-22-02-02	汽车回收拆解工	0406-4	汽车装饰与美容	技工院校4级
7695	6-22-02-02	汽车回收拆解工	0407-4	汽车检测	技工院校4级
7696	6-22-02-02	汽车回收拆解工	0408-4	汽车营销	技工院校4级
7697	6-22-02-02	汽车回收拆解工	0435-4	新能源汽车检测与维修	技工院校4级
7698	6-22-02-02	汽车回收拆解工	0436-4	汽车技术服务与营销	技工院校4级
7699	6-22-02-02	汽车回收拆解工	0437-4	汽车保险理赔与评估	技工院校4级
7700	6-23-01-01	铁路机车制修工	300104	铁道机车智能运用技术	职教本科
7701	6-23-01-01	铁路机车制修工	460405	轨道交通工程机械制造与维护	职教专科
7702	6-23-01-01	铁路机车制修工	500105	铁道机车运用与维护	职教专科
7703	6-23-01-01	铁路机车制修工	500106	铁道车辆技术	职教专科
7704	6-23-01-01	铁路机车制修工	0424-3	电力机车运用与检修	技工院校3级
7705	6-23-01-01	铁路机车制修工	0425-3	内燃机车运用与检修	技工院校3级
7706	6-23-01-01	铁路机车制修工	0432-3	城市轨道交通车辆运用与检修	技工院校3级

续表

序号	职业编码	职业名称	专业代码	专业名称	院校类型
7707	6-23-01-01	铁路机车制修工	0446-3	铁道车辆运用与检修	技工院校3级
7708	6-23-01-01	铁路机车制修工	700102	电力机车运用与检修	职教中职
7709	6-23-01-01	铁路机车制修工	700103	内燃机车运用与检修	职教中职
7710	6-23-01-01	铁路机车制修工	700104	铁道车辆运用与检修	职教中职
7711	6-23-01-01	铁路机车制修工	0424-4	电力机车运用与检修	技工院校4级
7712	6-23-01-01	铁路机车制修工	0425-4	内燃机车运用与检修	技工院校4级
7713	6-23-01-01	铁路机车制修工	0432-4	城市轨道交通车辆运用与检修	技工院校4级
7714	6-23-01-01	铁路机车制修工	0446-4	铁道车辆运用与检修	技工院校4级
7715	6-23-01-02	铁路车辆制修工	080207	车辆工程	普通本科
7716	6-23-01-02	铁路车辆制修工	260401	轨道交通车辆工程技术	职教本科
7717	6-23-01-02	铁路车辆制修工	460403	城市轨道交通车辆制造与维护	职教专科
7718	6-23-01-02	铁路车辆制修工	460405	轨道交通工程机械制造与维护	职教专科
7719	6-23-01-02	铁路车辆制修工	500106	铁道车辆技术	职教专科
7720	6-23-01-02	铁路车辆制修工	500602	城市轨道车辆应用技术	职教专科
7721	6-23-01-02	铁路车辆制修工	0432-3	城市轨道交通车辆运用与检修	技工院校3级
7722	6-23-01-02	铁路车辆制修工	0445-3	重型车辆运用与维修	技工院校3级
7723	6-23-01-02	铁路车辆制修工	0446-3	铁道车辆运用与检修	技工院校3级
7724	6-23-01-02	铁路车辆制修工	700104	铁道车辆运用与检修	职教中职

职业信息与教育培训项目（专业）信息对应指引
（2023年版）

续表

序号	职业编码	职业名称	专业代码	专业名称	院校类型
7725	6-23-01-02	铁路车辆制修工	0432-4	城市轨道交通车辆运用与检修	技工院校4级
7726	6-23-01-02	铁路车辆制修工	0445-4	重型车辆运用与维修	技工院校4级
7727	6-23-01-02	铁路车辆制修工	0446-4	铁道车辆运用与检修	技工院校4级
7728	6-23-01-03	动车组制修师	300102	高速铁路动车组技术	职教本科
7729	6-23-01-03	动车组制修师	300104	铁道机车智能运用技术	职教本科
7730	6-23-01-03	动车组制修师	460402	高速铁路动车组制造与维护	职教专科
7731	6-23-01-03	动车组制修师	500106	铁道车辆技术	职教专科
7732	6-23-01-03	动车组制修师	500108	动车组检修技术	职教专科
7733	6-23-01-03	动车组制修师	700104	铁道车辆运用与检修	职教中职
7734	6-23-01-04	铁路机车车辆制动钳工	260401	轨道交通车辆工程技术	职教本科
7735	6-23-01-04	铁路机车车辆制动钳工	300104	铁道机车智能运用技术	职教本科
7736	6-23-01-04	铁路机车车辆制动钳工	460401	铁道机车车辆制造与维护	职教专科
7737	6-23-01-04	铁路机车车辆制动钳工	460405	轨道交通工程机械制造与维护	职教专科
7738	6-23-01-04	铁路机车车辆制动钳工	500106	铁道车辆技术	职教专科
7739	6-23-01-04	铁路机车车辆制动钳工	0424-3	电力机车运用与检修	技工院校3级
7740	6-23-01-04	铁路机车车辆制动钳工	0425-3	内燃机车运用与检修	技工院校3级
7741	6-23-01-04	铁路机车车辆制动钳工	0432-3	城市轨道交通车辆运用与检修	技工院校3级
7742	6-23-01-04	铁路机车车辆制动钳工	0446-3	铁道车辆运用与检修	技工院校3级

续表

序号	职业编码	职业名称	专业代码	专业名称	院校类型
7743	6-23-01-04	铁路机车车辆制动钳工	700102	电力机车运用与检修	职教中职
7744	6-23-01-04	铁路机车车辆制动钳工	700103	内燃机车运用与检修	职教中职
7745	6-23-01-04	铁路机车车辆制动钳工	700104	铁道车辆运用与检修	职教中职
7746	6-23-01-04	铁路机车车辆制动钳工	0424-4	电力机车运用与检修	技工院校4级
7747	6-23-01-04	铁路机车车辆制动钳工	0425-4	内燃机车运用与检修	技工院校4级
7748	6-23-01-04	铁路机车车辆制动钳工	0432-4	城市轨道交通车辆运用与检修	技工院校4级
7749	6-23-01-04	铁路机车车辆制动钳工	0446-4	铁道车辆运用与检修	技工院校4级
7750	6-23-02-01	金属船体制造工	081901	船舶与海洋工程	普通本科
7751	6-23-02-01	金属船体制造工	260501	船舶智能制造技术	职教本科
7752	6-23-02-01	金属船体制造工	260502	船舶动力工程技术	职教本科
7753	6-23-02-01	金属船体制造工	260503	船舶电气工程技术	职教本科
7754	6-23-02-01	金属船体制造工	300301	航海技术	职教本科
7755	6-23-02-01	金属船体制造工	300303	轮机工程技术	职教本科
7756	6-23-02-01	金属船体制造工	460501	船舶工程技术	职教专科
7757	6-23-02-01	金属船体制造工	460502	船舶动力工程技术	职教专科
7758	6-23-02-01	金属船体制造工	460503	船舶电气工程技术	职教专科
7759	6-23-02-01	金属船体制造工	460504	船舶智能焊接技术	职教专科
7760	6-23-02-01	金属船体制造工	460505	船舶舾装工程技术	职教专科
7761	6-23-02-01	金属船体制造工	460506	船舶涂装工程技术	职教专科
7762	6-23-02-01	金属船体制造工	460507	船舶通信装备技术	职教专科
7763	6-23-02-01	金属船体制造工	500303	轮机工程技术	职教专科
7764	6-23-02-01	金属船体制造工	500308	船舶电子电气技术	职教专科
7765	6-23-02-01	金属船体制造工	500309	船舶检验	职教专科

职业信息与教育培训项目（专业）信息对应指引
（2023年版）

续表

序号	职业编码	职业名称	专业代码	专业名称	院校类型
7766	6-23-02-01	金属船体制造工	0119-3	焊接加工	技工院校3级
7767	6-23-02-01	金属船体制造工	0416-3	船舶驾驶	技工院校3级
7768	6-23-02-01	金属船体制造工	0417-3	船舶轮机	技工院校3级
7769	6-23-02-01	金属船体制造工	0418-3	船舶建造与维修	技工院校3级
7770	6-23-02-01	金属船体制造工	660501	船体修造技术	职教中职
7771	6-23-02-01	金属船体制造工	660502	船舶机械装置安装与维修	职教中职
7772	6-23-02-01	金属船体制造工	660503	船舶电气装置安装与调试	职教中职
7773	6-23-02-01	金属船体制造工	660504	船舶内装	职教中职
7774	6-23-02-01	金属船体制造工	700301	船舶驾驶	职教中职
7775	6-23-02-01	金属船体制造工	700302	船舶机工与水手	职教中职
7776	6-23-02-01	金属船体制造工	0416-4	船舶驾驶	技工院校4级
7777	6-23-02-01	金属船体制造工	0417-4	船舶轮机	技工院校4级
7778	6-23-02-01	金属船体制造工	0418-4	船舶建造与维修	技工院校4级
7779	6-23-02-02	船舶机械装配工	260501	船舶智能制造技术	职教本科
7780	6-23-02-02	船舶机械装配工	260502	船舶动力工程技术	职教本科
7781	6-23-02-02	船舶机械装配工	260503	船舶电气工程技术	职教本科
7782	6-23-02-02	船舶机械装配工	300303	轮机工程技术	职教本科
7783	6-23-02-02	船舶机械装配工	460502	船舶动力工程技术	职教专科
7784	6-23-02-02	船舶机械装配工	460503	船舶电气工程技术	职教专科

续表

序号	职业编码	职业名称	专业代码	专业名称	院校类型
7785	6-23-02-02	船舶机械装配工	460505	船舶舾装工程技术	职教专科
7786	6-23-02-02	船舶机械装配工	460507	船舶通信装备技术	职教专科
7787	6-23-02-02	船舶机械装配工	500303	轮机工程技术	职教专科
7788	6-23-02-02	船舶机械装配工	500308	船舶电子电气技术	职教专科
7789	6-23-02-02	船舶机械装配工	500309	船舶检验	职教专科
7790	6-23-02-02	船舶机械装配工	0417-3	船舶轮机	技工院校3级
7791	6-23-02-02	船舶机械装配工	0418-3	船舶建造与维修	技工院校3级
7792	6-23-02-02	船舶机械装配工	660502	船舶机械装置安装与维修	职教中职
7793	6-23-02-02	船舶机械装配工	660503	船舶电气装置安装与调试	职教中职
7794	6-23-02-02	船舶机械装配工	660504	船舶内装	职教中职
7795	6-23-02-02	船舶机械装配工	700303	轮机维护与管理	职教中职
7796	6-23-02-02	船舶机械装配工	0417-4	船舶轮机	技工院校4级
7797	6-23-02-02	船舶机械装配工	0418-4	船舶建造与维修	技工院校4级
7798	6-23-02-03	船舶电气装配工	081803K	航海技术	普通本科
7799	6-23-02-03	船舶电气装配工	081804K	轮机工程	普通本科
7800	6-23-02-03	船舶电气装配工	081901	船舶与海洋工程	普通本科
7801	6-23-02-03	船舶电气装配工	260501	船舶智能制造技术	职教本科
7802	6-23-02-03	船舶电气装配工	260502	船舶动力工程技术	职教本科
7803	6-23-02-03	船舶电气装配工	260503	船舶电气工程技术	职教本科
7804	6-23-02-03	船舶电气装配工	300301	航海技术	职教本科
7805	6-23-02-03	船舶电气装配工	300303	轮机工程技术	职教本科
7806	6-23-02-03	船舶电气装配工	300305	水路运输与海事管理	职教本科

续表

序号	职业编码	职业名称	专业代码	专业名称	院校类型
7807	6-23-02-03	船舶电气装配工	460501	船舶工程技术	职教专科
7808	6-23-02-03	船舶电气装配工	460502	船舶动力工程技术	职教专科
7809	6-23-02-03	船舶电气装配工	460503	船舶电气工程技术	职教专科
7810	6-23-02-03	船舶电气装配工	460504	船舶智能焊接技术	职教专科
7811	6-23-02-03	船舶电气装配工	460505	船舶舾装工程技术	职教专科
7812	6-23-02-03	船舶电气装配工	460506	船舶涂装工程技术	职教专科
7813	6-23-02-03	船舶电气装配工	460507	船舶通信装备技术	职教专科
7814	6-23-02-03	船舶电气装配工	500301	航海技术	职教专科
7815	6-23-02-03	船舶电气装配工	500303	轮机工程技术	职教专科
7816	6-23-02-03	船舶电气装配工	500308	船舶电子电气技术	职教专科
7817	6-23-02-03	船舶电气装配工	500309	船舶检验	职教专科
7818	6-23-02-03	船舶电气装配工	0417-3	船舶轮机	技工院校3级
7819	6-23-02-03	船舶电气装配工	0418-3	船舶建造与维修	技工院校3级
7820	6-23-02-03	船舶电气装配工	630105	供用电技术	职教中职
7821	6-23-02-03	船舶电气装配工	660302	电气设备运行与控制	职教中职
7822	6-23-02-03	船舶电气装配工	660501	船体修造技术	职教中职
7823	6-23-02-03	船舶电气装配工	660502	船舶机械装置安装与维修	职教中职
7824	6-23-02-03	船舶电气装配工	660503	船舶电气装置安装与调试	职教中职
7825	6-23-02-03	船舶电气装配工	660504	船舶内装	职教中职
7826	6-23-02-03	船舶电气装配工	0204-4	煤矿电气设备维修	技工院校4级
7827	6-23-02-03	船舶电气装配工	0417-4	船舶轮机	技工院校4级

续表

序号	职业编码	职业名称	专业代码	专业名称	院校类型
7828	6-23-02-03	船舶电气装配工	0418-4	船舶建造与维修	技工院校4级
7829	6-23-02-05	船舶木塑帆缆制造工	081901	船舶与海洋工程	普通本科
7830	6-23-02-05	船舶木塑帆缆制造工	260501	船舶智能制造技术	职教本科
7831	6-23-02-05	船舶木塑帆缆制造工	260503	船舶电气工程技术	职教本科
7832	6-23-02-05	船舶木塑帆缆制造工	300301	航海技术	职教本科
7833	6-23-02-05	船舶木塑帆缆制造工	300303	轮机工程技术	职教本科
7834	6-23-02-05	船舶木塑帆缆制造工	460503	船舶电气工程技术	职教专科
7835	6-23-02-05	船舶木塑帆缆制造工	460505	船舶舾装工程技术	职教专科
7836	6-23-02-05	船舶木塑帆缆制造工	460507	船舶通信装备技术	职教专科
7837	6-23-02-05	船舶木塑帆缆制造工	500301	航海技术	职教专科
7838	6-23-02-05	船舶木塑帆缆制造工	500303	轮机工程技术	职教专科
7839	6-23-02-05	船舶木塑帆缆制造工	500308	船舶电子电气技术	职教专科
7840	6-23-02-05	船舶木塑帆缆制造工	500309	船舶检验	职教专科
7841	6-23-02-05	船舶木塑帆缆制造工	0418-3	船舶建造与维修	技工院校3级
7842	6-23-02-05	船舶木塑帆缆制造工	660502	船舶机械装置安装与维修	职教中职
7843	6-23-02-05	船舶木塑帆缆制造工	660503	船舶电气装置安装与调试	职教中职
7844	6-23-02-05	船舶木塑帆缆制造工	660504	船舶内装	职教中职
7845	6-23-02-05	船舶木塑帆缆制造工	700303	轮机维护与管理	职教中职
7846	6-23-02-05	船舶木塑帆缆制造工	0418-4	船舶建造与维修	技工院校4级
7847	6-23-02-06	拆船工	460501	船舶工程技术	职教专科
7848	6-23-02-06	拆船工	660501	船体修造技术	职教中职
7849	6-23-03-01	飞机装配工	260601	航空智能制造技术	职教本科
7850	6-23-03-01	飞机装配工	260602	飞行器维修工程技术	职教本科

职业信息与教育培训项目（专业）信息对应指引
（2023年版）

续表

序号	职业编码	职业名称	专业代码	专业名称	院校类型
7851	6-23-03-01	飞机装配工	300402	航空机电设备维修技术	职教本科
7852	6-23-03-01	飞机装配工	460601	飞行器数字化制造技术	职教专科
7853	6-23-03-01	飞机装配工	460603	航空发动机制造技术	职教专科
7854	6-23-03-01	飞机装配工	460605	飞机机载设备装配调试技术	职教专科
7855	6-23-03-01	飞机装配工	460607	飞行器维修技术	职教专科
7856	6-23-03-01	飞机装配工	500409	飞机机电设备维修	职教专科
7857	6-23-03-01	飞机装配工	500410	飞机电子设备维修	职教专科
7858	6-23-03-01	飞机装配工	500411	飞机部件修理	职教专科
7859	6-23-03-01	飞机装配工	500413	飞机结构修理	职教专科
7860	6-23-03-01	飞机装配工	500414	航空地面设备维修	职教专科
7861	6-23-03-01	飞机装配工	0133-3	飞机制造与装配	技工院校3级
7862	6-23-03-01	飞机装配工	0434-3	飞机维修	技工院校3级
7863	6-23-03-01	飞机装配工	700403	飞机设备维修	职教中职
7864	6-23-03-01	飞机装配工	0133-4	飞机制造与装配	技工院校4级
7865	6-23-03-01	飞机装配工	0434-4	飞机维修	技工院校4级
7866	6-23-03-02	飞机系统安装调试工	260602	飞行器维修工程技术	职教本科
7867	6-23-03-02	飞机系统安装调试工	300402	航空机电设备维修技术	职教本科
7868	6-23-03-02	飞机系统安装调试工	460309	液压与气动技术	职教专科
7869	6-23-03-02	飞机系统安装调试工	460601	飞行器数字化制造技术	职教专科
7870	6-23-03-02	飞机系统安装调试工	460603	航空发动机制造技术	职教专科
7871	6-23-03-02	飞机系统安装调试工	460605	飞机机载设备装配调试技术	职教专科
7872	6-23-03-02	飞机系统安装调试工	460607	飞行器维修技术	职教专科

续表

序号	职业编码	职业名称	专业代码	专业名称	院校类型
7873	6-23-03-02	飞机系统安装调试工	500409	飞机机电设备维修	职教专科
7874	6-23-03-02	飞机系统安装调试工	500410	飞机电子设备维修	职教专科
7875	6-23-03-02	飞机系统安装调试工	500411	飞机部件修理	职教专科
7876	6-23-03-02	飞机系统安装调试工	500413	飞机结构修理	职教专科
7877	6-23-03-02	飞机系统安装调试工	500414	航空地面设备维修	职教专科
7878	6-23-03-02	飞机系统安装调试工	0133-3	飞机制造与装配	技工院校3级
7879	6-23-03-02	飞机系统安装调试工	0434-3	飞机维修	技工院校3级
7880	6-23-03-02	飞机系统安装调试工	700403	飞机设备维修	职教中职
7881	6-23-03-02	飞机系统安装调试工	0133-4	飞机制造与装配	技工院校4级
7882	6-23-03-02	飞机系统安装调试工	0434-4	飞机维修	技工院校4级
7883	6-23-03-03	航空发动机装配工	260601	航空智能制造技术	职教本科
7884	6-23-03-03	航空发动机装配工	260602	飞行器维修工程技术	职教本科
7885	6-23-03-03	航空发动机装配工	260603	航空动力装置维修技术	职教本科
7886	6-23-03-03	航空发动机装配工	300402	航空机电设备维修技术	职教本科
7887	6-23-03-03	航空发动机装配工	460603	航空发动机制造技术	职教专科
7888	6-23-03-03	航空发动机装配工	460604	航空发动机装配调试技术	职教专科
7889	6-23-03-03	航空发动机装配工	460606	航空装备表面处理技术	职教专科
7890	6-23-03-03	航空发动机装配工	460608	航空发动机维修技术	职教专科
7891	6-23-03-03	航空发动机装配工	500409	飞机机电设备维修	职教专科
7892	6-23-03-03	航空发动机装配工	500412	通用航空器维修	职教专科
7893	6-23-03-03	航空发动机装配工	500414	航空地面设备维修	职教专科
7894	6-23-03-03	航空发动机装配工	0434-3	飞机维修	技工院校3级

职业信息与教育培训项目（专业）信息对应指引

（2023 年版）

续表

序号	职业编码	职业名称	专业代码	专业名称	院校类型
7895	6-23-03-03	航空发动机装配工	700403	飞机设备维修	职教中职
7896	6-23-03-03	航空发动机装配工	0434-4	飞机维修	技工院校4级
7897	6-23-03-03	航空发动机装配工	0716-4	农业机械使用与维护	技工院校4级
7898	6-23-03-04	航空螺旋桨装配工	260601	航空智能制造技术	职教本科
7899	6-23-03-04	航空螺旋桨装配工	0434-4	飞机维修	技工院校4级
7900	6-23-03-05	航空电气安装调试工	260601	航空智能制造技术	职教本科
7901	6-23-03-05	航空电气安装调试工	260602	飞行器维修工程技术	职教本科
7902	6-23-03-05	航空电气安装调试工	260603	航空动力装置维修技术	职教本科
7903	6-23-03-05	航空电气安装调试工	300402	航空机电设备维修技术	职教本科
7904	6-23-03-05	航空电气安装调试工	460601	飞行器数字化制造技术	职教专科
7905	6-23-03-05	航空电气安装调试工	460604	航空发动机装配调试技术	职教专科
7906	6-23-03-05	航空电气安装调试工	460605	飞机机载设备装配调试技术	职教专科
7907	6-23-03-05	航空电气安装调试工	460606	航空装备表面处理技术	职教专科
7908	6-23-03-05	航空电气安装调试工	460607	飞行器维修技术	职教专科
7909	6-23-03-05	航空电气安装调试工	460608	航空发动机维修技术	职教专科
7910	6-23-03-05	航空电气安装调试工	500409	飞机机电设备维修	职教专科
7911	6-23-03-05	航空电气安装调试工	500411	飞机部件修理	职教专科
7912	6-23-03-05	航空电气安装调试工	500413	飞机结构修理	职教专科
7913	6-23-03-05	航空电气安装调试工	500414	航空地面设备维修	职教专科
7914	6-23-03-05	航空电气安装调试工	0434-3	飞机维修	技工院校3级
7915	6-23-03-05	航空电气安装调试工	700403	飞机设备维修	职教中职

续表

序号	职业编码	职业名称	专业代码	专业名称	院校类型
7916	6-23-03-05	航空电气安装调试工	0133-4	飞机制造与装配	技工院校4级
7917	6-23-03-05	航空电气安装调试工	0434-4	飞机维修	技工院校4级
7918	6-23-03-06	航空附件装配工	260601	航空智能制造技术	职教本科
7919	6-23-03-06	航空附件装配工	260602	飞行器维修工程技术	职教本科
7920	6-23-03-06	航空附件装配工	260603	航空动力装置维修技术	职教本科
7921	6-23-03-06	航空附件装配工	300402	航空机电设备维修技术	职教本科
7922	6-23-03-06	航空附件装配工	460604	航空发动机装配调试技术	职教专科
7923	6-23-03-06	航空附件装配工	460605	飞机机载设备装配调试技术	职教专科
7924	6-23-03-06	航空附件装配工	460606	航空装备表面处理技术	职教专科
7925	6-23-03-06	航空附件装配工	460607	飞行器维修技术	职教专科
7926	6-23-03-06	航空附件装配工	460608	航空发动机维修技术	职教专科
7927	6-23-03-06	航空附件装配工	500409	飞机机电设备维修	职教专科
7928	6-23-03-06	航空附件装配工	500414	航空地面设备维修	职教专科
7929	6-23-03-06	航空附件装配工	0133-3	飞机制造与装配	技工院校3级
7930	6-23-03-06	航空附件装配工	0434-3	飞机维修	技工院校3级
7931	6-23-03-06	航空附件装配工	700403	飞机设备维修	职教中职
7932	6-23-03-06	航空附件装配工	0133-4	飞机制造与装配	技工院校4级
7933	6-23-03-06	航空附件装配工	0434-4	飞机维修	技工院校4级
7934	6-23-03-07	航空仪表装配工	260601	航空智能制造技术	职教本科
7935	6-23-03-07	航空仪表装配工	260603	航空动力装置维修技术	职教本科

职业信息与教育培训项目（专业）信息对应指引

（2023 年版）

续表

序号	职业编码	职业名称	专业代码	专业名称	院校类型
7936	6-23-03-07	航空仪表装配工	460604	航空发动机装配调试技术	职教专科
7937	6-23-03-07	航空仪表装配工	460605	飞机机载设备装配调试技术	职教专科
7938	6-23-03-07	航空仪表装配工	460608	航空发动机维修技术	职教专科
7939	6-23-03-07	航空仪表装配工	500414	航空地面设备维修	职教专科
7940	6-23-03-08	航空装配平衡工	260601	航空智能制造技术	职教本科
7941	6-23-03-08	航空装配平衡工	260603	航空动力装置维修技术	职教本科
7942	6-23-03-08	航空装配平衡工	460603	航空发动机制造技术	职教专科
7943	6-23-03-08	航空装配平衡工	460604	航空发动机装配调试技术	职教专科
7944	6-23-03-08	航空装配平衡工	460608	航空发动机维修技术	职教专科
7945	6-23-03-08	航空装配平衡工	500414	航空地面设备维修	职教专科
7946	6-23-03-09	飞机无线电设备安装调试工	260602	飞行器维修工程技术	职教本科
7947	6-23-03-09	飞机无线电设备安装调试工	460601	飞行器数字化制造技术	职教专科
7948	6-23-03-09	飞机无线电设备安装调试工	460605	飞机机载设备装配调试技术	职教专科
7949	6-23-03-09	飞机无线电设备安装调试工	460607	飞行器维修技术	职教专科
7950	6-23-03-09	飞机无线电设备安装调试工	500409	飞机机电设备维修	职教专科
7951	6-23-03-09	飞机无线电设备安装调试工	500411	飞机部件修理	职教专科
7952	6-23-03-09	飞机无线电设备安装调试工	500413	飞机结构修理	职教专科

续表

序号	职业编码	职业名称	专业代码	专业名称	院校类型
7953	6-23-03-09	飞机无线电设备安装调试工	0133-3	飞机制造与装配	技工院校3级
7954	6-23-03-09	飞机无线电设备安装调试工	0434-3	飞机维修	技工院校3级
7955	6-23-03-09	飞机无线电设备安装调试工	700403	飞机设备维修	职教中职
7956	6-23-03-09	飞机无线电设备安装调试工	0133-4	飞机制造与装配	技工院校4级
7957	6-23-03-09	飞机无线电设备安装调试工	0434-4	飞机维修	技工院校4级
7958	6-23-03-10	飞机雷达安装调试工	260602	飞行器维修工程技术	职教本科
7959	6-23-03-10	飞机雷达安装调试工	460605	飞机机载设备装配调试技术	职教专科
7960	6-23-03-10	飞机雷达安装调试工	460607	飞行器维修技术	职教专科
7961	6-23-03-10	飞机雷达安装调试工	500409	飞机机电设备维修	职教专科
7962	6-23-03-10	飞机雷达安装调试工	500411	飞机部件修理	职教专科
7963	6-23-03-10	飞机雷达安装调试工	500413	飞机结构修理	职教专科
7964	6-23-03-10	飞机雷达安装调试工	0133-3	飞机制造与装配	技工院校3级
7965	6-23-03-10	飞机雷达安装调试工	0434-3	飞机维修	技工院校3级
7966	6-23-03-10	飞机雷达安装调试工	700403	飞机设备维修	职教中职
7967	6-23-03-10	飞机雷达安装调试工	0434-4	飞机维修	技工院校4级
7968	6-23-03-11	飞机特种设备检测与修理工	260602	飞行器维修工程技术	职教本科
7969	6-23-03-11	飞机特种设备检测与修理工	300403	智慧机场运行与管理	职教本科

职业信息与教育培训项目（专业）信息对应指引
（2023 年版）

续表

序号	职业编码	职业名称	专业代码	专业名称	院校类型
7970	6-23-03-11	飞机特种设备检测与修理工	430110	机场电工技术	职教专科
7971	6-23-03-11	飞机特种设备检测与修理工	460605	飞机机载设备装配调试技术	职教专科
7972	6-23-03-11	飞机特种设备检测与修理工	460607	飞行器维修技术	职教专科
7973	6-23-03-11	飞机特种设备检测与修理工	500408	机场运行服务与管理	职教专科
7974	6-23-03-11	飞机特种设备检测与修理工	500411	飞机部件修理	职教专科
7975	6-23-03-11	飞机特种设备检测与修理工	500413	飞机结构修理	职教专科
7976	6-23-03-11	飞机特种设备检测与修理工	500414	航空地面设备维修	职教专科
7977	6-23-03-11	飞机特种设备检测与修理工	500415	机场场务技术与管理	职教专科
7978	6-23-03-11	飞机特种设备检测与修理工	0434-3	飞机维修	技工院校3级
7979	6-23-03-11	飞机特种设备检测与修理工	700404	机场场务技术与管理	职教中职
7980	6-23-03-12	飞机透明件制造胶接装配工	260602	飞行器维修工程技术	职教本科
7981	6-23-03-12	飞机透明件制造胶接装配工	460601	飞行器数字化制造技术	职教专科
7982	6-23-03-12	飞机透明件制造胶接装配工	460605	飞机机载设备装配调试技术	职教专科
7983	6-23-03-12	飞机透明件制造胶接装配工	460607	飞行器维修技术	职教专科

续表

序号	职业编码	职业名称	专业代码	专业名称	院校类型
7984	6-23-03-12	飞机透明件制造胶接装配工	500409	飞机机电设备维修	职教专科
7985	6-23-03-12	飞机透明件制造胶接装配工	500410	飞机电子设备维修	职教专科
7986	6-23-03-12	飞机透明件制造胶接装配工	500411	飞机部件修理	职教专科
7987	6-23-03-12	飞机透明件制造胶接装配工	500413	飞机结构修理	职教专科
7988	6-23-03-12	飞机透明件制造胶接装配工	0133-3	飞机制造与装配	技工院校3级
7989	6-23-03-12	飞机透明件制造胶接装配工	0434-3	飞机维修	技工院校3级
7990	6-23-03-12	飞机透明件制造胶接装配工	700403	飞机设备维修	职教中职
7991	6-23-03-12	飞机透明件制造胶接装配工	0133-4	飞机制造与装配	技工院校4级
7992	6-23-03-12	飞机透明件制造胶接装配工	0434-4	飞机维修	技工院校4级
7993	6-23-03-13	飞机外场调试与维护工	260602	飞行器维修工程技术	职教本科
7994	6-23-03-13	飞机外场调试与维护工	300402	航空机电设备维修技术	职教本科
7995	6-23-03-13	飞机外场调试与维护工	460601	飞行器数字化制造技术	职教专科
7996	6-23-03-13	飞机外场调试与维护工	460603	航空发动机制造技术	职教专科
7997	6-23-03-13	飞机外场调试与维护工	460604	航空发动机装配调试技术	职教专科
7998	6-23-03-13	飞机外场调试与维护工	460605	飞机机载设备装配调试技术	职教专科
7999	6-23-03-13	飞机外场调试与维护工	460607	飞行器维修技术	职教专科
8000	6-23-03-13	飞机外场调试与维护工	500409	飞机机电设备维修	职教专科

职业信息与教育培训项目（专业）信息对应指引

（2023 年版）

续表

序号	职业编码	职业名称	专业代码	专业名称	院校类型
8001	6-23-03-13	飞机外场调试与维护工	500410	飞机电子设备维修	职教专科
8002	6-23-03-13	飞机外场调试与维护工	500411	飞机部件修理	职教专科
8003	6-23-03-13	飞机外场调试与维护工	500413	飞机结构修理	职教专科
8004	6-23-03-13	飞机外场调试与维护工	0133-3	飞机制造与装配	技工院校 3 级
8005	6-23-03-13	飞机外场调试与维护工	0434-3	飞机维修	技工院校 3 级
8006	6-23-03-13	飞机外场调试与维护工	700403	飞机设备维修	职教中职
8007	6-23-03-13	飞机外场调试与维护工	0133-4	飞机制造与装配	技工院校 4 级
8008	6-23-03-13	飞机外场调试与维护工	0434-4	飞机维修	技工院校 4 级
8009	6-23-03-14	航空环控救生装备工	260601	航空智能制造技术	职教本科
8010	6-23-03-14	航空环控救生装备工	260603	航空动力装置维修技术	职教本科
8011	6-23-03-14	航空环控救生装备工	460604	航空发动机装配调试技术	职教专科
8012	6-23-03-14	航空环控救生装备工	460606	航空装备表面处理技术	职教专科
8013	6-23-03-14	航空环控救生装备工	460608	航空发动机维修技术	职教专科
8014	6-23-03-14	航空环控救生装备工	500414	航空地面设备维修	职教专科
8015	6-23-03-15	无人机装调检修工	260604	无人机系统应用技术	职教本科
8016	6-23-03-15	无人机装调检修工	420304	摄影测量与遥感技术	职教专科
8017	6-23-03-15	无人机装调检修工	420307	无人机测绘技术	职教专科
8018	6-23-03-15	无人机装调检修工	460609	无人机应用技术	职教专科
8019	6-23-03-15	无人机装调检修工	0439-3	无人机应用技术	技工院校 3 级
8020	6-23-03-15	无人机装调检修工	620302	地图绘制与地理信息系统	职教中职
8021	6-23-03-15	无人机装调检修工	620304	航空摄影测量	职教中职

续表

序号	职业编码	职业名称	专业代码	专业名称	院校类型
8022	6-23-03-15	无人机装调检修工	660601	无人机操控与维护	职教中职
8023	6-23-03-15	无人机装调检修工	0439-4	无人机应用技术	技工院校4级
8024	6-23-04-02	自行车与电动自行车装配工	460308	工业自动化仪表技术	职教专科
8025	6-23-04-02	自行车与电动自行车装配工	0202-3	电机电器装配与维修	技工院校3级
8026	6-23-04-02	自行车与电动自行车装配工	660101	机械制造技术	职教中职
8027	6-23-04-02	自行车与电动自行车装配工	0202-4	电机电器装配与维修	技工院校4级
8028	6-24-01-00	电机制造工	460203	电机与电器技术	职教专科
8029	6-24-01-00	电机制造工	0202-3	电机电器装配与维修	技工院校3级
8030	6-24-01-00	电机制造工	660203	电机电器制造与维修	职教中职
8031	6-24-01-00	电机制造工	0202-4	电机电器装配与维修	技工院校4级
8032	6-24-02-01	变压器互感器制造工	0206-3	工业自动化仪器仪表装配与维护	技工院校3级
8033	6-24-02-01	变压器互感器制造工	0201-4	变配电设备运行与维护	技工院校4级
8034	6-24-02-01	变压器互感器制造工	0202-4	电机电器装配与维修	技工院校4级
8035	6-24-02-01	变压器互感器制造工	0203-4	电气自动化设备安装与维修	技工院校4级
8036	6-24-02-02	高低压电器及成套设备装配工	460308	工业自动化仪表技术	职教专科

职业信息与教育培训项目（专业）信息对应指引
（2023年版）

续表

序号	职业编码	职业名称	专业代码	专业名称	院校类型
8037	6-24-02-02	高低压电器及成套设备装配工	0201-3	变配电设备运行与维护	技工院校3级
8038	6-24-02-02	高低压电器及成套设备装配工	0202-3	电机电器装配与维修	技工院校3级
8039	6-24-02-02	高低压电器及成套设备装配工	0206-3	工业自动化仪器仪表装配与维护	技工院校3级
8040	6-24-02-02	高低压电器及成套设备装配工	0202-4	电机电器装配与维修	技工院校4级
8041	6-24-02-02	高低压电器及成套设备装配工	0206-4	工业自动化仪器仪表装配与维护	技工院校4级
8042	6-24-02-04	光伏组件制造工	430301	光伏工程技术	职教专科
8043	6-24-02-04	光伏组件制造工	430307	新能源材料应用技术	职教专科
8044	6-24-02-04	光伏组件制造工	430606	光伏材料制备技术	职教专科
8045	6-24-02-04	光伏组件制造工	0213-3	光伏应用技术	技工院校3级
8046	6-24-02-04	光伏组件制造工	0824-3	储能材料制备	技工院校3级
8047	6-24-02-04	光伏组件制造工	630301	光伏工程技术与应用	职教中职
8048	6-24-02-04	光伏组件制造工	0213-4	光伏应用技术	技工院校4级
8049	6-24-03-01	电线电缆制造工	0117-2	模具制造	技工院校2级
8050	6-24-03-01	电线电缆制造工	0118-2	模具设计	技工院校2级
8051	6-24-03-01	电线电缆制造工	460113	模具设计与制造	职教专科
8052	6-24-03-01	电线电缆制造工	460116	电线电缆制造技术	职教专科
8053	6-24-03-01	电线电缆制造工	0117-3	模具制造	技工院校3级

续表

序号	职业编码	职业名称	专业代码	专业名称	院校类型
8054	6-24-03-01	电线电缆制造工	0118-3	模具设计	技工院校3级
8055	6-24-03-01	电线电缆制造工	0215-3	电线电缆制造技术	技工院校3级
8056	6-24-03-01	电线电缆制造工	660108	模具制造技术	职教中职
8057	6-24-03-01	电线电缆制造工	0117-4	模具制造	技工院校4级
8058	6-24-03-01	电线电缆制造工	0215-4	电线电缆制造技术	技工院校4级
8059	6-24-03-04	电工合金电触头制造工	430503	金属精密成型技术	职教专科
8060	6-24-03-05	电器附件制造工	0117-3	模具制造	技工院校3级
8061	6-24-04-00	电池制造工	230503	储能材料工程技术	职教本科
8062	6-24-04-00	电池制造工	430307	新能源材料应用技术	职教专科
8063	6-24-04-00	电池制造工	430504	储能材料技术	职教专科
8064	6-24-04-00	电池制造工	0122-3	数控电加工	技工院校3级
8065	6-24-04-00	电池制造工	0824-3	储能材料制备	技工院校3级
8066	6-24-04-00	电池制造工	0122-4	数控电加工	技工院校4级
8067	6-24-04-00	电池制造工	0824-4	储能材料制备	技工院校4级
8068	6-24-05-03	洗衣机制造工	660101	机械制造技术	职教中职
8069	6-24-05-04	小型家用电器制造工	260101	机械设计制造及自动化	职教本科
8070	6-24-05-04	小型家用电器制造工	660101	机械制造技术	职教中职
8071	6-24-06-00	燃气具制造工	440603	城市燃气工程技术	职教专科

职业信息与教育培训项目（专业）信息对应指引

（2023年版）

续表

序号	职业编码	职业名称	专业代码	专业名称	院校类型
8072	6-24-06-00	燃气具制造工	1110-3	燃气热力运行与维护	技工院校3级
8073	6-24-06-00	燃气具制造工	1113-3	城市燃气输配与应用	技工院校3级
8074	6-24-06-00	燃气具制造工	640603	城市燃气智能输配与应用	职教中职
8075	6-24-06-00	燃气具制造工	1110-4	燃气热力运行与维护	技工院校4级
8076	6-24-06-00	燃气具制造工	1113-4	城市燃气输配与应用	技工院校4级
8077	6-24-07-01	电光源制造工	510109	智能光电技术应用	职教专科
8078	6-24-07-02	灯具制造工	1223-3	灯饰工艺与造型	技工院校3级
8079	6-24-07-02	灯具制造工	1412-3	演艺设备安装与调试	技工院校3级
8080	6-24-07-02	灯具制造工	1223-4	灯饰工艺与造型	技工院校4级
8081	6-24-07-02	灯具制造工	1412-4	演艺设备安装与调试	技工院校4级
8082	6-24-08-00	轨道交通通信信号设备制造工	260402	轨道交通智能控制装备技术	职教本科
8083	6-24-08-00	轨道交通通信信号设备制造工	300103	高速铁路信号控制技术	职教本科
8084	6-24-08-00	轨道交通通信信号设备制造工	300601	城市轨道交通信号与控制技术	职教本科
8085	6-24-08-00	轨道交通通信信号设备制造工	310301	现代通信工程	职教本科

续表

序号	职业编码	职业名称	专业代码	专业名称	院校类型
8086	6-24-08-00	轨道交通通信信号设备制造工	0309-2	通信网络应用	技工院校2级
8087	6-24-08-00	轨道交通通信信号设备制造工	460404	轨道交通通信信号设备制造与维护	职教专科
8088	6-24-08-00	轨道交通通信信号设备制造工	500110	铁道信号自动控制	职教专科
8089	6-24-08-00	轨道交通通信信号设备制造工	500111	铁道通信与信息化技术	职教专科
8090	6-24-08-00	轨道交通通信信号设备制造工	500604	城市轨道交通通信信号技术	职教专科
8091	6-24-08-00	轨道交通通信信号设备制造工	510104	电子产品制造技术	职教专科
8092	6-24-08-00	轨道交通通信信号设备制造工	0211-3	通信终端设备制造与维修	技工院校3级
8093	6-24-08-00	轨道交通通信信号设备制造工	0309-3	通信网络应用	技工院校3级
8094	6-24-08-00	轨道交通通信信号设备制造工	0429-3	铁道信号	技工院校3级
8095	6-24-08-00	轨道交通通信信号设备制造工	700106	铁道信号施工与维护	职教中职
8096	6-24-08-00	轨道交通通信信号设备制造工	700602	城市轨道交通信号维护	职教中职
8097	6-24-08-00	轨道交通通信信号设备制造工	710104	电子材料与元器件制造	职教中职
8098	6-24-08-00	轨道交通通信信号设备制造工	710301	现代通信技术应用	职教中职
8099	6-24-08-00	轨道交通通信信号设备制造工	710302	通信系统工程安装与维护	职教中职

序号	职业编码	职业名称	专业代码	专业名称	院校类型
8100	6-24-08-00	轨道交通通信信号设备制造工	0429-4	铁道信号	技工院校4级
8101	6-25-01-02	电阻器制造工	0428-4	电气化铁道供电	技工院校4级
8102	6-25-01-11	电器接插件制造工	260103	数控技术	职教本科
8103	6-25-01-11	电器接插件制造工	0101-2	机床切削加工（车工）	技工院校2级
8104	6-25-01-11	电器接插件制造工	0102-2	机床切削加工（铣工）	技工院校2级
8105	6-25-01-11	电器接插件制造工	0106-2	数控加工（数控车工）	技工院校2级
8106	6-25-01-11	电器接插件制造工	0107-2	数控加工（数控铣工）	技工院校2级
8107	6-25-01-11	电器接插件制造工	0108-2	数控加工（加工中心操作工）	技工院校2级
8108	6-25-01-11	电器接插件制造工	0110-2	数控编程	技工院校2级
8109	6-25-01-11	电器接插件制造工	0116-2	机械设备装配与自动控制	技工院校2级
8110	6-25-01-11	电器接插件制造工	0122-2	数控电加工	技工院校2级
8111	6-25-01-11	电器接插件制造工	0128-2	多轴数控加工	技工院校2级
8112	6-25-01-11	电器接插件制造工	0129-2	计算机辅助设计与制造	技工院校2级
8113	6-25-01-11	电器接插件制造工	0101-3	机床切削加工（车工）	技工院校3级

续表

序号	职业编码	职业名称	专业代码	专业名称	院校类型
8114	6-25-01-11	电器接插件制造工	0102-3	机床切削加工（铣工）	技工院校3级
8115	6-25-01-11	电器接插件制造工	0103-3	机床切削加工（磨工）	技工院校3级
8116	6-25-01-11	电器接插件制造工	0106-3	数控加工（数控车工）	技工院校3级
8117	6-25-01-11	电器接插件制造工	0108-3	数控加工（加工中心操作工）	技工院校3级
8118	6-25-01-11	电器接插件制造工	0117-3	模具制造	技工院校3级
8119	6-25-01-11	电器接插件制造工	0122-3	数控电加工	技工院校3级
8120	6-25-01-11	电器接插件制造工	0128-3	多轴数控加工	技工院校3级
8121	6-25-01-11	电器接插件制造工	0129-3	计算机辅助设计与制造	技工院校3级
8122	6-25-01-11	电器接插件制造工	0135-3	工业机械自动化装调	技工院校3级
8123	6-25-01-11	电器接插件制造工	660103	数控技术应用	职教中职
8124	6-25-01-11	电器接插件制造工	0101-4	机床切削加工（车工）	技工院校4级
8125	6-25-01-11	电器接插件制造工	0102-4	机床切削加工（铣工）	技工院校4级
8126	6-25-01-11	电器接插件制造工	0142-4	原型制作	技工院校4级
8127	6-25-01-13	印制电路制作工	480111	表面精饰工艺	职教专科
8128	6-25-01-13	印制电路制作工	0209-3	电子技术应用	技工院校3级

职业信息与教育培训项目（专业）信息对应指引

（2023 年版）

续表

序号	职业编码	职业名称	专业代码	专业名称	院校类型
8129	6-25-01-13	印制电路制作工	0721-3	农村电气技术	技工院校3级
8130	6-25-01-13	印制电路制作工	0209-4	电子技术应用	技工院校4级
8131	6-25-01-13	印制电路制作工	0721-4	农村电气技术	技工院校4级
8132	6-25-01-15	温差电器件制造工	0122-2	数控电加工	技工院校2级
8133	6-25-01-15	温差电器件制造工	0122-4	数控电加工	技工院校4级
8134	6-25-02-01	真空电子器件零件制造及装调工	080702	电子科学与技术	普通本科
8135	6-25-02-04	晶片加工工	430607	硅材料制备技术	职教专科
8136	6-25-02-05	半导体芯片制造工	460111	工业材料表面处理技术	职教专科
8137	6-25-02-05	半导体芯片制造工	460606	航空装备表面处理技术	职教专科
8138	6-25-02-05	半导体芯片制造工	480111	表面精饰工艺	职教专科
8139	6-25-02-05	半导体芯片制造工	660106	金属表面处理技术应用	职教中职
8140	6-25-02-06	半导体分立器件和集成电路装调工	080704	微电子科学与工程	普通本科
8141	6-25-02-06	半导体分立器件和集成电路装调工	310103	柔性电子技术	职教本科
8142	6-25-02-06	半导体分立器件和集成电路装调工	310401	集成电路工程技术	职教本科
8143	6-25-02-06	半导体分立器件和集成电路装调工	0220-2	集成电路技术应用	技工院校2级
8144	6-25-02-06	半导体分立器件和集成电路装调工	510401	集成电路技术	职教专科

续表

序号	职业编码	职业名称	专业代码	专业名称	院校类型
8145	6-25-02-06	半导体分立器件和集成电路装调工	510402	微电子技术	职教专科
8146	6-25-02-06	半导体分立器件和集成电路装调工	0220-3	集成电路技术应用	技工院校3级
8147	6-25-02-06	半导体分立器件和集成电路装调工	710104	电子材料与元器件制造	职教中职
8148	6-25-02-06	半导体分立器件和集成电路装调工	710401	微电子技术与器件制造	职教中职
8149	6-25-02-06	半导体分立器件和集成电路装调工	0220-4	集成电路技术应用	技工院校4级
8150	6-25-03-00	计算机及外部设备装配调试员	0206-3	工业自动化仪器仪表装配与维护	技工院校3级
8151	6-25-03-00	计算机及外部设备装配调试员	660101	机械制造技术	职教中职
8152	6-25-03-00	计算机及外部设备装配调试员	660306	智能化生产线安装与运维	职教中职
8153	6-25-03-00	计算机及外部设备装配调试员	0116-4	机械设备装配与自动控制	技工院校4级
8154	6-25-03-00	计算机及外部设备装配调试员	0206-4	工业自动化仪器仪表装配与维护	技工院校4级
8155	6-25-03-00	计算机及外部设备装配调试员	0210-4	音像电子设备应用与维修	技工院校4级
8156	6-25-03-00	计算机及外部设备装配调试员	0212-4	办公设备维修	技工院校4级
8157	6-25-03-00	计算机及外部设备装配调试员	0301-4	计算机网络应用	技工院校4级
8158	6-25-04-01	通信系统设备制造工	080703	通信工程	普通本科
8159	6-25-04-01	通信系统设备制造工	310301	现代通信工程	职教本科

职业信息与教育培训项目（专业）信息对应指引
（2023年版）

续表

序号	职业编码	职业名称	专业代码	专业名称	院校类型
8160	6-25-04-01	通信系统设备制造工	0209-2	电子技术应用	技工院校2级
8161	6-25-04-01	通信系统设备制造工	0211-2	通信终端设备制造与维修	技工院校2级
8162	6-25-04-01	通信系统设备制造工	0309-2	通信网络应用	技工院校2级
8163	6-25-04-01	通信系统设备制造工	460404	轨道交通通信信号设备制造与维护	职教专科
8164	6-25-04-01	通信系统设备制造工	500111	铁道通信与信息化技术	职教专科
8165	6-25-04-01	通信系统设备制造工	500402	民航通信技术	职教专科
8166	6-25-04-01	通信系统设备制造工	500604	城市轨道交通通信信号技术	职教专科
8167	6-25-04-01	通信系统设备制造工	510301	现代通信技术	职教专科
8168	6-25-04-01	通信系统设备制造工	510302	现代移动通信技术	职教专科
8169	6-25-04-01	通信系统设备制造工	510303	通信软件技术	职教专科
8170	6-25-04-01	通信系统设备制造工	510306	通信系统运行管理	职教专科
8171	6-25-04-01	通信系统设备制造工	510308	网络规划与优化技术	职教专科
8172	6-25-04-01	通信系统设备制造工	510309	电信服务与管理	职教专科
8173	6-25-04-01	通信系统设备制造工	0206-3	工业自动化仪器仪表装配与维护	技工院校3级
8174	6-25-04-01	通信系统设备制造工	0211-3	通信终端设备制造与维修	技工院校3级
8175	6-25-04-01	通信系统设备制造工	0309-3	通信网络应用	技工院校3级
8176	6-25-04-01	通信系统设备制造工	0310-3	通信运营服务	技工院校3级
8177	6-25-04-01	通信系统设备制造工	710301	现代通信技术应用	职教中职

续表

序号	职业编码	职业名称	专业代码	专业名称	院校类型
8178	6-25-04-01	通信系统设备制造工	710302	通信系统工程安装与维护	职教中职
8179	6-25-04-01	通信系统设备制造工	710303	通信运营服务	职教中职
8180	6-25-04-01	通信系统设备制造工	0206-4	工业自动化仪器仪表装配与维护	技工院校4级
8181	6-25-04-01	通信系统设备制造工	0210-4	音像电子设备应用与维修	技工院校4级
8182	6-25-04-01	通信系统设备制造工	0310-4	通信运营服务	技工院校4级
8183	6-25-04-02	通信终端设备制造工	080703	通信工程	普通本科
8184	6-25-04-02	通信终端设备制造工	310301	现代通信工程	职教本科
8185	6-25-04-02	通信终端设备制造工	0211-2	通信终端设备制造与维修	技工院校2级
8186	6-25-04-02	通信终端设备制造工	0309-2	通信网络应用	技工院校2级
8187	6-25-04-02	通信终端设备制造工	460404	轨道交通通信信号设备制造与维护	职教专科
8188	6-25-04-02	通信终端设备制造工	500111	铁道通信与信息化技术	职教专科
8189	6-25-04-02	通信终端设备制造工	500402	民航通信技术	职教专科
8190	6-25-04-02	通信终端设备制造工	500604	城市轨道交通通信信号技术	职教专科
8191	6-25-04-02	通信终端设备制造工	510301	现代通信技术	职教专科
8192	6-25-04-02	通信终端设备制造工	510302	现代移动通信技术	职教专科
8193	6-25-04-02	通信终端设备制造工	510303	通信软件技术	职教专科
8194	6-25-04-02	通信终端设备制造工	510306	通信系统运行管理	职教专科
8195	6-25-04-02	通信终端设备制造工	510308	网络规划与优化技术	职教专科
8196	6-25-04-02	通信终端设备制造工	510309	电信服务与管理	职教专科

职业信息与教育培训项目（专业）信息对应指引

（2023年版）

续表

序号	职业编码	职业名称	专业代码	专业名称	院校类型
8197	6-25-04-02	通信终端设备制造工	0211-3	通信终端设备制造与维修	技工院校3级
8198	6-25-04-02	通信终端设备制造工	0309-3	通信网络应用	技工院校3级
8199	6-25-04-02	通信终端设备制造工	0310-3	通信运营服务	技工院校3级
8200	6-25-04-02	通信终端设备制造工	710301	现代通信技术应用	职教中职
8201	6-25-04-02	通信终端设备制造工	710302	通信系统工程安装与维护	职教中职
8202	6-25-04-02	通信终端设备制造工	710303	通信运营服务	职教中职
8203	6-25-04-02	通信终端设备制造工	0211-4	通信终端设备制造与维修	技工院校4级
8204	6-25-04-02	通信终端设备制造工	0310-4	通信运营服务	技工院校4级
8205	6-25-04-04	激光设备安装调试员	0210-2	音像电子设备应用与维修	技工院校2级
8206	6-25-04-04	激光设备安装调试员	460114	特种加工技术	职教专科
8207	6-25-04-04	激光设备安装调试员	460115	智能光电制造技术	职教专科
8208	6-25-04-04	激光设备安装调试员	0124-3	机电产品检测技术应用	技工院校3级
8209	6-25-04-04	激光设备安装调试员	660202	光电仪器制造与维修	职教中职
8210	6-25-04-04	激光设备安装调试员	0210-4	音像电子设备应用与维修	技工院校4级
8211	6-25-04-05	智能硬件装调员	310101	电子信息工程技术	职教本科
8212	6-25-04-05	智能硬件装调员	0137-2	智能制造技术应用	技工院校2级
8213	6-25-04-05	智能硬件装调员	0138-2	智能装备安装与调试	技工院校2级

续表

序号	职业编码	职业名称	专业代码	专业名称	院校类型
8214	6-25-04-05	智能硬件装调员	510101	电子信息工程技术	职教专科
8215	6-25-04-05	智能硬件装调员	510103	应用电子技术	职教专科
8216	6-25-04-05	智能硬件装调员	510108	智能产品开发与应用	职教专科
8217	6-25-04-05	智能硬件装调员	0137-3	智能制造技术应用	技工院校3级
8218	6-25-04-05	智能硬件装调员	0138-3	智能装备安装与调试	技工院校3级
8219	6-25-04-05	智能硬件装调员	0138-4	智能装备安装与调试	技工院校4级
8220	6-25-04-06	电子设备机械装校工	0210-2	音像电子设备应用与维修	技工院校2级
8221	6-25-04-06	电子设备机械装校工	0210-3	音像电子设备应用与维修	技工院校3级
8222	6-25-04-06	电子设备机械装校工	0210-4	音像电子设备应用与维修	技工院校4级
8223	6-25-04-07	电子设备装接工	0209-2	电子技术应用	技工院校2级
8224	6-25-04-07	电子设备装接工	460110	智能焊接技术	职教专科
8225	6-25-04-07	电子设备装接工	710104	电子材料与元器件制造	职教中职
8226	6-25-04-07	电子设备装接工	0209-4	电子技术应用	技工院校4级
8227	6-25-04-07	电子设备装接工	0210-4	音像电子设备应用与维修	技工院校4级
8228	6-25-04-08	电子设备调试工	0209-2	电子技术应用	技工院校2级
8229	6-25-04-08	电子设备调试工	0210-2	音像电子设备应用与维修	技工院校2级

职业信息与教育培训项目（专业）信息对应指引
（2023 年版）

续表

序号	职业编码	职业名称	专业代码	专业名称	院校类型
8230	6-25-04-08	电子设备调试工	0209-3	电子技术应用	技工院校3级
8231	6-25-04-08	电子设备调试工	0210-3	音像电子设备应用与维修	技工院校3级
8232	6-25-04-08	电子设备调试工	0443-3	道路智能交通技术应用	技工院校3级
8233	6-25-04-08	电子设备调试工	0209-4	电子技术应用	技工院校4级
8234	6-25-04-08	电子设备调试工	0210-4	音像电子设备应用与维修	技工院校4级
8235	6-25-04-09	物联网安装调试员	080905	物联网工程	普通本科
8236	6-25-04-09	物联网安装调试员	310102	物联网工程技术	职教本科
8237	6-25-04-09	物联网安装调试员	430109	农业电气化技术	职教专科
8238	6-25-04-09	物联网安装调试员	510102	物联网应用技术	职教专科
8239	6-25-04-09	物联网安装调试员	0313-3	物联网应用技术	技工院校3级
8240	6-25-04-09	物联网安装调试员	0828-3	智慧水利技术	技工院校3级
8241	6-25-04-09	物联网安装调试员	710102	物联网技术应用	职教中职
8242	6-25-04-09	物联网安装调试员	710208	网络安防系统安装与维护	职教中职
8243	6-25-04-09	物联网安装调试员	0313-4	物联网应用技术	技工院校4级
8244	6-25-04-09	物联网安装调试员	0828-4	智慧水利技术	技工院校4级
8245	6-26-01-01	仪器仪表制造工	080206	过程装备与控制工程	普通本科
8246	6-26-01-01	仪器仪表制造工	260101	机械设计制造及自动化	职教本科
8247	6-26-01-01	仪器仪表制造工	260201	装备智能化技术	职教本科

续表

序号	职业编码	职业名称	专业代码	专业名称	院校类型
8248	6-26-01-01	仪器仪表制造工	260305	自动化技术与应用	职教本科
8249	6-26-01-01	仪器仪表制造工	260306	现代测控工程技术	职教本科
8250	6-26-01-01	仪器仪表制造工	260402	轨道交通智能控制装备技术	职教本科
8251	6-26-01-01	仪器仪表制造工	0127-2	机电一体化技术	技工院校2级
8252	6-26-01-01	仪器仪表制造工	410212	木业智能装备应用技术	职教专科
8253	6-26-01-01	仪器仪表制造工	420811	智能环保装备技术	职教专科
8254	6-26-01-01	仪器仪表制造工	460201	智能制造装备技术	职教专科
8255	6-26-01-01	仪器仪表制造工	460204	新能源装备技术	职教专科
8256	6-26-01-01	仪器仪表制造工	460306	电气自动化技术	职教专科
8257	6-26-01-01	仪器仪表制造工	460307	工业过程自动化技术	职教专科
8258	6-26-01-01	仪器仪表制造工	460308	工业自动化仪表技术	职教专科
8259	6-26-01-01	仪器仪表制造工	460510	海洋工程装备技术	职教专科
8260	6-26-01-01	仪器仪表制造工	470210	化工装备技术	职教专科
8261	6-26-01-01	仪器仪表制造工	470211	化工自动化技术	职教专科
8262	6-26-01-01	仪器仪表制造工	490210	智能医疗装备技术	职教专科
8263	6-26-01-01	仪器仪表制造工	0111-3	工量具制造与维修	技工院校3级
8264	6-26-01-01	仪器仪表制造工	0203-3	电气自动化设备安装与维修	技工院校3级
8265	6-26-01-01	仪器仪表制造工	0206-3	工业自动化仪器仪表装配与维护	技工院校3级
8266	6-26-01-01	仪器仪表制造工	0207-3	化工仪表及自动化	技工院校3级
8267	6-26-01-01	仪器仪表制造工	630202	火电厂热工仪表安装与检修	职教中职
8268	6-26-01-01	仪器仪表制造工	660101	机械制造技术	职教中职

职业信息与教育培训项目（专业）信息对应指引

（2023年版）

续表

序号	职业编码	职业名称	专业代码	专业名称	院校类型
8269	6-26-01-01	仪器仪表制造工	660201	智能设备运行与维护	职教中职
8270	6-26-01-01	仪器仪表制造工	660301	机电技术应用	职教中职
8271	6-26-01-01	仪器仪表制造工	660304	工业自动化仪表及应用	职教中职
8272	6-26-01-01	仪器仪表制造工	660305	液压与气动技术应用	职教中职
8273	6-26-01-01	仪器仪表制造工	660306	智能化生产线安装与运维	职教中职
8274	6-26-01-01	仪器仪表制造工	670209	化工仪表及自动化	职教中职
8275	6-26-01-01	仪器仪表制造工	0111-4	工量具制造与维修	技工院校4级
8276	6-26-01-01	仪器仪表制造工	0206-4	工业自动化仪器仪表装配与维护	技工院校4级
8277	6-26-01-01	仪器仪表制造工	0207-4	化工仪表及自动化	技工院校4级
8278	6-26-01-02	钟表及计时仪器制造工	680106	钟表维修	职教中职
8279	6-27-01-00	再生物资加工处理工	1207-3	化纤生产技术	技工院校3级
8280	6-27-01-00	再生物资加工处理工	1207-4	化纤生产技术	技工院校4级
8281	6-28-01-01	锅炉运行值班员	430202	城市热能应用技术	职教专科
8282	6-28-01-01	锅炉运行值班员	430205	发电运行技术	职教专科
8283	6-28-01-01	锅炉运行值班员	0821-3	火电厂热力设备运行与检修	技工院校3级
8284	6-28-01-01	锅炉运行值班员	1110-3	燃气热力运行与维护	技工院校3级
8285	6-28-01-01	锅炉运行值班员	630201	火电厂热力设备安装	职教中职
8286	6-28-01-01	锅炉运行值班员	630203	火电厂热力设备运行与检修	职教中职
8287	6-28-01-01	锅炉运行值班员	630204	火电厂集控运行	职教中职

续表

序号	职业编码	职业名称	专业代码	专业名称	院校类型
8288	6-28-01-01	锅炉运行值班员	0821-4	火电厂热力设备运行与检修	技工院校4级
8289	6-28-01-01	锅炉运行值班员	1110-4	燃气热力运行与维护	技工院校4级
8290	6-28-01-02	燃料值班员	420506	煤层气采输技术	职教专科
8291	6-28-01-02	燃料值班员	430303	生物质能应用技术	职教专科
8292	6-28-01-02	燃料值班员	0821-3	火电厂热力设备运行与检修	技工院校3级
8293	6-28-01-02	燃料值班员	630205	火电厂水处理及化学监督	职教中职
8294	6-28-01-02	燃料值班员	0821-4	火电厂热力设备运行与检修	技工院校4级
8295	6-28-01-03	汽轮机运行值班员	430205	发电运行技术	职教专科
8296	6-28-01-03	汽轮机运行值班员	0821-3	火电厂热力设备运行与检修	技工院校3级
8297	6-28-01-03	汽轮机运行值班员	630203	火电厂热力设备运行与检修	职教中职
8298	6-28-01-03	汽轮机运行值班员	0821-4	火电厂热力设备运行与检修	技工院校4级
8299	6-28-01-04	燃气轮机值班员	420506	煤层气采输技术	职教专科
8300	6-28-01-04	燃气轮机值班员	430205	发电运行技术	职教专科
8301	6-28-01-04	燃气轮机值班员	0821-3	火电厂热力设备运行与检修	技工院校3级
8302	6-28-01-04	燃气轮机值班员	0821-4	火电厂热力设备运行与检修	技工院校4级
8303	6-28-01-05	发电集控值班员	430205	发电运行技术	职教专科
8304	6-28-01-05	发电集控值班员	0820-3	火电厂集控运行	技工院校3级

续表

序号	职业编码	职业名称	专业代码	专业名称	院校类型
8305	6-28-01-05	发电集控值班员	0821-3	火电厂热力设备运行与检修	技工院校3级
8306	6-28-01-05	发电集控值班员	0820-4	火电厂集控运行	技工院校4级
8307	6-28-01-05	发电集控值班员	0821-4	火电厂热力设备运行与检修	技工院校4级
8308	6-28-01-06	电气值班员	430205	发电运行技术	职教专科
8309	6-28-01-06	电气值班员	630101	发电厂及变电站运行与维护	职教中职
8310	6-28-01-07	火电厂氢冷值班员	430304	氢能技术应用	职教专科
8311	6-28-01-07	火电厂氢冷值班员	0826-3	氢能制备与应用	技工院校3级
8312	6-28-01-07	火电厂氢冷值班员	0826-4	氢能制备与应用	技工院校4级
8313	6-28-01-08	余热余压利用系统操作工	430205	发电运行技术	职教专科
8314	6-28-01-08	余热余压利用系统操作工	0821-4	火电厂热力设备运行与检修	技工院校4级
8315	6-28-01-09	水力发电运行值班员	250301	水利水电设备及自动化	职教本科
8316	6-28-01-09	水力发电运行值班员	430101	发电厂及电力系统	职教专科
8317	6-28-01-09	水力发电运行值班员	430102	水电站机电设备与自动化	职教专科
8318	6-28-01-09	水力发电运行值班员	430103	水电站与电力网技术	职教专科
8319	6-28-01-09	水力发电运行值班员	430205	发电运行技术	职教专科
8320	6-28-01-09	水力发电运行值班员	450301	水电站设备安装与管理	职教专科
8321	6-28-01-09	水力发电运行值班员	450302	水电站运行与智能管理	职教专科
8322	6-28-01-09	水力发电运行值班员	630101	发电厂及变电站运行与维护	职教中职

续表

序号	职业编码	职业名称	专业代码	专业名称	院校类型
8323	6-28-01-09	水力发电运行值班员	650302	水电站运行与管理	职教中职
8324	6-28-01-10	光伏发电运维值班员	430301	光伏工程技术	职教专科
8325	6-28-01-10	光伏发电运维值班员	430307	新能源材料应用技术	职教专科
8326	6-28-01-10	光伏发电运维值班员	430606	光伏材料制备技术	职教专科
8327	6-28-01-10	光伏发电运维值班员	0213-3	光伏应用技术	技工院校3级
8328	6-28-01-10	光伏发电运维值班员	0217-3	光电技术应用	技工院校3级
8329	6-28-01-10	光伏发电运维值班员	630204	火电厂集控运行	职教中职
8330	6-28-01-10	光伏发电运维值班员	630301	光伏工程技术与应用	职教中职
8331	6-28-01-10	光伏发电运维值班员	630303	太阳能与沼气技术利用	职教中职
8332	6-28-01-10	光伏发电运维值班员	0213-4	光伏应用技术	技工院校4级
8333	6-28-01-11	锅炉操作工	250402	水环境工程	职教本科
8334	6-28-01-11	锅炉操作工	430202	城市热能应用技术	职教专科
8335	6-28-01-11	锅炉操作工	430205	发电运行技术	职教专科
8336	6-28-01-11	锅炉操作工	430208	电厂化学与环保技术	职教专科
8337	6-28-01-11	锅炉操作工	450402	水环境智能监测与治理	职教专科
8338	6-28-01-11	锅炉操作工	0821-3	火电厂热力设备运行与检修	技工院校3级
8339	6-28-01-11	锅炉操作工	1110-3	燃气热力运行与维护	技工院校3级
8340	6-28-01-11	锅炉操作工	630201	火电厂热力设备安装	职教中职
8341	6-28-01-11	锅炉操作工	630203	火电厂热力设备运行与检修	职教中职
8342	6-28-01-11	锅炉操作工	650402	水环境智能监测与保护	职教中职
8343	6-28-01-11	锅炉操作工	0821-4	火电厂热力设备运行与检修	技工院校4级

职业信息与教育培训项目（专业）信息对应指引

（2023年版）

续表

序号	职业编码	职业名称	专业代码	专业名称	院校类型
8344	6-28-01-11	锅炉操作工	1110-4	燃气热力运行与维护	技工院校4级
8345	6-28-01-12	风力发电运维值班员	230301	新能源发电工程技术	职教本科
8346	6-28-01-12	风力发电运维值班员	430205	发电运行技术	职教专科
8347	6-28-01-12	风力发电运维值班员	430302	风力发电工程技术	职教专科
8348	6-28-01-12	风力发电运维值班员	0822-3	风电场机电设备运行与维护	技工院校3级
8349	6-28-01-12	风力发电运维值班员	630204	火电厂集控运行	职教中职
8350	6-28-01-12	风力发电运维值班员	630302	风力发电设备运行与维护	职教中职
8351	6-28-01-12	风力发电运维值班员	660204	新能源装备运行与维护	职教中职
8352	6-28-01-12	风力发电运维值班员	0822-4	风电场机电设备运行与维护	技工院校4级
8353	6-28-01-13	供热管网系统运行工	230201	热能动力工程	职教本科
8354	6-28-01-13	供热管网系统运行工	430202	城市热能应用技术	职教专科
8355	6-28-01-13	供热管网系统运行工	430203	地热开发技术	职教专科
8356	6-28-01-13	供热管网系统运行工	440604	市政管网智能检测与维护	职教专科
8357	6-28-01-13	供热管网系统运行工	1110-3	燃气热力运行与维护	技工院校3级
8358	6-28-01-13	供热管网系统运行工	630204	火电厂集控运行	职教中职
8359	6-28-01-13	供热管网系统运行工	640403	供热通风与空调施工运行	职教中职
8360	6-28-01-13	供热管网系统运行工	0821-4	火电厂热力设备运行与检修	技工院校4级
8361	6-28-01-13	供热管网系统运行工	1110-4	燃气热力运行与维护	技工院校4级

职业信息与教育培训项目（专业）信息对应指引一览表

续表

序号	职业编码	职业名称	专业代码	专业名称	院校类型
8362	6-28-01-14	变配电运行值班员	430101	发电厂及电力系统	职教专科
8363	6-28-01-14	变配电运行值班员	630101	发电厂及变电站运行与维护	职教中职
8364	6-28-01-15	继电保护员	430101	发电厂及电力系统	职教专科
8365	6-28-01-15	继电保护员	430105	电力系统自动化技术	职教专科
8366	6-28-01-15	继电保护员	430106	电力系统继电保护技术	职教专科
8367	6-28-01-15	继电保护员	0204-3	煤矿电气设备维修	技工院校3级
8368	6-28-01-15	继电保护员	630101	发电厂及变电站运行与维护	职教中职
8369	6-28-01-15	继电保护员	630103	电力系统自动化装置调试与维护	职教中职
8370	6-28-02-01	燃气储运工	081504	油气储运工程	普通本科
8371	6-28-02-01	燃气储运工	420404	油气智能开采技术	职教专科
8372	6-28-02-01	燃气储运工	440603	城市燃气工程技术	职教专科
8373	6-28-02-01	燃气储运工	0812-3	石油天然气储运与营销	技工院校3级
8374	6-28-02-01	燃气储运工	1110-3	燃气热力运行与维护	技工院校3级
8375	6-28-02-01	燃气储运工	1113-3	城市燃气输配与应用	技工院校3级
8376	6-28-02-01	燃气储运工	620401	油气储运	职教中职
8377	6-28-02-01	燃气储运工	640603	城市燃气智能输配与应用	职教中职
8378	6-28-02-01	燃气储运工	0812-4	石油天然气储运与营销	技工院校4级
8379	6-28-02-01	燃气储运工	1110-4	燃气热力运行与维护	技工院校4级

职业信息与教育培训项目（专业）信息对应指引

（2023年版）

续表

序号	职业编码	职业名称	专业代码	专业名称	院校类型
8380	6-28-02-01	燃气储运工	1113-4	城市燃气输配与应用	技工院校4级
8381	6-28-02-03	工业气体生产工	0826-4	氢能制备与应用	技工院校4级
8382	6-28-02-05	工业废气治理工	620802	环境治理技术	职教中职
8383	6-28-03-01	水生产处理工	081003	给排水科学与工程	普通本科
8384	6-28-03-01	水生产处理工	250101	水文与水资源工程技术	职教本科
8385	6-28-03-01	水生产处理工	250402	水环境工程	职教本科
8386	6-28-03-01	水生产处理工	410402	海洋渔业技术	职教专科
8387	6-28-03-01	水生产处理工	420809	水净化与安全技术	职教专科
8388	6-28-03-01	水生产处理工	430208	电厂化学与环保技术	职教专科
8389	6-28-03-01	水生产处理工	450208	智能水务管理	职教专科
8390	6-28-03-01	水生产处理工	450402	水环境智能监测与治理	职教专科
8391	6-28-03-01	水生产处理工	450403	水生态修复技术	职教专科
8392	6-28-03-01	水生产处理工	610402	海水养殖	职教中职
8393	6-28-03-01	水生产处理工	630205	火电厂水处理及化学监督	职教中职
8394	6-28-03-01	水生产处理工	640602	给排水工程施工与运行	职教中职
8395	6-28-03-01	水生产处理工	650402	水环境智能监测与保护	职教中职
8396	6-28-03-01	水生产处理工	1115-4	城市水务技术	技工院校4级
8397	6-28-03-02	水供应输排工	450206	机电排灌工程技术	职教专科
8398	6-28-03-02	水供应输排工	1114-3	给排水施工与运行	技工院校3级
8399	6-28-03-02	水供应输排工	640602	给排水工程施工与运行	职教中职
8400	6-28-03-02	水供应输排工	1114-4	给排水施工与运行	技工院校4级
8401	6-28-03-03	工业废水处理工	620802	环境治理技术	职教中职

职业信息与教育培训项目（专业）信息对应指引一览表

续表

序号	职业编码	职业名称	专业代码	专业名称	院校类型
8402	6-28-03-04	司泵工	450206	机电排灌工程技术	职教专科
8403	6-28-03-04	司泵工	500502	管道运输管理	职教专科
8404	6-28-03-04	司泵工	1101-4	建筑设备安装	技工院校4级
82405	6-28-03-05	管廊运维员	240601	市政工程	职教本科
8406	6-28-03-05	管廊运维员	240602	城市设施智慧管理	职教本科
8407	6-28-03-05	管廊运维员	440601	市政工程技术	职教专科
8408	6-29-01-01	砌筑工	1102-3	建筑施工	技工院校3级
8409	6-29-01-01	砌筑工	1103-3	建筑装饰	技工院校3级
8410	6-29-01-01	砌筑工	1102-4	建筑施工	技工院校4级
8411	6-29-01-01	砌筑工	1103-4	建筑装饰	技工院校4级
8412	6-29-01-02	石工	1118-3	石材工艺	技工院校3级
8413	6-29-01-02	石工	1118-4	石材工艺	技工院校4级
8414	6-29-01-03	混凝土工	0815-3	水利水电工程施工	技工院校3级
8415	6-29-01-03	混凝土工	1102-3	建筑施工	技工院校3级
8416	6-29-01-03	混凝土工	630702	新型建筑材料生产技术	职教中职
8417	6-29-01-03	混凝土工	640303	建筑工程检测	职教中职
8418	6-29-01-03	混凝土工	0815-4	水利水电工程施工	技工院校4级

职业信息与教育培训项目（专业）信息对应指引
（2023年版）

续表

序号	职业编码	职业名称	专业代码	专业名称	院校类型
8419	6-29-01-03	混凝土工	1102-4	建筑施工	技工院校4级
8420	6-29-01-04	钢筋工	0815-3	水利水电工程施工	技工院校3级
8421	6-29-01-04	钢筋工	1102-3	建筑施工	技工院校3级
8422	6-29-01-04	钢筋工	0815-4	水利水电工程施工	技工院校4级
8423	6-29-01-04	钢筋工	1102-4	建筑施工	技工院校4级
8424	6-29-01-06	装配式建筑施工员	240302	智能建造工程	职教本科
8425	6-29-01-06	装配式建筑施工员	0120-2	冷作钣金加工	技工院校2级
8426	6-29-01-06	装配式建筑施工员	430705	装配式建筑构件智能制造技术	职教专科
8427	6-29-01-06	装配式建筑施工员	440302	装配式建筑工程技术	职教专科
8428	6-29-01-06	装配式建筑施工员	440405	工业设备安装工程技术	职教专科
8429	6-29-01-06	装配式建筑施工员	0120-3	冷作钣金加工	技工院校3级
8430	6-29-01-06	装配式建筑施工员	630704	装配式建筑构件制作技术	职教中职
8431	6-29-01-06	装配式建筑施工员	640302	装配式建筑施工	职教中职
8432	6-29-01-06	装配式建筑施工员	640303	建筑工程检测	职教中职
8433	6-29-01-06	装配式建筑施工员	1102-4	建筑施工	技工院校4级
8434	6-29-01-07	乡村建设工匠	120302	农村区域发展	普通本科
8435	6-29-01-07	乡村建设工匠	210105	现代农业经营与管理	职教本科

职业信息与教育培训项目（专业）信息对应指引一览表

续表

序号	职业编码	职业名称	专业代码	专业名称	院校类型
8436	6-29-01-07	乡村建设工匠	0721-3	农村电气技术	技工院校3级
8437	6-29-01-07	乡村建设工匠	0722-3	农村经济综合管理	技工院校3级
8438	6-29-01-07	乡村建设工匠	610111	农村电气技术	职教中职
8439	6-29-01-07	乡村建设工匠	0721-4	农村电气技术	技工院校4级
8440	6-29-02-01	铁路自轮运转设备工	500103	铁道桥梁隧道工程技术	职教专科
8441	6-29-02-01	铁路自轮运转设备工	500104	铁道养路机械应用技术	职教专科
8442	6-29-02-01	铁路自轮运转设备工	500107	铁道供电技术	职教专科
8443	6-29-02-01	铁路自轮运转设备工	0111-3	工量具制造与维修	技工院校3级
8444	6-29-02-01	铁路自轮运转设备工	0411-3	桥梁施工与养护	技工院校3级
8445	6-29-02-01	铁路自轮运转设备工	0427-3	铁路施工与养护	技工院校3级
8446	6-29-02-01	铁路自轮运转设备工	700101	铁道工程施工与维护	职教中职
8447	6-29-02-01	铁路自轮运转设备工	0411-4	桥梁施工与养护	技工院校4级
8448	6-29-02-01	铁路自轮运转设备工	0427-4	铁路施工与养护	技工院校4级
8449	6-29-02-02	铁路线桥工	300105	高速铁路运营管理	职教本科
8450	6-29-02-02	铁路线桥工	440305	地下与隧道工程技术	职教专科
8451	6-29-02-02	铁路线桥工	500101	铁道工程技术	职教专科
8452	6-29-02-02	铁路线桥工	500103	铁道桥梁隧道工程技术	职教专科
8453	6-29-02-02	铁路线桥工	500104	铁道养路机械应用技术	职教专科
8454	6-29-02-02	铁路线桥工	500107	铁道供电技术	职教专科
8455	6-29-02-02	铁路线桥工	500111	铁道通信与信息化技术	职教专科

职业信息与教育培训项目（专业）信息对应指引

（2023 年版）

续表

序号	职业编码	职业名称	专业代码	专业名称	院校类型
8456	6-29-02-02	铁路线桥工	500112	铁道交通运营管理	职教专科
8457	6-29-02-02	铁路线桥工	500113	高速铁路客运服务	职教专科
8458	6-29-02-02	铁路线桥工	530804	铁路物流管理	职教专科
8459	6-29-02-02	铁路线桥工	0423-3	铁道运输管理	技工院校3级
8460	6-29-02-02	铁路线桥工	0426-3	铁路工程测量	技工院校3级
8461	6-29-02-02	铁路线桥工	0427-3	铁路施工与养护	技工院校3级
8462	6-29-02-02	铁路线桥工	0430-3	铁路客运服务	技工院校3级
8463	6-29-02-02	铁路线桥工	700101	铁道工程施工与维护	职教中职
8464	6-29-02-02	铁路线桥工	700107	铁道运输服务	职教中职
8465	6-29-02-02	铁路线桥工	700108	高速铁路乘务	职教中职
8466	6-29-02-02	铁路线桥工	700109	铁道桥梁隧道施工与维护	职教中职
8467	6-29-02-02	铁路线桥工	0423-4	铁道运输管理	技工院校4级
8468	6-29-02-02	铁路线桥工	0425-4	内燃机车运用与检修	技工院校4级
8469	6-29-02-02	铁路线桥工	0426-4	铁路工程测量	技工院校4级
8470	6-29-02-02	铁路线桥工	0427-4	铁路施工与养护	技工院校4级
8471	6-29-02-02	铁路线桥工	0430-4	铁路客运服务	技工院校4级
8472	6-29-02-03	筑路工	0410-3	公路施工与养护	技工院校3级

续表

序号	职业编码	职业名称	专业代码	专业名称	院校类型
8473	6-29-02-03	筑路工	700201	道路与桥梁工程施工	职教中职
8474	6-29-02-03	筑路工	0410-4	公路施工与养护	技工院校4级
8475	6-29-02-04	公路养护工	300201	道路与桥梁工程	职教本科
8476	6-29-02-04	公路养护工	440305	地下与隧道工程技术	职教专科
8477	6-29-02-04	公路养护工	500103	铁道桥梁隧道工程技术	职教专科
8478	6-29-02-04	公路养护工	500201	道路与桥梁工程技术	职教专科
8479	6-29-02-04	公路养护工	500202	道路机械化施工技术	职教专科
8480	6-29-02-04	公路养护工	500204	道路工程检测技术	职教专科
8481	6-29-02-04	公路养护工	500206	道路养护与管理	职教专科
8482	6-29-02-04	公路养护工	0411-3	桥梁施工与养护	技工院校3级
8483	6-29-02-04	公路养护工	700109	铁道桥梁隧道施工与维护	职教中职
8484	6-29-02-04	公路养护工	700202	公路养护与管理	职教中职
8485	6-29-02-04	公路养护工	0411-4	桥梁施工与养护	技工院校4级
8486	6-29-02-05	桥隧工	300201	道路与桥梁工程	职教本科
8487	6-29-02-05	桥隧工	440305	地下与隧道工程技术	职教专科
8488	6-29-02-05	桥隧工	500103	铁道桥梁隧道工程技术	职教专科
8489	6-29-02-05	桥隧工	500201	道路与桥梁工程技术	职教专科
8490	6-29-02-05	桥隧工	500204	道路工程检测技术	职教专科
8491	6-29-02-05	桥隧工	0411-3	桥梁施工与养护	技工院校3级
8492	6-29-02-05	桥隧工	0427-3	铁路施工与养护	技工院校3级
8493	6-29-02-05	桥隧工	700101	铁道工程施工与维护	职教中职

职业信息与教育培训项目（专业）信息对应指引

（2023 年版）

续表

序号	职业编码	职业名称	专业代码	专业名称	院校类型
8494	6-29-02-05	桥隧工	700109	铁道桥梁隧道施工与维护	职教中职
8495	6-29-02-05	桥隧工	0411-4	桥梁施工与养护	技工院校4级
8496	6-29-02-05	桥隧工	0427-4	铁路施工与养护	技工院校4级
8497	6-29-02-07	爆破工	0909-3	火炸药制造与应用	技工院校3级
8498	6-29-02-07	爆破工	0909-4	火炸药制造与应用	技工院校4级
8499	6-29-02-09	水运工程施工工	450207	治河与航道工程技术	职教专科
8500	6-29-02-09	水运工程施工工	500302	港口与航道工程技术	职教专科
8501	6-29-02-09	水运工程施工工	0419-4	港口与航道施工	技工院校4级
8502	6-29-02-10	水工建构筑物维护检修工	300302	港口智能工程技术	职教本科
8503	6-29-02-10	水工建构筑物维护检修工	450301	水电站设备安装与管理	职教专科
8504	6-29-02-10	水工建构筑物维护检修工	450302	水电站运行与智能管理	职教专科
8505	6-29-02-10	水工建构筑物维护检修工	500306	港口机械与智能控制	职教专科
8506	6-29-02-10	水工建构筑物维护检修工	650302	水电站运行与管理	职教中职
8507	6-29-02-10	水工建构筑物维护检修工	0419-4	港口与航道施工	技工院校4级
8508	6-29-02-11	电力电缆安装运维工	0215-3	电线电缆制造技术	技工院校3级

续表

序号	职业编码	职业名称	专业代码	专业名称	院校类型
8509	6-29-02-11	电力电缆安装运维工	0818-3	输配电线路施工运行与检修	技工院校3级
8510	6-29-02-11	电力电缆安装运维工	0201-4	变配电设备运行与维护	技工院校4级
8511	6-29-02-11	电力电缆安装运维工	0204-4	煤矿电气设备维修	技工院校4级
8512	6-29-02-11	电力电缆安装运维工	0215-4	电线电缆制造技术	技工院校4级
8513	6-29-02-11	电力电缆安装运维工	0818-4	输配电线路施工运行与检修	技工院校4级
8514	6-29-02-12	送配电线路工	430107	输配电工程技术	职教专科
8515	6-29-02-12	送配电线路工	430108	供用电技术	职教专科
8516	6-29-02-12	送配电线路工	0818-3	输配电线路施工运行与检修	技工院校3级
8517	6-29-02-12	送配电线路工	630104	输配电线路施工与运行	职教中职
8518	6-29-02-12	送配电线路工	630105	供用电技术	职教中职
8519	6-29-02-12	送配电线路工	0201-4	变配电设备运行与维护	技工院校4级
8520	6-29-02-12	送配电线路工	0818-4	输配电线路施工运行与检修	技工院校4级
8521	6-29-02-13	牵引电力线路安装维护工	500107	铁道供电技术	职教专科
8522	6-29-02-13	牵引电力线路安装维护工	500605	城市轨道交通供配电技术	职教专科
8523	6-29-02-13	牵引电力线路安装维护工	0428-3	电气化铁道供电	技工院校3级
8524	6-29-02-13	牵引电力线路安装维护工	630105	供用电技术	职教中职

职业信息与教育培训项目（专业）信息对应指引
（2023 年版）

续表

序号	职业编码	职业名称	专业代码	专业名称	院校类型
8525	6-29-02-13	牵引电力线路安装维护工	700105	电气化铁道供电	职教中职
8526	6-29-02-13	牵引电力线路安装维护工	700603	城市轨道交通供电	职教中职
8527	6-29-02-13	牵引电力线路安装维护工	0428-4	电气化铁道供电	技工院校4级
8528	6-29-02-14	舟桥工	500101	铁道工程技术	职教专科
8529	6-29-02-14	舟桥工	0427-3	铁路施工与养护	技工院校3级
8530	6-29-02-15	管道工	081504	油气储运工程	普通本科
8531	6-29-02-15	管道工	220401	油气储运工程	职教本科
8532	6-29-02-15	管道工	420401	油气储运技术	职教专科
8533	6-29-02-15	管道工	500502	管道运输管理	职教专科
8534	6-29-02-15	管道工	0812-3	石油天然气储运与营销	技工院校3级
8535	6-29-02-15	管道工	1101-3	建筑设备安装	技工院校3级
8536	6-29-02-15	管道工	620401	油气储运	职教中职
8537	6-29-02-15	管道工	0812-4	石油天然气储运与营销	技工院校4级
8538	6-29-02-15	管道工	1101-4	建筑设备安装	技工院校4级
8539	6-29-02-16	铁路综合维修工	300105	高速铁路运营管理	职教本科
8540	6-29-02-16	铁路综合维修工	500101	铁道工程技术	职教专科
8541	6-29-02-16	铁路综合维修工	500103	铁道桥梁隧道工程技术	职教专科
8542	6-29-02-16	铁路综合维修工	500104	铁道养路机械应用技术	职教专科
8543	6-29-02-16	铁路综合维修工	500107	铁道供电技术	职教专科
8544	6-29-02-16	铁路综合维修工	500109	高速铁路综合维修技术	职教专科

续表

序号	职业编码	职业名称	专业代码	专业名称	院校类型
8545	6-29-02-16	铁路综合维修工	500110	铁道信号自动控制	职教专科
8546	6-29-02-16	铁路综合维修工	500111	铁道通信与信息化技术	职教专科
8547	6-29-02-16	铁路综合维修工	500112	铁道交通运营管理	职教专科
8548	6-29-02-16	铁路综合维修工	500113	高速铁路客运服务	职教专科
8549	6-29-02-16	铁路综合维修工	530804	铁路物流管理	职教专科
8550	6-29-02-16	铁路综合维修工	0423-3	铁道运输管理	技工院校3级
8551	6-29-02-16	铁路综合维修工	0425-3	内燃机车运用与检修	技工院校3级
8552	6-29-02-16	铁路综合维修工	0426-3	铁路工程测量	技工院校3级
8553	6-29-02-16	铁路综合维修工	0427-3	铁路施工与养护	技工院校3级
8554	6-29-02-16	铁路综合维修工	0428-3	电气化铁道供电	技工院校3级
8555	6-29-02-16	铁路综合维修工	0429-3	铁道信号	技工院校3级
8556	6-29-02-16	铁路综合维修工	0430-3	铁路客运服务	技工院校3级
8557	6-29-02-16	铁路综合维修工	700101	铁道工程施工与维护	职教中职
8558	6-29-02-16	铁路综合维修工	700105	电气化铁道供电	职教中职
8559	6-29-02-16	铁路综合维修工	700106	铁道信号施工与维护	职教中职
8560	6-29-02-16	铁路综合维修工	700107	铁道运输服务	职教中职
8561	6-29-02-16	铁路综合维修工	700108	高速铁路乘务	职教中职
8562	6-29-02-16	铁路综合维修工	700109	铁道桥梁隧道施工与维护	职教中职
8563	6-29-02-16	铁路综合维修工	0423-4	铁道运输管理	技工院校4级

续表

序号	职业编码	职业名称	专业代码	专业名称	院校类型
8564	6-29-02-16	铁路综合维修工	0424-4	电力机车运用与检修	技工院校4级
8565	6-29-02-16	铁路综合维修工	0425-4	内燃机车运用与检修	技工院校4级
8566	6-29-02-16	铁路综合维修工	0426-4	铁路工程测量	技工院校4级
8567	6-29-02-16	铁路综合维修工	0427-4	铁路施工与养护	技工院校4级
8568	6-29-02-16	铁路综合维修工	0429-4	铁道信号	技工院校4级
8569	6-29-02-16	铁路综合维修工	0430-4	铁路客运服务	技工院校4级
8570	6-29-02-17	城市轨道交通检修工	120405	城市管理	普通本科
8571	6-29-02-17	城市轨道交通检修工	240105	城市设计数字技术	职教本科
8572	6-29-02-17	城市轨道交通检修工	240303	城市地下工程	职教本科
8573	6-29-02-17	城市轨道交通检修工	260401	轨道交通车辆工程技术	职教本科
8574	6-29-02-17	城市轨道交通检修工	260402	轨道交通智能控制装备技术	职教本科
8575	6-29-02-17	城市轨道交通检修工	300601	城市轨道交通信号与控制技术	职教本科
8576	6-29-02-17	城市轨道交通检修工	300602	城市轨道交通设备与控制技术	职教本科
8577	6-29-02-17	城市轨道交通检修工	300603	城市轨道交通智能运营	职教本科
8578	6-29-02-17	城市轨道交通检修工	440202	智慧城市管理技术	职教专科
8579	6-29-02-17	城市轨道交通检修工	460403	城市轨道交通车辆制造与维护	职教专科
8580	6-29-02-17	城市轨道交通检修工	460404	轨道交通通信信号设备制造与维护	职教专科

续表

序号	职业编码	职业名称	专业代码	专业名称	院校类型
8581	6-29-02-17	城市轨道交通检修工	460405	轨道交通工程机械制造与维护	职教专科
8582	6-29-02-17	城市轨道交通检修工	500107	铁道供电技术	职教专科
8583	6-29-02-17	城市轨道交通检修工	500601	城市轨道交通工程技术	职教专科
8584	6-29-02-17	城市轨道交通检修工	500602	城市轨道车辆应用技术	职教专科
8585	6-29-02-17	城市轨道交通检修工	500603	城市轨道交通机电技术	职教专科
8586	6-29-02-17	城市轨道交通检修工	500604	城市轨道交通通信信号技术	职教专科
8587	6-29-02-17	城市轨道交通检修工	500605	城市轨道交通供配电技术	职教专科
8588	6-29-02-17	城市轨道交通检修工	500606	城市轨道交通运营管理	职教专科
8589	6-29-02-17	城市轨道交通检修工	0431-3	城市轨道交通运输与管理	技工院校3级
8590	6-29-02-17	城市轨道交通检修工	0432-3	城市轨道交通车辆运用与检修	技工院校3级
8591	6-29-02-17	城市轨道交通检修工	0446-3	铁道车辆运用与检修	技工院校3级
8592	6-29-02-17	城市轨道交通检修工	700104	铁道车辆运用与检修	职教中职
8593	6-29-02-17	城市轨道交通检修工	700105	电气化铁道供电	职教中职
8594	6-29-02-17	城市轨道交通检修工	700106	铁道信号施工与维护	职教中职
8595	6-29-02-17	城市轨道交通检修工	700601	城市轨道交通车辆运用与检修	职教中职
8596	6-29-02-17	城市轨道交通检修工	700602	城市轨道交通信号维护	职教中职
8597	6-29-02-17	城市轨道交通检修工	700603	城市轨道交通供电	职教中职
8598	6-29-02-17	城市轨道交通检修工	700604	城市轨道交通运营服务	职教中职
8599	6-29-02-17	城市轨道交通检修工	0431-4	城市轨道交通运输与管理	技工院校4级

职业信息与教育培训项目（专业）信息对应指引
（2023 年版）

续表

序号	职业编码	职业名称	专业代码	专业名称	院校类型
8600	6-29-02-17	城市轨道交通检修工	0432-4	城市轨道交通车辆运用与检修	技工院校4级
8601	6-29-03-01	机械设备安装工	0127-2	机电一体化技术	技工院校2级
8602	6-29-03-01	机械设备安装工	440405	工业设备安装工程技术	职教专科
8603	6-29-03-01	机械设备安装工	660306	智能化生产线安装与运维	职教中职
8604	6-29-03-02	电气设备安装工	0721-3	农村电气技术	技工院校3级
8605	6-29-03-02	电气设备安装工	0808-3	矿山机电	技工院校3级
8606	6-29-03-02	电气设备安装工	0817-3	发电厂及变电站电气设备安装与检修	技工院校3级
8607	6-29-03-02	电气设备安装工	610111	农村电气技术	职教中职
8608	6-29-03-02	电气设备安装工	630105	供用电技术	职教中职
8609	6-29-03-02	电气设备安装工	660302	电气设备运行与控制	职教中职
8610	6-29-03-02	电气设备安装工	0204-4	煤矿电气设备维修	技工院校4级
8611	6-29-03-02	电气设备安装工	0721-4	农村电气技术	技工院校4级
8612	6-29-03-02	电气设备安装工	0808-4	矿山机电	技工院校4级
8613	6-29-03-02	电气设备安装工	0817-4	发电厂及变电站电气设备安装与检修	技工院校4级
8614	6-29-03-03	电梯安装维修工	260203	电梯工程技术	职教本科
8615	6-29-03-03	电梯安装维修工	460206	电梯工程技术	职教专科
8616	6-29-03-03	电梯安装维修工	0215-3	电线电缆制造技术	技工院校3级

续表

序号	职业编码	职业名称	专业代码	专业名称	院校类型
8617	6-29-03-03	电梯安装维修工	0216-3	电梯工程技术	技工院校3级
8618	6-29-03-03	电梯安装维修工	660206	电梯安装与维修保养	职教中职
8619	6-29-03-03	电梯安装维修工	0207-4	化工仪表及自动化	技工院校4级
8620	6-29-03-03	电梯安装维修工	0215-4	电线电缆制造技术	技工院校4级
8621	6-29-03-03	电梯安装维修工	0216-4	电梯工程技术	技工院校4级
8622	6-29-03-04	管工	0114-3	化工机械维修	技工院校3级
8623	6-29-03-04	管工	660502	船舶机械装置安装与维修	职教中职
8624	6-29-03-04	管工	0114-4	化工机械维修	技工院校4级
8625	6-29-03-05	制冷空调系统安装维修工	260202	制冷与空调工程	职教本科
8626	6-29-03-05	制冷空调系统安装维修工	0121-2	制冷设备运用与维修	技工院校2级
8627	6-29-03-05	制冷空调系统安装维修工	440403	供热通风与空调工程技术	职教专科
8628	6-29-03-05	制冷空调系统安装维修工	460205	制冷与空调技术	职教专科
8629	6-29-03-05	制冷空调系统安装维修工	0121-3	制冷设备运用与维修	技工院校3级
8630	6-29-03-05	制冷空调系统安装维修工	640403	供热通风与空调施工运行	职教中职

职业信息与教育培训项目（专业）信息对应指引

（2023 年版）

续表

序号	职业编码	职业名称	专业代码	专业名称	院校类型
8631	6-29-03-05	制冷空调系统安装维修工	660205	制冷和空调设备运行与维护	职教中职
8632	6-29-03-05	制冷空调系统安装维修工	0121-4	制冷设备运用与维修	技工院校4级
8633	6-29-03-06	锅炉设备安装工	440405	工业设备安装工程技术	职教专科
8634	6-29-03-06	锅炉设备安装工	1110-3	燃气热力运行与维护	技工院校3级
8635	6-29-03-06	锅炉设备安装工	630201	火电厂热力设备安装	职教中职
8636	6-29-03-06	锅炉设备安装工	630203	火电厂热力设备运行与检修	职教中职
8637	6-29-03-06	锅炉设备安装工	1101-4	建筑设备安装	技工院校4级
8638	6-29-03-06	锅炉设备安装工	1110-4	燃气热力运行与维护	技工院校4级
8639	6-29-03-07	发电设备安装工	430102	水电站机电设备与自动化	职教专科
8640	6-29-03-07	发电设备安装工	430103	水电站与电力网技术	职教专科
8641	6-29-03-07	发电设备安装工	430205	发电运行技术	职教专科
8642	6-29-03-07	发电设备安装工	430301	光伏工程技术	职教专科
8643	6-29-03-07	发电设备安装工	430302	风力发电工程技术	职教专科
8644	6-29-03-07	发电设备安装工	430606	光伏材料制备技术	职教专科
8645	6-29-03-07	发电设备安装工	440405	工业设备安装工程技术	职教专科
8646	6-29-03-07	发电设备安装工	0213-3	光伏应用技术	技工院校3级
8647	6-29-03-07	发电设备安装工	0822-3	风电场机电设备运行与维护	技工院校3级
8648	6-29-03-07	发电设备安装工	0823-3	水电厂机电设备安装与运行	技工院校3级

续表

序号	职业编码	职业名称	专业代码	专业名称	院校类型
8649	6-29-03-07	发电设备安装工	630102	水电厂机电设备安装与运行	职教中职
8650	6-29-03-07	发电设备安装工	630201	火电厂热力设备安装	职教中职
8651	6-29-03-07	发电设备安装工	630301	光伏工程技术与应用	职教中职
8652	6-29-03-07	发电设备安装工	630302	风力发电设备运行与维护	职教中职
8653	6-29-03-07	发电设备安装工	0213-4	光伏应用技术	技工院校4级
8654	6-29-03-07	发电设备安装工	0822-4	风电场机电设备运行与维护	技工院校4级
8655	6-29-03-07	发电设备安装工	0823-4	水电厂机电设备安装与运行	技工院校4级
8656	6-29-03-08	电力电气设备安装工	430101	发电厂及电力系统	职教专科
8657	6-29-03-08	电力电气设备安装工	500107	铁道供电技术	职教专科
8658	6-29-03-08	电力电气设备安装工	0201-3	变配电设备运行与维护	技工院校3级
8659	6-29-03-08	电力电气设备安装工	0817-3	发电厂及变电站电气设备安装与检修	技工院校3级
8660	6-29-03-08	电力电气设备安装工	630105	供用电技术	职教中职
8661	6-29-03-08	电力电气设备安装工	660302	电气设备运行与控制	职教中职
8662	6-29-03-08	电力电气设备安装工	0201-4	变配电设备运行与维护	技工院校4级
8663	6-29-03-08	电力电气设备安装工	0204-4	煤矿电气设备维修	技工院校4级
8664	6-29-03-08	电力电气设备安装工	0817-4	发电厂及变电站电气设备安装与检修	技工院校4级
8665	6-29-03-09	轨道交通通信工	080703	通信工程	普通本科
8666	6-29-03-09	轨道交通通信工	260401	轨道交通车辆工程技术	职教本科

职业信息与教育培训项目（专业）信息对应指引
（2023年版）

续表

序号	职业编码	职业名称	专业代码	专业名称	院校类型
8667	6-29-03-09	轨道交通通信工	260402	轨道交通智能控制装备技术	职教本科
8668	6-29-03-09	轨道交通通信工	300601	城市轨道交通信号与控制技术	职教本科
8669	6-29-03-09	轨道交通通信工	300602	城市轨道交通设备与控制技术	职教本科
8670	6-29-03-09	轨道交通通信工	300603	城市轨道交通智能运营	职教本科
8671	6-29-03-09	轨道交通通信工	310301	现代通信工程	职教本科
8672	6-29-03-09	轨道交通通信工	0211-2	通信终端设备制造与维修	技工院校2级
8673	6-29-03-09	轨道交通通信工	0309-2	通信网络应用	技工院校2级
8674	6-29-03-09	轨道交通通信工	460403	城市轨道交通车辆制造与维护	职教专科
8675	6-29-03-09	轨道交通通信工	460404	轨道交通通信信号设备制造与维护	职教专科
8676	6-29-03-09	轨道交通通信工	500111	铁道通信与信息化技术	职教专科
8677	6-29-03-09	轨道交通通信工	500402	民航通信技术	职教专科
8678	6-29-03-09	轨道交通通信工	500601	城市轨道交通工程技术	职教专科
8679	6-29-03-09	轨道交通通信工	500602	城市轨道车辆应用技术	职教专科
8680	6-29-03-09	轨道交通通信工	500603	城市轨道交通机电技术	职教专科
8681	6-29-03-09	轨道交通通信工	500604	城市轨道交通通信信号技术	职教专科
8682	6-29-03-09	轨道交通通信工	500605	城市轨道交通供配电技术	职教专科
8683	6-29-03-09	轨道交通通信工	500606	城市轨道交通运营管理	职教专科
8684	6-29-03-09	轨道交通通信工	510301	现代通信技术	职教专科
8685	6-29-03-09	轨道交通通信工	510302	现代移动通信技术	职教专科

续表

序号	职业编码	职业名称	专业代码	专业名称	院校类型
8686	6-29-03-09	轨道交通通信工	510303	通信软件技术	职教专科
8687	6-29-03-09	轨道交通通信工	510305	通信工程设计与监理	职教专科
8688	6-29-03-09	轨道交通通信工	510306	通信系统运行管理	职教专科
8689	6-29-03-09	轨道交通通信工	510308	网络规划与优化技术	职教专科
8690	6-29-03-09	轨道交通通信工	510309	电信服务与管理	职教专科
8691	6-29-03-09	轨道交通通信工	0211-3	通信终端设备制造与维修	技工院校3级
8692	6-29-03-09	轨道交通通信工	0214-3	工业网络技术	技工院校3级
8693	6-29-03-09	轨道交通通信工	0309-3	通信网络应用	技工院校3级
8694	6-29-03-09	轨道交通通信工	0310-3	通信运营服务	技工院校3级
8695	6-29-03-09	轨道交通通信工	0431-3	城市轨道交通运输与管理	技工院校3级
8696	6-29-03-09	轨道交通通信工	0432-3	城市轨道交通车辆运用与检修	技工院校3级
8697	6-29-03-09	轨道交通通信工	700106	铁道信号施工与维护	职教中职
8698	6-29-03-09	轨道交通通信工	700601	城市轨道交通车辆运用与检修	职教中职
8699	6-29-03-09	轨道交通通信工	700603	城市轨道交通供电	职教中职
8700	6-29-03-09	轨道交通通信工	700604	城市轨道交通运营服务	职教中职
8701	6-29-03-09	轨道交通通信工	710301	现代通信技术应用	职教中职
8702	6-29-03-09	轨道交通通信工	710302	通信系统工程安装与维护	职教中职
8703	6-29-03-09	轨道交通通信工	710303	通信运营服务	职教中职
8704	6-29-03-09	轨道交通通信工	0211-4	通信终端设备制造与维修	技工院校4级

序号	职业编码	职业名称	专业代码	专业名称	院校类型
8705	6-29-03-09	轨道交通通信工	0310-4	通信运营服务	技工院校4级
8706	6-29-03-09	轨道交通通信工	0432-4	城市轨道交通车辆运用与检修	技工院校4级
8707	6-29-03-09	轨道交通通信工	0443-4	道路智能交通技术应用	技工院校4级
8708	6-29-03-10	轨道交通信号工	260401	轨道交通车辆工程技术	职教本科
8709	6-29-03-10	轨道交通信号工	260402	轨道交通智能控制装备技术	职教本科
8710	6-29-03-10	轨道交通信号工	300103	高速铁路信号控制技术	职教本科
8711	6-29-03-10	轨道交通信号工	300601	城市轨道交通信号与控制技术	职教本科
8712	6-29-03-10	轨道交通信号工	300602	城市轨道交通设备与控制技术	职教本科
8713	6-29-03-10	轨道交通信号工	300603	城市轨道交通智能运营	职教本科
8714	6-29-03-10	轨道交通信号工	460403	城市轨道交通车辆制造与维护	职教专科
8715	6-29-03-10	轨道交通信号工	460404	轨道交通通信信号设备制造与维护	职教专科
8716	6-29-03-10	轨道交通信号工	500110	铁道信号自动控制	职教专科
8717	6-29-03-10	轨道交通信号工	500602	城市轨道车辆应用技术	职教专科
8718	6-29-03-10	轨道交通信号工	500603	城市轨道交通机电技术	职教专科
8719	6-29-03-10	轨道交通信号工	500604	城市轨道交通通信信号技术	职教专科
8720	6-29-03-10	轨道交通信号工	500605	城市轨道交通供配电技术	职教专科
8721	6-29-03-10	轨道交通信号工	500606	城市轨道交通运营管理	职教专科

续表

序号	职业编码	职业名称	专业代码	专业名称	院校类型
8722	6-29-03-10	轨道交通信号工	0429-3	铁道信号	技工院校3级
8723	6-29-03-10	轨道交通信号工	0431-3	城市轨道交通运输与管理	技工院校3级
8724	6-29-03-10	轨道交通信号工	0432-3	城市轨道交通车辆运用与检修	技工院校3级
8725	6-29-03-10	轨道交通信号工	700106	铁道信号施工与维护	职教中职
8726	6-29-03-10	轨道交通信号工	700601	城市轨道交通车辆运用与检修	职教中职
8727	6-29-03-10	轨道交通信号工	700602	城市轨道交通信号维护	职教中职
8728	6-29-03-10	轨道交通信号工	0207-4	化工仪表及自动化	技工院校4级
8729	6-29-03-10	轨道交通信号工	0429-4	铁道信号	技工院校4级
8730	6-29-03-10	轨道交通信号工	0432-4	城市轨道交通车辆运用与检修	技工院校4级
8731	6-29-04-01	装饰装修工	240102	建筑装饰工程	职教本科
8732	6-29-04-01	装饰装修工	430703	建筑装饰材料技术	职教专科
8733	6-29-04-01	装饰装修工	440102	建筑装饰工程技术	职教专科
8734	6-29-04-01	装饰装修工	440405	工业设备安装工程技术	职教专科
8735	6-29-04-01	装饰装修工	460111	工业材料表面处理技术	职教专科
8736	6-29-04-01	装饰装修工	1101-3	建筑设备安装	技工院校3级
8737	6-29-04-01	装饰装修工	1103-3	建筑装饰	技工院校3级
8738	6-29-04-01	装饰装修工	1110-3	燃气热力运行与维护	技工院校3级
8739	6-29-04-01	装饰装修工	640102	建筑装饰技术	职教中职

职业信息与教育培训项目（专业）信息对应指引

（2023年版）

续表

序号	职业编码	职业名称	专业代码	专业名称	院校类型
8740	6-29-04-01	装饰装修工	1101-4	建筑设备安装	技工院校4级
8741	6-29-04-01	装饰装修工	1103-4	建筑装饰	技工院校4级
8742	6-29-04-02	建筑门窗幕墙安装工	1103-3	建筑装饰	技工院校3级
8743	6-29-04-03	照明工程施工员	510109	智能光电技术应用	职教专科
8744	6-29-04-03	照明工程施工员	510110	光电显示技术	职教专科
8745	6-29-05-00	古建筑工	240103	古建筑工程	职教本科
8746	6-29-05-00	古建筑工	440103	古建筑工程技术	职教专科
8747	6-29-05-00	古建筑工	1103-3	建筑装饰	技工院校3级
8748	6-29-05-00	古建筑工	1119-3	古建筑修缮与仿建	技工院校3级
8749	6-29-05-00	古建筑工	640103	古建筑修缮	职教中职
8750	6-29-05-00	古建筑工	1119-4	古建筑修缮与仿建	技工院校4级
8751	6-30-02-01	铁路车站行车作业员	300105	高速铁路运营管理	职教本科
8752	6-30-02-01	铁路车站行车作业员	500112	铁道交通运营管理	职教专科
8753	6-30-02-01	铁路车站行车作业员	0423-3	铁道运输管理	技工院校3级
8754	6-30-02-01	铁路车站行车作业员	700107	铁道运输服务	职教中职
8755	6-30-02-01	铁路车站行车作业员	700601	城市轨道交通车辆运用与检修	职教中职
8756	6-30-02-01	铁路车站行车作业员	0423-4	铁道运输管理	技工院校4级
8757	6-30-02-02	铁路车站调车作业员	500112	铁道交通运营管理	职教专科
8758	6-30-02-02	铁路车站调车作业员	700104	铁道车辆运用与检修	职教中职

续表

序号	职业编码	职业名称	专业代码	专业名称	院校类型
8759	6-30-02-02	铁路车站调车作业员	700107	铁道运输服务	职教中职
8760	6-30-02-02	铁路车站调车作业员	0423-4	铁道运输管理	技工院校4级
8761	6-30-02-03	机车调度值班员	300104	铁道机车智能运用技术	职教本科
8762	6-30-02-03	机车调度值班员	500105	铁道机车运用与维护	职教专科
8763	6-30-02-03	机车调度值班员	0424-3	电力机车运用与检修	技工院校3级
8764	6-30-02-03	机车调度值班员	700103	内燃机车运用与检修	职教中职
8765	6-30-02-04	机车整备员	300104	铁道机车智能运用技术	职教本科
8766	6-30-02-04	机车整备员	500105	铁道机车运用与维护	职教专科
8767	6-30-02-04	机车整备员	0424-3	电力机车运用与检修	技工院校3级
8768	6-30-02-04	机车整备员	700103	内燃机车运用与检修	职教中职
8769	6-30-02-05	救援机械操作员	220901	安全工程技术	职教本科
8770	6-30-02-05	救援机械操作员	220902	应急管理	职教本科
8771	6-30-02-05	救援机械操作员	420901	安全技术与管理	职教专科
8772	6-30-02-05	救援机械操作员	420905	应急救援技术	职教专科
8773	6-30-02-05	救援机械操作员	420906	消防救援技术	职教专科
8774	6-30-02-05	救援机械操作员	1503-3	应急救援技术	技工院校3级
8775	6-30-02-05	救援机械操作员	620901	安全技术与管理	职教中职
8776	6-30-02-05	救援机械操作员	620902	应急救援技术	职教中职
8777	6-30-02-05	救援机械操作员	1503-4	应急救援技术	技工院校4级
8778	6-30-02-06	铁路试验检测设备维修工	080207	车辆工程	普通本科
8779	6-30-02-06	铁路试验检测设备维修工	260401	轨道交通车辆工程技术	职教本科

职业信息与教育培训项目（专业）信息对应指引
（2023年版）

续表

序号	职业编码	职业名称	专业代码	专业名称	院校类型
8780	6-30-02-06	铁路试验检测设备维修工	300104	铁道机车智能运用技术	职教本科
8781	6-30-02-06	铁路试验检测设备维修工	460403	城市轨道交通车辆制造与维护	职教专科
8782	6-30-02-06	铁路试验检测设备维修工	460405	轨道交通工程机械制造与维护	职教专科
8783	6-30-02-06	铁路试验检测设备维修工	500105	铁道机车运用与维护	职教专科
8784	6-30-02-06	铁路试验检测设备维修工	500106	铁道车辆技术	职教专科
8785	6-30-02-06	铁路试验检测设备维修工	500111	铁道通信与信息化技术	职教专科
8786	6-30-02-06	铁路试验检测设备维修工	500602	城市轨道车辆应用技术	职教专科
8787	6-30-02-06	铁路试验检测设备维修工	0424-3	电力机车运用与检修	技工院校3级
8788	6-30-02-06	铁路试验检测设备维修工	0425-3	内燃机车运用与检修	技工院校3级
8789	6-30-02-06	铁路试验检测设备维修工	0432-3	城市轨道交通车辆运用与检修	技工院校3级
8790	6-30-02-06	铁路试验检测设备维修工	0446-3	铁道车辆运用与检修	技工院校3级
8791	6-30-02-06	铁路试验检测设备维修工	700103	内燃机车运用与检修	职教中职
8792	6-30-02-06	铁路试验检测设备维修工	700104	铁道车辆运用与检修	职教中职
8793	6-30-02-06	铁路试验检测设备维修工	0432-4	城市轨道交通车辆运用与检修	技工院校4级

续表

序号	职业编码	职业名称	专业代码	专业名称	院校类型
8794	6-30-02-06	铁路试验检测设备维修工	0445-4	重型车辆运用与维修	技工院校4级
8795	6-30-02-06	铁路试验检测设备维修工	0446-4	铁道车辆运用与检修	技工院校4级
8796	6-30-02-07	铁路电源工	500101	铁道工程技术	职教专科
8797	6-30-02-07	铁路电源工	500111	铁道通信与信息化技术	职教专科
8798	6-30-03-01	航空通信导航监视员	310301	现代通信工程	职教本科
8799	6-30-03-01	航空通信导航监视员	0211-2	通信终端设备制造与维修	技工院校2级
8800	6-30-03-01	航空通信导航监视员	0309-2	通信网络应用	技工院校2级
8801	6-30-03-01	航空通信导航监视员	500111	铁道通信与信息化技术	职教专科
8802	6-30-03-01	航空通信导航监视员	500402	民航通信技术	职教专科
8803	6-30-03-01	航空通信导航监视员	500604	城市轨道交通通信信号技术	职教专科
8804	6-30-03-01	航空通信导航监视员	510304	卫星通信与导航技术	职教专科
8805	6-30-03-01	航空通信导航监视员	510306	通信系统运行管理	职教专科
8806	6-30-03-01	航空通信导航监视员	0211-3	通信终端设备制造与维修	技工院校3级
8807	6-30-03-01	航空通信导航监视员	0309-3	通信网络应用	技工院校3级
8808	6-30-03-01	航空通信导航监视员	0310-3	通信运营服务	技工院校3级
8809	6-30-03-01	航空通信导航监视员	710301	现代通信技术应用	职教中职
8810	6-30-03-01	航空通信导航监视员	710302	通信系统工程安装与维护	职教中职
8811	6-30-03-01	航空通信导航监视员	0211-4	通信终端设备制造与维修	技工院校4级

职业信息与教育培训项目（专业）信息对应指引

（2023 年版）

续表

序号	职业编码	职业名称	专业代码	专业名称	院校类型
8812	6-30-03-01	航空通信导航监视员	0310-4	通信运营服务	技工院校4级
8813	6-30-03-02	民航机场专用设备机务员	300401	民航运输服务与管理	职教本科
8814	6-30-03-02	民航机场专用设备机务员	430110	机场电工技术	职教专科
8815	6-30-03-02	民航机场专用设备机务员	500401	民航运输服务	职教专科
8816	6-30-03-02	民航机场专用设备机务员	500402	民航通信技术	职教专科
8817	6-30-03-02	民航机场专用设备机务员	0433-3	航空服务	技工院校3级
8818	6-30-03-02	民航机场专用设备机务员	700401	民航运输服务	职教中职
8819	6-30-03-02	民航机场专用设备机务员	700402	航空服务	职教中职
8820	6-30-03-02	民航机场专用设备机务员	0433-4	航空服务	技工院校4级
8821	6-30-03-03	航空油料员	260601	航空智能制造技术	职教本科
8822	6-30-03-03	航空油料员	260602	飞行器维修工程技术	职教本科
8823	6-30-03-03	航空油料员	260603	航空动力装置维修技术	职教本科
8824	6-30-03-03	航空油料员	300402	航空机电设备维修技术	职教本科
8825	6-30-03-03	航空油料员	460604	航空发动机装配调试技术	职教专科
8826	6-30-03-03	航空油料员	460605	飞机机载设备装配调试技术	职教专科
8827	6-30-03-03	航空油料员	460606	航空装备表面处理技术	职教专科
8828	6-30-03-03	航空油料员	460607	飞行器维修技术	职教专科

续表

序号	职业编码	职业名称	专业代码	专业名称	院校类型
8829	6-30-03-03	航空油料员	460608	航空发动机维修技术	职教专科
8830	6-30-03-03	航空油料员	500409	飞机机电设备维修	职教专科
8831	6-30-03-03	航空油料员	500413	飞机结构修理	职教专科
8832	6-30-03-03	航空油料员	500414	航空地面设备维修	职教专科
8833	6-30-03-03	航空油料员	500417	航空油料	职教专科
8834	6-30-03-03	航空油料员	0434-3	飞机维修	技工院校3级
8835	6-30-03-03	航空油料员	700403	飞机设备维修	职教中职
8836	6-30-03-03	航空油料员	0434-4	飞机维修	技工院校4级
8837	6-30-04-01	船舶甲板设备操作工	081803K	航海技术	普通本科
8838	6-30-04-01	船舶甲板设备操作工	081804K	轮机工程	普通本科
8839	6-30-04-01	船舶甲板设备操作工	081901	船舶与海洋工程	普通本科
8840	6-30-04-01	船舶甲板设备操作工	260501	船舶智能制造技术	职教本科
8841	6-30-04-01	船舶甲板设备操作工	260502	船舶动力工程技术	职教本科
8842	6-30-04-01	船舶甲板设备操作工	260503	船舶电气工程技术	职教本科
8843	6-30-04-01	船舶甲板设备操作工	300301	航海技术	职教本科
8844	6-30-04-01	船舶甲板设备操作工	300303	轮机工程技术	职教本科
8845	6-30-04-01	船舶甲板设备操作工	300305	水路运输与海事管理	职教本科
8846	6-30-04-01	船舶甲板设备操作工	460501	船舶工程技术	职教专科
8847	6-30-04-01	船舶甲板设备操作工	460502	船舶动力工程技术	职教专科
8848	6-30-04-01	船舶甲板设备操作工	460503	船舶电气工程技术	职教专科
8849	6-30-04-01	船舶甲板设备操作工	460504	船舶智能焊接技术	职教专科
8850	6-30-04-01	船舶甲板设备操作工	460505	船舶舾装工程技术	职教专科
8851	6-30-04-01	船舶甲板设备操作工	460506	船舶涂装工程技术	职教专科
8852	6-30-04-01	船舶甲板设备操作工	460507	船舶通信装备技术	职教专科
8853	6-30-04-01	船舶甲板设备操作工	500301	航海技术	职教专科
8854	6-30-04-01	船舶甲板设备操作工	500303	轮机工程技术	职教专科

续表

序号	职业编码	职业名称	专业代码	专业名称	院校类型
8855	6-30-04-01	船舶甲板设备操作工	500305	水路运输安全管理	职教专科
8856	6-30-04-01	船舶甲板设备操作工	500308	船舶电子电气技术	职教专科
8857	6-30-04-01	船舶甲板设备操作工	500309	船舶检验	职教专科
8858	6-30-04-01	船舶甲板设备操作工	0416-3	船舶驾驶	技工院校3级
8859	6-30-04-01	船舶甲板设备操作工	0417-3	船舶轮机	技工院校3级
8860	6-30-04-01	船舶甲板设备操作工	0418-3	船舶建造与维修	技工院校3级
8861	6-30-04-01	船舶甲板设备操作工	0719-3	航海捕捞	技工院校3级
8862	6-30-04-01	船舶甲板设备操作工	660501	船体修造技术	职教中职
8863	6-30-04-01	船舶甲板设备操作工	660502	船舶机械装置安装与维修	职教中职
8864	6-30-04-01	船舶甲板设备操作工	660503	船舶电气装置安装与调试	职教中职
8865	6-30-04-01	船舶甲板设备操作工	660504	船舶内装	职教中职
8866	6-30-04-01	船舶甲板设备操作工	700301	船舶驾驶	职教中职
8867	6-30-04-01	船舶甲板设备操作工	700302	船舶机工与水手	职教中职
8868	6-30-04-01	船舶甲板设备操作工	700303	轮机维护与管理	职教中职
8869	6-30-04-01	船舶甲板设备操作工	0416-4	船舶驾驶	技工院校4级
8870	6-30-04-01	船舶甲板设备操作工	0417-4	船舶轮机	技工院校4级
8871	6-30-04-01	船舶甲板设备操作工	0418-4	船舶建造与维修	技工院校4级
8872	6-30-04-01	船舶甲板设备操作工	0719-4	航海捕捞	技工院校4级

续表

序号	职业编码	职业名称	专业代码	专业名称	院校类型
8873	6-30-04-02	船舶机舱设备操作工	081803K	航海技术	普通本科
8874	6-30-04-02	船舶机舱设备操作工	081804K	轮机工程	普通本科
8875	6-30-04-02	船舶机舱设备操作工	081901	船舶与海洋工程	普通本科
8876	6-30-04-02	船舶机舱设备操作工	260501	船舶智能制造技术	职教本科
8877	6-30-04-02	船舶机舱设备操作工	260502	船舶动力工程技术	职教本科
8878	6-30-04-02	船舶机舱设备操作工	260503	船舶电气工程技术	职教本科
8879	6-30-04-02	船舶机舱设备操作工	300301	航海技术	职教本科
8880	6-30-04-02	船舶机舱设备操作工	300303	轮机工程技术	职教本科
8881	6-30-04-02	船舶机舱设备操作工	300305	水路运输与海事管理	职教本科
8882	6-30-04-02	船舶机舱设备操作工	460501	船舶工程技术	职教专科
8883	6-30-04-02	船舶机舱设备操作工	460502	船舶动力工程技术	职教专科
8884	6-30-04-02	船舶机舱设备操作工	460503	船舶电气工程技术	职教专科
8885	6-30-04-02	船舶机舱设备操作工	460504	船舶智能焊接技术	职教专科
8886	6-30-04-02	船舶机舱设备操作工	460505	船舶舾装工程技术	职教专科
8887	6-30-04-02	船舶机舱设备操作工	460506	船舶涂装工程技术	职教专科
8888	6-30-04-02	船舶机舱设备操作工	460507	船舶通信装备技术	职教专科
8889	6-30-04-02	船舶机舱设备操作工	500301	航海技术	职教专科
8890	6-30-04-02	船舶机舱设备操作工	500303	轮机工程技术	职教专科
8891	6-30-04-02	船舶机舱设备操作工	500305	水路运输安全管理	职教专科
8892	6-30-04-02	船舶机舱设备操作工	500307	港口与航运管理	职教专科
8893	6-30-04-02	船舶机舱设备操作工	500308	船舶电子电气技术	职教专科
8894	6-30-04-02	船舶机舱设备操作工	500309	船舶检验	职教专科
8895	6-30-04-02	船舶机舱设备操作工	0417-3	船舶轮机	技工院校3级
8896	6-30-04-02	船舶机舱设备操作工	0418-3	船舶建造与维修	技工院校3级
8897	6-30-04-02	船舶机舱设备操作工	0719-3	航海捕捞	技工院校3级

职业信息与教育培训项目（专业）信息对应指引

（2023 年版）

续表

序号	职业编码	职业名称	专业代码	专业名称	院校类型
8898	6-30-04-02	船舶机舱设备操作工	660501	船体修造技术	职教中职
8899	6-30-04-02	船舶机舱设备操作工	660502	船舶机械装置安装与维修	职教中职
8900	6-30-04-02	船舶机舱设备操作工	660503	船舶电气装置安装与调试	职教中职
8901	6-30-04-02	船舶机舱设备操作工	660504	船舶内装	职教中职
8902	6-30-04-02	船舶机舱设备操作工	700301	船舶驾驶	职教中职
8903	6-30-04-02	船舶机舱设备操作工	700302	船舶机工与水手	职教中职
8904	6-30-04-02	船舶机舱设备操作工	700303	轮机维护与管理	职教中职
8905	6-30-04-02	船舶机舱设备操作工	0417-4	船舶轮机	技工院校4级
8906	6-30-04-02	船舶机舱设备操作工	0418-4	船舶建造与维修	技工院校4级
8907	6-30-04-02	船舶机舱设备操作工	0719-4	航海捕捞	技工院校4级
8908	6-30-04-03	船闸及升船机运管员	081803K	航海技术	普通本科
8909	6-30-04-03	船闸及升船机运管员	081804K	轮机工程	普通本科
8910	6-30-04-03	船闸及升船机运管员	081901	船舶与海洋工程	普通本科
8911	6-30-04-03	船闸及升船机运管员	260501	船舶智能制造技术	职教本科
8912	6-30-04-03	船闸及升船机运管员	260502	船舶动力工程技术	职教本科
8913	6-30-04-03	船闸及升船机运管员	260503	船舶电气工程技术	职教本科
8914	6-30-04-03	船闸及升船机运管员	300301	航海技术	职教本科
8915	6-30-04-03	船闸及升船机运管员	300303	轮机工程技术	职教本科
8916	6-30-04-03	船闸及升船机运管员	300305	水路运输与海事管理	职教本科
8917	6-30-04-03	船闸及升船机运管员	450202	智慧水利技术	职教专科
8918	6-30-04-03	船闸及升船机运管员	460501	船舶工程技术	职教专科
8919	6-30-04-03	船闸及升船机运管员	460502	船舶动力工程技术	职教专科
8920	6-30-04-03	船闸及升船机运管员	460503	船舶电气工程技术	职教专科

续表

序号	职业编码	职业名称	专业代码	专业名称	院校类型
8921	6-30-04-03	船闸及升船机运管员	460504	船舶智能焊接技术	职教专科
8922	6-30-04-03	船闸及升船机运管员	460505	船舶舾装工程技术	职教专科
8923	6-30-04-03	船闸及升船机运管员	460506	船舶涂装工程技术	职教专科
8924	6-30-04-03	船闸及升船机运管员	460507	船舶通信装备技术	职教专科
8925	6-30-04-03	船闸及升船机运管员	500301	航海技术	职教专科
8926	6-30-04-03	船闸及升船机运管员	500303	轮机工程技术	职教专科
8927	6-30-04-03	船闸及升船机运管员	500305	水路运输安全管理	职教专科
8928	6-30-04-03	船闸及升船机运管员	500307	港口与航运管理	职教专科
8929	6-30-04-03	船闸及升船机运管员	500308	船舶电子电气技术	职教专科
8930	6-30-04-03	船闸及升船机运管员	500309	船舶检验	职教专科
8931	6-30-04-03	船闸及升船机运管员	0416-3	船舶驾驶	技工院校3级
8932	6-30-04-03	船闸及升船机运管员	0417-3	船舶轮机	技工院校3级
8933	6-30-04-03	船闸及升船机运管员	0418-3	船舶建造与维修	技工院校3级
8934	6-30-04-03	船闸及升船机运管员	0828-3	智慧水利技术	技工院校3级
8935	6-30-04-03	船闸及升船机运管员	660502	船舶机械装置安装与维修	职教中职
8936	6-30-04-03	船闸及升船机运管员	660503	船舶电气装置安装与调试	职教中职
8937	6-30-04-03	船闸及升船机运管员	660504	船舶内装	职教中职
8938	6-30-04-03	船闸及升船机运管员	700301	船舶驾驶	职教中职
8939	6-30-04-03	船闸及升船机运管员	700303	轮机维护与管理	职教中职
8940	6-30-04-03	船闸及升船机运管员	0416-4	船舶驾驶	技工院校4级

职业信息与教育培训项目（专业）信息对应指引
（2023年版）

续表

序号	职业编码	职业名称	专业代码	专业名称	院校类型
8941	6-30-04-03	船闸及升船机运管员	0417-4	船舶轮机	技工院校4级
8942	6-30-04-03	船闸及升船机运管员	0418-4	船舶建造与维修	技工院校4级
8943	6-30-04-03	船闸及升船机运管员	0718-4	农业与农村用水	技工院校4级
8944	6-30-04-03	船闸及升船机运管员	0719-4	航海捕捞	技工院校4级
8945	6-30-04-03	船闸及升船机运管员	0828-4	智慧水利技术	技工院校4级
8946	6-30-04-04	潜水员	700308	工程潜水	职教中职
8947	6-30-05-01	起重装卸机械操作工	300302	港口智能工程技术	职教本科
8948	6-30-05-01	起重装卸机械操作工	500310	集装箱运输管理	职教专科
8949	6-30-05-01	起重装卸机械操作工	0421-3	港口机械操作与维护	技工院校3级
8950	6-30-05-01	起重装卸机械操作工	0438-3	起重装卸机械操作与维修	技工院校3级
8951	6-30-05-01	起重装卸机械操作工	0447-3	港口机械智能控制	技工院校3级
8952	6-30-05-01	起重装卸机械操作工	0421-4	港口机械操作与维护	技工院校4级
8953	6-30-05-01	起重装卸机械操作工	0438-4	起重装卸机械操作与维修	技工院校4级
8954	6-30-05-01	起重装卸机械操作工	0447-4	港口机械智能控制	技工院校4级
8955	6-30-05-02	起重工	0421-3	港口机械操作与维护	技工院校3级

续表

序号	职业编码	职业名称	专业代码	专业名称	院校类型
8956	6-30-05-02	起重工	0438-3	起重装卸机械操作与维修	技工院校3级
8957	6-30-05-02	起重工	0438-4	起重装卸机械操作与维修	技工院校4级
8958	6-30-05-04	索道运输机械操作工	500208	道路运输管理	职教专科
8959	6-30-05-04	索道运输机械操作工	0715-3	森林采运工程	技工院校3级
8960	6-31-01-01	设备点检员	0114-3	化工机械维修	技工院校3级
8961	6-31-01-01	设备点检员	0207-3	化工仪表及自动化	技工院校3级
8962	6-31-01-01	设备点检员	0817-3	发电厂及变电站电气设备安装与检修	技工院校3级
8963	6-31-01-01	设备点检员	630202	火电厂热工仪表安装与检修	职教中职
8964	6-31-01-01	设备点检员	660302	电气设备运行与控制	职教中职
8965	6-31-01-01	设备点检员	0817-4	发电厂及变电站电气设备安装与检修	技工院校4级
8966	6-31-01-02	机修钳工	0111-2	工量具制造与维修	技工院校2级
8967	6-31-01-02	机修钳工	0112-2	机械设备维修	技工院校2级
8968	6-31-01-02	机修钳工	0116-2	机械设备装配与自动控制	技工院校2级
8969	6-31-01-02	机修钳工	0127-2	机电一体化技术	技工院校2级
8970	6-31-01-02	机修钳工	0203-2	电气自动化设备安装与维修	技工院校2级

职业信息与教育培训项目（专业）信息对应指引
（2023年版）

续表

序号	职业编码	职业名称	专业代码	专业名称	院校类型
8971	6-31-01-02	机修钳工	430102	水电站机电设备与自动化	职教专科
8972	6-31-01-02	机修钳工	460308	工业自动化仪表技术	职教专科
8973	6-31-01-02	机修钳工	460309	液压与气动技术	职教专科
8974	6-31-01-02	机修钳工	0111-3	工量具制造与维修	技工院校3级
8975	6-31-01-02	机修钳工	0112-3	机械设备维修	技工院校3级
8976	6-31-01-02	机修钳工	0113-3	煤矿机械维修	技工院校3级
8977	6-31-01-02	机修钳工	0114-3	化工机械维修	技工院校3级
8978	6-31-01-02	机修钳工	0116-3	机械设备装配与自动控制	技工院校3级
8979	6-31-01-02	机修钳工	0127-3	机电一体化技术	技工院校3级
8980	6-31-01-02	机修钳工	0135-3	工业机械自动化装调	技工院校3级
8981	6-31-01-02	机修钳工	0206-3	工业自动化仪器仪表装配与维护	技工院校3级
8982	6-31-01-02	机修钳工	0421-3	港口机械操作与维护	技工院校3级
8983	6-31-01-02	机修钳工	0438-3	起重装卸机械操作与维修	技工院校3级
8984	6-31-01-02	机修钳工	0807-3	矿山机械操作与维修	技工院校3级
8985	6-31-01-02	机修钳工	660101	机械制造技术	职教中职
8986	6-31-01-02	机修钳工	660305	液压与气动技术应用	职教中职

续表

序号	职业编码	职业名称	专业代码	专业名称	院校类型
8987	6-31-01-02	机修钳工	0111-4	工量具制造与维修	技工院校4级
8988	6-31-01-02	机修钳工	0112-4	机械设备维修	技工院校4级
8989	6-31-01-02	机修钳工	0113-4	煤矿机械维修	技工院校4级
8990	6-31-01-02	机修钳工	0114-4	化工机械维修	技工院校4级
8991	6-31-01-02	机修钳工	0116-4	机械设备装配与自动控制	技工院校4级
8992	6-31-01-02	机修钳工	0127-4	机电一体化技术	技工院校4级
8993	6-31-01-02	机修钳工	0203-4	电气自动化设备安装与维修	技工院校4级
8994	6-31-01-02	机修钳工	0438-4	起重装卸机械操作与维修	技工院校4级
8995	6-31-01-02	机修钳工	0807-4	矿山机械操作与维修	技工院校4级
8996	6-31-01-03	电工	430107	输配电工程技术	职教专科
8997	6-31-01-03	电工	0204-3	煤矿电气设备维修	技工院校3级
8998	6-31-01-03	电工	0721-3	农村电气技术	技工院校3级
8999	6-31-01-03	电工	0802-3	煤矿技术（采煤）	技工院校3级
9000	6-31-01-03	电工	0807-3	矿山机械操作与维修	技工院校3级

职业信息与教育培训项目（专业）信息对应指引
（2023 年版）

续表

序号	职业编码	职业名称	专业代码	专业名称	院校类型
9001	6-31-01-03	电工	0808-3	矿山机电	技工院校 3级
9002	6-31-01-03	电工	0817-3	发电厂及变电站电气设备安装与检修	技工院校 3级
9003	6-31-01-03	电工	610111	农村电气技术	职教中职
9004	6-31-01-03	电工	620504	矿山机电	职教中职
9005	6-31-01-03	电工	630105	供用电技术	职教中职
9006	6-31-01-03	电工	660302	电气设备运行与控制	职教中职
9007	6-31-01-03	电工	0204-4	煤矿电气设备维修	技工院校 4级
9008	6-31-01-03	电工	0802-4	煤矿技术（采煤）	技工院校 4级
9009	6-31-01-03	电工	0807-4	矿山机械操作与维修	技工院校 4级
9010	6-31-01-03	电工	0808-4	矿山机电	技工院校 4级
9011	6-31-01-03	电工	0817-4	发电厂及变电站电气设备安装与检修	技工院校 4级
9012	6-31-01-04	仪器仪表维修工	260305	自动化技术与应用	职教本科
9013	6-31-01-04	仪器仪表维修工	260306	现代测控工程技术	职教本科
9014	6-31-01-04	仪器仪表维修工	460306	电气自动化技术	职教专科
9015	6-31-01-04	仪器仪表维修工	460308	工业自动化仪表技术	职教专科
9016	6-31-01-04	仪器仪表维修工	470210	化工装备技术	职教专科
9017	6-31-01-04	仪器仪表维修工	470211	化工自动化技术	职教专科
9018	6-31-01-04	仪器仪表维修工	0206-3	工业自动化仪器仪表装配与维护	技工院校 3级
9019	6-31-01-04	仪器仪表维修工	0207-3	化工仪表及自动化	技工院校 3级

续表

序号	职业编码	职业名称	专业代码	专业名称	院校类型
9020	6-31-01-04	仪器仪表维修工	660304	工业自动化仪表及应用	职教中职
9021	6-31-01-04	仪器仪表维修工	670209	化工仪表及自动化	职教中职
9022	6-31-01-04	仪器仪表维修工	0206-4	工业自动化仪器仪表装配与维护	技工院校4级
9023	6-31-01-04	仪器仪表维修工	0207-4	化工仪表及自动化	技工院校4级
9024	6-31-01-04	仪器仪表维修工	0211-4	通信终端设备制造与维修	技工院校4级
9025	6-31-01-05	锅炉设备检修工	430202	城市热能应用技术	职教专科
9026	6-31-01-05	锅炉设备检修工	0821-3	火电厂热力设备运行与检修	技工院校3级
9027	6-31-01-05	锅炉设备检修工	1110-3	燃气热力运行与维护	技工院校3级
9028	6-31-01-05	锅炉设备检修工	630201	火电厂热力设备安装	职教中职
9029	6-31-01-05	锅炉设备检修工	630203	火电厂热力设备运行与检修	职教中职
9030	6-31-01-05	锅炉设备检修工	0821-4	火电厂热力设备运行与检修	技工院校4级
9031	6-31-01-05	锅炉设备检修工	1110-4	燃气热力运行与维护	技工院校4级
9032	6-31-01-06	汽轮机和水轮机检修工	420806	生态环境修复技术	职教专科
9033	6-31-01-06	汽轮机和水轮机检修工	630203	火电厂热力设备运行与检修	职教中职
9034	6-31-01-07	电机检修工	430101	发电厂及电力系统	职教专科
9035	6-31-01-07	电机检修工	430102	水电站机电设备与自动化	职教专科
9036	6-31-01-07	电机检修工	430302	风力发电工程技术	职教专科

职业信息与教育培训项目（专业）信息对应指引
（2023年版）

续表

序号	职业编码	职业名称	专业代码	专业名称	院校类型
9037	6-31-01-07	电机检修工	0114-3	化工机械维修	技工院校3级
9038	6-31-01-07	电机检修工	0817-3	发电厂及变电站电气设备安装与检修	技工院校3级
9039	6-31-01-07	电机检修工	0822-3	风电场机电设备运行与维护	技工院校3级
9040	6-31-01-07	电机检修工	630302	风力发电设备运行与维护	职教中职
9041	6-31-01-07	电机检修工	0822-4	风电场机电设备运行与维护	技工院校4级
9042	6-31-01-08	变电设备检修工	430101	发电厂及电力系统	职教专科
9043	6-31-01-08	变电设备检修工	0114-3	化工机械维修	技工院校3级
9044	6-31-01-08	变电设备检修工	0201-3	变配电设备运行与维护	技工院校3级
9045	6-31-01-08	变电设备检修工	0428-3	电气化铁道供电	技工院校3级
9046	6-31-01-08	变电设备检修工	0817-3	发电厂及变电站电气设备安装与检修	技工院校3级
9047	6-31-01-08	变电设备检修工	630202	火电厂热工仪表安装与检修	职教中职
9048	6-31-01-08	变电设备检修工	0817-4	发电厂及变电站电气设备安装与检修	技工院校4级
9049	6-31-01-09	工程机械维修工	460405	轨道交通工程机械制造与维护	职教专科
9050	6-31-01-09	工程机械维修工	500202	道路机械化施工技术	职教专科
9051	6-31-01-09	工程机械维修工	500203	智能工程机械运用技术	职教专科

续表

序号	职业编码	职业名称	专业代码	专业名称	院校类型
9052	6-31-01-09	工程机械维修工	0135-3	工业机械自动化装调	技工院校3级
9053	6-31-01-09	工程机械维修工	0409-3	工程机械运用与维修	技工院校3级
9054	6-31-01-09	工程机械维修工	700204	交通工程机械运用与维修	职教中职
9055	6-31-01-09	工程机械维修工	0409-4	工程机械运用与维修	技工院校4级
9056	6-31-01-10	机电设备维修工	260301	机械电子工程技术	职教本科
9057	6-31-01-10	机电设备维修工	0127-2	机电一体化技术	技工院校2级
9058	6-31-01-10	机电设备维修工	450303	水利机电设备智能管理	职教专科
9059	6-31-01-10	机电设备维修工	460202	机电设备技术	职教专科
9060	6-31-01-10	机电设备维修工	460301	机电一体化技术	职教专科
9061	6-31-01-10	机电设备维修工	0123-3	机电设备安装与维修	技工院校3级
9062	6-31-01-10	机电设备维修工	0127-3	机电一体化技术	技工院校3级
9063	6-31-01-10	机电设备维修工	660301	机电技术应用	职教中职
9064	6-31-01-10	机电设备维修工	0123-4	机电设备安装与维修	技工院校4级
9065	6-31-02-01	船舶修理工	081803K	航海技术	普通本科
9066	6-31-02-01	船舶修理工	081804K	轮机工程	普通本科
9067	6-31-02-01	船舶修理工	081901	船舶与海洋工程	普通本科
9068	6-31-02-01	船舶修理工	260501	船舶智能制造技术	职教本科
9069	6-31-02-01	船舶修理工	260502	船舶动力工程技术	职教本科
9070	6-31-02-01	船舶修理工	260503	船舶电气工程技术	职教本科
9071	6-31-02-01	船舶修理工	300301	航海技术	职教本科

职业信息与教育培训项目（专业）信息对应指引
（2023年版）

续表

序号	职业编码	职业名称	专业代码	专业名称	院校类型
9072	6-31-02-01	船舶修理工	300303	轮机工程技术	职教本科
9073	6-31-02-01	船舶修理工	300305	水路运输与海事管理	职教本科
9074	6-31-02-01	船舶修理工	460502	船舶动力工程技术	职教专科
9075	6-31-02-01	船舶修理工	460503	船舶电气工程技术	职教专科
9076	6-31-02-01	船舶修理工	460504	船舶智能焊接技术	职教专科
9077	6-31-02-01	船舶修理工	460505	船舶舾装工程技术	职教专科
9078	6-31-02-01	船舶修理工	460506	船舶涂装工程技术	职教专科
9079	6-31-02-01	船舶修理工	460507	船舶通信装备技术	职教专科
9080	6-31-02-01	船舶修理工	500301	航海技术	职教专科
9081	6-31-02-01	船舶修理工	500303	轮机工程技术	职教专科
9082	6-31-02-01	船舶修理工	500305	水路运输安全管理	职教专科
9083	6-31-02-01	船舶修理工	500308	船舶电子电气技术	职教专科
9084	6-31-02-01	船舶修理工	500309	船舶检验	职教专科
9085	6-31-02-01	船舶修理工	0417-3	船舶轮机	技工院校3级
9086	6-31-02-01	船舶修理工	0418-3	船舶建造与维修	技工院校3级
9087	6-31-02-01	船舶修理工	660502	船舶机械装置安装与维修	职教中职
9088	6-31-02-01	船舶修理工	660503	船舶电气装置安装与调试	职教中职
9089	6-31-02-01	船舶修理工	660504	船舶内装	职教中职
9090	6-31-02-01	船舶修理工	700303	轮机维护与管理	职教中职
9091	6-31-02-01	船舶修理工	0417-4	船舶轮机	技工院校4级
9092	6-31-02-01	船舶修理工	0418-4	船舶建造与维修	技工院校4级
9093	6-31-02-02	航空器机械维护员	300402	航空机电设备维修技术	职教本科

续表

序号	职业编码	职业名称	专业代码	专业名称	院校类型
9094	6-31-02-02	航空器机械维护员	300404	通用航空航务技术	职教本科
9095	6-31-02-02	航空器机械维护员	500409	飞机机电设备维修	职教专科
9096	6-31-02-02	航空器机械维护员	500410	飞机电子设备维修	职教专科
9097	6-31-02-02	航空器机械维护员	500411	飞机部件修理	职教专科
9098	6-31-02-02	航空器机械维护员	500412	通用航空器维修	职教专科
9099	6-31-02-02	航空器机械维护员	500413	飞机结构修理	职教专科
9100	6-31-02-02	航空器机械维护员	500416	通用航空航务技术	职教专科
9101	6-31-02-02	航空器机械维护员	0434-4	飞机维修	技工院校4级
9102	6-31-02-03	航空器部件修理工	260602	飞行器维修工程技术	职教本科
9103	6-31-02-03	航空器部件修理工	300402	航空机电设备维修技术	职教本科
9104	6-31-02-03	航空器部件修理工	300404	通用航空航务技术	职教本科
9105	6-31-02-03	航空器部件修理工	500409	飞机机电设备维修	职教专科
9106	6-31-02-03	航空器部件修理工	500410	飞机电子设备维修	职教专科
9107	6-31-02-03	航空器部件修理工	500411	飞机部件修理	职教专科
9108	6-31-02-03	航空器部件修理工	500412	通用航空器维修	职教专科
9109	6-31-02-03	航空器部件修理工	500413	飞机结构修理	职教专科
9110	6-31-02-03	航空器部件修理工	0434-3	飞机维修	技工院校3级
9111	6-31-02-03	航空器部件修理工	0434-4	飞机维修	技工院校4级
9112	6-31-02-03	航空器部件修理工	0716-4	农业机械使用与维护	技工院校4级
9113	6-31-02-04	航空发动机修理工	260601	航空智能制造技术	职教本科
9114	6-31-02-04	航空发动机修理工	260602	飞行器维修工程技术	职教本科
9115	6-31-02-04	航空发动机修理工	260603	航空动力装置维修技术	职教本科
9116	6-31-02-04	航空发动机修理工	300402	航空机电设备维修技术	职教本科
9117	6-31-02-04	航空发动机修理工	460603	航空发动机制造技术	职教专科

职业信息与教育培训项目（专业）信息对应指引
（2023 年版）

续表

序号	职业编码	职业名称	专业代码	专业名称	院校类型
9118	6-31-02-04	航空发动机修理工	460604	航空发动机装配调试技术	职教专科
9119	6-31-02-04	航空发动机修理工	460606	航空装备表面处理技术	职教专科
9120	6-31-02-04	航空发动机修理工	460608	航空发动机维修技术	职教专科
9121	6-31-02-04	航空发动机修理工	500409	飞机机电设备维修	职教专科
9122	6-31-02-04	航空发动机修理工	500412	通用航空器维修	职教专科
9123	6-31-02-04	航空发动机修理工	500414	航空地面设备维修	职教专科
9124	6-31-02-04	航空发动机修理工	0434-3	飞机维修	技工院校3级
9125	6-31-02-04	航空发动机修理工	700403	飞机设备维修	职教中职
9126	6-31-02-04	航空发动机修理工	0434-4	飞机维修	技工院校4级
9127	6-31-02-04	航空发动机修理工	0716-4	农业机械使用与维护	技工院校4级
9128	6-31-02-05	航空器外场维护员	300402	航空机电设备维修技术	职教本科
9129	6-31-02-05	航空器外场维护员	300404	通用航空航务技术	职教本科
9130	6-31-02-05	航空器外场维护员	460604	航空发动机装配调试技术	职教专科
9131	6-31-02-05	航空器外场维护员	500409	飞机机电设备维修	职教专科
9132	6-31-02-05	航空器外场维护员	500410	飞机电子设备维修	职教专科
9133	6-31-02-05	航空器外场维护员	500411	飞机部件修理	职教专科
9134	6-31-02-05	航空器外场维护员	500412	通用航空器维修	职教专科
9135	6-31-02-05	航空器外场维护员	500416	通用航空航务技术	职教专科
9136	6-31-02-05	航空器外场维护员	0434-3	飞机维修	技工院校3级
9137	6-31-02-05	航空器外场维护员	0434-4	飞机维修	技工院校4级
9138	6-31-03-01	化学检验员	270204	现代分析测试技术	职教本科

续表

序号	职业编码	职业名称	专业代码	专业名称	院校类型
9139	6-31-03-01	化学检验员	460120	理化测试与质检技术	职教专科
9140	6-31-03-01	化学检验员	470208	分析检验技术	职教专科
9141	6-31-03-01	化学检验员	0903-3	化工分析与检验	技工院校3级
9142	6-31-03-01	化学检验员	620801	环境监测技术	职教中职
9143	6-31-03-01	化学检验员	670101	生物产品检验检测	职教中职
9144	6-31-03-01	化学检验员	670207	分析检验技术	职教中职
9145	6-31-03-01	化学检验员	790205	产品质量监督检验	职教中职
9146	6-31-03-01	化学检验员	0903-4	化工分析与检验	技工院校4级
9147	6-31-03-01	化学检验员	1305-4	药物分析与检验	技工院校4级
9148	6-31-03-01	化学检验员	1502-4	环境保护与检测	技工院校4级
9149	6-31-03-02	物理性能检验员	430404	金属材料检测技术	职教专科
9150	6-31-03-02	物理性能检验员	460120	理化测试与质检技术	职教专科
9151	6-31-03-02	物理性能检验员	470208	分析检验技术	职教专科
9152	6-31-03-02	物理性能检验员	0903-3	化工分析与检验	技工院校3级
9153	6-31-03-02	物理性能检验员	620801	环境监测技术	职教中职
9154	6-31-03-02	物理性能检验员	670101	生物产品检验检测	职教中职
9155	6-31-03-02	物理性能检验员	670207	分析检验技术	职教中职
9156	6-31-03-02	物理性能检验员	790205	产品质量监督检验	职教中职
9157	6-31-03-02	物理性能检验员	0131-4	金属材料分析与检测	技工院校4级
9158	6-31-03-02	物理性能检验员	0903-4	化工分析与检验	技工院校4级
9159	6-31-03-03	生化检验员	270101	生物检验检测技术	职教本科

职业信息与教育培训项目（专业）信息对应指引
（2023 年版）

续表

序号	职业编码	职业名称	专业代码	专业名称	院校类型
9160	6-31-03-03	生化检验员	470101	食品生物技术	职教专科
9161	6-31-03-03	生化检验员	470102	药品生物技术	职教专科
9162	6-31-03-03	生化检验员	470104	化工生物技术	职教专科
9163	6-31-03-03	生化检验员	470105	生物产品检验检疫	职教专科
9164	6-31-03-03	生化检验员	470208	分析检验技术	职教专科
9165	6-31-03-03	生化检验员	490104	食品检验检测技术	职教专科
9166	6-31-03-03	生化检验员	0905-3	生物化工	技工院校3级
9167	6-31-03-03	生化检验员	1304-3	生物制药	技工院校3级
9168	6-31-03-03	生化检验员	620801	环境监测技术	职教中职
9169	6-31-03-03	生化检验员	670101	生物产品检验检测	职教中职
9170	6-31-03-03	生化检验员	670102	生物化工技术应用	职教中职
9171	6-31-03-03	生化检验员	670207	分析检验技术	职教中职
9172	6-31-03-03	生化检验员	690202	生物制药工艺	职教中职
9173	6-31-03-03	生化检验员	690203	生物药物检验	职教中职
9174	6-31-03-03	生化检验员	790205	产品质量监督检验	职教中职
9175	6-31-03-03	生化检验员	0903-4	化工分析与检验	技工院校4级
9176	6-31-03-03	生化检验员	0905-4	生物化工	技工院校4级
9177	6-31-03-03	生化检验员	1304-4	生物制药	技工院校4级
9178	6-31-03-04	无损检测员	0124-2	机电产品检测技术应用	技工院校2级
9179	6-31-03-04	无损检测员	460120	理化测试与质检技术	职教专科
9180	6-31-03-04	无损检测员	640303	建筑工程检测	职教中职
9181	6-31-03-04	无损检测员	660109	工业产品质量检测技术	职教中职

职业信息与教育培训项目（专业）信息对应指引一览表

续表

序号	职业编码	职业名称	专业代码	专业名称	院校类型
9182	6-31-03-05	质检员	0124-2	机电产品检测技术应用	技工院校2级
9183	6-31-03-05	质检员	430404	金属材料检测技术	职教专科
9184	6-31-03-05	质检员	460120	理化测试与质检技术	职教专科
9185	6-31-03-05	质检员	470208	分析检验技术	职教专科
9186	6-31-03-05	质检员	520414	中药材生产与加工	职教专科
9187	6-31-03-05	质检员	520501	医学检验技术	职教专科
9188	6-31-03-05	质检员	520508	卫生检验与检疫技术	职教专科
9189	6-31-03-05	质检员	0124-3	机电产品检测技术应用	技工院校3级
9190	6-31-03-05	质检员	0134-3	产品检测与质量控制	技工院校3级
9191	6-31-03-05	质检员	0903-3	化工分析与检验	技工院校3级
9192	6-31-03-05	质检员	1305-3	药物分析与检验	技工院校3级
9193	6-31-03-05	质检员	660109	工业产品质量检测技术	职教中职
9194	6-31-03-05	质检员	670207	分析检验技术	职教中职
9195	6-31-03-05	质检员	690203	生物药物检验	职教中职
9196	6-31-03-05	质检员	720501	医学检验技术	职教中职
9197	6-31-03-05	质检员	790205	产品质量监督检验	职教中职
9198	6-31-03-05	质检员	0124-4	机电产品检测技术应用	技工院校4级
9199	6-31-03-05	质检员	0134-4	产品检测与质量控制	技工院校4级
9200	6-31-03-05	质检员	0903-4	化工分析与检验	技工院校4级

职业信息与教育培训项目（专业）信息对应指引

（2023年版）

续表

序号	职业编码	职业名称	专业代码	专业名称	院校类型
9201	6-31-03-05	质检员	1305-4	药物分析与检验	技工院校4级
9202	6-31-03-06	试验员	260701	汽车工程技术	职教本科
9203	6-31-03-06	试验员	270101	生物检验检测技术	职教本科
9204	6-31-03-06	试验员	500204	道路工程检测技术	职教专科
9205	6-31-03-06	试验员	0440-3	工程安全评价与管理	技工院校3级
9206	6-31-03-06	试验员	1109-3	土建工程检测	技工院校3级
9207	6-31-03-06	试验员	660307	计量测试与应用技术	职教中职
9208	6-31-03-06	试验员	670207	分析检验技术	职教中职
9209	6-31-03-06	试验员	0440-4	工程安全评价与管理	技工院校4级
9210	6-31-04-00	称重计量工	460311	计量测试与应用技术	职教专科
9211	6-31-04-00	称重计量工	500417	航空油料	职教专科
9212	6-31-04-00	称重计量工	530807	工程物流管理	职教专科
9213	6-31-04-00	称重计量工	660307	计量测试与应用技术	职教中职
9214	6-31-05-00	包装工	081702	包装工程	普通本科
9215	6-31-05-00	包装工	280201	包装工程技术	职教本科
9216	6-31-05-00	包装工	480201	包装工程技术	职教专科
9217	6-31-05-00	包装工	480202	包装策划与设计	职教专科
9218	6-31-05-00	包装工	550121	包装艺术设计	职教专科
9219	6-31-05-00	包装工	1203-3	印刷（包装应用技术）	技工院校3级
9220	6-31-05-00	包装工	680201	包装设计与制作	职教中职
9221	6-31-06-00	安全员	220901	安全工程技术	职教本科
9222	6-31-06-00	安全员	220902	应急管理	职教本科
9223	6-31-06-00	安全员	420901	安全技术与管理	职教专科

续表

序号	职业编码	职业名称	专业代码	专业名称	院校类型
9224	6-31-06-00	安全员	420902	化工安全技术	职教专科
9225	6-31-06-00	安全员	420905	应急救援技术	职教专科
9226	6-31-06-00	安全员	0911-3	化工安全管理	技工院校3级
9227	6-31-06-00	安全员	1503-3	应急救援技术	技工院校3级
9228	6-31-06-00	安全员	620901	安全技术与管理	职教中职
9229	6-31-06-00	安全员	620902	应急救援技术	职教中职
9230	6-31-07-01	工业机器人系统运维员	080205	工业设计	普通本科
9231	6-31-07-01	工业机器人系统运维员	260303	智能控制技术	职教本科
9232	6-31-07-01	工业机器人系统运维员	260304	机器人技术	职教本科
9233	6-31-07-01	工业机器人系统运维员	260305	自动化技术与应用	职教本科
9234	6-31-07-01	工业机器人系统运维员	260307	工业互联网工程	职教本科
9235	6-31-07-01	工业机器人系统运维员	310211	工业互联网技术	职教本科
9236	6-31-07-01	工业机器人系统运维员	0135-2	工业机械自动化装调	技工院校2级
9237	6-31-07-01	工业机器人系统运维员	0137-2	智能制造技术应用	技工院校2级
9238	6-31-07-01	工业机器人系统运维员	0139-2	智能装备运行与维护	技工院校2级
9239	6-31-07-01	工业机器人系统运维员	0140-2	智能装备工业视觉技术应用	技工院校2级
9240	6-31-07-01	工业机器人系统运维员	0208-2	工业机器人应用与维护	技工院校2级
9241	6-31-07-01	工业机器人系统运维员	0219-2	服务机器人应用与维护	技工院校2级
9242	6-31-07-01	工业机器人系统运维员	0316-2	工业互联网技术应用	技工院校2级

职业信息与教育培训项目（专业）信息对应指引
（2023年版）

续表

序号	职业编码	职业名称	专业代码	专业名称	院校类型
9243	6-31-07-01	工业机器人系统运维员	460104	机械制造及自动化	职教专科
9244	6-31-07-01	工业机器人系统运维员	460119	工业产品质量检测技术	职教专科
9245	6-31-07-01	工业机器人系统运维员	460202	机电设备技术	职教专科
9246	6-31-07-01	工业机器人系统运维员	460301	机电一体化技术	职教专科
9247	6-31-07-01	工业机器人系统运维员	460302	智能机电技术	职教专科
9248	6-31-07-01	工业机器人系统运维员	460303	智能控制技术	职教专科
9249	6-31-07-01	工业机器人系统运维员	460304	智能机器人技术	职教专科
9250	6-31-07-01	工业机器人系统运维员	460305	工业机器人技术	职教专科
9251	6-31-07-01	工业机器人系统运维员	460306	电气自动化技术	职教专科
9252	6-31-07-01	工业机器人系统运维员	460310	工业互联网应用	职教专科
9253	6-31-07-01	工业机器人系统运维员	460504	船舶智能焊接技术	职教专科
9254	6-31-07-01	工业机器人系统运维员	510211	工业互联网技术	职教专科
9255	6-31-07-01	工业机器人系统运维员	510214	工业软件开发技术	职教专科
9256	6-31-07-01	工业机器人系统运维员	0135-3	工业机械自动化装调	技工院校3级
9257	6-31-07-01	工业机器人系统运维员	0137-3	智能制造技术应用	技工院校3级
9258	6-31-07-01	工业机器人系统运维员	0138-3	智能装备安装与调试	技工院校3级
9259	6-31-07-01	工业机器人系统运维员	0139-3	智能装备运行与维护	技工院校3级
9260	6-31-07-01	工业机器人系统运维员	0140-3	智能装备工业视觉技术应用	技工院校3级
9261	6-31-07-01	工业机器人系统运维员	0208-3	工业机器人应用与维护	技工院校3级
9262	6-31-07-01	工业机器人系统运维员	0218-3	工业互联网与大数据应用	技工院校3级

续表

序号	职业编码	职业名称	专业代码	专业名称	院校类型
9263	6-31-07-01	工业机器人系统运维员	0219-3	服务机器人应用与维护	技工院校3级
9264	6-31-07-01	工业机器人系统运维员	0316-3	工业互联网技术应用	技工院校3级
9265	6-31-07-01	工业机器人系统运维员	660201	智能设备运行与维护	职教中职
9266	6-31-07-01	工业机器人系统运维员	660301	机电技术应用	职教中职
9267	6-31-07-01	工业机器人系统运维员	660303	工业机器人技术应用	职教中职
9268	6-31-07-01	工业机器人系统运维员	660306	智能化生产线安装与运维	职教中职
9269	6-31-07-01	工业机器人系统运维员	710106	服务机器人装配与维护	职教中职
9270	6-31-07-01	工业机器人系统运维员	0138-4	智能装备安装与调试	技工院校4级
9271	6-31-07-01	工业机器人系统运维员	0139-4	智能装备运行与维护	技工院校4级
9272	6-31-07-01	工业机器人系统运维员	0140-4	智能装备工业视觉技术应用	技工院校4级
9273	6-31-07-01	工业机器人系统运维员	0214-4	工业网络技术	技工院校4级
9274	6-31-07-01	工业机器人系统运维员	0218-4	工业互联网与大数据应用	技工院校4级
9275	6-31-07-02	工业视觉系统运维员	0137-2	智能制造技术应用	技工院校2级
9276	6-31-07-02	工业视觉系统运维员	0139-2	智能装备运行与维护	技工院校2级
9277	6-31-07-02	工业视觉系统运维员	0140-2	智能装备工业视觉技术应用	技工院校2级
9278	6-31-07-02	工业视觉系统运维员	460303	智能控制技术	职教专科
9279	6-31-07-02	工业视觉系统运维员	550102	视觉传达设计	职教专科

序号	职业编码	职业名称	专业代码	专业名称	院校类型
9280	6-31-07-02	工业视觉系统运维员	0137-3	智能制造技术应用	技工院校3级
9281	6-31-07-02	工业视觉系统运维员	0139-3	智能装备运行与维护	技工院校3级
9282	6-31-07-02	工业视觉系统运维员	0140-3	智能装备工业视觉技术应用	技工院校3级
9283	6-31-07-02	工业视觉系统运维员	0139-4	智能装备运行与维护	技工院校4级
9284	6-31-07-02	工业视觉系统运维员	0140-4	智能装备工业视觉技术应用	技工院校4级
9285	6-31-07-03	工业机器人系统操作员	080205	工业设计	普通本科
9286	6-31-07-03	工业机器人系统操作员	260303	智能控制技术	职教本科
9287	6-31-07-03	工业机器人系统操作员	260304	机器人技术	职教本科
9288	6-31-07-03	工业机器人系统操作员	260305	自动化技术与应用	职教本科
9289	6-31-07-03	工业机器人系统操作员	260307	工业互联网工程	职教本科
9290	6-31-07-03	工业机器人系统操作员	310211	工业互联网技术	职教本科
9291	6-31-07-03	工业机器人系统操作员	0135-2	工业机械自动化装调	技工院校2级
9292	6-31-07-03	工业机器人系统操作员	0137-2	智能制造技术应用	技工院校2级
9293	6-31-07-03	工业机器人系统操作员	0138-2	智能装备安装与调试	技工院校2级
9294	6-31-07-03	工业机器人系统操作员	0139-2	智能装备运行与维护	技工院校2级
9295	6-31-07-03	工业机器人系统操作员	0140-2	智能装备工业视觉技术应用	技工院校2级
9296	6-31-07-03	工业机器人系统操作员	0208-2	工业机器人应用与维护	技工院校2级

续表

序号	职业编码	职业名称	专业代码	专业名称	院校类型
9297	6-31-07-03	工业机器人系统操作员	0219-2	服务机器人应用与维护	技工院校2级
9298	6-31-07-03	工业机器人系统操作员	0316-2	工业互联网技术应用	技工院校2级
9299	6-31-07-03	工业机器人系统操作员	460104	机械制造及自动化	职教专科
9300	6-31-07-03	工业机器人系统操作员	460202	机电设备技术	职教专科
9301	6-31-07-03	工业机器人系统操作员	460301	机电一体化技术	职教专科
9302	6-31-07-03	工业机器人系统操作员	460302	智能机电技术	职教专科
9303	6-31-07-03	工业机器人系统操作员	460303	智能控制技术	职教专科
9304	6-31-07-03	工业机器人系统操作员	460304	智能机器人技术	职教专科
9305	6-31-07-03	工业机器人系统操作员	460305	工业机器人技术	职教专科
9306	6-31-07-03	工业机器人系统操作员	460306	电气自动化技术	职教专科
9307	6-31-07-03	工业机器人系统操作员	460310	工业互联网应用	职教专科
9308	6-31-07-03	工业机器人系统操作员	510211	工业互联网技术	职教专科
9309	6-31-07-03	工业机器人系统操作员	510214	工业软件开发技术	职教专科
9310	6-31-07-03	工业机器人系统操作员	0135-3	工业机械自动化装调	技工院校3级
9311	6-31-07-03	工业机器人系统操作员	0137-3	智能制造技术应用	技工院校3级
9312	6-31-07-03	工业机器人系统操作员	0138-3	智能装备安装与调试	技工院校3级
9313	6-31-07-03	工业机器人系统操作员	0139-3	智能装备运行与维护	技工院校3级
9314	6-31-07-03	工业机器人系统操作员	0140-3	智能装备工业视觉技术应用	技工院校3级
9315	6-31-07-03	工业机器人系统操作员	0208-3	工业机器人应用与维护	技工院校3级

职业信息与教育培训项目（专业）信息对应指引

（2023年版）

续表

序号	职业编码	职业名称	专业代码	专业名称	院校类型
9316	6-31-07-03	工业机器人系统操作员	0214-3	工业网络技术	技工院校3级
9317	6-31-07-03	工业机器人系统操作员	0218-3	工业互联网与大数据应用	技工院校3级
9318	6-31-07-03	工业机器人系统操作员	0219-3	服务机器人应用与维护	技工院校3级
9319	6-31-07-03	工业机器人系统操作员	0316-3	工业互联网技术应用	技工院校3级
9320	6-31-07-03	工业机器人系统操作员	660201	智能设备运行与维护	职教中职
9321	6-31-07-03	工业机器人系统操作员	660301	机电技术应用	职教中职
9322	6-31-07-03	工业机器人系统操作员	660303	工业机器人技术应用	职教中职
9323	6-31-07-03	工业机器人系统操作员	710106	服务机器人装配与维护	职教中职
9324	6-31-07-03	工业机器人系统操作员	0138-4	智能装备安装与调试	技工院校4级
9325	6-31-07-03	工业机器人系统操作员	0139-4	智能装备运行与维护	技工院校4级
9326	6-31-07-03	工业机器人系统操作员	0140-4	智能装备工业视觉技术应用	技工院校4级
9327	6-31-07-03	工业机器人系统操作员	0218-4	工业互联网与大数据应用	技工院校4级

后　　记

在《职业信息与教育培训项目（专业）信息对应指引（2023年版）》（简称《指引》）即将面世之际，我们向为此做出贡献的相关专家表示诚挚的感谢，他们是（按姓氏笔画排列）：

王　楠　北京智源时代科技有限公司

王　鑫　山东商业职业技术学院院长、教授

王小兵　中国就业培训技术指导中心职业分类和标准开发处一级调研员

王凤君　中国建设教育协会副会长、教授

王国川　教育部行指委办公室副主任、副研究员

王怡民　浙江交通职业技术学院院长、教授

包英华　北京市工业技师学院院长、正高级讲师

朱玉春　河北建材职业技术学院副院长、教授

刘建军　中联研究院有限公司高级经济师、院长

安德锋　江苏省徐州技师学院副院长、正高级讲师

许　远　人力资源社会保障部职业技能鉴定中心技工教育服务处编审

李　琦　北京劳动保障职业学院教授

李振陆　苏州农业职业技术学院院长、教授

杨晓明　山西财政税务专科学校校长、教授

邹志红　福建体育职业技术学院院长、教授

沈　斌	天津医学高等专科学校原校长、教授
沈　磊	化学工业职业技能鉴定指导中心主任、研究员
宋元文	兰州资源环境职业技术大学副校长、教授
张　元	天津职业技术师范大学教授
张　瑜	北京智源时代科技有限公司
张灵芝	中国就业培训技术指导中心职业分类和标准开发处二级调研员
张宗辉	人力资源社会保障部职业技能鉴定中心技工教育服务处处长
张晓蕾	北京信息职业技术学院副院长、教授
张橡楠	河南医药健康技师学院院长、正高级讲师
陈　蕾	中国就业培训技术指导中心二级巡视员
陈立群	江苏省常州技师学院副院长
陈孟锋	北京普天合力通讯技术服务有限公司
季剑波	徐州工业职业技术学院教授
金　川	浙江警官职业学院院长、教授
周　明	工业和信息化部职业技能鉴定中心教授级高级工程师
郑丽梅	机械工业教育发展中心副主任、教授
赵红岗	北京社会管理职业学院副院长、教授
段宏韬	首钢工学院副院长、教授
贾成千	中国就业培训技术指导中心职业分类和标准开发处副处长
顾家弟	重庆电力高等专科学校校长、教授
钱永明	苏州电子信息技师学院书记、院长、正高级讲师
钱伟荣	天津商务职业学院院长、教授
徐桥猛	无锡商业职业技术学院继续教育学院院长
麻　艳	山东工程技师学院副院长、正高级讲师
葛恒双	中国就业培训技术指导中心党委副书记
辜东莲	广州市职业技术教育研究院研究员
焦爱萍	黄河水利职业技术学院副院长、教授
谢　鏊	广州市机电技师学院副院长、正高级讲师
霍丽娟	北京教育科学研究院教授

魏明英　四川工商职业技术学院教务处长、教授

此外，中国劳动社会保障出版社的仲艳平、金敏等同志为《指引》的出版做了大量工作。在此，一并致谢。

国家职业分类大典修订专家委员会

2023 年 6 月